suhrkamp taschenbuch 621

Hermann Broch, geboren am 1. November 1886 in Wien, ist am 30. Mai 1951 in New Haven gestorben. Auf Wunsch seines Vaters absolvierte er eine technische Ausbildung, die er 1907 mit der Qualifikation eines Textilingenieurs abschloß. Ab 1913 erste schriftstellerische Publikationen. Bis 1927 war er leitender Direktor der Firma seines Vaters; danach Verkauf der Fabriken und von 1925-1930 Studium der Mathematik, Philosophie und Psychologie. 1938 bei der nationalsozialistischen Okkupation Österreichs Verhaftung durch die Gestapo. Emigration in die USA dank einer Intervention von James Joyce. 1950 Honorary Lecturer für deutsche Literatur an der Yale University, New Haven.

Das Werk Hermann Brochs erscheint im Suhrkamp Verlag, herausgegeben von Paul Michael Lützeler, Germanistikprofessor an der Washington University, St. Louis (USA).

Die Kommentierte Werkausgabe umfaßt folgende Bände:

I. *Das dicherische Werk:* Band 1, Die Schlafwandler. Eine Romantrilogie: 1978. Band 2, Die Unbekannte Größe. Roman: 1977. Band 3, Die Verzauberung. Roman: 1976. Band 4, Der Tod des Vergil. Roman: 1976. Band 5, Die Schuldlosen. Roman in elf Erzählungen: 1974. Band 6, Novellen, Prosa, Fragmente: 1980. Band 7, Dramen: 1979. Band 8, Gedichte: 1980.

II. *Das essayistische Werk:* Band 9/1, Schriften zur Literatur/Kritik: 1975. Band 9/2, Schriften zur Literatur/Theorie: 1975. Band 10/1, Philosophische Schriften/Kritik: 1977. Band 10/2, Philosophische Schriften/Theorie: 1977. Band 11, Politische Schriften: 1978. Band 12, Massenwahntheorie: 1979.

III. *Briefe:* Band 13/1, Briefe 1913-1938: 1981. Band 13/2, Briefe 1938-1945: 1981. Band 13/3, Briefe 1945-1951: 1981.

Inzwischen erschienen sind die Bände 1, 2, 3, 4, 5, 7, 8, 9/1, 9/2, 10/1, 10/2, 11 und 12.

Die erhalten gebliebene frühe Novellenfassung des dritten Teils von Brochs Schlafwandler-Trilogie, »Huguenau«, 1928, wird hier erstmals publiziert. Aufgenommen sind auch die ursprünglichen Fassungen der »Tierkreis«-Novellen aus dem Jahr 1933.

Erstmals ediert werden hier die frühen Erzählungen *Frana* und *Sonja* (1908/09); ferner das Fragment einer Hamlet-Komödie von 1919. Um Erstveröffentlichungen handelt es sich weitgehend bei den aufgenommenen Fragmenten des *Filsmann*-Romans von 1932, von dem nur wenige Abschnitte aus der alten Broch-Ausgabe bekannt waren. Zugänglich gemacht wird auch die deutsche Originalfassung von Brochs Prosastück *»Hitlers Abschiedsrede«*, die er in der US-Zeitschrift *Saturday Review of Literature* im Herbst 1944 auf englisch veröffentlichte.

# Hermann Broch
# Kommentierte Werkausgabe

*Herausgegeben von*
*Paul Michael Lützeler*

Band 6

# Hermann Broch
# Novellen

*Prosa · Fragmente*

Suhrkamp

suhrkamp taschenbuch 621
Erste Auflage 1980
© Suhrkamp Verlag Frankfurt am Main 1980
Copyright-Angaben für die einzelnen Texte am Schluß des Bandes
Suhrkamp Taschenbuch Verlag
Alle Rechte vorbehalten, insbesondere das
des öffentlichen Vortrags, der Übertragung
durch Rundfunk oder Fernsehen und der
Übersetzung, auch einzelner Teile.
Satz: LibroSatz, Kriftel
Druck: Nomos Verlagsgesellschaft, Baden-Baden
Printed in Germany
Umschlag nach Entwürfen
von Willy Fleckhaus und Rolf Staudt

*Inhalt*

## Novellen

Eine methodologische Novelle (1918) . . . . . . . . . . . .　11
Ophelia (1920) . . . . . . . . . . . . . . . . . . . . . . . . . . . . . . .　24
Huguenau (1928) . . . . . . . . . . . . . . . . . . . . . . . . . . . . .　37
Tierkreis-Erzählungen (1933)
– Eine leichte Enttäuschung . . . . . . . . . . . . . . . . . . . . 127
– Vorüberziehende Wolke . . . . . . . . . . . . . . . . . . . . . 144
– Ein Abend Angst . . . . . . . . . . . . . . . . . . . . . . . . . . 155
– Die Heimkehr . . . . . . . . . . . . . . . . . . . . . . . . . . . . 162
– Der Meeresspiegel . . . . . . . . . . . . . . . . . . . . . . . . . 196
– Esperance . . . . . . . . . . . . . . . . . . . . . . . . . . . . . . . 205
Barbara (1936) . . . . . . . . . . . . . . . . . . . . . . . . . . . . . . 222
Die Heimkehr des Vergil (1937) . . . . . . . . . . . . . . . . . 248

## Prosa · Fragmente

Frana (ca. 1908) . . . . . . . . . . . . . . . . . . . . . . . . . . . . . 263
Sonja (1909) . . . . . . . . . . . . . . . . . . . . . . . . . . . . . . . . 267
Kommentar zu Hamlet (1919) . . . . . . . . . . . . . . . . . . . 278
Filsmann (Romanfragmente) (1932)
– Konzernchef Ladewig . . . . . . . . . . . . . . . . . . . . . . . 287
– Die Filsmanns . . . . . . . . . . . . . . . . . . . . . . . . . . . . 291
– Dirigent Jasper . . . . . . . . . . . . . . . . . . . . . . . . . . . 320
Morgen (ca. 1936) . . . . . . . . . . . . . . . . . . . . . . . . . . . 326
Letzter Ausbruch eines Größenwahnes. Hitlers
Abschiedsrede (1944) . . . . . . . . . . . . . . . . . . . . . . . . . 333

## Anmerkungen des Herausgebers

Bibliographischer Nachweis . . . . . . . . . . . . . . . . . . . . 347
Textkritische Hinweise . . . . . . . . . . . . . . . . . . . . . . . . 348
Verzeichnis der Übersetzungen . . . . . . . . . . . . . . . . . . 356
Auswahlbibliographie zur Sekundärliteratur . . . . . . . . 357
Editorische Notiz . . . . . . . . . . . . . . . . . . . . . . . . . . . . 358
Copyright-Angaben . . . . . . . . . . . . . . . . . . . . . . . . . . 359

# Novellen

# Eine methodologische Novelle

Jedes Kunstwerk muß exemplifizierenden Gehalt haben, muß in seiner Einmaligkeit die Einheit und Universalität des Gesamtgeschehens aufweisen können. Wir wollen uns daher keiner zufällig durch die Zeitung oder von der Phantasie uns zugewehten Geschichte hingeben, sondern uns diese in bewußter Konstruktion selber herstellen.

Annehmend, daß Begriffe mittlerer Allgemeinheit eine allseitige Fruchtbarkeit zeitigen, sei der Held – wir hoffen damit nicht gegen Sternheimische Vorrechte zu verstoßen – im Mittelstande einer größern Provinzstadt, sagen wir etwa in der Person eines Gymnasialsupplenten lokalisiert. Soferne derselbe Mathematik und Physik unterrichtete, kann vorausgesetzt werden, daß er diesen Beruf aus einer kleinen Neigung und Begabung zur Auflösung näherer Probleme erwählt habe, denen er in eigenen Studienjahren mit schöner Hingabe, roten Ohren und einem kleinen Glücksgefühl im klopfenden Herzen oblegen haben dürfte, ohne allerdings die Erstellung weiterer und höherer Aufgaben und Prinzipien zu bedenken oder zu erstreben, wohl aber mit der Ablegung der Lehramtsprüfung einen logischen, definitiven und bürgerlichen Abschluß findend. Es paßt in den solcherart imaginierten Charakter, daß er die Formen des Lebens mit der gleichen Selbstverständlichkeit hinnehme wie die Formeln der Mathematik: beide als seiende Dinge, über deren Realität man sich keine weiteren Gedanken zu machen hätte, denen Fiktivität zuzumuten verwunderliche Schrulle wäre und deren einzige Problematik in gewissen Schwierigkeiten ihrer Kombinationsfähigkeit, das heißt Auflösbarkeit sich dartue. Die Einteilungsfähigkeit und -aufgabe der rechnerischen und erlebten Materie war ihm stete Sorge, aber auch interessiertes Vergnügen, und immer darauf erpicht, daß »es genau ausgehe«, hatte er zu den Fragen seiner sogenannten Wissenschaft dasselbe Verhältnis wie zu denen seiner Stundeneinteilung, seiner Geldsorgen und denen jener Lebensfreude, die ihn als solche gar nicht berührte, die er aber irgendwie mitzumachen sich verpflichtet fühlte, da sie von den Kollegen anerkannt wurde, mithin ein seiendes Ding darstellte, dessen Forderungen zu erfüllen waren. Er trank ohne sonderliches Behagen Bier, besuchte nachher das öffentliche Haus, hatte Wege zum Spezialarzt, gab Stunden, fuhr auf der Straßenbahn, stand im Laboratorium, fraß in den Ferien an Mutters Tisch, schwarze Nägel zierten seine Hände, rötlich-blonde Haare seinen Kopf, von Ekel wußte er wenig, Linoleum schien ihm ein günstiger Bodenbelag.

Eine solche Existenz, vollständig determiniert von den Dingen einer ebenen Außenwelt, in der kleinbürgerlicher Hausrat und Maxwellsche Theorie einträchtig und paritätisch durcheinanderstehen, muß als Minimum von Persönlichkeit angesehen werden, so daß sich mit Recht die Frage erhebt, ob ein solches Non-Ich Gegenstand menschlichen, geschweige denn novellistischen Interesses sein dürfe, da man ja sonst ebensowohl die Geschichte irgend eines toten Dinges – sagen wir beispielsweise einer Schaufel – entwickeln könnte.

Dieser Einwand ist um so berechtigter, da nicht einzusehn ist, wie sich die Verhältnisse mit Ablegung der Lehramtsprüfung wesentlich ändern sollten. Wohl mußten im Kopfe des Helden – Namen tun nichts zur Sache, er heiße also Antigonus – doch auch irgend welche eigene Gedanken gewesen sein, um so mehr, als die kleine Denkbegabung zur Mathematik unleugbar vorhanden war, aber sie blieben an das hier und jetzt Gegebene gebunden. Immerhin verdichtete sich dieses Denken zur Zeit der Examina zu gewissen Zukunftshoffnungen und vagen Bildern: er sah sich im eigenen Heim, sah, wenn auch ein wenig schwankend, das künftige Speisezimmer, aus dessen abendlichem Dunkel die Konturen eines schön geschnitzten Anrichteschrankes und der grünliche Schimmer des wohlgemusterten Linoleumfußbodens deutlicher sich abhoben. Auch ließ das Futurum exactum dieser Formungen erahnen, daß in jener Wohnung eine Hausfrau vorhanden zu sein haben werde, was jedoch alles, wie gesagt, schemenhaft blieb. Die Erheiratung einer Frau war ihm im Grunde genommen unvorstellbare Angelegenheit: wenn ihm auch beim Bilde der zukünftigen Hausfrau gewisse erotische Fetzen durchs Gehirn zogen und etwas in ihm meckerte, daß er deren Unterkleidung so genau kennen werde, mit allen

Fleckchen und Löchern, wie seine eigene, wenn ihm also jenes Weib einmal als Mieder, einmal als Strumpfband angedeutet wurde – dies auszudrücken, vermöchte eine hierherzusetzende Illustration Kokoschkas – so war es ihm andererseits undenkbar, daß ein konkretes Mädchen oder Weib, mit dem man normale Dinge in normaler Syntax reden könne, irgend eine sexuelle Sphäre hätte. Frauen, die sich mit derlei beschäftigten, standen völlig abseits, keinesfalls niedriger als jene, aber in einer völlig anderen Welt, die mit der, in der man lebte, sprach und aß, nichts gemein hatte: sie waren andere Lebewesen fremdester Konstitution, die stumme oder zumindest unbekannteste irrationale Sprache redend sich vorzustellen ihm nahe lag. Denn wenn man – ohne auch gerade biervoll zu sein – zu diesen Frauen gelangte, so geschahn die Dinge mit großer zielbewußter Fixheit, und niemandem wäre es beigefallen, etwa über Staubtücher – wie seine Mutter – oder über diophantische Gleichungen – wie die Kolleginnen – zu reden. Es erschien ihm daher unerklärlich, daß es je einen Übergang geben könne von diesen rein objektiven Themen zu jenen subjektiven, es war ihm dies ein Hiatus, dessen Entweder-Oder, (ein Urquell alles Sexualmoralismus) sich übrigens gleicherweise in der Wedekindschen Psyche leicht aufweisen läßt.

Wenn wir also Antigonus in die Konstruktion einer erotischen Begebenheit hineinsetzen wollten, so dürfte sich die Möglichkeit ergeben, daß er im Dilemma seiner Determinanten jene voluntaristische Entscheidungsfähigkeit eines verantwortlichen Ichs erlange, die ihn zu novellistischer Heldenhaftigkeit eben doch berechtigen würde.

Vorderhand geschah natürlich nichts dergleichen. Antigonus legte die Examina ab, erhielt eine Supplentenstelle mit dem Auftrage, sein nunmehr abgeschlossenes Wissen weiterzugeben, was ihm unschwer gelang, denn dieses war ihm, wie bereits berichtet, in keiner Weise persönliche Angelegenheit, sondern eben ein Paket, das nunmehr säuberlich abgeschnürt und handlich sowohl dorthin als daher gelegt werden konnte. Aus der gleichen Vorstellung heraus gab er dem Schüler kleine Paketchen seines Wissens, und dieser mußte sie ihm in Gestalt von Prüfungsergebnissen wieder zurückgeben. Wußte der Schüler nichts zu antworten, so bildete sich

Antigonus die wenn auch nicht klare Meinung, jener wolle ihm sein Leihgut vorenthalten, schalt ihn als verstockt und war solcherart mit einem gewissen Temperamente an seinem Berufe beteiligt. Hatten die Schüler sein Wissen zur Leih, so war ihm jedes Klassenzimmer, in dem er unterrichtete, bald Aufbewahrungsort eines Stücks seines Ichs, gleich wie der Kasten in seinem kleinen Monatszimmer, der seine Kleider beherbergte und die er sinngemäß als ebensolche Teile selbigen Ichs rechnete. Fand er in der Tertia seine Wahrscheinlichkeitsrechnung, zu Hause im Waschtisch seine Schuhe vor, so fühlte er sich unzweideutigerweise der Umwelt gegeben und verknüpft.

Solches Leben währte einige Jahre. Hierauf trat die von uns als notwendig vorweggenommene erotische Erschütterung ein. Um nicht fernab zu schweifen, gesellen wir Antigonus ein naheliegendes Komplement bei, nämlich seiner Hauswirtin Töchterlein, das einem meiner Freunde zuliebe Philaminthe genannt sei.

Es entsprach der Weibauffassung des Antigonus, jahrelang ohne irgend einen Wunschgedanken neben einem Mädchen einherleben zu können. Ob dieses Negativum auch der Wesenheit des Mädchens entsprochen hatte, bleibt eigentlich irrelevant, denn Antigonus wäre sicherlich nicht der Mensch gewesen, ihr bürgerliches Seufzen zu verstehn, und da es ohne männlichen Angriff eben meistens nicht geht, so wäre ihr Begehren gewißlich in Kürze eingeschlafen. Es ist daher anzunehmen, daß Philaminthes Phantasie, gleichgültig ob sie sich jemals mit Antigonus befaßt hätte oder nicht, auf auswärtige Objekte gerichtet war, und man wird nicht fehl gehn, ihr romantischen Charakter zuzusprechen. Es ist beispielsweise in kleineren Städten üblich, täglich den Bahnhof zu besuchen, um den durchfahrenden Schnellzug anzustaunen, eine Sitte, der Philaminthe gerne folgte. Wie leicht ist es nun möglich, daß ein junger Herr, am Fenster des abrollenden Zuges stehend, dem nicht unhübschen Dinge zugerufen hätte: »Komm doch mit«, eine Begebenheit, die Philaminthe fürs erste in einen blöde lächelnden Pfahl verwandelt hätte, der nur mit schweren Füßen nach Hause gelangte, nachts aber sie von nun an immer häufiger träumen ließ, daß sie mit müden, ach so müden Beinen enteilenden Zügen nachzulaufen hätte, die auf Griffweite erlangbar in nichts versanken; blickte sie dann tagsüber von der Näherei auf, stundenlang den aufreizend unvollkommenen Zickzackflug der Fliegen um die Stubenlampe verfolgend, so erstand jene Bahnhofszene aufs Neue: es wurde ihr deutlich, daß sie wohl noch auf den abfahrenden Zug aufspringen, vielleicht eine rührende Verletzung bei diesem kühnen Sprunge davontragen hätte können, um sodann gebettet auf den weichen Polstern der I. Klasse und handgehalten von ihm in die dunkle Nacht hinauszufahren; Schaffner hätte sich, nachdem er Buße für die fehlende Fahrkarte samt reichlichem Trinkgeld erhalten, unterwürfig zurückgezogen, und es blieb nur offen zu überlegen, ob im entscheidenden Augenblicke die Notbremse ihrer Ehre erreichbar gewesen wäre oder nicht, da beide Alternativen atembeklemmende Möglichkeiten boten.

In solcher Sphäre lebend, hatte sie also wenig Sinn für Antigonus, denn wenn sie auch nicht seine grau gestrickten Socken, die sie ausbesserte, gestört hätten – auch den Schnellzugsgeliebten würde sie wohl nicht anders grausockig präzisiert haben, wenn sie sich die Frage überhaupt vorgelegt hätte –, so stand doch fest, daß Antigonus seine Sonntagsausflüge mit Rucksack und Gamsbart IIIer Klasse besorgte, und selbst der Hinweis auf die Pensionsfähigkeit seiner Laufbahn hätte nicht vermocht, ihr Blut rascher fließen zu lassen.

So versteht es sich, daß diese beiden Menschen nur aus raumzeitlicher Zufälligkeit aneinander geraten konnten, daß in grob-materialer Dunkelheit sich ihre Hände aus wirklichem Zufall begegneten und daß das Begehren, das jäh zwischen Männer- und Frauenhand da emporflammte, zu ihrem eigensten Erstaunen es tat. Sie sprach die reinste Wahrheit, als sie, an seinem Halse hängend, wiederholte:»ich wußte ja nicht, daß ich dich so lieb habe«, denn das konnte sie vorher wahrlich nicht wissen.

Antigonus fand sich durch den neuen Sachverhalt einigermaßen beunruhigt. Er hatte nun den Mund stets voll Küssen, und stets sah er die Türwinkeln ihrer Umarmungen, die Bodenstiege ihrer raschen Zusammenkünfte vor sich. Schläfrige Pausen erlebte er am Katheder sitzend, kam mit dem Lehrstoff nur ruckweise vorwärts, hörte den Prüflingen nur zerstreut zu und schrieb indessen »Philaminthe« oder »ich habe dich lieb« aufs Löschblatt, dies jedoch keinesfalls in normaler Buchstabenfolge, sondern er verteilte, damit des Herzens Geheimnis sich nicht verrate, die Buchstaben nach willkürlich erklügeltem Schlüssel über das ganze Löschblatt, wobei die nachträgliche Wiederzusammensetzung der magischen Worte ein zweites Vergnügen an ihnen darstellte.

Wenn er dabei Philaminthes über alle Maßen gedachte, so sah er sie allerdings nur in ihrer flüchtigen Geschlechtsbereitschaft. Hinter den Türen Geliebte, in der Öffentlichkeit neutrale Gesprächspartnerin – das heißt, man sprach vom Essen und der Häuslichkeit –, war ihm das Mädchen doppeltes Lebewesen geworden, und während er des einen Namen sehnend aufs Löschpapier malte, war ihm das andre gleichgültig wie ein Möbelstück.

Philaminthe, dieserhalb weniger punktuell veranlagt, faßte eines Tages ihre Erkenntnis in die glücklich gefundenen, glücklich gewählten Worte: »Du liebst nur meinen Körper«, und wenn sie auch zwar nicht recht wußte, was sonst Liebenswertes an ihr zu finden wäre, ja wenn sie sich – und da kann Wedekind wieder als Zeuge angerufen werden – auch wahrscheinlich jede andre Art Liebe verwundert verbeten hätte, so war dies weder ihr noch ihm bekannt, und beide empfanden die aufgeworfene Tatsache als Kränkung.

Antigonus nahm sichs zu Herzen. Hatte ihr Liebesspiel bis jetzt erst nachmittags begonnen, wenn er aus der Schule heimkehrte und die Mutter ausgegangen war, während stiller Übereinkunft gemäß der Morgenstunden relative Ungewaschenheit von dieser ästhetischen amourösen Tätigkeit ausgeschlossen geblieben war, so bemühte er sich nunmehr, die Universalität seines Liebens durch dessen Ausdehnung auf sämtliche Tagesstunden zu beweisen. Nie verabsäumte er in der Folge, den ihm knapp vor dem Schulgange gebrachten Kaffee rasch schlürfend, ihr einige innige und leidenschaftliche Worte zuzuraunen, und die Zusammenkünfte auf der Bodenstiege, früher bloß ein eilendes und ununterbrochenes Finden von Mund zu Mund, wurden nun vielfach zu einem sinnigen, stummen Aneinanderpressen und Handverschränken verwendet. Auch sie schien Zugang zu seinem Geiste zu suchen: korrigierte er abends seine Hefte und waren sie allein zu Hause, so wurde diese Zeit oft nicht mehr zu tollen Umarmungen verwendet, sondern sie nötigte ihn bei seiner Arbeit zu bleiben, die er unter der Petroleumlampe am Speisezimmertische ausführte, räumte inzwischen im Halbdunkel beim schön geschnitzten Anrichteschranke und kam nur manchmal zu ihm, seinen blonden unter der Lampe gebeugten Scheitel, der wenigen Haarschuppen nicht achtend, zu küssen, oder, Hand auf seiner Schulter oder Schenkel ruhend, sich still und traulich zu ihm zu setzen.

Wir wollen nicht rechten, ob die Mutter in Hinblick auf seine Pensionsfähigkeit häufig genug abwesend war, denn weder Antigonus noch Philaminthe dachten in ihren Seufzern vorderhand an bürgerlichen Segen, vielmehr hegten sie eine panische Furcht vor plötzlicher Heimkehr der Alten, hatten für diesen Augenblick immer einen genau festgelegten Sitz- und Beschäftigungsplan parat, um den Kupplerblick, soferne die abgearbeitete Alte einen solchen gehabt hätte, was aber schließlich doch nicht unwahrscheinlich gewesen wäre, mit Harmlosigkeit aufzufangen.

Es war also keineswegs Angst vor der Ehe, deren Joch er in seiner Liebesbereitschaft sogar willig akzeptiert hätte, die ihn in einen Zustand des Unbehagens brachte, sondern wir müssen, soferne wir die Setzung dieses Unbehagens gelten lassen, uns der schematischen Weibauffassung erinnern, in der Antigonus früher lebte, um zu verstehn, daß ihm die neue Sachlage nicht sonderlich adäquat sein konnte und daß sich Komplikationen ergeben werden. Es könnte beispielsweise Antigonus an seiner steten Aufgabe zur Gefühlssteigerung, an seiner unausgesetzten Spannung, das »ich-hab-dich-lieb«, das beim ersten Kusse zwar erstaunlich aber immerhin einfach ins Wort trat, jetzt mit einem Pathos erfüllen zu müssen, dessen Arsenal keineswegs einfach zu handhaben war, glattweg ermüden und sich aus seiner komplizierten Hingabe nach jenen einfachen und ruhigen Formen der Liebe sehnen, die einst die ausschließlichen für ihn waren; ein Augenblick der Hemmungslosigkeit könnte bald eintreten, und Antigonus würde fliegenden Pulses zum Ziel der Sehnsucht seiner niedrigen Lüste enteilen, um allerdings alsobald, im gleichen Tempo und in schweigender Angst vor dem Spezialarzte, zu Philaminthe zurückzujagen, die Sprachlose mit der Erzählung einer romantischen Verführung – die Frau eines Generals zog ihn in ihr Haus und Schlafgemach – imponierend zu überrumpeln. Wir wollen den sich anschließenden atemlosen Dialog Heinrich Mann überlassen und uns nach anderen Kombinations- und Entwicklungsmöglichkeiten umsehn.

Antigonus malte nach wie vor Philaminthes Namen auf Löschblätter, doch ohne Teilnahme, setzte das Wort auch nicht wieder aus kunstreicher Zersplitterung zusammen, sondern verfolgte mit gereizter Aufmerksamkeit die Schüler, die weniger denn je wußten. Die Anspannung seiner Gefühle hatte ihm den Begriff des Seienden verschoben: lag es früher in seinem kleinen Wissen, das er mit den Schülern tauschte, in den Kleidern, die er in bestimmter Ordnung anlegte, in der pflichtgemäßen Rangordnung, in der er mit Vorgesetzten und Gleichgestellten zu verkehren hatte, so hatten diese unzweifelhaft berechtigten Belange nunmehr unliebsamerweise in seinem Ich keinen Platz mehr: Philaminthens Aufgabe, die er eben wie jede andere voll auf sich genommen hatte, war eine Unendliche, denn mehr als ihren Körper lieben, hieß nach einem unendlich fernen Punkte streben, und dies zu vollziehen, bedurfte es aller Kräfte der armen, erdgebundenen Seele. Und muß diese das aufgeben, was ihr wirkliche Welt bedeutete, also ihr ausgebreitetes metaphysisches Werterlebnis, so ist sie leicht geneigt, nicht nur sich selbst, sondern auch das ganze wunderbare Phänomen ihres bewußten Seinsbestandes zu entwerten und zu negieren.

Alles Unendliche ist einmalig und einzig. Und da des Antigonus Liebe sich bis ins Unendliche projizierte, wollte sie auch einzig und einmalig sein. Dem aber stand die Bedingtheit ihres Werdens gegenüber. Nicht nur, daß er zufällig gerade an das Gymnasium dieser kleinen Stadt versetzt wurde, nicht nur, daß er zufällig gerade bei Philaminthens Mutter Zimmerherr werden mußte: es war die wahllose Zufälligkeit des so plötzlich perfektionierten Liebesbeginns, die er nunmehr als Ungeheuerlichkeit empfand, und die Erkenntnis, daß das Begehren, das damals zu ihrem Erstaunen in ihren Händen emporschoß, das gleiche sei, das er in den Armen jener Frauen erlebte, die er jetzt als Huren beschimpfte. Doch hätte er sich über diesen Mangel an Einmaligkeit, so sehr er ihn auch wirklich schmerzte, von seiner Seite schließlich hinweggesetzt, wenn er ihn nicht folgerichtigerweise auch bei Philaminthen hypostasieren hätte müssen. Denn das Subjekt kann in seinem Streben nach Unendlichkeit zu eigen erlebter, einmaliger Universalität vielleicht wachsen, seinen objektiven Gegenpol zu gleicher Größe zu erweitern, bedarf es aber einer Phantasie, die wohl Dante, jedoch kaum Gabriel Rossetti, zum wenigsten Antigonus aufbrachte. Dies heißt aber, daß er die Flamme des Begehrens stets um Philaminthens Hände sah und, obwohl ihrer Treue sicher, an der Möglichkeit ihrer Untreue leiden mußte und sicherlich tiefer als er es in jedem materialen Fall vermocht hätte.

So wurde er nicht nur in der Schule unleidlich, sondern auch dem Mädchen gegenüber. Setzte sie sich, ihrer Gartenlaubenhabitüde folgend, traulich zu ihm, so riß er sie manchmal an sich, biß ihr die Lippen wund, um sie ein andermal wieder ungelenk wegzustoßen; kurz, er äußerte alle Ungezogenheiten der Eifersucht in ihrer rüpelhaftesten Form. – Es muß eigentlich nicht eigens erzählt werden, denn es versteht sich von selbst, daß Philaminthe schon längst, in Mutters Eßzimmer, Antigonus Geliebte geworden war. Wenn sie damals ihre letzte Gunst, wie sie das nannte, was in Ansehung des von allem Anfang an als selbstverständlich Gewährten eher als symbolische Besitzergreifung zu bezeichnen wäre, wenn sie diese letzte Gunst auch lange hintangehalten und sich eigentlich erst gegeben hatte, als er, um ihr eben zu beweisen, wie seelisch er liebe, keinerlei diesbezügliche Wünsche und Gesten mehr äußerte, so lag es jetzt auf dem Wege ihrer gradlinigen Phantasie, daß sie, keiner Schuld sich bewußt, die Krise, die sie mit Verständnislosigkeit an ihm bemerkte, durch die verpönte körperliche Liebe zu heilen suchte, ihm eifrig das entgegenbringend, was sie sonst, schelmisch erhobenen Fingers, ihm so gern verzögerte. Die Arme! sie wußte nicht, daß sie damit nur Öl ins Feuer goß. Denn wenn Antigonus die sogenannte Gunst auch nicht verschmähte, so war es nachher um so ärger, denn um so klarsichtiger erkannte er, daß das ihm Geschenkte ebensowohl und mit gleicher Leidenschaft jedem andern hätte zuteil werden können.

Er hatte sich nie mit andern verglichen, hatte stets seinen Unwert nur an der Unendlichkeit seiner Aufgabe gemessen.

Nun sah er auch mit Schrecken, daß eine Unzahl junger und eleganter Männer durch die frühsommerlichen Straßen sich bewegten, und nie verließ ihn mehr der Gedanke, daß jene mit Leichtigkeit und im Meßbaren bleibend, lächelnd über ihn, den Über-sich-ausholenden, nicht nur Philaminthens, nein aller Frauen Liebe genössen, die allesamt für ihn bis jetzt unberührbar, doch nichts anderes seien als schlechte Weiber.

Zur ihr zurückkehrend, würgte er sie am Halse mit der Motivierung, niemand, hörst Du, niemand könne und werde sie je so lieben wie er, und die Tränen des entsetzt geschmeichelten Mädchens, dessen romantischer Sinn die Situation bejahte, flossen mit den seinen zusammen, beschließend, daß nur der Tod von solcher Qual erlösen könne.

Philaminthens Phantasie nahm das Wort des Sterbens auf und wandelte die Vorzüge der Todesarten ab. Die ungestümen Formen ihrer Liebe forderten ein großes Ende, und sie hätte sich nicht gewundert, hätte ihnen Edschmid 16 gedungene Mörder auf den Leib geschickt. Da dies jedoch nicht geschah und sich auch nicht die Erde zu erwünschtem Beben öffnete, noch der Hügel vor der Stadt Lava zu speien anfing, vielmehr Antigonus trotz schmerzverzerrter Miene täglich zur Schule wandelte und sie schon voll blauer Flecke war, vermochte sie ihn, ein Ende zu bereiten, daß er einen Revolver erstünde. Er fühlte, und wir, die wir es herbeiführen, mit ihm, daß damit die Würfel gefallen seien. Mit trockenem Munde, feuchten Händen betrat er das Waffengeschäft, stotternd das Verlangte bezeichnend und gleich sich entschuldigend, daß er solches zu seiner Verteidigung auf einsamen Wanderungen benötige. Mehrere Tage hielt er seinen Kauf verborgen, und erst, als sie, eines Morgens den Kaffee bringend, ihm mit zurückgeworfenem Kopfe zuflüsterte: »Sage mir, daß du mich liebst«, legte er ihr zum Beweis die Waffe auf den Tisch.

Nun erfolgten die Dinge mit großer Eile. Den nächsten Sonntag trafen sie sich, sie einen Besuch bei einer Freundin vorschützend, wie so oft, im Nachbarorte zu gemeinsamer Wanderung. Ein letztes Mal sich in den Armen zu ruhen, hatten sie einen verschwiegenen Waldplatz mit schöner Fernsicht auf Berg und Tal gewählt, dem sie nun zustrebten. Aber der Blick, dessen Weite sie sonst als schön bezeichneten, sagte ihnen in ihrer Beklommenheit nichts mehr. Sie durchstreiften bis in die Nachmittagsstunden ziellos den Wald, hungrig, da das Essen nicht zum Tode paßte, und ruhten endlich wahllos und erschöpft zwischen den Büschen. »Es muß sein«, meinte Philaminthe, und Antigonus zog die Waffe hervor, lud sie behutsam, legte sie vorsichtig neben sich nieder. »Tus rasch«, befahl sie und schloß in letztem Kusse die Arme um seinen Hals.

Über ihnen rauschten die Bäume, Licht brach in kleinen Flecken durch leichtbewegte Buchenblätter, und weniges sah man vom wolkenlosen Himmel. Der Hand erreichbar lag der Tod, man mußte ihn bloß aufnehmen, jetzt oder in zwei Minuten oder in fünf, man war völlig frei, und der Sommertag war zu Neige, ehe ihn die Sonne verblaßte. In einer einzigen Handbewegung konnte man die Vielheit der Welt erledigen, und Antigonus empfand, daß sich eine neue und wesentliche Spannung zwischen ihm und jenem Komplexe auftat. Der Freiheit eines einigen und einfachen Entschlusses gegenüber wurde auch dessen Willensobjekt zur Einheit, wurde rund und schloß sich in sich, handlich in seiner Totalität wurde es problemlos und ein Wissen der Ganzheit, wartend, daß er es aufnehme oder wegstelle. Eine Struktur absolut ausgehender Ordnung gelöster Klarheit, höchster Realität ergab sich, und es wurde sehr licht in ihm. Fernab rückte der Totaleindruck der Welt, und mit ihm versank das Gesicht des Mädchens unter ihm, doch verschwanden sie keineswegs völlig; vielmehr fühlte er sich jener Weltlichkeit und dem Weibe intensiver gegeben und verknüpft denn je, erkannte sie weit über jede Lust hinaus. Sterne kreisten über dem Erleben, und durch den Fixsternhimmel hindurch sah er Welten neuer Zentralsonnen im Gesetze seines Wissens kreisen. Sein Wissen war nicht mehr im Denken des Kopfes; erst glaubte er die Erleuchtung im Herzen zu fühlen, aber sie dehnte sich, sein Ich mitweitend, über ihn hinaus, floß zu den Sternen und wieder zurück, erglühte in ihm und kühlte in sehr wundersamer Milde, öffnete sich und wurde zu unendlichem Kusse, empfangen von den Lippen der Frau, die er als Teil seiner selbst und doch schwebend in maßloser Entfernung erfaßte und erkannte. Denn das Ziel des Eros ist das Absolute, das erreicht wird, wenn das Ich seine brückenlose, hoffnungslose Einsamkeit und Idealität, über sich und seine Erdgebundenheit hinauswachsend, dennoch durchbricht, sich abscheidet und im Ewigen Zeit und Raum hinter sich lassend die Freiheit an sich erwirbt. Im Unendlichen sich treffend, gleich der Geraden, die sich zu ewigem Kreise schließt, vereinigte sich die Erkenntnis des Antigonus: »Ich bin das All« mit der des Weibes: »Ich gehe im All auf« zu letztem Lebenssinn. Denn für Philaminthen, im Moose ruhend, erhob sich das Antlitz des Mannes zu immer weitern Fernen und drang dennoch immer tiefer in ihre Seele, verschmolz mit dem Rauschen des Waldes und dem Knistern des Holzes, mit dem Summen der Mücken und dem Pfiff der Lokomotive zu einem rührenden und beseligenden Schmerze der vollkommenen Geheimnisenthüllung eines empfangenden und gebärenden Wissens des Lebens. Und während sie die Grenzenlosigkeit ihres wachsenden und erkennenden Fühlens entzückte, war ihre letzte Angst, solches nicht festhalten zu können: geschlossenen Auges sah sie vor sich vom Rauschen und von Sternen umgeben, das Haupt des Antigonus, und ihn lächelnd von sich haltend, traf sie sein Herz, dessen Blut sich mit ihrer Schläfe vermischte. – – Es ist der anmaßende Irrtum der Naturalisten, daß sie den Menschen aus Milieu, Stimmung, Psychologie und ähnlichen Ingredienzen eindeutig determinieren zu können vermeinen. Wir wollen uns hier mit der materialistischen Beschränktheit nicht auseinandersetzen und bloß anmerken, daß der Weg Philaminthens und Antigonus wohl zur Ekstase hätte führen können, um in ihr den unendlich fernen Punkt eines außerhalb der Leiblichkeit und doch in ihr eingeschlossenen Liebeszieles zu finden. Da aber, wie gesagt, das Menschliche keineswegs eindeutig ist, so ist immerhin auch anzunehmen möglich, daß der Weg vom Schäbigen ins Ewige für Antigonus und Philaminthe vorzeitig gebrochen worden wäre. Wenn auch die Todesbereitschaft als solche eine gewisse Katharsis bildet, deren logische Lösung und Folge als eine kleine spießbürgerliche Befreiung ihrer armen Seelen zu denken ist, als eine Festigung der Seinsanschauung aus Labilität ihrer kleinen Qual, so wäre, nachdem sich die Dinge zwischen den Gebüschen eben bloß in gewohnt plumper Ungelenkheit vollzogen hätten, nichts andres übrig geblieben, als das soit disant natürliche Ende. Spät abends hätten dann Antigonus und Philaminthe den letzten Zug erreicht, um einem Brautpaare schon gleich in einem Wagen erster Klasse, Hand in Hand, der Heimat zuzueilen. Würden Hand in Hand vor die ängstlich harrende und erschreckte Mutter hintreten, und pathetischen Gestus des Nachmittages beibehaltend, kniet der Pensionsfähige auf dem grünlich schimmernden Linoleumboden nieder, den mütterlichen Segen zu empfangen.

Jedes Kunstwerk muß exemplifizierenden Gehalt haben, muß in seiner Einmaligkeit, die noch durchaus nicht Eindeutigkeit sein muß, die Einheit und Universalität des Gesamtgeschehens aufweisen können. Wir haben uns nichts vorgeflunkert, haben unsere Geschichte nach ihren Möglichkeiten hin durchdacht und darnach gemeinsam konstruiert. Wir wollen uns gegenseitig nichts vormachen, wir wollen uns aber auch nicht verhehlen, daß unsere Geschichte sehr schön ist.

# Ophelia
*Novelle*

Dies ist bloß scheinbar eine komplizierte Geschichte: wir werden sie späterhin in ihre Bestandteile auflösen und über ihre Einfachheit vielleicht erstaunt sein. Oder wir werden vielmehr nicht erstaunt sein, denn wir wissen bereits, daß die Literatur von ganz wenigen, simpelsten Problemen lebt, die – Hamlet im Frack – immer nur in neuem Kostüm auftreten. Ja, man könnte so weit gehen zu behaupten, daß aus jedem oder zumindest jedem reicheren Dichtwerk (ich vermute allerdings auch aus jedem Schund) sich sämtliche möglichen Probleme deduzieren ließen. Um etwa bei Hamlet zu bleiben: welche Menge von Literatur steckt in der Frage, warum sich Ophelia dem Hamlet versagt hat.

Nördlich der Alpen und gar im Gebiet der nördlichen Meere gibt es wohl überhaupt keinen richtigen Sommer. Im Süden ist es ein seltenes und fast kostbares Phänomen: kühle, frühlingshafte Luft streicht durch die Bäume des Parkes und vermag die Blätter, die schon dunkler sind und starr, als erwarteten sie den Hauch des Todes, kaum zu bewegen. Dann ist es, als ob Frühling und Herbst sich begegneten und sich die Hand reichten. Hier im Norden ist dies alltäglich. In jedem Sommertag steckt ein Stück Frühling und ein Stück Herbst, ohne sich zu durchdringen. Und es mag wohl auch sein, daß das Wesen des nordischen Menschen solchen Zwiespalt widerspiegelt, die Unjugendlichkeit seiner Jugend, die Knabenhaftigkeit seiner Reife, ein Pendeln zwischen Sentiment und Skepsis, das bei den Russen bis zur Weisheit ausschlägt. Wundervolle Zeit zwischen Jugend und Alter – du hast hier nicht die kraftvolle Mittagshöhe, von der man uns gefaselt hat, sondern die Möglichkeit, noch ohne Bedauern des Frühlings zu gedenken, dennoch schon wissend, wie tief wir ihm nachtrauern werden.

Immer wenn sie Smetanas ›Moldau‹ hörte, erschien ihr der Name des repräsentativen böhmischen Flusses diesem volkstümlichen und irgendwie vollkommenen Musikstück wie von außen angeheftet, denn seine Wellen, kommen sie auch vom Rheingold her, waren ihr wie ein naiver und äußerst reizvoller Ausdruck einer vielleicht mährischen oder böhmischen Landschaft mit wogenden Weizenfeldern. Nun, da sie durch die Felder schritt, waren ihre Gedanken der Melodie verhaftet, als sollten sie niemals mehr von ihr wegkommen.

In sachtem Anstieg erreichte sie das Ufer der Felder. Der Weg, den sie gegangen, ein dürres und bröckelndes Rasenband zwischen den beiden harten Radfurchen, die das bäuerliche Fuhrwerk, wenn es zum Frühjahrsanbau ging, in den weicheren Boden gegraben hatte, mündete auf einen Wiesenstreifen, der wie ein beschatteter Meeresstrand zwischen dem sonnig gelbwogenden Weizen und dem Walde lag. In der Kühle dieses Anblickes erstummte die derbere Musik in ihrem Innern, vielleicht auch, weil das leise Pochen des erhitzten Blutes an ihren Schläfen sich beruhigte, und gab einer zarteren Weise Raum, die allerdings so unhörbar leise war, daß sie sie gar nicht erfaßte. Denn diese unfaßbare Musik, die den Menschen so stet und unfehlbar begleitet wie das Denken selber, ist nur wenigen, man sagt in solchen Fällen Gottbegnadeten, zu heben verstattet. Das silberne Rauschen der Blätter, das jetzt vom Waldrand her in den Wind sich verfing, [und das] sie entzückt vernahm, war für sie bloß eine Stimmung, die in Leichtigkeit und Feinheit sich fast verflüchtigte, während sie für Mozart zu einem der silbernen Tragbalken unantastbarer Logik geworden wäre.

Nun dachte sie teils belustigt, teils unmutig daran, daß diese Zusammenkunft doch von recht umständlicher Romantik wäre, und sie schämte sich fast vor ihrem Partner und für ihn, daß er sich dieses kindische Spiel und den langen Weg in der Nachmittagshitze von ihr anbefehlen hatte lassen. Dennoch wäre sie mit Recht zornig gewesen, wenn er die Vereinbarung nicht eingehalten hätte und fand es selbstverständlich, daß er ihrer bereits harrte. Er lag, die Anmut dieser Landschaft offenkundig genießend, in halbaufgerichteter Stellung am Waldesrand, und als er ihr Nahen hörte, ging er ihr entgegen.

Sie hatten eine kleine Stunde Waldwanderung vor sich, um das romantische Ziel zu erreichen. Es ist nicht unmöglich, daß sie, den literarischen Zweck des Ausfluges ahnend, dieses Ziel, eine Burgruine in malerischer Lage, in Anlehnung an

Goethes ›Novelle‹ gewählt hatte, denn fast erwartete sie, dem phantastischen Landschaftsbild, das ihr mit dem Gedanken an das Goetheische Meisterwerk stets vor die Seele trat, nunmehr in aller Realität zu begegnen. Was sie nun sahen, war allerdings heroisch genug: der Wald, oder richtiger der Berg, hörte jäh auf, wie mitten entzwei gebrochen, und stürzte felsig und nackt in die Ebene, an deren Rand in ungeordneten Haufen und Hügeln, grünbewachsen und mit friedlicher Kultur überdeckt, die Reste des einstigen Bergsturzes verstreut lagen. Zwischen diesen Hügeln und knapp an den felsigen Sturz hatte sich aber der Fluß herangedrängt, und es war, als ob das Gemäuer, das mit Kühnheit und eigentlich mit echter Ingenieurkunst des zwölften Jahrhunderts in die Felsen verankert und eingebaut war, nunmehr unmittelbar aus dem Wasser herauswüchse.

So war der Eindruck trotz aller Lieblichkeit der Landschaft fast ein heroischer, nicht anders etwa als in einem Beethovenschen Symphoniesatz oder der Appassionata, in der das Gewaltige im Lieblichen selber begründet ist. Und dieser Eindruck war so stark, daß es sie überkam wie ein schmerzliches und fast tragisches Abschiednehmen von dem Menschen, der sie, kaum bemerkt, begleitet, und dem sie sich doch eben erst zu einem freundlichen und gewichtlosen Spiel verbunden hatte. So saßen sie schweigend auf den verwitternden Steinen der Burg und sahen auf die Ebene hinaus, die im Lichte der langsam sinkenden Sonne zu einem dunstigen Meer zusammenwuchs, so daß sie alsbald glaubten, die Ebene vor ihnen und die Felder, die sie nachmittags durchschritten hatten, flössen zu einem großen Gewässer zusammen, aus dem ihr Berg wieder als jene Insel aufragte, die er seiner geologischen Formation nach in der Vorzeit gewesen war. Spannendes, ja angstvolles Schauspiel des Sonnenuntergangs: als sich das Gestirn rötlich dem westlichen Rand der Ebene zuneigte, wo dunklere Wolkenstreifen jetzt auftauchten, als wollten sie das schmerzliche Verschwinden verbergen wollen, und als das Gestirn wie eine Verurteilte und unaufhaltsam in sie eintauchte und nur mehr der Schein des Gewesenen noch dahinter aufleuchtete, da sagte der Mund des Mädchens, ihrer eigenen Sprache und ihrem eigenen Wollen entrückt: »Leb wohl.« Und gleichsam erschreckend

ob dieses fürchterlichen und doch schönsten Wortes, erschreckend, daß sie damit nicht nur dem verschwundenen
Tage und dem entschwindenden Jetzt den Abschied gegeben
hatte, sondern damit auch ihm, der ein Teil dieses Tages
gewesen war, und als wollte sie ihn ob dieses Abschiedes um
Verzeihung bitten und dennoch den Abschied noch schmerz-
licher und voller gestalten, ja sagen wir sogar grauslicher,
sank sie dem fremden Mann an die Brust, dankbar, daß er
ihre Lippen nicht suchte und ein wenig enttäuscht.

In dieser Nacht warf sich Erinnerung über sie. Ja, sie
waren einst seßhaft gewesen. War es nicht das Schloß am
Meer? Seine Mauern tauchten jäh und steil in ihr auf, tauchten in das grünliche Wasser, von glattem, fettem Tang behängt, wenn die Flut, wie jetzt das Vergessen, sich zurückzog, und dann konnte man die Klippen am Fuße des Ge-
mäuers sehen. Diener verneigten sich, wenn man vorbeikam
und alte Frauen gab es mit Köpfen wie weißhaarige Schlan-
gen, so breit war der Mund vor Zahnlosigkeit geworden und
so lang und dürr der Hals. Man hatte es gut unter ihrem
Schutz, und wenn sie den letzten Zahn verloren hatten,
rochen sie auch nicht mehr aus dem Mund. Und wie gerne sie
kuppelten. Wie betrieben sie ihre Verlobung mit dem Prinzen: ihr, die doch nichts anderes wünschte, zusprechend, als
ob sie von ihm nichts wissen wollte, so daß sie sich schließlich, vielleicht, um ihnen Freude zu machen, tatsächlich
wehrte. Noch fühlte [sie] es, wie gut es war, sich dorthin
schieben zu lassen, wohin man doch wollte und sich dabei
ganz schwer zu machen und unbeweglich und steif. Und es
war eine unbändige und wohl auch fröhliche Spannung, die
nun zwischen ihr und dem Prinzen lag – wie fest und seßhaft
war das Leben, so eindeutig und klar wie die Fanfare des
Türmers, mit der er sie stets begrüßte, wenn sie ins Schloß
zurückkehrten, und weil sie sich dieser Angestammtheit, dieses Bleibens und [dieser] edlen Gebundenheit so sehr freuen
konnten, war ihr Spiel Ungebundenheit und ein zitterndes
Provisorium. Dann hörte sie noch den Türmer den Abschiedsgruß blasen, Troßknechte saßen auf, Hellebarden
wurden auf den Steinboden gestoßen, der König selbst trat in
die Tür und der Prinz ritt davon zu baldiger Wiederkehr. Wo
war er jetzt? Wieder stieg die Flut des Vergessens die Mauern

hinauf: noch sah sie das Schloß, ragend wie Monsalvatsch mit leuchtenden Zinnen im Golde des Sonnenlichts, und als es dunkel wurde, zogen Schwäne über das schwärzliche Wasser. Eine schwarze Fahne weht vom Turm. Auf der Terrasse vor dem erleuchteten Schloß steht der Komtur, seinen Sohn Hamlet anrufend – sie aber in der Loge, hält Hamlets Kopf angstvoll in ihrem Schoße verborgen, schließt mit ihren Küssen sein Ohr, damit er den Ruf nicht höre und ihm der Mörder kein Gift einträufeln könne. Ach, es war Yoricks Schädel, den sie in der Hand hält, und der Komtur stößt Hamlet in die Wogen der Hölle, die grünlich, schwarz und mit weißen Schaumköpfen ansteigen und das Schloß verschlangen.

Erwachend, fand sie sich in dem Gefühl einer außerordentlichen und beseligenden Sicherheit. Es war, als hätte sie bisher irgendwo auf Einlaß gewartet und nun hatte man die Türen geöffnet und ein Weg großer Folgerichtigkeit läge vor ihr. Sie gedachte des gestrigen Tages und fand es richtig, daß er mit der Schwermut eines großen Abschiedes geendigt hatte: denn nun erschien ihr dieser Tag wie eine unbewußte Ouvertüre des Kommenden, und sein Abschied war kein Abschied, sondern ein prophetisches Ahnen des Ausgangs, den sie doch nicht fürchtete, sondern als eine heitere Notwendigkeit vor sich sah. Vielleicht ist es sogar die romantische Aufgabe jeder Ouvertüre, das Tragische der Zukunft in der Zartheit des Vorausahnens zu einem sanfteren Sollen aufzulösen, so daß es fast zu einem Wollen wird, zu einem Hineingleiten und sich Hingeben an eine vorgezeichnete Gebundenheit, die dem Ewigen verwandt ist.

Doch jener Abschied, war er wirklich bloß das Vorausahnen des kommenden und vielleicht supremsten? War er nicht auch der kleinere und banalere Schmerz der Trennung von dem bisherigen Leben, und wäre es bloß deshalb, weil nach der Ouvertüre der Vorhang aufgehen wird und alles, was vordem gewesen, zitternde Vorfreude ward und das, was kommt, die Hoffnungslosigkeit des Endgültigen? Sie dachte an ihren Verlobten, nachsinnend, ob nicht ihm eher jener Abschied gegolten habe als dem Fremden, dem sie an die Brust gesunken. Doch wie sie seiner gedachte, merkte sie, daß das Gefühl der Sicherheit, das sie eben noch beglückte, ihr auch schon entglitt. Jene Sicherheit, in der sie sich aufrecht gehalten fühlte, verspannt mit gut verankerten Drähten nach allen Seiten, nicht anders wie ein Antennenmast, der auf kleinster Basis, ja eigentlich bloß auf einem einzigen Punkt der tragenden Kugel, im Gleichgewicht ruht des Netzwerks der verspannten Drähte und in der summenden Musik ihrer Straffung – diese Sicherheit entschwand, die Drähte wollten schlaff werden, da das Bild des Verlobten auftauchte. Zorniger Unmut erfaßte sie gegen ihn, doch sie erschrak als sie inne wurde, daß es nicht einmal sein Bild war, das dieser Erlahmung Ursache war. Ihre Vorstellung konnte seine Gestalt nicht erhaschen. Irgendwie war es wie im Kino, wenn der Film abreißt: plötzlich statt des Bildes die weiße, flimmernde Leinwand; die Musik spielt noch ein paar Takte, und dann bleibt auch sie mitten in dem kleinen Walzer stecken. Noch ist die Leere des Gesichts und des Ohrs lebendig, und man sitzt in großer Erwartung, ob der Bogen der Spannung die Leere zu überbrücken vermag. Nun wird der Bogen immer flacher, schon droht er abzureißen, da zittert im letzten Augenblick das Bild wieder auf, die Musik setzt dann, als wäre sie durch eine falsche Tür hereingekommen, mitten in dem abgerissenen Takt wieder ein, und wir sind glücklich. Wehe aber, wenn die Spannung nicht durchhält, wenn sie schlaff wie eine abgerissene Saite zu Boden fällt und es in aller Verlegenheit hell im Saale wird: schamvoll möchten wir flüchten und den Operateur ermorden.

Da nun sein Bild – doch es war kein Bild, sondern ein weißer Leinenfleck – die Musik und die Sicherheit ihrer Seele abriß, hätte sie flüchten mögen, doch nicht ohne den Verlobten vorher ermordet zu haben. Wer war er, dieser Körper, der nun in unvorstellbarer Ferne seiner Nahrung und seiner Verdauung nachging? Mühsam rekonstruierte sie sein Gesicht; doch stets wurde es das eines Photographiealbum: grauenhaft, die stets neue Entdeckung, daß alle diese Männer, alle diese Frauen das gleiche Gesicht besitzen und es unverständlich ist, warum dieser jene geliebt, warum diese mit jenem im Bette Kinder gezeugt hat. Einzige Hoffnung, daß alle diese Leute nach irgend einem von der Daguerreotypie nicht festgehaltenen, individuellen Geruch zueinander gefunden hatten. Nun kam es ihr aber vor, ihr Verlobter

rieche nach verstaubtem Papier und Golddruck, obwohl er
doch ein junger Mensch war. Sie ging zum Schreibtisch, um
sein Bild zu betrachten. Es war sein Gesicht, jenes Gesicht,
das sie noch als Knaben- und Kinderantlitz kannte und nun,
sonderbar groß geworden, in der Erwachsenheit verschwand
wie die bleiche, nach oben gekehrte Maske des Ertrinkenden
im Sumpfe. Noch greift man mit Eile hinein, um das Haupt
an den Haaren herauszuziehen, doch in dem hellgrünen
Wasser verfehlt man die Entfernung und das Antlitz entschwindet mit Körper und Seele auf Nimmerwiedersehen.
Denn nimmersatt sind Sümpfe. Ja, es war sein Gesicht, stand
schreckhaft aus dem Kragen des Hemdes heraus wie einer,
der den Kopf über die Gartenplanke hängen läßt, und nichts
war dahinter. Wie unvorstellbar war dieses Hemd: nahm es
überhaupt kein Ende, wie die Gewänder der Nebeljung-
frauen, oder war es in eine Hose gestopft? Unvorstellbar die
Brustwarze, die es doch verbergen mußte. Sie hielt die Linke
an die Brust, als wollte sie es verhüten, daß sich etwas oder
einer darauf lege. Und während in ihrer Rechten, leicht
gekrümmt, als umfaßte sie ein kugelförmiges Gebilde, doch
bloß die kleine, flache Photographie ruhte, sagte sie, bevor
sie es auf den Schreibtisch zurückstellte, »Poor Yorick«.
    War die Spannung ihrer Sicherheit nunmehr endgültig
abgerissen? Die Szene währte einige Sekunden, sicherlich
keine Minute, und dennoch war die Saite bereits so welk und
schlaff geworden, daß sie kaum einen Ton mehr von sich
geben wollte. Die Musik war verloschen, und als sie sie
suchte, fand sie bloß einen kleinen, banalen Jazz »Poor
Papa«, an dem sie sich anklammerte, um sich wieder an Bord
zu ziehen. Einen Augenblick glaubte sie, einen fremden
Schatten zu sehen, der sich lautlos im Boot aufrichtete und
ihr die Hand zur Hilfe über den Nachenrand entgegen-
streckte. Aber sie scheute sich, die Hand zu berühren.
Konnte der Fremde in der Entscheidung, die es zu treffen
galt, die doch schon getroffen war, eine Rolle spielen? War er
nicht nur Symbol, wie der Verlobte Symbol eines Vergangenen war? Er stand an der Schwelle, als sie sie überschritt.
Mehr wußte sie nicht, wollte sie nicht wissen. Doch da sie
jetzt am Fenster lehnte, kühle, sommerliche Morgenluft mit
dem ganzen Körper einatmend und den Park betrachtete,

der wie ein kühles, luftiges Sommerkleid um das Haus gelegt war, da wurden der Park, seine Bäume und Blätter, der Kies auf dem Weg, der schwarze Schlauch, der über dem Rasen lag, von großer, beglückender Deutlichkeit, und die Musik der Sicherheit hob wieder an, löste die Schäbigkeit der kleinen Melodie auf, als wäre sie nie gewesen, und sie lehnte am Fenster in der ruhigen Sicherheit ihrer Anmut.

Hat einer eine Melodie aus sich herausgestellt, so beginnt sie, ihr Eigenleben zu führen. Da gibt es solche, die nach dem Gegenthema verlangen, damit sie sich mit ihm zur Sonate verbinden, da gibt es Einzelgänger, die, unschmiegsam und hart, keine menschliche Verbindung und Legierung eingehen, bloß in der Fuge gezwungen und bezwungen werden können. Alles, was dann folgt, folgt nowendig und unumstößlich. Es wächst Musik aus dem Grundthema wie aus einem vorbereiteten Keim, wächst in ihrer eigenen eingeborenen, geradlinigen Logik, und es kann nicht anders werden als schön und gut, wenn nur keiner kommt und es stört.

So wächst ein Kind und könnte nur schön und gut werden, aber es ist immer einer da, der es stört und verbiegt. Und es gibt Kinder, die wollen zum andern und brauchen viel Liebe, und man läßt sie verdorren; und es gibt Einzelgänger, die stolz sind und herbe, seltene Früchte tragen könnten, und man preßt sie in die Zweisamkeit und in die Mehrsamkeit und vergewaltigt sie, und sie werden schief und verkrüppelt vor lauter Ekel. Wer aber das Glück hat, aus der Logik seines Wesens gerade aufschießen zu können, der besitzt das Glück der Sicherheit.

Wie offen ist der sichere Mensch für alles. Denn seine Logik ist die Logik alles Gewachsenen, seine Reinheit ist die Reinheit der Dinge. Alles ist ihm Inhalt, weil es sein eigener Inhalt ist, denn jede reine Sphäre ist lauterer Inhalt, wird erst Form, wenn sie Dinge einer fremden umfassen soll. So lebt der sichere Mensch in höchster Realität, weil Realität Inhaltlichkeit seiner selbst, Inhaltlichkeit der Welt ist.

Wie ist Musik von höchster Realität erfüllt und voller Inhalt, wenn sie rein ist und nicht zur Form eines anderen degradiert wird. Dann ist die Logik ihres Wachstums Spiegel und Symbol alles lebendigen Wachstums der Welt, dann kann eine Phrase eine ganze Lebenssituation widerspiegeln, gleichgültig, ob Bach ihre Reinheit aus der musikalischen Materie konstruierte oder ob sie, in seinen höchsten und letzten Momenten, Beethoven durch vollkommene Abstraktion der symbolisierten Gefühlslage gewann.

Schön war einst das Gefühl sicherer Seßhaftigkeit, im eigenen Hause gebietend, das nachbarlos auf weitem eigenen Land stand, beschützt von den Bäumen und den Flüssen, in denen die Mägde baden. Schön war einst der Winter des Seßhaften, wenn das ewig Rinnende, Unfaßbare und Besitzflüchtige sogar erstarrt und zum Eigentum wird. Stumm und groß war die Erde, selten, nur aus den Hütten der Sklaven und aus dem Munde der Ziehenden, Fahrenden und Rastlosen, tönte Musik. Wer aber in seiner Sicherheit thronte, dessen Mund war geschlossen und er schrie bloß im Schmerz. Stumm dienten sie Gott, fürchtend und vertrauensvoll, aber ohne Erkennen. Freiheit der Erde und des Irdischen – Freiheit ohne Mund.

Doch selig und unsagbar ist die reine Sicherheit der Erkenntnis. Nicht, daß ihnen Gott wurde, war das erhabene Glück der großen Religiösen, sondern [dadurch], daß sie die Erkenntnis besaßen, wurde ihnen die große, singende Mystik. Solches Glück entströmt manchmal mathematischen Konstruktionen und Einsichten, spiegelt sich in der reinen Musik und in jeder Sphäre, die rein genannt werden darf. So ist die Reinheit eines Gebietes, und sei es nur die einer Maschine, und alles, was nur richtig und voller Hingabe gemacht wird, voll seiner Logik und damit voller Realität, und nichts mehr an ihm ist bloße Form und Schale, sondern alles Inhalt und Abglanz des Höchsten.

Wie frei ist Musik in ihrer Reinheit trotz allen Gebunden- und Verhaftetseins in ihrer Logik. Wie frei ist der reine Mensch trotz seines Gebundenseins in seinem Gesetz. Denn in unendlich viel Sphären der Realität unendlich-endlich vieler Dinge unendlich sich widerspiegelnd und immer wieder sich symbolisierend ist das Notwendige gegeben; und für jede Wahl, so gebunden sie ist, gibt es unzählige, die nicht minder es sind: unendliche Freiheit der Komposition im unendlich gebundenen Gesetz, unendliche Realität des Irdischen in einer Unendlichkeit unirdischer Sphären. So ist alles Glückhafte und alles Glückbringende dieser Welt, fasse man es so roh oder [so] subtil, so materiell oder so geistig als man wolle, in der Manifestation und in dem Erlebnis vollkommener Sicherheit, die die sichere Vollkommenheit schlechthin ist, enthalten; ist, schwebend oder ruhend, immer die Freiheit schlechthin: denn die Bewegung ist dann das Gleichgewicht der Ruhe, die Ruhe aber gebundene Bewegung, wie das Segnen und Wandeln in Raffaels ›Hochzeit zu Cannä‹.

Doch sie machte noch eine andere Entdeckung: sie fand die sonderbare Fähigkeit des Menschen, sich mit seinen Gedanken zu identifizieren – träumend ist der Mensch der Wald, den er sieht, der Ton, den er singt, ist das aufsteigende Wasser und das Vergessen und das Erinnern, das ihn überkommt. Und er täuscht sich, wenn er meint, daß es im Wachen anders sei. Er hat bloß die Fähigkeit, sich selbst in all seinen symbolischen Formen zuzuschauen und jede durch ein anderes Symbol zu ersetzen, Schichte um Schichte in sich aufzublättern, um schließlich zu einem letzten und unfaßbaren Symbol zu gelangen, um doch es nie zu erreichen: das Ich. Denn das Ich fällt zusammen mit dem Bewußtsein seines Wissens. Und sie fühlte sich nun plötzlich herausgestellt, wie auf eine Bühne gehoben und gezeigt und dennoch unsichtbar und war nun, fast erschreckend war diese Erkenntnis, ein Stück einsame Musik, ganz wenig nur, karg fast, doch von großer Reinheit: ein Thema, das zum Anfang einer großen, schönen Entwicklung steht. Es wurde ihr klar, daß sie nun nurmehr zu warten hatte, sich hinzugeben der Logik des Kommenden, doch schon ihr Innewohnenden, daß sie sich nicht vermengen dürfe mit Ruhendem, Seßhaftem, für das sie fremde Form, das ihr fremder Inhalt nur wäre, sondern sich hineinzuwerfen habe in die Steigerung und in die Verschränkung, ja sogar in die Vermengung mit der Fremdheit, die dann doch sie selbst sein werde; wußte, daß dies alles nicht auf ein Spiel hinausliefe, sondern, wäre es eines, auf das eines strengen und reinen Musizierens. Es war ein Verspanntsein zu allem, was Realität war und doch nur Widerspiel ihrer selbst und damit war diese Beziehung oder richtiger dieses wahrhaft musikalische und harmonische System dennoch von jedem Inhalt befreit, sozusagen ein System beziehungsloser Beziehungen von außerordentlichem Gleichgewicht und damit von jener beglückenden Sicherheit, die sie als Freiheit und Vollkommenheit und Freizügigkeit empfinden durfte. So stand sie in ihrem leichten Nachtgewand in der Morgenkühle des Fensters, und der Garten und die Welt waren für sie von nie gesehener Realität.

Nun ging sie durch die Halle des Hotels. Der Portier mit den Schlüsseln am Kragen grüßte wie ein Haushofmeister und überreichte ihr die Briefe, die in ihrem Fach gewartet hatten. Die Drehtür war aufgeklappt und fixiert, um die gute, laue Morgenluft zu empfangen, und die beiden Pagen links und rechts machten ihre dressierten Verbeugungen. Das war ihr alles ein bißchen lächerlich und so, als wollte man sie für Verlorenes abspeisen. Sie überlegte, ob sie abreisen sollte. Das war doch gestern eine Art Abschied, und es war ungehörig, ihm nochmals zu begegnen. Aber in dem Gefühl der Sicherheit, mit dem sie einherschritt, war alles unverbindlich und im höheren Sinne ohne Verantwortung. Was immer auch geschähe, es war im vorhinein richtig.

Draußen auf der Terrasse saßen noch Leute beim Frühstück. Weiß und hart lag die Sonne darüber, und die kleinen Eisentische gaben einen unangenehmen Ton auf dem Steinpflaster, als an ihnen gestoßen wurde. An manchen Tischen standen noch Frühstücksreste, Schalen und Kannen, an denen ein Tropfen im Herabgleiten angetrocknet war, Butterstückchen, die mit ihrer Eisbeilage nun gemeinsam schmolzen. Die Damen in den Liegestühlen suchten für das Stückchen Zeitung oder Buch, an dem sie gerade lasen, Schatten; wenn es nicht anders ging, beschatteten sie es mit dem Kopf. Es ärgerte sie, ihn bereits hier zu treffen, doch eigentlich noch mehr, daß er sich mitten in der Herde befand. Er saß an einem Tisch, las; auch das war ihr nicht recht. Seinen förmlichen Gruß beantwortete sie mit der Aufforderung, sie zu begleiten.

Sie saß auf der Gartenbank, neben ihr der Fremde, und wiewohl es doch durchaus unsinnig war, ihn den ›Fremden‹ oder den ›Andern‹ zu nennen, der ihr genauso fern und so nah war wie ihr Verlobter, fühlte sie die wartende Fremdheit, als stünde hinter ihr einer und hielt ihr einen dunklen, kühlen Mantel und wartete, daß sie sich zurücklehne, um die Dunkelheit mit ihren Schultern aufzunehmen. So streicht manchmal Musik auf dunklen Schwingen über unserem Haupt, fremd über unserem Haupt, wartet, daß wir uns hingeben und davontragen lassen. Dieses Warten war wie eine ruhige Flut, ohne Drängen und ohne Strömung, es beunruhigte nicht, ja, es war fast beruhigend, so beruhigend und sicher wie die Freiheit, mit der es in ihrem Wollen stand, sich zurückzulehnen oder nicht. Fast wäre es, als säße man gesichert mit einer Wand im Rücken, in einer gut geschlossenen Loge mit der Aussicht nach vorne. Sie blickte aus ihrer Loge, und der Gartenweg vor ihr war von mannigfacher Lebendigkeit. Es standen Sträucher vor ihr, und wenn man durch ihre Blätter und Zweige schaute, dann sah man in ihrem Innern das Waldesdunkel; Walderde lag darunter, aus der das scharfblättrige Waldgras sproß, kleine, dürre Aststücke lagen dort, auch sogar ein Schneckenhaus, und zwischen den Zweigen, die sich heraus versproßten, verspannten sich Spinnweben und das Summen von Insekten. Doch wo das Gesträuch seinen Rand erreichte und sich nur noch sacht über den saftigen, hellgrünen Wiesenrasen neigte, [wo] ganz verloren nur mehr wenige Halme der Waldgräser stehen, da war zitternde Luft, aber gleichsam in einem gezähmten Zittern, denn sie war durchwebt und verdünnt von den bürgerlichen Klängen des entfernten Kurorchesters. Auch hörte sie jetzt seine Stimme, erklärend, daß man eine Wertskala für musikalische Schöpfungen an dem Maßstabe aufstellen könne, wie weit sie in der freien Natur noch erfaßbar seien: je höher ein Tonstück stünde, desto weniger sei es in der Natur vernehmbar, und umgekehrt verlange die großartigere Natur um so ordinärere Tonstücke. Es sei, als ob zwei Vollkommenheiten einander nicht Raum lassen können. Hier, in dieser gepflegten Parklandschaft, sei für Meyerbeer und Puccini eben noch Platz, wobei es auffallend wäre, wie sehr diese verschiedenen Kompositionsweisen ineinander verliefen und unterschiedslos würden, so daß von hier aus die freie Natur noch als zweite musikalische Wertskala angesetzt werden könnte. Sie blickte in der Richtung seiner Stimme, sah eine Wange, deren Haut sich über den deutlichen Jochbogen legte, und die Falten unterhalb des Auges. Sie wollte nicht mehr sehen und schaute wieder auf die Wiese vor sich, auf die Pfingstrosenstauden mit ihren soliden Blättern, auf die Ahorngruppe, deren glatte, helle Stämme inmitten der Wiese eingerammt waren, und auf den fleckigen, etwas bewegten Schatten, den die Krone auf den Rasen warf.

Das gespannte Seil, auf dem ich mit großer Sicherheit vorwärts schreite, verliert sich in immer größerer Dunkelheit. Immer weiter und dunkler wird die Kuppel über mir, immer verschwommener und entfernter werden die Gesichter unter mir. Wird mein nächster Schritt das Seil noch treffen, wird es überhaupt noch vorhanden sein? Weit hinter mir war eine lichte Geborgenheit. Wie sehr verstehe ich die Angst der Mütter, je weiter [ich] vorschreite. Man entfernt sich immer mehr, und schließlich scheint es gleichgültig zu sein, ob man noch einen Schritt weiter macht oder sich ins Dunkle einfach fallen läßt. Ja, es ist, als wäre dieses Sich-Fallen-Lassen dann die Seligkeit.

Noch immer nenne ich ihn den Fremden, doch lieber und richtiger würde ich ihn den Unsichtbaren nennen. Damit meine ich nicht etwas Unheimliches, sondern ein ganz gewöhnliches Faktum. Es gibt Dinge, die einem so vertraut sind, daß man sie nicht sieht, und solche, die zu unfaßbar dazu sind, wie eine Musik, für die man zu ›unmusikalisch‹ ist. Wahrscheinlich, weil man innerlich wegschaut. Oder vielleicht ist es nur der tote Fleck im Auge.

Ich ging allein zu den Ruinen. Man muß jeden Weg allein gehen können.

Manchmal schrecke ich nachts aus dem Schlaf. Auf der Landstraße fahren Automobile, und ihre heulenden Sirenen sind wie Männerstimmen. Manchmal ist es, als riefe einer um Hilfe, manchmal, als wollte er sich zornig auf einen anderen stürzen. Ich schrecke auf und fühle mich dabei doch gesichert, und es kommt sogar vor, daß ich mich zu jenem Erschrecken selber bringe, bloß um das angenehme Gefühl der Geborgenheit wiederzufinden. Fast ist es wie bei einem Kind, das mit seinen Zehen Verstecken spielt.

Oft ist es, als ob man sein ganzes Leben darauf angelegt hätte, sich selbst Überraschungen zu bereiten, sich erstaunt oder erschreckt zu stellen vor etwas, das man selbst herbeigeführt hat. Und schließlich glaubt man selbst daran. So ähnlich geht es wohl immer, wenn man sich eine Geschichte erfindet oder Musik komponiert: man faßt einen Plan und läßt sich dann doch von dem, was kommt, überraschen.

# Huguenau

## I

Wurde Odysseus in vorgerückten Jahren, als er nur mehr täglich sich vor den Palast bringen ließ, um sein erkaltendes Blut auf der besonnten, verwitterten Steinbank, neben dem Tore zu wärmen, nach seinen Lebensschicksalen gefragt, da war es ihm, als wäre das wechselvolle und lärmende Geschehen, in dessen Mittelpunkt er doch einst gestanden, irgend eine überflüssige und vergessenswürdige Geschichte, die er in müßiger Stunde von einem der orientalischen Märchenerzähler gehört haben mochte. Ja, wenn er etwas über sich aussagen konnte, so war es wohl, daß er stets ein Kerl gewesen sei, der sich in der Welt zurechtfand, dem es an allerlei Klugheit nicht fehlte und den es auch auf die Dauer nicht auf einem Fleck ließ: und in seiner Greisenweisheit war es ihm klar –, sprach er es auch nicht aus –, daß das zufällige Geschehen als rechte Nebensächlichkeit zum Charakter hinzutrete, daß mit Recht jenes vergessen werde, dieser aber unantastbarer Bewußtseinsbesitz bleibe, ja, daß man nicht einmal eine Art Wechselwirkung zwischen jener äußeren und dieser wahrhaft menschlichen, inneren Welt annehmen könne. Wären jene etwas dummen, homerischen Ereignisse, deren er sich eigentlich irgendwo schämte, nicht gewesen, so hätte er gewiß (er dachte an Hamsun) auch sonst allerlei Landstreicherisches, dessen er sich nicht minder geschämt hätte, begangen: aber die Gespräche zwischen dem Sau- und dem Rinderhirten wären schon die nämlichen geblieben und schließlich wäre er auch dann, von seinem Dämon getrieben, zur Scholle und ins Bett Penelopes zurückgekehrt, hätte den Boden ererbten Gutes geküßt und alles wäre so geworden, wie es jetzt ist – Ordnung in die verlotterte Wirtschaft gebracht, Hypotheken zurückgezahlt, das Haus in Stand gesetzt und verschönt. Und für ihn, der unter der gleichen, wärmenden Sonne, mit den gleichen Falten im grabesnahen Gesicht, auf der gleichen Bank nun sitze, wäre es das gleiche Leben gewesen.

Wenn man also bedenkt, wie viel schlechte Literatur schon mit Hilfe lärmender und formidabler Ereignisse, besonders solcher historischer Natur und gar des Weltkrieges verfertigt worden ist, so wird man auch unser Bedenken gegenüber der Annahme verstehen, der Krieg habe dem Lebenslauf Huguenaus eine entscheidende Wendung gegeben, hätte ihn aus seiner Bahn vorgeschriebener Bürgerlichkeit geführt, in der er ungestört verblieben wäre, wenn er von den Begebenheiten der Jahre 1914-19 nicht erfaßt worden wäre. Wiewohl zuzugestehen ist, daß solche Annahme nicht zu fernab liegen würde.

Denn Huguenau, dessen Vorfahren wohl Hagenau geheißen hatten, bevor die Truppen Condés 1692 das elsässische Land besetzten, hatte durchaus den Habitus eines bürgerlichen Alemannen. Er war beleibt, trug seit seiner Jugend, oder präziser seit der Zeit, da er in Schlettstadt die Handelsschule besuchte, Augengläser, und als er sich zur Zeit des Kriegsausbruches seinem dreißigsten Jahre näherte, waren alle Züge der Jugendlichkeit aus seinem Gesicht und seinem Gehaben verschwunden. Seine Geschäfte betrieb er im Badischen und in Württemberg, teils als Filiale des väterlichen Unternehmens, teils auf eigene Rechnung und als Vertreter elsässischer Fabriken, deren Erzeugnisse er in jenem Rayon absetzte. Sein Ruf in Branchekreisen war der eines strebsamen, umsichtigen und soliden Kaufmannes.

## II

Und trotzdem lag es durchaus in der Linie seines Lebens, war es wohl seinen inneren Gesetzen adäquat, als er in Flandern kurzerhand das Schlachtfeld verließ.

Er war in der zweiten Kriegshälfte zu den sogenannten Waffen gerufen worden, hatte diese Tatsache zwar mit einigem Murren, jedoch wie die übrigen Fakta seines Lebens ohne weitere Auflehnung entgegengenommen, wenn ihn auch sein kaufmännisches Ethos eher dem zeitgerechteren Schleichhandel verpflichtet hätte. Die Kasernenzeit ließ er sogar mit gewissem Humor über sich ergehen. Vieles erinnerte ihn an das Leben in der Schule: die Disziplin, die Angst vor dem Vorgesetzten und seiner offenbaren Ungerechtigkeit, das Bestreben, dennoch seine Liebe und Gunst zu erringen. Daß sie überdies in einem Schulhaus untergebracht waren, die schwarze Tafel, die zwei Reihen Gaslampen, die er noch im Einschlafen über sich sah, der Mangel jedweder Reinlichkeit, die Prävalenz des defäkalen Elements, lauter Dinge, mit denen man sich über alles Erwarten leicht abfand, verstärkten den scholaren Eindruck. Auch als sie endlich zur Front abgingen, kindische Lieder singend und mit Fähnchen geschmückt, primitive Unterkünfte in Köln und Lüttich beziehend, war er der Vorstellung des Schulausfluges völlig verhaftet.

An einem Abend wurde seine Kompagnie an die Front gebracht. Es war eine ausgebaute Schützengrabenstellung, der man sich durch lange, gesicherte Laufgänge näherte; in den Unterständen war beispielloser Schmutz; der Fußboden war mit trockenem und frischem Tabakspeichel allenthalben bespuckt, an den Wänden gab es Urinstreifen; ob es nach Fäkalien oder Leichen stank, war nicht zu unterscheiden: hätte Huguenau biologische Kenntnisse besessen, so hätte ihm hier deutlich werden können, wie der Ekel des Menschen nur ein Teil ist seiner Angst vor dem Tode, ja daß vielleicht alle Reinlichkeit und aller zivilisatorische Fortschritt bloß darauf angelegt ist, Verwesungsgerüche dem Lebenden fern zu halten. Und immer wenn der Mensch das Zivilisatorische abzustreifen genötigt ist, und wäre es sogar in ekstatischer Liebesvereinigung, in der doch immer ein Stück überwundenen Ekels steckt, packt ihn die Angst vor dem Tode.

Aber wenn Huguenau sich auch solches nicht rational zum Bewußtsein bringen konnte, so erfüllte ihn wie seine Kameraden die geschilderte Umwelt, in die sie versetzt waren, mit großer Abneigung.

Damals wurde von den verschiedenen Generalstäben gemeldet, daß am flandrischen Abschnitt völlige Ruhe herrsche. Auch die abgelöste Kompagnie hatte ihnen versichert, daß nichts los sei. Nichtsdestoweniger begann nach Einbruch der Dunkelheit eine, angeblich allnächtliche, beiderseitige Artillerieschießerei, augenscheinlich bloß veranstaltet, um die respektiven Nachtruhen zu stören. Wohl hätte Huguenau an den Lärm der Kanonaden von seinen letzten

Hinterlandstationen gewöhnt sein können, doch kann es nicht Wunder nehmen, daß in seiner neuen Umgebung der Lärm und der feuerwerkartige Himmel ihm einen besonderen Eindruck machten. Man hatte ihn einst als Schüler in Colmar ins Museum geführt und ihm Grünewalds Altarwerk gewiesen. Die Bilder waren ihm damals völlig gleichgültig und waren es auch geblieben; sie hatten ihn bloß mit einem gewissen Unbehagen erfüllt; insbesondere war ihm der in einer Orangewolke auffliegende Herr mit der erhobenen Hand durchaus unsympathisch. Jetzt, da er zitternd und mit Leibschmerzen auf einer Art Pritsche saß, drängten sich jene Bilder mit sonderbarer Ostentation in sein Bewußtsein. Auf seinen Reisen hatte er einmal auf einem erzwungenen Sonntagsaufenthalt in Nürnberg mit Interesse die Folterkammer besichtigt; dort war auch ein Stich zu sehen, der einen Mann, angekettet an eine Art Pritsche zeigte, und der, wie die Beschreibung sagte, einen Pastor im Sächsischen mit vielen Dolchstößen ermordet hatte und nun dafür auf dieser Pritsche die Strafe des Räderns erwartete. Über den Vorgang des Räderns konnte man sich an den andern Ausstellungsstücken eingehend orientieren. Der Mann hatte ein vollkommen gutmütiges Aussehen, und es war ebenso unverständlich, daß er einen Pastor erstochen haben und gerädert werden sollte, wie daß Huguenau in Leichengestank auf seiner Pritsche sitzen mußte. Sicherlich hatte auch er Leibschmerzen und mußte sich, weil er angekettet war, beschmutzen. Folterkammer und Unterstand tauchten dabei in die etwas schmutzigen und doch leuchtenden grün-blauen Töne des Grünewaldschen Altars, und während draußen im aufzuckenden Orangelicht des Kanonenfeuerwerkes Bäume ihre nackten Äste zum Himmel reckten, schwebte ein Mann mit aufgehobener Rechten in die so erleuchtete Kuppel.

Als das erste Morgengrauen kalt und käsig anbrach, bemerkte Huguenau am Grabenrand Gras und einige vorjährige Gänseblümchen. Da kroch er heraus und entfernte sich. Kann man es als Feigheit bezeichnen? er wußte, daß er von den englischen Linien ohne weiteres abgeschossen werden konnte und daß er von jedem deutschen Soldaten, den er treffen mochte, bedeutende Unannehmlichkeiten zu erwarten hatte. Aber die Welt lag wie unter einem Vakuumrezi-

pienten oder, wie es in ihm aufzuckte, unter einer Käse-
glocke, madig und vollkommen tot in unverbrüchlichem
Schweigen.


### III


Es gehört zu den bemängelten Zufälligkeiten dieser Erzählung, daß Huguenau Elsässer ist. Er sprach also nicht nur ein
verständliches Französisch, sondern hatte auch im vorhinein
Sympathien bei der belgischen Bevölkerung zu erwarten.
Allerdings war er auch von dem Glück seines schlafwandle-
rischen Zustandes und dessen spezifischer Sicherheit begün-
stigt. In Handwerker- und Bauernhäusern nächtigend und
verborgen, trieb er sich bei Tage, soferne er nicht abgeschiedene Gebirgswege ging, womöglich dort herum, wo er in dem
Durcheinander von Soldaten, wie etwa bei Etappenkom-
mandos, untertauchen konnte.

Dabei war es bemerkenswert, daß er keineswegs direkt
aufs Hinterland zusteuerte, sondern, wie gefesselt von der
ihn umgebenden Gefahr, vielleicht aus einem undeutlichen
Schuldgefühl, ein Verbrecher, der den Tatort nicht verlassen
kann, sich im Etappenraum längs der Front fortbewegte.
Irgendwo war er dabei auch von der Überlegung geleitet, daß
die relative Unordnung und Verwirrung in diesen Regionen
ihm förderlich sein könne. So kam er durch Südbelgien, wo
er bei passender Gelegenheit die Uniform gegen bürgerliche
Kleidung vertauschte und ein Handköfferchen erstand, kam
durch die Eifel und in die Trierer Gegend. Das bürgerliche
Gewand erweckte sein kaufmännisches Gewissen und
mahnte ihn um so dringlicher, für Gelderwerb zu sorgen, als
die patriotisch-belgischen Unterstützungen nunmehr zu fließen aufgehört hatten. Es war der Ernst des Lebens, der in
neuer und veränderter Form an ihn herantrat, und Huguenau hatte das Gefühl, als sei eine Ferienzeit zu Ende gegangen. –

## IV

Das Städtchen lag von Weinbergen umgeben in einem Nebental der Mosel. Oben auf den Höhen steht der Wald. Die Weinberge waren bereits bestellt, geradlinig waren die Stöcke gerichtet, manchmal unterbrochen von rötlichem Felswerk. Huguenau bemerkte mißliebig, daß manche Besitzer das Unkraut in ihrem Grundstück nicht ausgerodet hatten, so daß so ein vernachlässigter Garten wie eine gelbe, rechteckige Insel zwischen der grau-rosa Erde der übrigen lag. Daß er Sinn für Ordnung und Wohlanständigkeit wiedergefunden, erfüllte ihn mit Behagen und einer leichten Sicherheit. Mit Genugtuung sah er das stattliche Militärkrankenhaus vor der Stadt, dessen lange Front im Schatten der Frühlingssonne lag, fand es angemessen, daß alle Fenster wie in einem südlichen Sanatorium geöffnet waren und stellte es sich als angenehm vor, wie die laue Frühlingsluft die weißen Krankensäle durchflutet. Er fand es richtig, daß das Dach des Krankenhauses mit einem großen roten Kreuz versehen war, und hatte im Vorbeiwandern ein wohlwollendes Auge für die Krieger, die in ihren grauen Kitteln teils im Schatten, teils in der Gartensonne ihrer Genesung entgegenreiften. Drüben, jenseits des Flusses, lagen andere militärische und offizielle Etablissements: die Kaserne und die Strafanstalt in ihrer üblichen ärarischen Bauweise. Freundlich und bequem senkte sich die Straße zur Stadt hinab, und als er durch das mittelalterliche Stadttor ging, sein Köfferchen in der Hand wie einst den Musterkoffer, da war es nicht anders als sonst, da er die württembergischen Orte zwecks Kundenbesuch als kaufmännischer Eroberer betrat.

Wenn also auch vieles, und seiner eigenen Vorstellung gemäß sogar alles, dafür sprach, sein Leben dort wieder aufzunehmen, wo man es ihm abgerissen hatte, wenn ihn also eigentlich alles dazu trieb, seiner kaufmännischen Pflicht zu genügen und als Kettenhändler von Butter und Textilien das Geld auf der Straße aufzuheben, so fühlte er trotzdem und zu seinem eigenen Befremden, daß er bloß mit Widerwillen an Buttertonnen, Kaffeesäcke und Textilgewebe zu denken vermochte, und um so eindringlicher wurde er hievon befremdet, als er ja seit seiner Knabenzeit doch nichts anderes getan hatte, als Geschäft und Geld zu reden und zu denken. So ist es nicht verwunderlich, daß er sich mit einiger Beschämung in Knabenhaftigkeit zurückversinken fühlte, für ihn dennoch verwunderlich, weil sich eigentlich nichts in ihm gegen solche Abnormität und Sinnlosigkeit auflehnen wollte. Früher war ihm jeder Sonntag zu einer Qual, die bloß mühselig und mit einiger Alkoholhilfe zu überbrücken war. Er mußte wieder sich des erzwungenen Nürnberger Ferientages erinnern, als er die altertümlichen Straßen durchschritt. Hier in Kurtrier hatte der pfälzische Krieg nicht so erbarmungslos gewütet, wie sonst westlich des Rheins: unversehrt standen die Häuser des XV. und XVI. Jahrhundertes in der mauerumgebenen Stadt, am Markt das gotische Rathaus mit dem Renaissanceaufbau und dem Turme und die Prangersäule. Und Huguenau, der auf seinen Geschäftsreisen manchen schönen, alten Ort besucht, aber noch keinen bemerkt hatte, war seltsam angeheimelt von einem Gefühl, das, würde es sich nicht um Huguenau handeln, bloß als ein ästhetisches zu bezeichnen wäre. Denn eng verschwistert ist das ästhetische Gefühl mit dem der Freiheit, so daß man kaum mehr entscheiden kann, ob die Freiheit die Seele der Schönheit öffnet oder aber die Schönheit ihr die Ahnung ihrer Freiheit verleiht. Doch da alles Licht der Welt mit der Freiheit anhebt, da erst in ihr die sonntägliche Heiligung des Lebendigen sich ergibt, ist sie wohl auch der Schönheit vorangegangen; und ein Schimmer jenes höheren Lichtes ward auch Huguenau zu Teil in jenem Augenblicke, da er aus dem Graben kroch, zum ersten Male herausgehoben und losgelöst von aller menschlichen Verbundenheit, zum ersten Male dem Sonntag geschenkt.

Es versteht sich, daß Huguenau eine solche Auffassung seines Verhaltens – nähme er sie überhaupt zur Kenntnis – als närrisch ablehnen, vielmehr sich darauf beschränken würde, darzulegen, daß ein Mann mit ungenügenden Ausweispapieren und ohne Kundenstock es nicht leicht habe, sich am Platz einzuführen, geschweige für größere Transaktionen Kredit zu finden. Vorderhand also sähe er nichts als Schwierigkeiten, doch müsse er sich vor allem diese Sache überschlafen. Es kann also wohl darauf verzichtet werden, ihn über die tieferen Motive seiner Haltung aufzuklären und er möge dem Genuß des Moselweins überlassen bleiben, dem er sich an diesem Abend im Gasthofe hingab, bevor er sein Bett aufsuchte.

V

Am nächsten Morgen erwachte er mit einem, zwar nicht präzisen, doch auch nicht aussichtslosen Plan. Der Krieg hatte sicherlich im Kreise der Weinbauern empfindliche Lücken gerissen und anderen war wohl die Bestellung ihres Gutes durch die staatliche Preisbeschränkung verleidet: nicht umsonst zeigten doch viele Gärten die Spuren der Vernachlässigung und minderen Pflege. Was also war näherliegend, als daß gar manche Witwe und mancher verarmte Besitzer geneigt sein würden, sich ihres Anwesens zu sehr mäßigem Kaufschilling zu entäußern. Huguenau wußte von seinen Schlauchverkäufen an innerdeutsche Großweinhandlungen, daß diese oft Interesse bekundeten, gute Weinlagen zu erwerben. Aber es mußten sich für die prima Kapitalsanlage dieser Moselgärten, die doch nach dem Kriege wieder ihren vollen Preis haben würden, auch sonst genügend Interessenten finden und für den Vermittler solcher Geschäfte mußte ein ansehnlicher Gewinn bleiben.

Als Mann raschen Entschlusses setzte er sofort eine entsprechende Kaufanzeige auf und während er sich dann die Haare auf gewohnte, germanische Art schneiden ließ – wenige Restbestände auf des Hauptes Gipfel dienten zur Errichtung eines Scheitels, – besah er die Zeitungen: den in der Stadt erscheinenden »Kurtrierschen Boten« (mit der Sonntagsbeilage »Landwirtschaft und Weinbau des Mosellandes«) befand er als das geeignete Organ seines Manifestes.

Das Haus lag in einer der zum Flusse führenden Seitengassen, ein Fachwerksbau, in dem ersichtlich seit Jahrhunderten allerlei Handwerk geübt worden war. Durch einen schmalen, gangartigen Flur, in dem er über die Falltüre der Kellerstiege stolperte, vorüber an der Mündung der Wohnungstreppe, kam er in einen überraschend geräumigen Hof, der von dem Charakter des einstigen Besitzers zeugte. An den Hof schloß sich der Garten an, in dem einige Kirschbäume blühten und hinter dem sich der Blick auf das schöne Berggelände weitete. In einem offenkundig ehemaligen Stallgebäude sah man durch ein nüchternes Eisenfenster, das die ganze Breite der einstigen Stalltüre einnahm, eine Druckmaschine arbeiten. Der Mann an der Maschine wies Huguenau in den ersten Stock, wo er Herrn Esch finden werde. Zu diesem Zwecke war eine hühnersteigartige Holztreppe an der Außenseite des Gebäudes zu erklettern, die wohl zu den früheren Knechtkammern geführt hatte, und hier leitete Herr Esch, den Gast empfangend, die Redaktion und Administration des »Kurtrierschen Boten«, dessen Besitzer und Herausgeber er war. Es war ein hagerer Mann, dessen faltenreiche, graugestrickte Socken in unförmigen, schwarzen Halbschuhen steckten, die sonderbar nicht mit Schnürriemen, sondern mit einer eigenen, an Sattelzeug gemahnenden Schnalle verschlossen waren. Im Verhältnis zu diesem Schuhwerk war sein Anzug aus zu feinem und recht abgetragenen Tuch; unter der Weste kroch ein grober Leibgurt hervor. Huguenau bemerkte ein durch mannigfache Unachtsamkeit heller verfärbtes linkes Hosenbein, im Geiste konstatierend, daß derartige Flecken durch keine chemische Reinigung verschwänden, wohl aber, wenn sich Esch entschließen würde, die Hose schwarz oder dunkelblau einfärben zu lassen. Das Gesicht nahm er eigentlich erst im Laufe des Gespräches wahr: es war durch zwei lange, scharfe Wangenfalten auffallend, zwischen denen ein, gerne sarkastisch grimassierender, beweglicher Schauspielermund mit etwas vorhängender glatter Unterlippe lag. Unter hakiger Nase gab es schüttere Schnurrbarthaare. Das überreichte Inserat wurde wie ein Manuskript und mit der Miene eines Untersuchungsrichters geprüft. Huguenau griff nach der Brieftasche, der er einen Fünfmarkschein entnahm, sozusagen andeutend, daß er diesen Betrag für das Inserat anlegen wolle. Aber der andere gab darauf nicht acht, sondern fragte unvermittelt: »Sie wollen wohl die Leute hier auspowern? spricht sich wohl schon herum, das Elend unter unseren Weinbauern? na, wenn es auf mich ankäme . . . aber ich kann es ohnehin nicht hindern. Wie groß soll das Inserat sein? eine Achtelseite sechsemmfünfzig.« Es versteht sich, daß Huguenau ob der unvermuteten Aggression verdutzt war; aber eben vor ihr erwachte die Erinnerung an ähnliche

Situationen, an ungezählte, in Comptoirs geführte Kämpfe, und automatisch richtete er sich auf kalten Widerstand ein: »Kein Rabatt?« Esch fuhr ihn an: »Rabatt wollen Sie auch noch haben! Herr, wissen Sie, wozu ich mich für sechs Emm hergeben soll? daß Sie Leute, kreuzbrave, arme Leute von Haus und Hof treiben wollen . . . wissen Sie, was Abschiednehmen heißt? lieber Gott, und alles, damit irgend so ein Kriegsgewinnler noch mehr Profit hat! Lieber Freund, hier haben Sie Ihr Inserat, ich bringe es nicht.« – Huguenau konnte es nicht als ernsthaft nehmen, daß irgendjemand auf irgendein Geschäft verzichten wolle; er hielt es für einen Trick und parierte – und wie er meinte, geschickt –, indem er vor allem die Differenz der 50 Pfennig festnagelte: »Sie sagen also 6 Mark, ich kann gleich bezahlen« und brachte noch ein Markstück zum Vorschein. »Danke, ich sagte Ihnen doch, daß ich das Inserat nicht bringe. Haben Sie sich schon den Kopf darüber zerbrochen, was feile Presse heißt . . . sehen Sie, ich bin für Ihre sechs Emm nicht feil«, war die überraschende Antwort. Huguenau wurde es immer wahrscheinlicher, einem gerissenen Geschäftsmann gegenüberzustehen. Aber eben deshalb durfte er nicht loslassen; die Anbahnung eines Kompagnieverhältnisses erschien nicht unvorteilhaft: „Hm, ich habe gehört, daß solche Insertionsgeschäfte auch gerne auf perzentuelle Beteiligung gemacht werden . . . wie wäre es mit 2% Provision; allerdings müßten Sie dann die Annonce mindestens dreimal bringen . . . Natürlich steht Ihnen auch öfter frei . . .«, er riskierte ein Lachen des Einverständnisses und setzte sich auf den Rohrstuhl neben den Tisch. Aber Esch hörte ihm schon nicht mehr zu, sondern ging mit schweren Schritten, die seiner Hagerkeit schlecht anstanden, im Zimmer auf und ab. Huguenau sah sich indessen im Zimmer um. Es war ein einfenstriger großer Raum mit gescheuertem Fußboden, der so schadhaft war, daß in seinen Löchern der Mauerschutt sichtbar wurde. Auf einem wackligen Regal lagen Papiere und zusammengeschnürte Zeitungsstöße; ein weißgescheuerter Tisch in der Mitte des Zimmers war Herrn Eschs Arbeitsplatz. An der gelbgetünchten Wand hing an einem Nagel, den man einst wohl zu anderem Zwecke an diesem Platz eingeschlagen hatte, ein kleines, vergilbtes Bild in schwarzem Rahmen, den deutschen Kaiser

Wilhelm II. darstellend: der Kaiser tritt, wahrscheinlich vom Frühstück kommend, aus einer Zimmertür, schreitet die Front seiner jugendlichen Prinzen ab, die zwischen 3 und 11 Jahre alt, in Paradeuniform und die hohe Kürassiermütze auf dem Kopfe, die Hände salutierend daran gelegt hatten, und, so mußte man sich das vorstellen, mit schöner Präzision unisono, scharf und skandiert die Unterschrift des Bildes hersagten, nämlich »Guten Morgen, Majestät.« Huguenau überlegt, daß sich ein solches Bild auch recht gut in seinem Büro ausnehmen würde – aber das lag so ferne und fremd, und als er seiner sonstigen Tätigkeit dort zu gedenken versuchte, versagte die Vorstellung. So kehrte sein Blick wieder zum Schreibtisch Eschs zurück, und während er die leere Kaffeeschale, an der eingetrocknet und braun die Spur des trinkenden Mundes zu sehen war, betrachtete, und die Petroleumlampe, deren weißer Docht im Glasgefäß ihn von fernher und unartikuliert an einen Foetus oder einen Bandwurm in Spiritus erinnerte, hörte er wieder die Stimme Eschs: »Mein Gott, der Jammer und das Elend . . . man muß es nur einmal in der Nähe gesehen haben . . . zu mir kommen die Leute . . . geradezu Verrat wäre es . . . ja, warum sitzen Sie überhaupt noch hier?« Natürlich hätte Huguenau weggehen können – aber wohin? ein neuer Plan war nicht so leicht zu fassen; auch fühlte er sich wie von einer unbekannten Macht auf Schienen gesetzt, die nicht ohne weiteres und auch nicht ungestraft zu verlassen waren. Also blieb er ruhig sitzen und putzte seine Brille, wie er es in schwierigen kaufmännischen Unterhandlungen zu tun pflegte, um seine Haltung bewahren zu können. Es verfehlte auch nicht seine Wirkung, denn Esch, gereizt, platzte weiter los: »Von wo kommen Sie denn eigentlich? warum hat man Sie denn hergeschickt – von hier sind Sie nicht und Sie werden mir nicht einreden, daß Sie selber hier Weinbauer werden wollen – Sie wollen ja hier nur spionieren!« Er pflanzte sich vor Huguenau auf. Was will dieser Mann von mir? sagte sich Huguenau, will er mich tatsächlich hinauswerfen? aber dann braucht er doch nicht erst einen Streit zu provozieren, den er doch offenbar sucht – er will also, daß ich hierbleibe, um mit mir streiten zu können. Aber im selben Augenblicke dämmerte es ihm ahnend auf, daß dieser Mann Furcht habe. Ja, sie hatten beide Furcht, und Huguenau fühlte eine sympathische Zusammengehörigkeit. Aber wenn ihm auch die aufquellende Sympathie und die abergläubische und ängstliche Sorge um die eigene Person eigentlich geboten hätten, einen Gefährten zu schonen, so war das Gesetz der kaufmännischen Zivilisation doch stärker: unbeschadet darum, ob die Angst seines Partners bloß die Projektion seiner eigenen sei, oder ob er sie tatsächlich erfühlt und erkannt hatte, war er gezwungen, die vermeinte Unsicherheit des andern für sich auszunutzen. Einlenkend wollte er sich also vergewissern: »Herr, Herr Esch, nicht wahr – ich habe Ihnen ein loyales Geschäft gebracht, und wenn Sie es ausschlagen wollen, so ist es Ihre Sache. Wenn Sie mich aber bloß beschimpfen wollen, so hat unsere Unterhaltung weiter keinen Zweck.« – Die Brille zusammenklappend, lüftete er ein wenig seinen Sitz, solcherart mit dem Körper symbolisierend, daß er auch weggehen könne – man brauche es bloß zu sagen. Esch schien nun tatsächlich keine Lust zu hegen, die Unterhaltung abzubrechen; er hob begütigend die Hand, und Huguenau vertauschte die symbolische Hockstellung wieder mit seinem Sitz, fortfahrend: »Wenn Sie sagen, daß ich hier nicht Wein bauen werde, so haben Sie wahrscheinlich recht – obwohl auch dies nicht ausgeschlossen wäre. Man sehnt sich ja nach Ruhe. Aber kein Mensch will auspowern, und ein Makler ist ebenso ehrenhaft wie jeder andere Mensch. Ein richtiges Geschäft muß beide Teile befriedigen; dann hat auch der Makler seine Freude daran.« Esch war beschämt. »Na, ich wollte Sie ja nicht beleidigen – aber wissen Sie, manchmal steigt mir der Ekel zum Halse und dann muß es heraus. Wenn Sie das erlebt hätten, was ich in diesem letzten Jahr mitgemacht habe, Sie würden auch anders reden.« – »Jeder macht seine Erfahrungen«, sagte Huguenau. Esch hatte seine Promenade im Zimmer wieder aufgenommen, und Huguenau betrachtete wieder Wilhelm II. und seine sechs Söhne. Esch brach schließlich das Schweigen. »Auswandern sollte man. Irgendwohin. Wäre ich jünger, ich würde alles hinschmeißen und von vorne anfangen . . .«, er blieb wieder vor Huguenau stehen, »aber Sie sind ein junger Mann, – wieso sind Sie eigentlich nicht an der Front?, wie brachten Sie es zuwege, sich hier herumzutreiben?!« Jäh war er wieder aggressiv ge-

48

worden. Huguenau wünschte nicht, darauf einzugehen, wohl aber Esch zum Weiterreden zu bringen, und so meinte er, es sei doch unbegreiflich, daß ein Mann in angesehener Position und an der Spitze einer Zeitung stehend, umgeben von einer schönen Gegend und der Achtung seiner Mitbürger und überhaupt, jetzt in vorgerückten Jahren Auswanderungspläne hege. Esch grimassierte sarkastisch, »Achtung meiner Mitbürger, Achtung meiner Mitbürger – wie die Hunde sind sie hinter mir her . . .«, Huguenau meinte, er könne so etwas gar nicht glauben. »Sie können es nicht glauben – nehmen wohl gar auch Partei für diese Gesellschaft – schließlich wundern würde es mich nicht . . .« Huguenau steuerte sein Schiff wieder ins Oberwasser: »Schon wieder diese vagen Anwürfe, Herr Esch – wollen Sie sich wenigstens konkreter ausdrücken«. Aber Herrn Eschs sprunghaftes und reizbares Denken war nicht so leicht zu bändigen. »Konkrete Ausdrücke, konkrete Ausdrücke – auch das wieder so ein Gerede – Ihr glaubt Ihr könnt die Dinge beim Namen nennen – junger Mann. Sie werden erst etwas wissen, wenn Sie erkennen werden, daß alles falsch ist«, schrie er ihm ins Gesicht, »und nicht einmal die Kleider auf Ihrem Leib sind richtig.« Schließlich aber, nach allerlei Umwegen, erfuhr man, daß Huguenau schon Vorgänger gehabt habe, daß nämlich ein Kölner Baumeister sich durch Aufkauf von Hypotheken und ähnliche Machinationen in den Besitz vieler Häuser und Grundstücke gesetzt habe, daß dieses Beispiel auch Einheimische verlockt hätte, und erst kürzlich der Apotheker ein Weingut, um einen Pappenstiel an sich gebracht hätte. »Und weil ich diese Art der Bereicherung als üble Folge des Krieges gebrandmarkt habe, werde ich hier als Kommunist verschrien.« Nichts als Feinde umgäben ihn, oft und oft hätte die willfährige Behörde jede Andeutung eines freien, männlichen Wortes in seinem Blatte konfisziert, und sein einziger Trost wäre es, daß einfache, gute Leute seinen hilfreichen Willen erkannt hätten. Aber es sei furchtbar und herzbrechend, die Klagen des gequälten Volkes anzuhören. Huguenau fragte, ob die Auflagenziffer durch die Ereignisse gelitten habe. Nein, das nicht, der »Bote« hätte seine Stammkundschaft, die Friseure, die Kneipen und vor allem die Dörfer draußen. Die Anfeindungen beschränkten sich auf gewisse Kreise der Stadt, aber er habe es satt, sich damit herumzuschlagen; wenn er, so habe er oft seiner Frau gesagt, die ganze Pastete verkaufen könnte, er täte es; das Haus würde er behalten – er habe schon daran gedacht einen Buchhandel einzurichten. Und habe Herr Esch schon eine Preisidee? Ja doch – 20 000 Emm sei das Blatt und die Druckerei sicher unter Brüdern wert. Überdies wolle er die Räumlichkeiten auf längere Zeit, sagen wir 5 Jahre kostenlos zur Verfügung halten. »Nun«, sagte Huguenau, »ich frage ja nicht aus bloßer Neugierde – ich sagte Ihnen ja, daß ich Makler sei, und vielleicht kann ich etwas für Sie tun. Sehen Sie, lieber Esch«, – und er klopfte dem Zeitungsmann wohlwollend auf den knochigen Rücken –, »wir werden doch noch ein Geschäftchen miteinander machen; man soll eben doch nie vorzeitig jemanden hinauswerfen. Aber 20 000 müssen Sie sich aus dem Kopf schlagen. Phantasie zahlt heutzutage kein Mensch mehr.« Selbstgewiß und jovial kletterte er die Hühnersteige hinab.

## VI

Die grimmige und unduldsame, ja man möchte fast sagen, gezwungene Art, mit der Herr Esch seinen Zeitungsberuf ausfüllte und ihn ablehnte, findet eine weitgehende Erklärung, wenn man bedenkt, daß es eine Lebensform war, in die er erst spät und nicht durch eigene Wahl eingegossen worden ist. Denn bis zu Kriegsbeginn wirkte Herr Esch als Oberbuchhalter in einem bedeutenden Industrieunternehmen im Luxemburgischen. Als dieses – mangels ausländischer Rohstoffe – seine Betriebe still legte, fügte es sich, daß Esch kurze Zeit darauf im Erbgange nach einer, nicht einmal nahen, Verwandten in den Besitz des »Kurtrierschen Boten« und des zugehörigen Anwesens kam. Froh, das nahe Frontgebiet verlassen zu können, verlegte er gerne seinen Wohnsitz, gerne auch annehmend, in dem ruhigen, freundlichen Städtchen den befriedeten Lebensabend eines Pensionisten einrichten zu können. Als aber dann der bisherige Schriftleiter zur Vaterlandsverteidigung gerufen wurde und auch die Lebensbedingungen sich immer schwieriger gestalteten, so daß es dem natürlichen und buchhalterischen Sparsinn Eschs klar wurde, daß man wohl daran täte, die Regien des »Kurtrierschen Boten« einzuschränken, entschloß er sich, die Arbeit selber zu leisten.

Es war keine schwere Arbeit. Die Zeitung erschien zweimal wöchentlich, und alles Material hiezu wurde ihr, alter Gepflogenheit gemäß, durch eine Nachrichten- und Feuilletonkorrespondenz in Köln geliefert. Es galt bloß, unter den brennenden Tagesnachrichten die brennendsten herauszusuchen, manchmal unter den schöngeistigen Artikeln und Romanen den schönsten zu wählen. Nur die Lokalberichte galt es selber zu versorgen, und die bestanden zumeist aus »Eingesendet«.

Dennoch hatte es Esch nicht leicht. Solcher Schwierigkeiten Wurzel wäre wohl am tiefen Kern seines Wesens aufzuzeigen, aber wenn ihn diese tiefere Wesenhaftigkeit einst zum Buchhalterberuf geführt hatte, so kann jetzt der Hinweis genügen, daß man nicht ungestraft 30 Jahre Buchhalter sein kann. Denn ein Buchhalter ist ein Mensch, der in einer Welt eigener und außerordentlich präziser Ordnungen lebt. Er wendet die Seiten des Hauptbuches und vergleicht sie mit denen des Journals und des Saldokontos; lückenlose Brücken führen hinüber und herüber, sichern das Leben und das Tagwerk. Des Morgens bringt der Diener oder ein kleines Fräulein des Korrespondenzbüros die Buchungsbelege, und der Oberbuchhalter paraphiert sie, damit sie sodann von den jungen Leuten in die Strazza eingetragen werden. Hierauf kann er über die schwierigen Fälle in Ruhe nachdenken, gibt seine Weisungen, läßt nachschlagen. Wenn er dann im Geiste den schwierigen Buchungsfall geordnet hat, spannen und überspannen sich ihm neue gesicherte Brücken von Kontinent zu Kontinent, und dieses Gewirr von gesicherten Beziehungen zwischen Konto und Konto, dieses unentwirrbare und doch für ihn so deutliche Netz, in dem kein Knoten fehlt, symbolisiert sich schließlich doch in einer einzigen Zahl, die er jetzt schon voraussieht und mit der es in die Bilanz eingehen wird. Oh süße Aufregung der Bilanz, gleichgültig ob sie Gewinn bringt oder Verlust, denn dem Buchhalter bringt jedes Geschäft Gewinn und Zufriedenheit. Schon die monatlichen Rohbilanzen sind Siege der Kraft und Gewandtheit und sind dennoch nichts gegen die großen Buchabschlüsse am Halbjahrsende: in diesen Tagen ist er der Führer des Schiffes, und seine Hand verläßt nicht das Steuerrad: die jungen Leute der Abteilung sind gleich Ruderknechten an ihren Plätzen, und man achtet nicht der Mittagspause und des Schlafes, bis die Konti alle abgeschlossen; die Aufstellung des Gewinn- und Verlustkontos und des Bilanzkontos behält er sich selbst vor, und wenn er den Saldo eingesetzt und den schrägen Abschlußstrich gezogen, dann besiegelt er die Arbeit mit seiner Unterschrift. Wehe aber, wenn die Bilanz um einen Heller nicht stimmt. Neue, doch bittere Lust. Begleitet vom ersten Hilfsbuchhalter geht er mit den Augen des Detektivs die verdächtigsten Konti durch, und wenn es nichts nützt, werden unnachsichtig alle Buchungen des Halbjahrs neuerdings durchgerechnet. Und wehe dem jungen Mann, in dessen Arbeit der Fehler geschehen – ihn trifft Grimm und kalte Verurteilung, ja Entlassung. Sind aber die Tage ruhiger, dann geschieht es nicht selten, daß er auf gut Glück ein Buch aufschlägt, mit raschem Daumen die Seite glättet und die Kolonne der Ziffern zur Probe summiert, sich seiner Fertigkeit freuend, die es erlaubt, bei aller Sicherheit der ölig laufenden Rechnung die Gedanken fernab schweifen zu lassen, oder es geschieht, daß er über die neuen Systeme nachsinnt, die einzuführen zur Pflicht des modernen Buchhalters gehört, obwohl sie statt der geliebten großen Bücher nüchterne Karten gebrauchen, obwohl sie die persönliche Kunst durch Rechenmaschinen ersetzen.

Aus solchem Leben kommend, übernahm Esch die Zeitung, der er vorerst eine ordnungsgemäße Buchhaltung, wenn auch noch in alter italienischer Manier einrichtete. Aber es verstand sich, daß er auch in der eigentlichen Redaktionsarbeit seiner Methode der akriben Evidenzen und pedantischer Buchung nicht abtrünnig werden konnte. Die sozusagen neutrale, fast gläubige Hinnahme der Buchungsbelege gehört zum Wesen des Buchhalters, der eine Post bloß dann streichen kann, wenn sie ordnungsgemäß annulliert worden ist. Solche Annullierungen wurden aber von den Generalstäben gerne vermieden. So erfuhr man nie, daß die eroberten Forts von Verdun wieder geräumt worden waren, und als die Deutschen im Frühjahr 1918 zum zweiten Male die Marne überschritten und dort einen Brückenkopf errichteten, konnte man Wochen später, als die Franzosen schon längst ihrerseits über die Marne vorgestoßen waren, im Kurtrierschen Boten lesen: »Unentwegt harren unsere tapferen Helden am linken Marneufer, keinen Fußbreit feindlichen Bodens preisgebend, des Befehls weiteren Vormarschs.« Der Zensor, der sich früher um das kleine Blatt nie gekümmert hatte, fand nun immer häufiger Anlaß, die merkwürdigen Kriegsbetrachtungen Eschs durch weiße Flecken zu ersetzen, und er war hiezu um so angeregter, als Herr Esch auch durch verschiedene Reden im Wirtshaus und an den anderen öffentlichen Orten auffallend wurde. Und doch war es bloß eine Schraube ohne Ende: der Geruch des revolutionären und sarkastischen Geistes schwebte nun einmal, seitdem er sich mit den Konfiskationen auf ihn herabgesenkt hatte, um Herrn Esch, und es war solcherart kein Wunder, daß unzufriedene Elemente nun ihrerseits Anschluß an ihn suchten. Und da er durchaus nicht zu bewegen war, die Augen vor den Mißständen der Welt zu verschließen, sondern diese mit nicht minderer Genauigkeit in sich, wenn schon nicht immer in der Zeitung registrierte, wie die obrigkeitlich legitimierten Tatsachen, so wurde ihm nicht nur das allseits aufkommende Elend offenbar, sondern es wurden ihm auch jene Fakta zugetragen, die damals noch den meisten verborgen waren, all die Unzufriedenheit im Felde ob der sinnlosen Unmenschlichkeit des Krieges, die Unruhen in den Pulverfabriken und die Aufstände in Kiel und Bremerhaven. Dabei selbst mit den Behörden in Konflikt, fühlte er Brüderlichkeit zu der allseits getretenen Menschenkreatur in sich aufkeimen, ward solcherart ein Oppositioneller, ohne im Grunde es sich einzugestehen.

Treuester Sohn der Gemeinschaft, die ihm Ziel der Opposition und des Protestes ist, ist dem Rebellen die bekämpfte Welt eine Fülle lebendiger Beziehungen, deren Fäden bloß durch teuflische Bosheit in Verwirrung gebracht worden sind, und die zu entwirren und nach eigenem, besserem Plane zu ordnen, seine Aufgabe wird. So protestierte Luther gegen den Papst. Anders aber einer, der wie etwa Huguenau sich von jener Ordnung und Gemeinschaft, – sei sie gut oder schlecht, ihn kümmert es nicht –, losgelöst hat, wie der Jude aus dem Bunde Christi. Er ist nicht Oppositioneller und nicht Rebell, sowenig wie der Verbrecher Rebell ist. Außerhalb der Gesellschaft stehend, haben die Verbrecher kein Interesse daran, an ihrer Struktur etwas zu ändern: sie wollen bloß Grenzstreitigkeiten vermeiden und ihrem Beruf in Ruhe nachgehen. Sich den Forderungen der Gesellschaft, an deren Grenzen sie leben, anzupassen, ist ihnen Pflicht und Ehrgeiz; vielleicht lieben sie sie sogar. Geht der Dieb des Abends auf leiser Gummisohle sein Diebshandwerk ausüben, so wäre er betroffen, würde er auf dem Wege dem öffentlichen Ausrufer begegnen, verkündend, daß das Privateigentum aufgehoben sei. Ist ja sogar der Beruf des Mörders, der das Messer zwischen den Zähnen die unbequeme Mauer hinaufklimmt, um kargen Lohn zu verdienen, nicht gegen die Gesamtheit gerichtet, sondern bloß ein persönliches Geschäft, das er mit seinem Opfer auszumachen hat. Auch sind Vorschläge zur Verbesserung des Strafrechts niemals von den Verbrechern ausgegangen, obwohl es sie doch beträfe. Käme es auf die Verbrecher an, man würde noch immer Diebe und Falsch-münzer an den Galgen hängen und die Mörder rädern. Und man wäre noch nicht einmal so weit, Mord und Totschlag zu unterscheiden, wenn auch die Verbrecher für Nuancen ihrer Berufsausführung ein feines Gefühl sonst haben und gerne es sehen, daß die Rechtspflege ihren differenzierteren Abschat-tungen sich anpasse: aber solches ist nicht Rebellion, sondern der Wunsch, die Möglichkeiten einer durchaus bejahten Welt auch für die eigene Grenzwelt spielen zu lassen, beide solcherart in schöner Wechselwirkung bereichernd. Und wenn die Verbrecher es lieben, daß für jene Tat der Galgen, für jene das Rad und die glühende Zange, für jene die Rute oder das Stockhaus erkannt werde, so ist dieser Wunsch doch nur Symbol für den umfassenden, dem eigenen Tun und Beruf den ihm zukommenden logischen Platz und eine reibungslose Wirksamkeit im Gesamtgeschehen zu sichern. Für die Verbrecher ist es nicht vonnöten, das System ge-wohnter Relationen zu ändern; ihnen genügt, mögen sie auch solch genügsamen Zweck mit aller Leidenschaft anstreben, das System eigener Gestalten und Funktionen lautlos einzu-passen und einzuschalten in das bewegte Gebilde des Ge-wohnten. Also ist es auch nicht sinnlos, höchstens einer etwas subjektiven Traumsprache folgend, daß Huguenau die beiden Systeme als die beiden Teilgerippe eines zwar nicht einfachen, doch deutlichen Hebelgestänges gewahrte, eines Hebelgestänges, an dessen Scharnier und Drehpunkt die Zeitung Eschs saß. Hier in diesem Scharnier zeigte sich durchaus einleuchtend und plausibel, die Einpassung und die Sicherung seiner eigenen Funktion im Funktionsablauf des normalen Lebens, und so wurde es ihm klare Notwendigkeit, sich dieses Punktes zu bemächtigen und den »Kurtrierschen Boten« zu erwerben.

VII

Über das begreifliche Interesse hinaus, das Huguenau an und für sich für Uniformen hatte, mußte ihm beim Mittagsmahle das Gehaben eines weißhaarigen Majors auffallen, der an einem der Nebentische saß: als die Suppe ihm gebracht wurde, faltete der Major die Hände, beugte sich halbgeschlossenen Auges ein wenig über den Tisch, und erst als er solch unverkennbares Gebet beendigt, brach er das Brot. Huguenaus Frage wurde mit dem Bedeuten beantwortet, daß er in dem alten Major den Stadtkommandanten sehe, einen für Kriegsdauer reaktivierten Herrn aus Westpreußen, dem die Militärgewalt über die Stadt überantwortet sei. Zwar wären die militärischen Einrichtungen der Stadt von keiner besonderen Wichtigkeit, ein Verwundetenspital, eine Etappenverpflegestation und das Ersatzkader einer Minenwerferabteilung mit einem kleinen Munitionsmagazin, aber immerhin sei das Städtchen, wohl wegen des Bestandes jenes Magazins, bereits mehrmals Ziel von Fliegerangriffen gewesen, und wenn auch diese bisher nicht viel Schaden verursacht hätten, so sei es für derartige Fälle doch beruhigend, daß ein einheitliches Kommando vorgesehen sei. Der Major wohne schon seit Kriegsbeginn im Gasthof, seine Familie sei auf seinem Gute in Westpreußen verblieben und stünde mit ihm in täglichem Briefwechsel.

Angesichts dieses Mannes wollte Huguenau bereits den Entschluß fassen, seine Flucht fortzusetzen, mußte er ja doch in ihm seinen Henker sehen, in dessen Gewalt er fiele, wenn

er als Deserteuer verfolgt und hier ertappt werden würde.
Dennoch erschien ihm solch mögliche Wehrlosigkeit als reiz-
voll, und mit einem fast lässigen Glücksgefühl schob er den
weiteren Fluchtplan beiseite. Und da die menschliche Psyche
stets in Antithesen sich bewegt, immer nur wieder ein Entweder-Oder kennt, so fühlte er sich mit dem Fluchtverzicht
auch schon dem anderen Extrem, dem der Annäherung zu-
getrieben. Dank der wohl etwas verschobenen Geistesverfas-
sung und der luzideren Realität, in der er sich seit seiner
Desertion befand, erfolgten seine Handlungen wie unter
Kurzschluß, eigentlich ohne Überlegungszeit; Huguenau
wartete bloß ab, bis der Major sein Essen beendigt und,
nachdem er wieder einige Sekunden im stummen Gebet ver-
harrt war, seine Zigarre angezündet hatte; dann näherte er
sich ihm schnurstracks und ohne jegliche Befangenheit. Er
stellte sich geziemend vor und erklärte, dem Pressedienst
zugeteilt zu sein. Die Haltung des »Kurtrierschen Boten«
hätte nun zu allerlei Bedenken bereits Anlaß gegeben und er
sei, ausgestattet mit entsprechenden Vollmachten, herge-
reist, um die Verhältnisse an Ort und Stelle zu studieren. Da
nun die Zensurfragen in gewissem Sinne in das Ressort des
Stadtkommandos fallen, halte er es für seine Pflicht, dem
Herrn Major hiemit Aufwartung und Meldung zu machen.
Dessen zwar höflichen, aber kühlen Einwand, daß hiezu
eigentlich der Dienstweg angebracht sei, erlaubte er sich
gehorsamst mit dem Hinweis zu entkräften, daß er nicht in
offizieller, sondern bloß offiziöser Eigenschaft sich hier befinde, und daß die erwähnten Vollmachten keine staatlichen
seien, sondern solche der patriotischen Schwerindustrie, welche ein Interesse daran habe, das Eindringen destruktiver
Ideen ins Volk zu verhüten und daher einen Fond zum
Aufkauf verdächtiger Zeitungen geschaffen habe. Er habe
nun den Eindruck empfangen, daß der Aufkauf des »Kurtrierschen Boten« empfehlenswert sei und er habe die Befug-
nis, diesen Kauf durchzuführen. Wenn er bei dieser Gelegenheit dem Herrn Major ein Ersuchen vortragen dürfe, so gehe
es, abgesehen von der selbstverständlichen Bitte um Diskretion, dahin, zuverlässige und begüterte, ortsansässige Herren, die dem Herrn Major ja zweifelsohne bekannt seien,
selbstverständlich unter entsprechender Geheimhaltung an

dem Projekt zu interessieren. Denn jene Industriellengruppe lege begreiflicherweise einen gewissen Wert darauf, daß bei einem derartigen Aufkauf von Lokalblättern auch lokale Interessenten an der Sache beteiligt seien, die solcherart die Exponenten der Zentralgruppe darstellen würden. Und da eine Verbindung mit der deutschen Großindustrie sicherlich vielen nicht unwillkommen sei und außerdem die hiezu notwendigen Kapitalien recht geringfügig wären, glaube er, speziell, wenn der verehrte Herr Major sich der Angelegenheit etwas annehmen wolle, daß an einem raschen und befriedigenden Erfolg der patriotischen Aktion nicht gezweifelt werden könne. Und wenn der Herr Major gütigst zu rauchen gestatte ... und damit nahm Huguenau eine Zigarre aus dem Etui, putzte seine Augengläser und begann zu rauchen.

Da nun gegen diese Ausführungen wenig einzuwenden war, meinte der Herr Major, daß sich abends immer einige Herren der Gesellschaft im Gasthof einfänden, die er für das gedachte Projekt wohl in Aussicht nehmen könne, und daß er, da man seiner Meinung nach den Stier stets an den Hörnern packen solle, Herrn Huguenau einlade, gleich an einer gemeinsamen Besprechung teilzunehmen.

Huguenau dankte respektvollst, rückte aber noch ein Stückchen näher an den Major heran und bat um die Erlaubnis, in diesem Falle noch eine Mitteilung anfügen zu dürfen, die jedoch bloß für den Herrn Major persönlich bestimmt sei. Er habe nämlich bei seinen bisherigen Unterhaltungen mit dem Herausgeber jener Zeitung, einem gewissen Esch, von dem der Herr Major wohl schon gehört habe, den sicheren Eindruck empfangen, daß hinter der Zeitung eine ganze, wie möge er sich ausdrücken, submarine Bewegung subversiver Elemente im Gange sei. Manches scheine ja schon durchgesickert zu sein, wenn aber das Zeitungsprojekt tatsächlich durchgeführt werde, so wäre er wohl dann in der Lage, auch in jenes dunkle Treiben jenen Einblick zu gewinnen, der im Interesse des Volksganzen zu erstreben und notwendig sei. Er werde also zuversichtlich des Abends der so ehrenden Einladung Folge leisten.

# VIII

Wie vorauszusehen, endigte der Abend mit einem positiven Resultat, zu dem nicht wenig beitrug, daß die Herren unter dem Eindruck standen, an einem geheimen und feierlichen Konventikel teilgenommen zu haben. Huguenau hätte mit Leichtigkeit die von Esch verlangten 20 000 Mark zeichnen lassen können, aber fast schien es ihm unangebracht, seinem Tanz auf dem gespannten Seil so übermäßig solide Fundierung zu geben. Außerdem mußte er sich aber sagen, daß er als Exponent der mächtigsten Industriegruppe des Reiches das Provinzkapital nicht in so weitem Maße heranziehen dürfe und schließlich stand es für ihn – aus gesunder kaufmännischer Gesinnung – fest, daß man Eschs Forderung nicht in voller Höhe bewilligen dürfe.

Da er aber diesen gebotenen und sicherlich nicht ausbleibenden Preisdruck auf Esch als sein legitimes Privatgeschäft betrachtete, beließ er es bei 20 000 Mark, allerdings mit der stolzen Erklärung, daß er von diesem Kapital bloß ein Drittel, mithin M 6660,– plazieren könne, und nahm die Überzeichnungen nur als Vormerkungen für einen künftigen Ausbau des Unternehmens entgegen. Für die Zahlungen sollten interimistische Anteilscheine ausgegeben werden; nach weiterer Fühlungnahme mit der Zentralgruppe würde das ausgebaute Unternehmen die Form einer G.m.b.H. oder gar einer A.G. erhalten. Man gedachte der künftigen Verwaltungsratssitzungen, und der Abend schloß mit einem Hoch auf die verbündeten Armeen und auf Seine Majestät den Kaiser.

Am nächsten Tage überfiel Huguenau den überraschten Herrn Esch mit den heftigsten Vorwürfen ob dessen schlechter Beleumdung. Ihm als Makler könne es doch gewiß gleich sein, aber es breche ihm das Herz, ja, es sei herzbrechend, wenn man zusehen müsse, wie ein gutes Geschäft so mutwillig zu Grunde gerichtet werde; eine Zeitung lebt von ihrem Ruf und wenn der Ruf pleite ist, ist sie selber es auch –; so wie die Sache liegt, hätte Herr Esch es zuwege gebracht, daß der »Kurtriersche Bote« ein schlechthin unverkäufliches Unternehmen geworden sei: »Sie müssen sich klar sein, lieber Esch, daß Sie dem Übernehmer des Blattes eigentlich etwas heraus-

58

zahlen müßten, anstatt daß Sie noch Geld verlangen.« Überdies sei von einer Rentabilität keine Rede, und wenn man es zu einer solchen doch bringen wolle, so könne dies bloß mit Hilfe unerhörter Opfer, ja Opfer, lieber Freund, geschehen. Wenn, wie er glaube, sich unter seinen Freunden eine Gruppe opferwilliger Männer fände, die zu diesem völlig sinnlosen, weil idealen Vorhaben bereit wären, so könne Esch von Glück reden, einem Glück, das man vielleicht nur ein einziges Mal im Leben träfe. Dank seiner Vermittlung werde er Esch überdies eventuell noch 10 000 Mark herausschlagen, ein schönes Stück Geld, das einen Mann mit einem Schlag, wenn auch nicht eben reich, so doch wohlhabend mache, und wenn Esch es nicht annähme, so täte es ihm leid, sich derart uneigennützig mit den Eschischen Angelegenheiten, die ihn doch nichts, aber rein schon gar nichts angingen, befaßt zu haben. Esch brauche durchaus kein enttäuschtes Gesicht zu machen. Wenn man ihm 10 000 Mark herauszahle, so wäre sogar seine eigene phantastische Bewertung nicht nur akzeptiert, sondern sogar schon überschritten – denn mindestens 10 000 Mark müsse man zur Ausgestaltung des Blattes hineinstecken. Aus nichts werde nichts. Schließlich einigte man sich auf 12 000 Mark und hielt die Abmachung in einem Gedächtnisprotokoll fest:

§ 1 Herr Wilhelm Huguenau als Machthaber und Treuhänder einer Industriegruppe tritt dem Zeitungsunternehmen offene Handelsgesellschaft »Kurtrierscher Bote« als öffentlicher Teilhaber bei, so zwar, daß er Besitzer von 95% des Firmenvermögens, der bisherige Eigentümer, Herr August Esch, Besitzer von 5% des Firmenvermögens sein wird.

§ 2 Das Firmenvermögen besteht aus den Verlags- und sonstigen Rechten, sowie aus der gesamten Büro- und Druckereieinrichtung.

§ 3 Die Nettogewinne werden im Verhältnis von 95% und 5% zwischen den beiden Partnern aufgeteilt, soferne sie nicht einem Reservefond zugeführt werden. Die Verluste werden im gleichen Verhältnisse getragen.

§ 4 Herr Wilhelm Huguenau bringt ein Kapital von M 20 000,– in die Firma ein, von dem ein Drittel sofort, je ein weiteres Drittel nach je einem halben Jahr zahlbar sind. D. i. also am 1. I. und 1. VII. 1919.

§ 5 Die Zahlungen des Herrn Huguenau per insgesamt

M 20 000,– werden auf zwei Kontis u. zw. M 13 400,– auf Konto »Huguenau-Industriegruppe« und M 6600,– auf Konto »Lokalgruppe« verbucht werden.

§ 6 Herr August Esch als bisheriger Alleineigentümer erhält:
  a. eine Abfertigung von M 12 000,– von denen M 4000,– sofort, je weiter M 4000,– am 1. Jänner und 1. Juli 1919 auszuschütten sind. Die beiden ausständigen Raten werden mit 4% pro anno verzinst;
  b. einen Dienstvertrag als Schriftleiter mit einem Monatsgehalt von M 125,–.

§ 7 Herr Huguenau fungiert als Herausgeber. Die kommerzielle und finanzielle Führung des Unternehmens ist ausschließlich ihm überlassen. Er hat ferner das Recht, Artikel für das Blatt ohne Befragung der Redaktion nach seinem Gutdünken aufzunehmen oder abzulehnen.

§ 8 Herr Esch hat das Recht und die Pflicht die Buchhaltung des Unternehmens zu besorgen.

§ 9 Die von der Zeitung im Hause des Herrn Esch bisher benützten Räumlichkeiten verbleiben dem Unternehmen für weitere 3 Jahre. Weiters stellt Herr Esch für die gleiche Zeit zwei gut möblierte Zimmer mit Frühstück dem Herausgeber im Vordertrakt des Hauses zur Verfügung. Er erhält hiefür vom Unternehmen eine Vergütung von M 25,– pro Monat.

§ 10 Bei einer späteren Verwandlung der offenen Handelsgesellschaft in eine G.m.b.H. oder A.G. sind die obigen Bestimmungen sinngemäß zu berücksichtigen.

Die kleine Beteiligung, welche Herrn Esch belassen wurde, erleichterte den Abschluß, doch war die Abfassung des Protokolls ein nochmaliges Messen der Kräfte. Geschickt verschob Huguenau aber die Diskussion auf ein Nebenthema, hier seinem Gegner nach hartem Ringen einen Scheinsieg mit der Zuerkennung der 4%igen Verzinsung für die ausständigen Raten klug überlassend. Aber war Esch auch von diesem Erfolg befriedigt, so war er von den in Aussicht stehenden komplizierten Buchungen geradezu geblendet und entzückt, so entzückt, daß es ihm gar nicht in den Sinn kam, die aushaftenden Raten könnten etwa nicht gezahlt werden, oder gar – würden sie durch ein Wunder doch gezahlt –, es könnte die Differenz zwischen den 12 000 Mark und den 20 000 Mark, mit ihren bestechenden Buchungsaussichten, dann automatisch in die fraudulös geöffnete Tasche Huguenaus fließen. Merkwürdig war nur, daß auch Huguenau sich dieses Umstandes selber gar nicht bewußt war und bloß in Ordnung es befand, daß ihm mit der Zahlung der lokalen Interessentengruppe eigentlich die Zeitung gekauft und geschenkt worden war. Wohl war die projektierte Umwandlung in die G.m.b.H. oder A.G. und die damit verbundene Pflicht zur öffentlichen Rechnungslegung eine Verlegenheit und wie und wo er dann die zweite und dritte Rate aufbringen würde, wußte er wahrlich nicht –, aber bis dahin war lange Zeit, die Kriegsverhältnisse bringen allerlei Unordnung, vielleicht gibt es schon Frieden, vielleicht wird die Zeitung jene Beträge selber in Verdienst bringen, vielleicht wird es notwendig sein, sie in Gestalt von Verlusten verschleiert verschwinden zu lassen, vielleicht würde Esch tot sein. Man wird sich schon helfen können und durchs Leben schlagen. So machte Huguenau sich wenig Gedanken und betrachtete das Ganze als ein durchaus legales Geschäft. Bloß daß es ihm freies Quartier und Frühstück eingebracht hatte, war ihm ein kleiner, netter Erfolg, der ihn herzlich freute.

So konnte Huguenau in erstaunlich kurzer Frist melden, daß die Transaktion in glatter Weise erledigt worden sei. Die Honoratioren zögerten nicht, ihren Kapitaleinschuß von M 6600,– zu leisten; M 4000,– wurden hievon vertragsgemäß Herrn Esch übergeben, M 1600,– bestimmte Herr Huguenau als vorsichtiger und solider Kaufmann zum Betriebskapital, während er den restlichen M 1000,– den Titel Dispositionsfond verlieh und sie für sich verwendete. Die interimistischen Anteilscheine wurden ausgegeben und bereits nach zwei Wochen, es war gerade der 1. Juni, konnte die Zeitung, nachdem solches vorher gebührend bekannt gemacht worden war, unter neuer Leitung und in neuer Aufmachung erscheinen. Huguenau hatte den Major zu bewegen vermocht, die neue Ära mit einem Leitartikel zu eröffnen, und ebenso war diese Festnummer durch teils patriotische, teils nationalökonomische, zumeist patriotisch-ökonomische Aufsätze aus den Federn der an dem Blatte beteiligten Honoratioren geziert.

Doch Huguenau übersiedelte zur Feier der neuen Epoche in die ihm eingeräumten beiden Zimmer des Eschischen Hauses.

# IX

(Leitartikel des »Kurtrierschen Boten« vom 1. Juni 1918)
An das Deutsche Volk
vom Stadtkommandanten Major v. Pasenow

> Dann verließ ihn der Teufel; und sieh
> die Engel traten hinzu und dienten
> ihm. Matth. 4./11

Wenn auch der Wechsel in der Leitung dieser Zeitung nur ein geringfügiges Ereignis neben dem gewaltigen des uns umbrausenden Krieges, dessen Jahrestag wir nun in Bälde zum vierten Male begehen werden können, so dünkt es mich, daß, wie so oft, auch hier die kleine Begebenheit Spiegel des größeren Geschehens sein mag.

Denn wenn wir mit unserer Zeitung an einem Wendepunkt stehen und meinen, einen neuen und besseren Weg einschlagen zu können, der uns zur Wahrheit führt, deren Wiedergabe die vornehmste Pflicht einer Zeitung ist, so drängt es sich uns auf, daß der Krieg auch einen ähnlichen Wendepunkt im Leben der Völker bedeutet. War aber der Pfad, den die Welt bisher verfolgte, so schlecht, daß er zu solchem Strafgericht führte, wo ist der Teufel, den es wegzujagen gilt, wo die Engel, die wir zu unserer Hilfe herbeirufen wollen?

Einem alten Soldaten geziemt es, seine Meinung gerade heraus zu sagen, auf die Gefahr hin, daß sie manchem als Gemeinplatz, manchem als unzeitgemäße Sprache erscheinen wird. Und ich meine, daß alles Übel daher kommt, weil die Welt die Gnade der Freiheit, die die wahre Gnade Gottes ist, verloren hat, obwohl sie, wie im Schuldbewußtsein, von nichts anderem als von Freiheit spricht. Freiheit ist aber unser höchstes Gut, und es bewahrheitet sich das Wort Luthers, daß »das größte Übel ist allezeit gekommen von dem Besten.«

Wenn wir von diesem Krieg als Freiheitskrieg sprechen und damit das Ziel meinen, unser geliebtes Vaterland aus der Umklammerung der Feinde zu befreien, so hören wir oft auch, daß es nicht nur gilt, die Feindvölker niederzuwerfen, sondern auch das Vaterland und die Welt von dem schädlichen Geiste zu befreien, der die Erde erfüllt, und der nicht nur jene Nationen dazu geführt hat, uns zu bekriegen, sondern sogar auch unbemerkt sein Gift in unseres eigenen Volkes Seele geträufelt hat.

Die so sprechen, vermögen auf die Zustände in den scheinbar so stolzen Metropolen unseres Reiches, auf die Verderbnis in den Städten der Feindvölker zu verweisen, und sie werden nicht mit Unrecht die Herrschgier des Franzosen, der unser armes Land bedrücken will, und die Habsucht des Engländers, der seine Hand nach unserem Wohlstand ausstreckt, mit jenem verderblichen Geist in Zusammenhang bringen. Denn überall – und gewißlich auch bei uns – bemerken wir sein Wirken: der Kaufmann sucht übermäßigen Gewinn und will den Nachbarn nicht leben lassen, der Fabriksherr fordert übermäßige Arbeit, der Arbeiter übermäßigen Lohn. Und jeder sucht bloß die Lust und die Verführung.

Die Welt ist solcherart voll innerer Zwietracht und Zerrissenheit, und es mag daher nicht Wunder nehmen, daß die Völker mit hundertfacher Zwietracht und tausendfacher Zerrissenheit bestraft werden. Denn an dem Gliede, mit dem du gesündigt, sollst du gestraft werden.

Ich höre den Einwand, daß wir solcherart die Strafe einfach hinzunehmen, die Geißel zu erdulden und dem Peiniger die zweite Backe darzubieten hätten. Aber abgesehen davon, daß wir die Strafe erst erfüllen und auf uns nehmen, indem wir Krieg führen, ist der Krieg auch gerecht, weil er eben gegen den bösen Geist geführt wird, gleichwie der Kampf Luthers gegen ein übermütiges Papsttum ein gerechter Kampf war. Lehrt uns unser Meister Clausewitz, daß jede Verteidigung aus Abwarten und Handeln besteht, so kann auch die Verteidigung der Seele gegen das Sündige nicht des Handelns entraten.

Aber nun gibt es viele, welche glauben, daß dies alles einfach ein Kampf gegen das Übermaß von Freiheit sei, das in der Welt herrsche. Es genüge, so meinen sie, die Menschen zur Achtung der Obrigkeit und zur Disziplin zurückzuführen, um die Welt wieder in die Fugen zu bringen, während die anderen auf dem begonnenen Wege immer weiter fortfahren und jede Ordnung umstoßen möchten. Aber wer so denkt, sei es als Gegner, sei es als Förderer des herrschenden Geistes, irrt. Nie war die Welt so unfrei wie jetzt, beweist dies doch der Krieg, denn was sie Freiheit nennen, ist jene falsche, von der Petrus sagt: »Sie reden mit eitlen schwulstigen Worten und locken durch Fleischeslust und Geilheit jene, die sich noch kaum von den im Irrtum wandelnden abgesondert hatten. Sie verheißen ihnen Freiheit, da sie doch selbst Sklaven des Verderbens sind. Denn von wem man beherrscht wird, dessen Sklave ist man.« (2. Petrus II/18,19)

Nein, wenn es von unserem Kampfe heißen soll, »Aus Schrecken vor ihm flohen seine Feinde, alle Übeltäter wurden bestürzt, und die Rettung lag in seiner Hand« (1. Makkabäer III./6), so darf es nicht auf die Verfolgung der fliehenden Feinde ankommen, sondern auf die Rettung. Und kurzsichtig wäre es, die Freiheit verfolgen und vernichten zu wollen, bloß weil die Menschen sich daran gewöhnt haben, sie mit Zügellosigkeit zu verwechseln.

Es braucht der Mensch seine Freiheit, ja sogar seine äußere Freiheit, so wie unser Volk seine Freiheit braucht, um welche wir kämpfen. Aber er besitzt sie bloß, wenn ihm auch gleichzeitig die innere, höhere und wahrhaft göttliche Freiheit geschenkt wird. Und diese erringen wir nicht auf den Schlachtfeldern, sondern nur in unserem Herzen, denn sie ist gleichbedeutend mit dem Glauben, den die Welt zu verlieren sich anschickt. So ist dieser Krieg letzten Endes ein Zeichen des Unglaubens, der wie die Offenbarung (Off. XXI./8) sagt, »der zweite Tod«, ist. Gilt doch: »Wer aber nicht glaubt, der wird verdammt sein.« (Ev. Joh. III/36)

Was aber ist der Glaube, der uns den Weg zur wahren und göttlichen Freiheit öffnen soll? ist es ein pharisäisch Leben nach der Schrift? »Gute, fromme Werke machen nimmermehr einen guten, frommen Mann, sondern ein guter, frommer Mann macht gute, fromme Werke«, berichtet Luther von der Freiheit eines Christenmenschen und er führt aus: »So denn die Werke niemand fromm machen und der Mensch muß fromm sein, ehe er Werke tut, so ist offenbar, daß allein der Glaube aus lauteren Gnaden durch Christum und sein Wort die Person genugsam fromm und selig machet und daß kein Werk, kein Gebot einem Christen not sei zur Seligkeit, sondern er frei ist von allen Geboten und aus lauterer Freiheit umsonst tut alles, ohne damit zu suchen seinen Nutz oder Seligkeit.«

Nun mag mir dagegen eingewendet werden, und ich habe es leider auch von manchem braven Soldaten gehört, daß viele angesichts der Kriegsschrecken ihren Glauben an Gott verloren hätten. Aber die so empfinden, vergessen eben, daß die Geißel des Krieges die Aufrüttelung sein soll aus dem Unglauben der Welt. Gleichwie erst der glorreiche Feldzug anno 70 kommen mußte, um die zerrissenen deutschen Stämme zu einen, so soll es der Ruhm dieses so viel größeren und schrecklicheren Krieges sein, nicht nur Stämme brüderlich zu verbinden, sondern den Menschen zu lehren, den Bruder im Bruder zu erkennen, dem er in der Not beistehen muß. Denn der Glaube ist die Liebe, sagt unser Herr, und wenn das Fünklein der Liebe im Seelengrund, von dem Meister Eckhart spricht, wieder angefacht ist, wird auch der Glaube und die Gnade der Freiheit wieder unser sein. Dann kann es heißen: »Ein Christenmensch ist ein dienstbarer Knecht aller Dinge und jedermann untertan«, und ein »Christenmensch ist ein freier Herr über alle Dinge und niemand untertan« worunter ich mir den wahren Frieden vorstelle.

Ich weiß nicht, ob ich mich recht verständlich machen konnte, mußte ich doch selber lange ringen, um zu diesen Erkenntnissen zu gelangen und bin doch überzeugt, daß sie stückhaft sind. Aber auch hier mag gelten, was Clausewitz sagt: »Der herzzerreißende Anblick von Gefahren und Leiden läßt das Gefühl leicht ein Übergewicht über die Verstandesüberzeugung gewinnen, und im Dämmerlicht aller Erscheinungen ist eine tiefe, klare Einsicht so schwer, daß ihr Wechsel begreiflicher und verzeihlicher wird. Es ist immer nur ein Ahnen und Herausfühlen der Wahrheit, nach dem gehandelt wird.«


X


Der Artikel des Majors und Stadtkommandanten v. Pasenow machte zwar dem deutschen Volk, an das er gerichtet war, im großen und ganzen keinen weiteren Eindruck, wohl

aber auf einen, wenn auch nicht bedeutenden Teil jenes
Volksganzen. Dieser Teil war Herr Esch.

Welch fürchterliches Mißverständnis, welch grausamer
Irrtum. Wie sehr verfluchte er nun die schematische Eintei-
lung der Welt in Gut und Böse, in Schwarz und Weiß, in der
er sich immer wieder gefiel. Er mußte sich eingestehen, daß er
den Major gehaßt hatte.

Vor wenigen Tagen erst waren Huguenau und er auf der
Straße einem gefesselten deutschen Soldaten begegnet, der,
flankiert von zwei Mann mit aufgepflanztem Bajonett, sei es
vom Bahnhof, sei es vom Gerichtsgebäude, augenscheinlich
ins Gefangenenhaus geführt wurde. Es war Regenwetter,
und die Tropfen klatschten dem Mann ins Gesicht; um sie
wegzuwischen, mußte er von Zeit zu Zeit die aneinander
geschlossenen Hände mit etwas ungeschickter und rührender
Gebärde heben und sein Gesicht an ihnen reiben. Der Mann
war vielleicht ein Raubmörder, Kinderschänder, Gewalttä-
ter, der auch einen harmlosen Pfarrer mit einem Küchenmes-
ser roh erstochen haben mochte. Aber Huguenau diagnosti-
zierte »Deserteur«, und Esch sah mit Schaudern das Kriegs-
gericht in dem ihm wohlbekannten Schwurgerichtssaal tagen, den Major seiner Würde gemäß als Gerichtsherrn, hörte
seinen mitleidslosen Urteilsspruch, und als Huguenau, wohl
im gleichen Gedankengang, dazufügte »wird erschossen«,
stellte sich ihm das Bild ein, wie der Mann im klatschenden
Regen in den Gefängnishof eskortiert wird, und wie er zum
letzten Male sein Gesicht, auf dem Wasser, Tränen und
kalter Schweiß zusammenflossen, an den gefesselten Händen
abwischt. Und der Offizier, den er für diese Unmenschlichkeit verantwortlich machte, der Mann, der ihm der Exponent
kalten, grausamen Militarismus war, zeigte ihm nun sein
wahres und gütiges Antlitz. Esch schämte sich. Nicht nur,
weil er einen Tyrannen gehaßt hatte, der keiner war, sondern
weil er in den zwar nicht völlig klaren, doch großen und edlen
Gedanken des Majors sein eigenes Bestreben nach Weltver-
besserung wiedererkannte, allerdings auf so gehobener und
lichter und feiertägiger Ebene, daß er alles, was er selber
hiezu gedacht und getan hatte, nunmehr als dumpf, eng,
alltäglich und kurzsichtig empfand. Schämte sich auch, daß
es ihm, den man doch die Bibel gelehrt hatte, nie beigefallen

war, sich von ihr, wie man sah, heilsamen Rat zu holen, vielmehr zu jenen gehörte, die sich gerne brüsteten, pfäffische Vorurteile überwunden zu haben. Ja, er war ein Teufel, aber als solcher ein gefallener Engel, und nichts sollte ihn hindern, fortan als Engel weiter zu dienen. Sein Kontrakt, der ihn noch für ein Jahr der Zeitung verpflichtete, kam solchem Vorhaben zu statten.

Aber noch ein anderer Umstand war ihm dienlich: die erste Nummer des verjüngten »Kurtrierschen Boten« war noch nicht erschienen und schon war Huguenaus Eifer an der redaktionellen Tätigkeit erlahmt.

Als er das Blatt übernommen hatte, schwebte Huguenau irgendwo vor, daß man es zu etwas Sensationellem ausbauen werde, zu einer Zeitung etwa, die im »Hauptwache-Café« in Frankfurt oder gar in Stuttgart, Nürnberg oder Berlin aufliegen und allenthalben verlangt werden würde. Aber seine Erfindungskraft war mit der großen Tat der Festartikel und der Einladung an die Honoratioren erloschen. Aus seiner reichlichen Zeitungslektüre hatte er wohl ein Bild, wie ein großes Blatt aussehen müsse, aber über eine vage Wunschphantasie ging sein Interesse an dem Begonnenen nicht hinaus. Es war eine durchaus knabenhafte Einstellung, die die Diskrepanz zwischen den zu Gebote stehenden Mitteln und dem Wunschziel erst geflissentlich übersah, um dann plötzlich und ohne Bedauern den ganzen Gedanken wieder fallen zu lassen. Fast fühlte er sich von der Realität des Zeitungsgetriebes gestört. Hatte er es früher nie genug eilig, in sein Geschäft zu kommen, so verzog er jetzt sich gerne im Bette, dehnte das Frühstück über Gebühr und machte sich nur widerwillig auf den Weg. Und war er einmal dort, so kletterte er meistens bald wieder die Hühnerstiege hinunter und verschwand zur Druckmaschine. Die Druckmaschine liebte er. Es mag wohl sein, daß ein Mann, der zeitlebens von Maschinen erzeugte Waren verkauft hatte, dem aber die Fabriken, in denen die Maschinen standen, als etwas im Range übergeordnetes und eigentlich Unerreichbares gewesen ist, eine besondere Sensation empfindet, wenn er plötzlich selber Maschinenbesitzer und Warenerzeuger wird: Es lebt dann in einem solchen Menschen ein Stück der kindlichen Schöpferfreude auf, die den Knaben so oft mit der Maschine verbindet. Denn junge Menschen und junge Völker, Russen und Amerikaner lieben Maschinen: sie heroisieren die Maschine und romantisieren sie; sie ist der Held, der ihre großen Taten vollbringt. Stundenlang kann der Knabe die Lokomotive am Bahnhof betrachten, wie sie leere Waggons von einem Gleis auf das andere überstellt, und stundenlang konnte Huguenau vor seiner Druckmaschine sitzen und ihr mit ernsthaftem, leeren Knabenblick hinter den Brillengläsern liebevoll zusehen, ohne etwas von ihrer technischen Funktion zu verstehen oder den Versuch zu machen, darin einzudringen.

Nichtsdestoweniger konnte sein immerhin vorhandener und doch wacher Realitätssinn es nicht unbemerkt lassen, daß bei dem Inseratengeschäft noch etwas zu holen sei und es, wie er sich ausdrückte, nach einer Reorganisation schreie. So studierte er trotz seines Widerstrebens mit Aufmerksamkeit den Anzeigenteil der großen Blätter, stellte Vorlagen für alle möglichen Annoncen, Verkaufs-, Verpachtungs-, Heirats- und sonstige Kuppelinserate zusammen und ließ die Stadt- und die Landbevölkerung von Agenten, jungen Burschen, die er mit der Aussicht auf Provision bald aufgetrieben hatte, heimsuchen. Damit aber war seine produktive Mitarbeit abgeschlossen.

Wenn ihn also auch Herr Esch vertragsgemäß in die Redaktionsarbeit einführen wollte, so setzte er diesem Beginnen eigentlich von allem Anfange an passiven Widerstand entgegen. Esch erschien ihm wie ein unleidlicher, hagerer Lehrer, und es war ihm nicht nur Freude, seinen Lehrstunden entwischen zu können, sondern doppelte, ihn auszuspionieren und überwachen zu dürfen: solcherart im Geheimen über den Lehrer gesetzt, war die Detektivtätigkeit, zu der er sich angeboten hatte, aufrichtige Befriedigung, ja es war ihm oft, als wäre er bloß hierher verschlagen worden, um in der erhofften Aufdeckung der angeblichen Geheimbündelei des Herrn Esch seine eigentliche Lebensaufgabe zu finden.

Herr Esch aber, zufrieden, seine Arbeit ungestört fortsetzen zu können, beeilte sich, die ersten Abzüge der Festnummer vom 1. Juni dem Herrn Major persönlich zu überbringen.

# XI

Als Huguenau an dem nächsten Tage in die Wohnung hinaufkam, fand er Esch bei dem Tische des Speise- und Wohnraumes sitzen, ein schwarzgebundenes Buch vor sich. Er schaute ihm über die Schulter; es war eine katholische Bibel mit Holzschnitten. Da er sich selten über etwas erstaunte, außer wenn ihn jemand bei einem Geschäft übertölpelte, was aber selten genug vorkam, nahm er die Tatsache stillschweigend zur Kenntnis und wartete, daß das Essen gebracht werde. Denn er hatte mit Frau Esch Mittagspension vereinbart.

Frau Esch ging durchs Zimmer. Sie war ein breithüftiger, reiz- und geschlechtsloser Mensch, zumindest für den Außenstehenden; ihre irgendwie blonden Haare waren unordentlich in einem Knoten aufgesteckt; im Vorübergehen aber berührte sie unvermittelt und überflüssig ihres Mannes harten Rücken, und Huguenau hatte die Empfindung, daß sie sich ihrer Ehelichkeit allnächtlich recht wohl zu bedienen wüßte. Der Gedanke war ihm nicht angenehm, und so fragte er: »Nun, Esch, bereiten Sie sich aufs Kloster vor?« Darauf Esch: »Es ist die Frage, ob man flüchten darf« – und in gewohnter Grobheit hinzufügend, »aber das verstehen Sie natürlich nicht.« Als die Suppe gebracht wurde und Frau Esch mit den beiden Männern zu Tische saß, wurde Huguenau von seinem Gedanken nicht losgelassen. Es fiel ihm erst jetzt und wunderlich auf, daß die beiden keine Kinder hätten, und daß er eigentlich auf dem Platze saß, wo ein Sohn hingehörte. Also nahm er, einfachen Gemütes, seinen Scherz wieder auf und erzählte Frau Esch, daß ihr Mann ins Kloster gehen werde. Worauf Frau Esch fragte, ob es wahr sei, daß in allen Klöstern unzüchtige Beziehungen zwischen den Herren Mönchen herrschten. Herrn Esch sei schließlich alles zuzutrauen. Und sie lachte über irgend eine in ihr aufsteigende wüste Vorstellung. Herr Esch war unangenehm berührt, und Huguenau bemerkte, wie er errötete und seiner Frau einen giftigen Blick zuwarf. Aber in dem Bestreben, vor dem Weibe die Haltung nicht zu verlieren, ja sich zu steigern, erklärte er, daß es schließlich bloß auf die Gewohnheit ankomme, im übrigen aber, wie er wohl wisse, eigentlich auch allgemein bekannt sei, ein Mönchsleben noch lange nicht Beschränkung auf die sterilen Freuden der Gleichgeschlechtlichkeit beinhalte, sondern daß er als Kuttenträger ein recht begehrtes Liebesobjekt zu werden hoffe. Überhaupt habe der Klostergedanke manches für sich; bei den großen Besitztümern der Klöster könnte ein tüchtiger, bilanzfähiger Buchhalter recht gute Verwendung finden, er wolle Gift darauf nehmen, daß eine richtige amerikanische Buchhaltung noch in keinem Kloster eingeführt sei. Frau Esch aber, bereits kaptiviert, ergänzte, daß es in den Klöstern keine Brot-, keine Fleisch-, keine Mehlkarte gäbe, mit einem Wort, volle Friedensverpflegung, während sie hier bei Dörrkraut säßen.

»Mit einem Wort«, knurrte Huguenau, »Ihr Glauben rentiert sich.«

– »Was wissen Sie vom Glauben: Hätten wir den Glauben, so würde heute überhaupt keiner Dörrkraut fressen müssen.«

Der Gedankensprung war zu offenkundig, daß Huguenau ihn hätte ungestraft passieren lassen können.

– »Also ist die Prasserei in den Klöstern Ihrer Meinung nach der Lohn für den Glauben; ich sagte ja, daß er sich rentiere.«

Aber wenn er Esch auch in geschäftlichen Dingen leicht zu bezwingen vermochte, in theologischen Materien war ihm dieser doch über. Der bewegliche, glatte Mund bekam also jene überlegen-ironische Faltung, die Huguenau so haßte, und begann dozierend:

»Wenn man schon den Ehrgeiz hat, Zeitungsherausgeber sein zu wollen, wäre eine gewisse Weite des Horizontes doch angebracht – von welchem Standpunkt sehen Sie aber die Dinge eigentlich an? aus der Froschperspektive, lieber Herr, wenn Sie wissen, was das ist.«

Wahrscheinlich wieder einmal eine Beschimpfung, meinte Huguenau, aber mit Schimpfen könne man nichts widerlegen.

»Ich schimpfe nicht, sondern trachte etwas für Ihre Bildung zu tun; seien Sie also lieber dankbar. Und ich frage Sie, kann ein Mann ohne Kapital gegen den mit Kapital etwas ausrichten?«

Der Vergleich hinkte, denn Gott ist kapitalsarm und ist doch stärker als der Teufel, der überall Bankkonti besitzt. Aber Huguenau verpaßte den Einwand.

»Wenn also fromme Menschen die Kirche durch Schenkungen stärkten, um sie gegen ihre irdischen Widersacher standfest zu machen, taten sie nicht recht daran? Und hätten sie es nötig gehabt, wenn sich alle Menschen der Kirche unterworfen hätten? Nein, denn dann hätte es eben keine Widersacher gegeben.«

Huguenau wurde aufmerksam; er witterte Kommunismus.

»Sie sind also der Meinung, daß alle Menschen ihr Vermögen der Kirche zu geben hätten?«

Ja, dieser Meinung sei Herr Esch. Nun war Huguenau ehrlich empört. »Wissen Sie, Sie können für Ihren Teil tun, was Sie wollen. Mich aber lassen Sie aus dem Spiel. Das sauer verdiente Geld! Damit die Pfaffen noch besser leben – für uns bleibt dann nicht einmal Dörrkraut!«

– »Man sieht, junger Mann, daß man mit Ihnen nichts Ernsthaftes besprechen kann. Denn sonst müßten Sie doch einsehen, daß mit dem Augenblicke, da jeder mit ganzem Herzen und ganzem Vermögen in die Kirche eingeht, auch alle gleichzeitig Teil an ihr gehabt hätten.«

– »Das ist Kommunismus.«

– »Ich glaube viel eher, daß dann kein Sozialismus und kein Kommunismus notwendig gewesen wäre; so wenig wie es einen deutschen Kaiser oder eine französische Republik gegeben hätte.«

– »Sondern?«

– »Der Stellvertreter Christi auf Erden wäre einfach das Oberhaupt aller Menschen gewesen, geistlich und weltlich.«

– »Das ist urdumm. Mir ist mein Geschäft lieber, als wenn ich es an eine Aktiengesellschaft verkaufe. Dann habe ich ein paar Aktien, und die Generaldirektoren verdienen.«

– »Ja, zum Teufel, dann gehen Sie Ihre Geschäfte betreiben, aber versteifen Sie sich nicht, mit Ihren beschränkten, – ja, ich sage beschränkt – Ansichten, den Kurtrierschen Boten herauszugeben. Das läßt sich nicht vereinen.«

Worauf Huguenau auftrumpfend kundtat, daß man froh sein könne, ihn gefunden zu haben: an dem Insertionsgeschäft, wie es ein gewisser Herr Esch geführt habe, wäre die Zeitung, das könne man sich an den Fingern abzählen, noch vor Jahresfrist zu Grunde gegangen. Und schaute erwartungsvoll auf Frau Esch, annehmend, daß sie ihm auf diesem

71

praktischen Gebiet Gefolgschaft leisten werde. Aber diese, den Maiskuchen vom Tische räumend, war gütig gestimmt und, von Huguenau wieder mißliebig bemerkt, mit der Hand auf der Schulter des Gatten stellte sie bloß fest, daß es Dinge gäbe, die unsereins, Sie, lieber Herr Huguenau und ich, nicht so leicht erlernten. Und Esch mit Apotheose die Tafel aufhebend: »Lernen müssen Sie, junger Mann, lernen Sie die Augen öffnen.«

Huguenau verließ das Zimmer geschwellt von Opposition und mit dem festen Vorsatz, absoluter Gottesleugner zu sein. Das klappernde Geräusch abgewaschener Teller und der fade Spülichtgeruch der Küche begleiteten ihn über die Holzstiege und erinnerten ihn sonderbar deutlich an sein Elternhaus und an die Mutter in der Küche.


# XII


Nächsten Tages floß folgendes Schreiben aus Huguenaus Feder:

Hochgeboren

den Herrn Stadtkommandanten und Major von Pasenow Loco

Betr. Geheimbericht Nr. 1

Hochgeborener Herr Major!

Unter höfl. Bezugnahme auf dsbzgl. Unterredung, die zu führen ich die Ehre hatte, erlaube ich mir höfl. mitzuteilen, daß ich gestern mit besagtem Herrn Esch und mehreren Elementen eine Zusammenkunft hatte. Wie bekannt, trifft Herr Esch mehrmals wöchentlich subversive Elemente in der Wirtschaft »Zur Pfalz« und lud mich derselbe frdl. ein, gestern mitzugehen. Außer einem Meister der Papierfabrik, einem gewissen Liebel, befand sich daselbst ein Arbeiter der genannten Fabrik, dessen Namen ich vergessen habe, weiters zwei Insassen des Militärkrankenhauses, welche Ausgang hatten u. zw. ein Unteroffizier namens Bauer und ein Kanonier polnischen Namens.

Etwas später kam noch ein Kriegsfreiwilliger der Minenwerferabteilung, welcher von dem genannten E. mit Herr Doktor angesprochen wurde. Es bedurfte nicht einmal meiner Aufforderung, um das Gespräch auf die Kriegsereignisse zu bringen und wurde vor allem über das mögliche Kriegsende geredet, insbesondere der obberegte Kriegsfreiwillige äußerte, daß die Sache ihrem Ende entgegen ginge, weil die Österreicher schlapp würden. Er hat von den Leuten eines durchfahrenden Panzerzuges unserer Bundesbrüder gehört, daß die größte Pulverfabrik bei Wien von italienischen Fliegern oder durch Verrat in die Luft gesprengt ist, und daß die österreichische Flotte nach Ermordung ihrer Offiziere zum Feinde übergegangen und erst von den deutschen Unterseebooten daran gehindert worden ist. Der Kanonier sagte darauf, er könne dies nicht glauben, weil auch die deutschen Matrosen nicht mehr mittun wollen. Als ich ihn fragte, woher er dies weiß, sagte er, er habe es von einem Mädchen in dem hier errichteten Freudenhaus erfahren, bei der ein Marinezahlmeister auf Urlaub gewesen ist. Nach der ruhmreichen Schlacht am Skagerrak berichtete sie, resp. der Zahlmeister, resp. der Kanonier, daß die Matrosen sich weigerten, weiter zu dienen und sei die Verpflegung der Mannschaft auch unbekömmlich. Es kamen demnach alle überein, daß Schluß gemacht werden müsse. Der Werkmeister betonte hiezu, daß der Krieg niemand Gewinn bringe als dem Großkapital, und daß die Russen die ersten gewesen seien, die dies erkannt haben. Diese umstürzlerischen Ideen wurden auch von E. vertreten, welcher sich hiebei auf die Bibel berief, doch glaube ich aus meinen Erfahrungen mit Herrn Esch mit Bestimmtheit sagen zu können, daß er damit scheinheilige Zwecke verfolgt, und daß ihm das Kirchengut ein Dorn im Auge ist. Offenbar zur Deckung des in Vorbereitung befindlichen Komplottes schlug er vor, eine Bibelgesellschaft zu gründen, was jedoch bei dem größten Teil der Anwesenden Hohn erregte. Um einerseits von ihm, andererseits vom Zahlmeister weiteres zu erfahren, wurde, nachdem sich die beiden Insassen des Krankenhauses und die beiden Fabriksarbeiter entfernt hatten, über meine Anregung das Freudenhaus besucht. Nähere Mitteilungen über den Zahlmeister konnte ich zwar dort nicht erhalten, hingegen wurde mir das Verhalten des Herrn E. immer verdächtiger. Der Doktor, welcher in dem Hause zweifelsohne Stammkunde ist, stellte mich nämlich mit den Worten, das ist ein Herr von der Regierung, dem müßt Ihr es gratis machen, vor, woraus ich entnehmen konnte, daß Herr E. gegen mich einen bestimmten Verdacht hatte und daher seine Komplizen mir gegenüber zur Vorsicht ermahnt hat. Ich konnte demnach Herrn E. nicht veranlassen, aus seiner Reserve herauszutreten, und obwohl er auf meine Einladung und meine Kosten sehr viel getrunken hat, war er trotz Zuspruches nicht zu bewegen, das Zimmer aufzusuchen, sondern blieb augenscheinlich völlig nüchtern, welchen Zustand er benützte, um im Salon lärmende Reden über die Unchristlichkeit und das Laster in derartigen Etablissements zu halten. Erst als ihn der kriegsfreiwillige Doktor darüber aufklärte, daß diese Häuser von der Heeresverwaltung aus Sanitätszwecken der Armee gefördert werden und demnach als Heereseinrichtungen geachtet werden müssen, gab er seinen oppositionellen Standpunkt auf, den er allerdings auf dem Heimweg wieder aufnahm.

Ohne Mehranlaß für heute, zeichnet in ausgezeichneter Hochschätzung und empfehle mich zu weiteren Diensten gerne bereit

hochachtungsvoll
Wilh. Huguenau

P.S. Ich gestatte mir ergeb. nachzutragen, daß während der Sitzung im Wirtshaus »Zur Pfalz« Herr Esch davon Erwähnung machte, daß im hiesigen Gefangenenhaus ein oder mehrere Deserteure untergebracht sind, welche erschossen werden sollen. Es wurde darauf die auch von ihm vertretene, allgemeine Meinung laut, daß es keinen Sinn hätte, jetzt vor Kriegsende, mit welchem also die Leute als sicher rechnen, noch Deserteure zu erschießen, weil ohnehin genug Blut geflossen sei. Herr Esch meinte, man solle eine dsbzgl. Aktion einleiten. Ob er damit eine gewaltsame oder eine andere gemeint hat, hat er nicht geäußert. Ich möchte nochmals erg. betonen, daß ich genannten Herrn E. für einen Wolf im Schafspelz halte, der sein reißendes Wesen hinter frommen Gesprächen verbirgt. Nochmals hochachtungsvollst empfohlen

D. O.

# XIII

Als Huguenau seinen Brief beendet hatte, schaute er in den Spiegel und prüfte, ob ihm eine ähnliche, ironische Grimasse gelänge, wie sie ihn an Esch ärgerte. Ja, der Brief freute ihn; es tat wohl, dem Esch etwas auszuwischen. Aber für den Major war der Brief der Ausdruck einer gewalttätigen und häßlichen Ironie – wie ja jeder Versuch, zwei fremde Realitätssphären zu überbrücken, den Schein und die Wirkung des Gewaltsamen an sich trägt –, und wenn er auch mit einem Hang zur Milde Huguenau die Entschuldigung ungebildeter Plumpheit zuzubilligen geneigt war, so war er dennoch unangenehm berührt und eigentlich beschämt, diesem Manne sozusagen sein Vertrauen geschenkt und dessen angetragene Tätigkeit als agent provocateur nicht im vorhinein abgelehnt zu haben. Andererseits hielt er sich noch nicht für berechtigt, die ihm gemachten Mitteilungen einfach dem Papierkorb zu überantworten und weitere Berichte abzustellen, [vielmehr geboten es Stellung und Dienst, den verdächtigen Herrn Esch mit maßvollem Mißtrauen weiter zu beobachten.

Es war ihm daher durchaus nicht angenehm, als eines Tages Herr Esch zwecks eines persönlichen Anliegens sich bei ihm meldete. Herr Esch seinerseits war betreten und verlegen und schien den Schritt schon wieder zu bereuen.]

Denn er habe sehr wohl verstanden, daß es nicht genüge, nach der Schrift zu leben, ja noch mehr, er habe jetzt erkannt, daß alle Rezepte, die die Menschen zusammenbrauen, um der Welt zur Glückseligkeit zu verhelfen, zum Beispiel die sozialistischen und kommunistischen Lehren bloß Anweisungen seien, die der Schrift entnommen wären, ohne aber das Wesentliche, nämlich den Glauben zu berücksichtigen.

Ja, er müsse eingestehen, er wäre vielleicht Sozialist geworden, wenn ihn der Artikel des Herrn Major nicht erweckt hätte. Aber er hätte es nicht gewagt, mit einem persönlichen Anliegen vorzutreten, wenn er nicht die Verantwortung für so viele Suchende und Hilfsbedürftige trüge, die immer wieder um Rat zu ihm kämen. So stolz ihn solches in mancher Hinsicht mache, so unwürdig, ja sündig käme er sich vor, Führer zu spielen, ohne selbst das Ziel zu wissen. Was der Sozialismus diesen Leuten verspräche, neuen Sinn des Lebens und die Verhütung neuerlicher Kriegsschrecknisse, wird er – das sähe er wohl ein – nicht halten können, doch was soll an seine Stelle gesetzt werden, wenn der Glaube nicht gefunden werden kann.

So wäre er dazu geführt worden, mit seinen Freunden Bibelstunden abzuhalten, um gemeinsam einen Weg in solcher Wirrnis zu suchen, ein Gedanke, der zwar anfangs bloß hohnvolle Gegner, späterhin aber doch mehrere Anhänger gefunden habe. Ist doch der Hang zum Sektieren immer im ungebildeten Volke vorhanden. Aber eben damit war ihm erst recht die Aufgabe gestellt, in die Geheimnisse der Schrift einzudringen. Doch mit der Auslegung von Bibelstellen sei es auch noch nicht getan, und der Stadtpfarrer, von dem er Hilfe erhoffte, hatte ihn mit Unverständnis und Mißtrauen empfangen. Von ferne kam ihm der Gedanke, daß im mönchischen Leben, einer reinen vita contemplativa das Heil zu suchen sei, doch wurde ihm bald klar, daß er solcherart vielleicht für sich zu einer Befriedigung gelangen könne, daß es aber nicht das sei, was der Welt in dieser schweren Zeit Not täte. Zudem habe der Hinweis auf das Gebet und die rituellen Übungen, mit dem ihn der Pfarrer entlassen hatte, für ihn keinerlei konkrete Vorstellung bedeutet. Gewiß fand er in den Kulthandlungen viel Weihevolles und manches, das das Herz ihm ergriff, niemals aber etwas, was er als die Gnade des Glaubens ansprechen konnte. Wenn es etwas derartiges geben soll, so müßte es etwas sein, daß das Menschenherz in unmittelbare Verbindung mit dem Göttlichen setze, etwas, das wahrhafte Erleuchtung sei und wozu es weder Vorschriften noch der Hilfen eines pomphaften Kultes bedürfe. Und hier nun ist ihm der Artikel des Herrn Majors nochmals zu Hilfe gekommen: in ihm fand er Andeutungen, daß der Protestantismus das gesuchte Heil bedeuten könne, nicht nur für ihn, sondern auch für die Freunde oder – wie er sich in seiner Erregung ausdrückte – für die »Brüder«, und es ergab sich für ihn der Schluß, daß er im Ernste und aus tiefster Seele zu dem Vorhaben gekommen sei, zum Protestantismus überzutreten. »Die Bitte, die ich Ihnen, Herr Major, vorzutragen habe, ist aber, mir bei diesem Schritte beizustehen, die zweite aber, sich der Gemeinde der Brüder anzunehmen, die gleich mir den rechten Weg suchen.«

Es gibt keinen Menschen, der von den Konfessionen eines anderen wahrhaft bewegt wäre. Nur die eigenen Seelenkämpfe sind dem Menschen von Bedeutung, und die des Bruders verursachen ihm vor allem Unbehagen, es sei denn, er habe aus Beruf oder aus Ehrgeiz oder aus Konviktion für die eigene Überzeugung die Aufgabe, den Bruder zu retten. Der Major hatte sich zwar, wie dies aus seinem Artikel hervorgeht, in all diesen Belangen schon sehr weit vorgewagt, war aber jetzt, wo die Realität so unvermittelt an ihn herantrat, doch in erster Linie von lebhaftestem Unbehagen erfüllt. Durfte er, ein Militär, es auf sich nehmen, Proselyten zu machen? die katholische Kirche galt doch irgendwie als Verbündete, und er hätte es auch nicht auf sich genommen, einen Österreicher oder Bulgaren oder Türken zu veranlassen, seinen eigenen Staatsverband zu Gunsten des deutschen aufzugeben. Auf der anderen Seite durfte er doch nicht erschrecken, die Konsequenzen aus seinem Aufruf an das deutsche Volk auf sich zu nehmen, wenn das Volk ihm nun, wie sich zeigte, tatsächlich folgen wollte. Und wäre es nicht doppelte Sünde, eine suchende Seele – und wäre es auch der letzte seiner Brüder – abzuweisen.

Also begann er erst vorsichtig, doch dann immer wärmer werdend von der Führerschaft Luthers zu erzählen. Gab Herrn Esch recht, daß der Glauben bloß in unmittelbarer Berührung mit Gott empfangen werden könne, daß aber hiezu die Seele sich zu Nichts, zum leeren Gefäß, in das die Gnade sich ergießen könne, erniedrigen müsse. Daß in dieser tiefsten Christlichkeit erst die wahrhafte Gleichheit der Seelen vor Gott vorhanden sei, daß aber dann auch wahrhaft jeder Mensch Priester Gottes sei und das Heil predigen könne. Daß er nicht verzweifeln müsse, da auch er das Fünklein im Seelengrunde in sich trage und niemand von der Gnade ausgeschlossen sei, es zu finden. Und wenn er auch niemanden von seiner angestammten Religion abtrünnig machen wolle, so dürfe er doch nicht seine Überzeugung verbergen, daß Herr Esch auf dem eingeschlagenen Weg eher zur Klarheit gelangen werde als anderwärts. Und daß er gerne, wenn Esch es wünsche und seine eigene knappe Zeit es erlaube, wieder mit ihm sprechen werde, doch wolle er bitten, diese Gespräche sozusagen als Beichtgeheimnis zu behandeln. Was aber die Freunde des Herrn Esch anlange, so wolle er es sich noch überlegen, ob ihm seine Stellung gestatte, derart in eine, wenn auch beschränkte Öffentlichkeit zu treten.

Mit der ihm eigenen Impetuosität aber trat Herr Esch wenige Tage später zum Protestantismus über.

## XIV

*Um den Tisch im Gartenhause Esch sitzen Frau Esch, ihr zur Rechten der Major, zur Linken Huguenau, ihr gegenüber (mit dem Rücken zum Zuschauer) Herr Esch. Das Abendessen ist vorüber; auf dem Tische der Wein, den Herr Esch von einem inserierenden Weingutsbesitzer eingehandelt hat, und das Brot.*

*Es beginnt zu dunkeln. Im Hintergrunde sind noch die Konturen des Gebirgszuges auszunehmen. Zwei Kerzen in Glasglocken sogenannter Windleuchter brennend, werden von Mücken umtanzt. Man hört die stoßweise Arbeit der Druckmaschine.*

HERR ESCH Darf ich noch einschenken?

HUGUENAU Prächtiges Weinchen. Kennen Sie, Herr Major, unsere elsässischen Weine? milder, einfacher, man könnte fast sagen ... *er sucht nach einem passenden Ausdruck, findet keinen.* Wissen Sie, bei uns zu Hause war überhaupt alles einfacher ... auch der Rausch nach einem Elsässerwein ist irgendwie natürlicher; man ist eingeschlafen, das ist alles.

ESCH Ich mag trinken so viel ich will und gelange zu keinem Rausch. Und doch – es ist wohl eine Schande – liebe ich den Wein. Wenn ich trinke, vereinfacht sich alles, nicht so wie Huguenau meint, anders: es vereinfacht sich die Wahrheit; ich kann plötzlich verstehen, warum im Wein die Wahrheit liegen soll, obwohl ich überzeugt bin, daß solche Wahrheit eine falsche ist.

HUGUENAU Sie müssen eben Meßwein trinken, dann werden Sie schon die richtige Wahrheit erwischen. *Er errötet, weil er seinen faux pas merkt.*

MAJOR Man soll auch im Spaße nicht lästern.

FRAU ESCH  Ach, Herr Major, so ist er ja immer, wenn er mit meinem Mann beisammen ist. Ich sage immer, was sich liebt, das neckt sich, aber manchmal ist es nicht mehr schön, wie er alles, was dem armen Mann heilig ist, in den Kot zerrt.

HUGUENAU  – *lächelt geschmeichelt, findet aber nichts Schlagfertiges zu erwidern, zumindest nichts, was ihn gleichzeitig in den Augen des Majors heben könnte. Also zündet er bloß umständlich die erloschene Zigarre wieder an.*

ESCH  *von seinem Gedankengang besessen, verfolgt ihn weiter*  Das Sonderbare in der Wahrheit des Weines ist, daß es gar nicht meine Wahrheit ist, daß sie mir erst sozusagen durch meinen Mund kundgetan wird. Ich glaube, man nennt dies Zungenreden. Man spricht Dinge aus, die einem erst nachträglich völlig einsichtig erscheinen.

MAJOR  Als Gott den Propheten Jesajas erleuchtete, redete dieser mit Zungen, doch Jesajas hat hiezu nicht des Weines bedurft.

ESCH  Ich sagte ja, daß die Wahrheit des Weines eine falsche sei, auch dann, wenn sie wie die echte sich ausnimmt. Es ist dann wie die gute Handlung des bösen Menschen. Vielleicht könnte man sagen, es sei wie die Richtigkeit im Traume: wir träumen richtige und gute Handlungen, und manchmal ist es sogar wie eine Erleuchtung, aber nichts ist da, was uns Gewähr dafür gibt.

MAJOR  Ja, immer handeln wir wie im Traume. Ein jeder in seinem eigenen Traum befangen, glaubt das Richtige und Notwendige zu tun, ja sogar damit das Gute. Und doch tut er Böses, weil die Richtigkeit seines Tuns nur für ihn besteht und für die Träumer nichts vorhanden ist, was sie eint und ihre Träume in Einklang bringt.

ESCH  Es sei denn, daß sie erweckt werden.

MAJOR  Ja, doch das Furchtbare liegt wohl darin, daß keiner sich erwecken lassen will. Über allen Sünden steht noch die Sünde der Beharrung, das Laster der Faulheit. Fast meine ich, daß es noch ärger ist, das Gute nicht zu wollen, als das Böse zu wollen. Wer das Böse will, kann sogar noch gleichzeitig Gutes wollen, wer das Gute nicht will, hat die Gnade verschmäht.

ESCH  *mit einem Blick auf Huguenau*  Es ist der Verstockte.

HUGUENAU Wenn mir der Herr Major eine Zwischenfrage verstatten wollten, so erscheint es mir dann aber völlig unmöglich, das Gute zu wollen, weil ich ja doch nie weiß, ob ich träume. Ich habe in Esslingen einen dort ansässigen Kaufmann gekannt, der insolvent geworden ist. Das war zwar nicht schön, kann aber bei den schweren Zeiten vorkommen; ich hatte bei ihm etwa 600 Emm stehen. Die Ausgleichszahlungen aber hat er auch nicht eingehalten, sondern sich wegen Halluzinationen oder ähnlichem ins Irrenhaus sperren lassen. Man hat von religiösem Wahnsinn gefaselt; er hatte immer die Bibel neben den Geschäftsbüchern liegen, und ich habe mein Geld verloren. Im Gläubigerkomitee haben wir nicht von religiösem Wahn, sondern von Scheinheiligkeit gesprochen.

ESCH Möchten Sie nicht wenigstens heute sich Ihrer plumpen und kindischen Anspielungen enthalten.

HUGUENAU Überhaupt verstehe ich nicht, was religiöser Wahnsinn bedeuten soll. Entweder ist Religion gut, dann ist religiöser Wahnsinn erst recht gut. Oder religiöser Wahnsinn ist schlecht und dann ist Religion überhaupt Wahnsinn.

MAJOR Ein schweres Problem, Herr Huguenau.

ESCH Herr Major, ich kenne ihn, aus ihm redet bloß bösartiger Widerspruchsgeist.

MAJOR Nicht doch, Esch – aber wir wollen darüber nachdenken. Was zeichnet den Wahnsinnigen aus? daß ihm die Erkenntnis fehlt. Auch er ist gewissermaßen ein Träumer. Wem aber die Erkenntnis fehlt, der kann auch nicht zur Gnade kommen, denn die Erkenntnis der Gnade ist die Erkenntnis und die Gnade zugleich.

ESCH So ist der Wahnsinnige böse?

MAJOR Vielleicht – früher glaubte man ihn vom Bösen besessen. *Die Druckmaschine stellt ihre Arbeit ein; die Schläge verstummen; man hört die Grillen zirpen, Nachtwind bewegt die Blätter der Obstbäume, in der Nähe des Mondes werden einige Wölkchen weiß beleuchtet. In der plötzlich eingetretenen Stille erschweigt das Gespräch. Endlich*

FRAU ESCH Wie gut die Stille tut.

HUGUENAU Mithin war der Maschinenlärm böse?

MAJOR Das fremde Gesetz, das wir nicht verstehen, ist uns

fast immer böse. Der Narr, der in die Maschine seines eigenen Ichs verflochten ist –

HUGUENAU Wie der Verbrecher auf dem Rade

MAJOR daß er seinen eigenen Knoten nicht entwirren kann, ist uns vielleicht eben deshalb der Besessene. Für den Wilden ist ja auch die Natur und ihre Gesetze, weil er ihren Mechanismus nicht begreift, böse.

ESCH Uns sind die Franzosen als verbrecherische Wahnsinnige erschienen, und wir sind ihnen wohl auch wahnsinnige Verbrecher. Sie sind es uns, weil wir ihr Gesetz nicht verstehen, wir ihnen, weil sie das unsere nicht erkennen wollen. *In plötzlicher Angst* Mein Gott, gibt es keine Möglichkeit, daß ein Mensch zum andern kommt! gibt es kein Verstehen?! soll jeder im andern nur immer die böse Maschine sehen?

MAJOR *legt begütigend die Hand auf seinen Arm* Doch, Esch . . .

ESCH Wer ist für mich nicht böse, mein Gott?!

MAJOR Der Dich erkannt hat, mein Sohn. Denn nur die Erkenntnis überwindet die Fremdheit.

ESCH *die Hände vor dem Gesicht* Gott, Du sollst mein Erkennender sein.

MAJOR Doch nur wer Erkenntnis hat, dem wird Erkenntnis gegeben, nur wer Liebe säet, wird Liebe ernten.

ESCH *immer die Hände vor dem Gesicht gefaltet* Da ich Dich, oh Gott erkenne, kannst Du mir nicht mehr zürnen, und ich bin Dein lieber Sohn. Wer in der Liebe ist, kann nicht mehr einsam sein –

MAJOR Und die Gnade kommt über ihn und nimmt ihm die Angst, sinnlos auf Erden gewandelt zu sein und unbelehrt und sinnlos und hilfelos ins Nichts gehen zu müssen –

ESCH So ist die Erkenntnis die Liebe, die Liebe zum Erkennenden und damit zu jeder erkennenden Seele. Und ich erfasse jetzt, daß das höchste Gebot es ist, nicht töten zu dürfen, weil unantastbar jegliche Seele ist, die Gefäß der erkennenden Gnade zu sein vermag. Preisend erkenne ich die Liebe, die Gemeinde der Seelen schaffend, unantastbar eine der andern und dennoch erkennend vereint. Höchstes Gebot des Erkennens, Lebendes nicht zu verletzen; habe ich Dich, Gott, erkannt, wirst auch Du mich nicht töten.

*Aufhorcht bewundernd Frau Esch, und der Major hat das*
*Auge voll Tränen. Ängstlich fast und verschüchtert, im*
*Kreise wie ein Fremder sich fühlend, bitteren Trotzes voll,*
*fragt aber*

HUGUENAU

Wie aber darf es geschehen, daß der Mensch dem Bruder
Blutiges Schaffot errichte, daß der Deserteur gefesselt
Im Morgengrauen und klatschenden Regen vor die Mauer
            gestellt wird?
All dies im Namen des Guten und des gerechten Gottes!
Scheinheilig seid Ihr alle, ich sagte es vordem;
Löset der Wein bloß die Eschische Zunge zu ödem
           Pastorengerede,
So erscheint mir, mit Verlaub, ein einfacher Rausch doch
           wesentlich klüger.
Denn ein heiliger Schlaf dünkte mir besser als unheilig
           Faseln.

MAJOR

Bitter ist unser Freund und ausfallend seine Rede.
Ja, der hiesige Wein steigt manchmal zum Kopfe.
Aber richtig ist es trotzdem, was über das Wesen der Strafe
Er sagt und fast zum Vorwurf uns macht.
Denn kein Mensch ist so hoch, daß er den andern mag
           richten.
Und so verworfen ist keiner, daß seine ewige Seele nicht
           Ehrfurcht gebietet!
Unselig also der Mann, der andern zum Tode verdammet,
Unselig schon der Mann, den Pflicht zu richten beruft.
Doch doppelt unselig, verworfen und bös ist jener, der
           freien Willens
Solchen Beruf auf sich nimmt und gibt ihm Gott das
           Recht, statt Gnade zu üben,
Über den Bruder den Stab bricht und das Schaffot ihm
           errichtet

ESCH

So meinet Ihr, Bruder, daß der Herrscher des Staates
           sündig stets wird,
Wenn er die Gnade verweigert . . .

MAJOR

           So meine ich es.

Obwohl überzeugt, daß der Kaiser als Pflicht es betrachtet
Und oft wohl als schwere Pflicht, das Recht nicht zu
hemmen.
Das Recht wohl genannt wird, Unrecht doch ist.

HUGUENAU
Und doch wird das Urteil des Unrechts im Namen Gottes
vollzogen,
Und es hebt der Pfarrer das Kreuz, wenn das Beil auf den
Nacken herabsaust,
Reicht es zum Kusse dem, dem der Kopf in der Schlinge
schon steckt
Und murmelt Gebete, wenn vier Löcher im Kopf und vier
in der Brust
Der Deserteur an der Mauer zusammenbricht . . .

ESCH
Ja, mehr noch, hat zwar die Kirche
Im eigenen Namen noch nie einen Menschen getötet.
So hat sie den Ketzer doch gerne dem weltlichen Henker
geliefert
Und nicht nur die römische tat es, nein auch die Kirche des
Luther
Und Calvins briet liebreich das Fleisch ihrer Ketzer ange-
kettet am Holzstoß,
Und dennoch ist's nicht das Gleiche: hier soll die Strafe
nicht schrecken.
Nicht verletztem Gesetz öde Genugtuung geben, sondern
ultima ratio sein,
Um den Sünder aus Traum und Verstockung zu reißen,
verzweifelter, letzter Versuch.
Die abgeschiedene Seele aufzureißen, zum Empfang der
göttlichen Gnade
Des Glaubens, vom Sünder erwartend, daß seine Pein er
selber ersehne
Und wünsche, getrieben von jenem Fünklein, das nach der
Ansicht der Kirche
In keinem Wesen ersterbe. – So dachte die Kirche die Liebe
auch dann zu erfüllen.
Wenn sie das Böse schmerzlich mit tödlicher Pein
bekämpfte.

MAJOR

Adelt das Leid auch den Sünder und jegliche irdische
Kreatur,
Nimmermehr kommet sterblichen Menschen es zu, Leiden
zu schaffen

ESCH

Ich liebe Dich, Bruder.

*Die beiden im Wechselgesang im Tone etwa*
*der Heilsarmee (Der Major Bariton, Herr Esch im Baß):*

Herr Gott, Zebaoth,
Nimm uns auf in Deiner Gnade.
Schling um uns Dein einend Band;
Weise uns auf deine Pfade,
Führe uns mit weiser Hand;
Herr Gott, Zebaoth,
Aus dem Krummen in das Grade,
Führ uns ins gelobte Land.
Herr Gott, Zebaoth,

*Huguenau, der bis dahin den Takt*
*auf den Tisch geschlagen, einfallend (Tenor)*

Schütze uns vor Beil und Rade
Schütze uns vor Henkershand;

*Alle drei:*

Herr Gott, Zebaoth,

*Frau Esch einfallend (gar keine Stimme)*

Dich zu meinem Tische lade,
Den durch Dich gedeckt ich fand,

*Alle:*

*Huguenau und Esch auf den Tisch trommelnd*

Herr Gott, Zebaoth,
Rette meine Seelen.
Rette sie vor ihrem Tod
Laß sie nimmer quälen.
Laß sie in dem Glauben baden
Und erlöse sie vor Schaden.
Wende ab sie von dem Tand.
Fach ihr Fünklein auf zum Brand,
Fünklein auf zum Brande rot
Herr Gott, Zebaoth,
Rett', o rett' mich vor dem Tod.

*Der Major und Esch sind sich in die Arme gefallen. Huguenau,*
*die trommelnde Faust noch auf dem Tisch, läßt sie langsam*
*herabgleiten. Die Kerzen sind heruntergebrannt. Frau Esch*
*schenkt den Rest des Weines den Männern in die Gläser,*
*bedacht, daß jeder gleich viel bekomme; den letzten kleinen*
*Überschuß erhält das Glas ihres Mannes. Der Mond hat sich*
*etwas verdunkelt, und aus der schwarzen Landschaft weht jetzt*
*der Wind kühler, wie aus einer Kellertür. Jetzt nimmt die*
*Druckmaschine ihre stoßweise Arbeit wieder auf, und Frau*
*Esch berührt den Arm ihres Mannes:* »Wollen wir nicht zu
Bette gehen?«

*(Verwandlung)*

Vor dem Hause Esch. Der Major und Huguenau. Huguenau
mit dem Daumen auf das Schlafzimmer der Eschs weisend;
   »Jetzt gehen die ins Bett. Esch hätte wohl auch noch mit
   uns bleiben können . . . aber sie weiß schon, was sie will.
   Na, gestatten Herr Major, daß ich Sie noch ein paar
   Schritte begleite. Ein bißchen Bewegung tut gut.«
Sie gehen durch die schweigenden, mittelalterlichen Straßen.
Die Haustore sind wie schwarze Löcher. In einem steht, an
die Tür gedrückt, ein Liebespaar, aus einem andern löst sich
ein Hund los und läuft auf drei Beinen die Straße hinauf; an
der Ecke verschwindet er. Hinter manchen Fenstern brennt
noch ein kümmerliches Licht; was aber geht hinter den un-
beleuchteten vor? ob wohl ein Toter dahinter liegt, auf seinem Bette ausgestreckt, die Nase in der Luft und das Laken
macht ein kleines Zelt über den emporgerichteten Zehen.
Huguenau würde gerne den Major fragen, ob er von diesen
Fenstern die gleiche Vorstellung habe, aber der Major geht
stumm, fast bekümmert daher. Seine Gedanken sind wohl
bei Esch, sagt sich Huguenau, und er mißbilligt es, daß jener
jetzt bei der Frau liegt und damit den guten Alten bekümmert. Aber, zum Teufel, was hatte denn der bekümmert zu
sein? was kümmert ihn eigentlich dieser Esch? warum hat er
sich nicht seiner Aufdringlichkeit erwehrt? Die beiden haben
wohl vergessen, daß sie erst durch ihn in Verbindung gekommen sind und jetzt, in Mißachtung seiner Prioritätsrechte,
verraten sie ihn alle beide. Und um Esch, der im Bette bei
seiner Frau lag, – sozusagen mit dem Major zu betrügen, eine
waghalsige Verbindung mit dem Major herzustellen, und

diesen gleichzeitig für seinen Verrat zu strafen und zu demü-
tigen, kam ihm ein aufreizender und abenteuerlicher Gedanke;

»Herr Major erinnert sich meines ersten Berichtes, in dem
ich von meinem Besuche im Freudenhaus in Gemeinschaft
mit Herrn Esch, der jetzt so bieder im Ehebette schläft,
gemeldet hatte. Ich bin inzwischen der Sache weiter nach-
gegangen und glaube, eine Spur gefunden zu haben. Ich
möchte jetzt wieder in das Haus schauen; wenn Herr Major für die Angelegenheit und für das immerhin sonderbare Milieu dort Interesse haben, würde ich gehorsamst
anregen, daß Herr Major eine Besichtigung des Hauses
vornehmen.«

Zu seiner Überraschung sagte der Major ohne weiteren Widerstand: »Kommen Sie«.

Sie kehrten um, denn das Haus lag in entgegengesetzter
Richtung ziemlich außerhalb der Stadt. Der Major schritt
wieder stumm neben Huguenau, vielleicht noch bekümmer-
ter als vordem, so daß Huguenau, so sehr es ihn gelüstete,
einen vertrauten Ton anzuschlagen, nicht wagte, ein Gespräch aufzunehmen. Als sie vor dem Hause anlangten, erwartete ihn aber eine Enttäuschung: der Major sagte plötzlich »Nein«, gab ihm die Hand, und als er ihn verdutzt
anstarrte, zwang er sich zu einem Lächeln – »Machen Sie
Ihre Recherchen heute doch allein.« Der Alte wendete sich
wieder der Stadt zu. Huguenau sah ihm mit Zorn und Bitter-
keit nach; doch dann gedachte er Eschs, zuckte die Achseln
und öffnete die Türe.

Nach einer knappen Stunde verließ er das Haus. Seine
Stimmung war besser geworden; Angst, die auf ihm gelastet
hatte, war verflogen, er hatte irgend etwas in Ordnung gebracht, wußte er es wohl selber auch nicht zu nennen, so
empfand er doch deutlich, daß er wieder sich selbst und
seiner klaren Nüchternheit zurückgegeben war. So schritt er
rüstig fürbaß und skandierte mit seinem Stock zu jedem
Schritt auf dem Boden: »Herr Gott, Zebaoth.«

# XV

Die redaktionelle Tätigkeit hatte er sabotiert und die des Detektivs war an der mangelnden Gegenliebe des Majors und an mangelndem Material verebbt. So wäre Huguenau einem rechten Müßiggang verfallen, hätte er nicht entdeckt, daß ein Zeitungsherausgeber sich und sein Blatt in den Dienst der gesellschaftlichen Einrichtungen und Veranstaltungen zu stellen habe. So war es auf seine Initiative zurückzuführen, daß man nunmehr auf dem Marktplatze neben dem Pranger einen Eisernen Bismarck bewundern konnte, in den der Major und Stadtkommandant den ersten Nagel eingeschlagen hatte. Auch der »Hilfsverein Moseldank«, der es sich zur Aufgabe gemacht hat, Kriegerwaisen mit erbärmlichen Weihnachtsgeschenken zu versehen, Eichenkränze auf Heldengräber zu legen und Ansichtskarten zu verkaufen, verdankte ihm seine Entstehung. Und da der »Moseldank« das Arrangement von Siegesfeiern geradezu an sich gerissen hatte, und es nicht nur galt, die aktuellen Siege, sondern auch die Jahrestage der vergangenen dem Zeitgenossen würdig ins Gedächtnis zu rufen, war der September, ewig unvergeßlich durch die Befreiung Ostpreußens und die Ersäufung russischer Menschen ein besonders ergiebiger Monat, umsomehr als Huguenau seine gesellige Tätigkeit im gleichen Maße übersteigerte, als er Esch mit den Zusammenkünften in seinem Bibelverein beschäftigt sah.

In einer Bierwirtschaft halboffiziellen Charakters, die »Stadthalle« genannt, fanden die Feste statt. Im Saale wurde getanzt und trotz des Einspruches national gesinnter Kreise wurden neben dem Walzer auch feindliche Tänze, Cake Walk, Matchiche, Tango exekutiert. Die Wände waren mit Eichenlaub, Girlanden, den verbündeten Heerführern und Herrschern, Lampions und Fahnentuch geschmückt. Auf der Estrade an der Schmalseite spielte eine lärmende Kapelle, ihr gegenüber am Honoratiorentisch saß neben dem Bürgermeister und einigen Stadtverordneten der Major.

Der patriotisch-repräsentative Teil des Festes war vorüber, und Huguenau konnte sich dem Vergnügen widmen. Er war stets ein guter Tänzer gewesen, aber in anderer Umgebung hätte die bajaderenhafte Bewegtheit des beleibten,

kleinen Mannes wohl auffallend, grotesk sogar gewirkt.
Während sie unter den Augen der Heerführer zur Siegesfeier
wurde.

Es ist der Tänzer dieser Welt entrückt. Eingeschmiegt in
die Musik hat er sein freies Handeln aufgegeben und handelt
dennoch in höherer und luziderer Freiheit. In der Strenge des
Rhythmus, der ihn führt, ist er geborgen, und eine große
Gelöstheit kommt über ihn aus der Geborgenheit. Man spielt
»Von allen musikalischen Gestaden«; das ist ein langes Pot-
pourri. Seine Partnerin singt. Und die weiche, ungeschulte
Stimme läßt die barbarischen Texte mit dem zärtlichen
Hauch ihres Atems an seinem Gesicht vorüberstreifen, wenn
er sich ihr im Tango zubeugt. Doch wenn die Musik zum
heroischen Marschtempo aufbraust, dann sieht er starr über
sie hinweg, und sie trotzen mutig feindlichen Gewalten; sie
kippen mit dem Rhythmus zum listig wippenden Fox; rollen
aber die langen Wellen des Tangos wieder heran, dann wird
der Schritt katzig und weich, biegsam Haltung und Schenkel,
kommen sie am Honoratiorentisch vorüber, so nimmt er,
gleich dem Seiltänzer, der hoch in der Luft leichthin und
lächelnd leckeres Mahl verzehrt, mit gerundetem Arm sein
Glas vom Tisch, und ohne den Tanz zu unterbrechen, trinkt
er den Sitzenden zu.

Fast führt er die Tänzerin nicht: nur die eine Hand, galant
in das Taschentuch gewickelt, ruht unter dem zärtlichen
Ausschnitt des Kleides; die andere hängt lässig herab. Sie
aber, den Kopf empfangend zurückgeworfen, ist seiner starken und doch kaum sichtbaren Leitung hingegeben: oh, wie
übermannt er sie, die unterwürfig Unterworfene; von welch
zarterer und strafferer Kunst des Geschlechts waren ihre
Bewegungen, fremd ihrem Ehebett, fremd ihr selbst, ihren
Liebhabern, selbst ihren Tänzern unbekannt bleibend.
Schlägt aber die Musik zum Walzer um, dann fassen sich die
freien Hände, steif und gedoppelt strecken sich aneinander
die freien Arme, und die Finger verschränkt, wirbeln sie im
Kreise. Schweift sein Blick im Saale, so sind die Reihen
gelichtet. Bloß ein Paar tanzt noch, kommt näher, fast streifen sie sich, gleitet dann längs der Wände. Die übrigen sind
unter die Zuschauer getreten; der feindlichen Tanzweisen
weniger mächtig, bewundern sie. Erschweigt die Musik, so

klatschen Zuschauer und Tänzer in die Hände, und sie hebt wieder an. Jene dort aber tanzt, mit ekstatischem Lächeln pferdeartiges Zahnfleisch enthüllend, angeschmiegt an ihren Partner. Und dieser im Frack, ein hagerer Weinagent mit schwarzer Krawatte und Eisernem Kreuz überstrahlt Huguenau an Eleganz und heldischer Auszeichnung. So könnte Esch hier tanzen, und es heftet Huguenau seinen Blick in die Augen der Vorübergleitenden, so daß ihm nun beide Frauen gehören. Und doch geht es ihm nicht um die Gunst der Frauen, und wenn er um sie wirbt, so ist es nicht für sich. Vielmehr verdichtet sich ihm dieses Fest und dieser geräumige Saal immer mehr um den Honoratiorentisch und immer mehr fixierten sich seine Gedanken auf den Major, der dort saß und ihm zusah. Er war der Krieger, der vor seinem Häuptling tanzte.

Doch die Augen des Majors füllten sich mit steigendem Entsetzen. Dieser Saal mit diesen beiden Männern, schamlos, schamloser als die Frauen, die gepreßt an ihnen hingen, das war die Hölle. Und daß ein Krieg von solchen Siegesfeiern begleitet werden konnte, das machte den Krieg als solchen zum blutigsten Zerrbild der Verworfenheit. Von Grauen erfaßt, ertappte er sich, daß er, ein preußischer Offizier, am liebsten die Fahnentücher von der Wand gerissen hätte, nicht weil sie durch solche Festlichkeit entweiht wurden, sondern weil sie in irgend einer, ihm selbst noch nicht verständlichen Art mit diesem Greuel metaphysisch verbunden und kompromittiert waren. Er hätte diesen Mann, dem er doch erst die Hand gedrückt hatte, und wohl auch wegen dieses Händedrucks, zermalmen können und furchtbar steigt der Wunsch in ihm auf, das Gezücht zu vernichten, es auszurotten und zertreten zu seinen Füßen liegen zu sehen. Doch nicht nur ihm zu Füßen. Denn neben sich sieht er das Bild des Esch ernst und feierlich emporwachsen und es ist ihm, als sollte dies alles für den Freund geschehen. Er sehnte sich nach seinem Bruder.


XVI

Am darauffolgenden Sonntag entschloß sich der Major, der

Einladung Eschs endlich Folge zu leisten und an der Bibel-
stunde teilzunehmen.

Da die Zahl der Anhänger sich vermehrt hatte und während der schönen Jahreszeit es keines geheizten Lokals bedurfte, fanden die Versammlungen in einem der leeren
Schuppenräume der ehemaligen Wirtschaftsgebäude statt.
Ein Zimmermann, der dem Kreise angehörte, hatte einfache
Bänke beigestellt, ein kleiner Tisch mit einem Stuhl stand in
der Mitte des Raumes. Die Brüder trafen sich am Nachmittage, so daß für Beleuchtung nicht gesorgt werden brauchte,
doch mußte wegen des Mangels eines Fensters das Tor des
Schuppens offen gehalten werden.

Als der Major eintrat, war die Gemeinde nahezu vollzäh-
lig; es waren etwa zwanzig Männer verschiedenen Alters,
darunter mehrere Militärpersonen des Unteroffiziers- und
Mannschaftsstandes. Man war auf sein Kommen vorbereitet, also durch seinen Eintritt nicht überrascht, wohl aber ein
wenig betreten, etwa wie bei einer Schul- oder Kasernen-
inspektion. Er wurde mit Ehrerbietung begrüßt, von den
Militärpersonen aber mit vorschriftsmäßiger Strammheit.
Esch ließ einen zweiten Stuhl bringen, und der Major nahm
neben ihm am Tische Platz.

Die Feier verlief nicht wesentlich anders als sonstige solcher Art. Esch las ein Stück aus der Bibel vor – es war die
Stelle des Römerbriefes über die Einhaltung der Gesetze und
über die in der Gnade wie ein Stück Zucker im Wasser
aufgehende Gesetzesgerechtigkeit –, besprach den Sinn, vielleicht nicht anders, wenn auch ungelenker, als der Pastor in
der Sonntagspredigt, doch sehr ergriffen von dem Stoffe und
fast mit Innigkeit. Sodann wurde die Anwendbarkeit des
Gelesenen auf die Fragen der Gegenwart besprochen. Der
Major hatte erwartet, oder es wie eine Enttäuschung gefürch-
tet, doch irgendwelchen jakobinischen und revolutionären
Ansichten zu begegnen. Aber was er zu hören bekam, konnte
sogar bei übelwollender Auslegung höchstens langweilig genannt werden, und der Major alles andere denn übelwollend
gesinnt, mußte er doch gerührt feststellen, daß die Saat, die
er in die Brust des Esch gelegt, hier reiche Frucht zu tragen
begann, mochte diese Frucht auch manchmal noch hart und
plump sich anfühlen. Dabei vollzog sich die Angelegenheit

mit jener naiven Würde, die er als echt protestantisch empfand, und so war es ihm auch keineswegs anstößig, vielmehr
durchaus adäquat und konnte nicht umhin, selber das Wort
zu ergreifen, als man ihn darum bat. Was er sagte, unterschied sich kaum von jenen Äußerungen, die wir von anderen
Gelegenheiten her schon von ihm kennen, und wir können es
uns demnach versagen, sie zu wiederholen, beschränken uns
bloß auf die Konstatierung, daß sein Wort die Wirkung auf
das Auditorium nicht verfehlte, und daß manche Träne in
bärtige Wange sickerte.

Fühlte sich der alte Mann von dem Geiste dieses Kreises
wohl in seinem Herzen bewegt, so war dieser dennoch nicht
so sehr bei der Sache, als er selber gewünscht hätte. Denn sein
Entschluß, die Versammlung zu besuchen, war nicht nur eine
Art Demonstration gegen seine erzwungene Anwesenheit bei
den schändlichen Siegesfeiern und gegen den schamlosen
Burschen Huguenau, sondern er wollte damit auch eben sein
Herz von manchen Sorgen befreien, mit denen es in den
letzten Tagen belastet worden war. Ein Geheimbefehl der
obersten Heeresleitung hatte die Stationskommandanten auf
einen etwaigen Rückzug der Armee aufmerksam gemacht
und die Maßnahmen vorgeschrieben, die für den Fall des
Rückflutens der ungeheuren Truppenmassen zu treffen waren. Ganz abgesehen davon, daß er, wie die übrigen Kommandanten, hiedurch vor eine nahezu unlösbare Aufgabe
gestellt war, mußte, trotz seiner Friedenssehnsucht, die nunmehr vor Augen geführte Vergeblichkeit des Kampfes und
aller Opfer seinen patriotischen Sinn mit tiefem Kummer
erfüllen. Aber die Grenze des Ungemachs war damit noch
nicht erreicht. Denn während er noch sprach, sah er durch
das offene Tor, wie Huguenau den Hof überquerte und von
dem Klang der Rede überrascht und die Stimme erkennend,
stehenblieb. Und er konnte es nicht hindern, daß nun jener
schnurstracks auf den Schuppen zusteuerte, auf Zehenspitzen eintrat, eine Verbeugung machte, um mit gefalteten Händen bescheiden am Ende einer Bank sich niederzusetzen. Die
Anwesenheit dieses Mannes schien ihm das Gesamtbild der
Versammlung zu verändern: die graubärtigen Landsturm-
soldaten, die eben noch wie Apostel aussahen, wurden wieder zu Mannschaftspersonen, und die blonden Jünger wan-

delten sich in bäurische und proletarische Rekruten zurück, die am Abend ihr Mädel in den Ufergebüschen erwarten werden. Alles enttäuschte ihn plötzlich, und in der Welle des Ekels, die er in sich aufsteigen fühlte, und in tiefem Mißmut schloß der Major vorzeitig seine Rede. Esch merkte den Zustand des Freundes; er berührte begütigend seinen Arm: »Immer ist ja ein Verräter unter uns« (und gedachte, dieses Wort zum Vorwurf der nächsten Sonntagsandacht zu nehmen).

Beim Verlassen des Schuppens drängte sich Huguenau in die Nähe des Majors, war aber durch dessen abweisendes Aussehen betroffen. Dennoch konnte und wollte er nicht auf die Begrüßung verzichten, umsoweniger als er sich hiezu schon ein Scherzwort zurechtgelegt hatte, nämlich, »Herr Major sind also gekommen, um die Primiz unseres neuge-backenen Pastors mitzufeiern!« Das kurze, fremde Nicken, mit dem diese Begrüßung quittiert wurde, belehrte ihn, daß das Verhältnis getrübt sei und dies wurde noch deutlicher, als der Major sich umwandte und mit auffallend lauter Stimme sagte: »Kommen Sie, Esch, wir wollen ein wenig vor die Stadt.« Huguenau blieb in einer Mischung von Verständnis-losigkeit, suchendem, vagen Schuldbewußtsein, Eifersucht und Wut zurück.

Die beiden nahmen den Weg über den Garten. Die Sonne neigte sich bereits zu den westlichen Höhenzügen. Es war damals, als würde der Sommer überhaupt kein Ende nehmen: Tage von vergoldeter, zitternder Stille folgten einer dem andern in gleichem strahlendem Licht, als wollten sie vor ihrer süßen Ruhe die blutigste Periode der Weltschlächterei doppelt sinnlos erscheinen lassen. Als die Sonne hinter der Bergkette verschwand, der Himmel zu immer zarterem Blau aufhellte, die Landstraße immer friedlicher sich dehnte und sich das Leben allenthalben in sich faltete wie das Atmen des Schlafes selber, da ward jene Ruhe immer offenkundiger und aufnahmsbereiter für die Seele des Menschen. So lag wohl der Sonntagsfrieden, süßer oder herber, über dem ganzen deutschen Vaterland, und in heftig aufquellender Sehnsucht gedachte der Major seiner Frau und seiner Kinder, die er über die abendlichen Felder sich ergehen sah. »Wäre nur dies alles schon vorbei«, und Esch konnte kein Wort des Trostes für ihn finden. Hoffnungslos dünkte ihnen beiden jegliches Leben, einziger spärlicher Gewinn – und dies nur unter seltenen, witterungsgemäßen Umständen – ein Spaziergang in abendlicher Landschaft.

Aber selbst diese Abendruhe durfte nicht anhalten. Sie hatten die letzten, vor der Stadtmauer gelegenen Häuser hinter sich gelassen, drüben lagen die gelben Gebäude des Gefängniskomplexes, und nun wurden sie eines sonderbar stoßweisen Summens gewahr, das offenbar von dort her zu ihnen drang. Näherkommend sah man auch, daß sich vor dem Tore schon eine Gruppe von Menschen angesammelt hatte, während das Geräusch immer schärfer sich artikulierte. Sie beschleunigten den Schritt, gelangten vor das Gebäude und hörten nun schließlich aus den vergitterten und mit Holz verschlagenen Fenstern einen fürchterlichen Chor ertönen, skandiert in Gruppen von drei Worten: »Hunger, Hunger, Hunger . . . Hunger, Hunger, Hunger . . . Hunger, Hunger Hunger . . .«, und von Zeit zu Zeit wurde der Chor von einem allgemeinen, brüllenden Viehhofgeheul unterbrochen.

Der Major lehnte sich an einen Baum. »Es ist das Ende.« Dann, Selbstbeherrschung gewinnend, eilte er in das Gefangenenhaus. Esch wartete auf der kleinen Hügelböschung neben der Straße sitzend. Immer noch war die Luft durch die synkopierten Rufe durchschnitten. Ein einzelner Schuß ertönte, auf den wieder das allgemeine Geheul erfolgte. Dann noch einzelne Rufe wie die letzten Tropfen eines abgesperrten Wasserhahns. Dann war es still. Gleichgültig horchte Esch hinüber. Er verwunderte sich irgendwo, daß er das Ereignis, das ihn doch eigentlich höchlich erschüttern sollte, eigentlich kaum beachtete, verwunderte sich, daß er diese Gleichgültigkeit sogar für natürlich befand. Und doch war es bloß selbstverständlich, daß bei dem starken Umbildungsprozeß, den sein Inneres jetzt durchmachte, sich äußere Geschehnisse bloß wie eine weitere und losere Kugelschale an ihn anhaften konnten. Esch fühlte sich fern von sich, fern von dem Geschehnis, dem er jetzt beiwohnte, fern von allem, was der Nachmittag gebracht hatte. Der Raum weitete sich ihm, und die Zeit hatte sich zerdehnt. Er sah Huguenau, der von den Vorgängen in der Strafanstalt von irgendwo Wind bekommen haben mußte, im Geschwindschritt vorbeimarschieren, und es war ihm, als würde er ihn und die Bewegungen der Leute vor dem öden Kasernentor als Zeitlupenaufnahme im Kino vorgeführt erhalten. Die ersten Sterne wurden am hellen Himmel sichtbar, und es war ihm, als säße er schon tage- und jahrelang an dieser Stelle, umgeben von geisterhafter und wattierter Ruhe. Und nicht nur die Kinogesten wurden immer schattenhafter, erstarben völlig, sondern es erstarb nun auch noch die Begleitmusik, und nur mehr das Ticken des Apparates war hörbar.

Endlich kam der Major. Daß Esch gewartet hatte, schien ihm nicht recht zu sein; fast schien er überrascht, ihn noch anzutreffen. Er hätte es vorgezogen, mit einem Adjutanten zur Linken nach Hause zu gehen. Esch spürte es, und er war darob traurig und doch gleichgültig. Sie gingen nebeneinander bis zum Stadttor, und der Major war dankbar, als sein Begleiter sich dort kurz verabschiedete.

XVII

Am nächsten Tage war im Kurtrierschen Boten unter den Stadtereignissen in kleiner Aufmachung zu lesen:

*Zwischenfall in unserem Gefangenenhaus.* Gestern Abend kam es in unserem Gefangenenhaus zu einigen unerquicklichen Szenen. Einige Insassen des Hauses glaubten Grund zur Klage zu haben, daß die Kost nicht die gewohnte Güte aufweise und wurde dies von einigen vaterlandslosen Elementen zum Anlaß genommen, um die Verwaltung in lärmender Weise zu beschimpfen. Dank des Eingreifens des sofort herbeigeeilten Stadtkommandanten Majors v. Pasenow, resp. seiner Ruhe, Besonnenheit und Mannhaftigkeit wurde der Zwischenfall sofort beigelegt. Die Gerüchte, daß es sich um einen Ausbruchsversuch von angeblich hier eingekerkerten und ihrer gerechten Aburteilung entgegensehenden Deserteuren handelte, sind, wie wir aus bester Quelle erfahren, vollkommen haltlos, da keine solchen eingekerkert sind. Verletzt wurde niemand.

Diese Einrückung wurde ohne Wissen Eschs von Huguenau in der Druckerei geschrieben und sofort in den Satz gestellt. Er hatte das Gefühl, damit einer jener luziden Eingebungen

94

gefolgt zu sein, deren Existenz ihn jetzt immer wieder in Erstaunen setzte, ja ein diplomatisches Meisterstück geliefert zu haben. Denn es war ihm vor allem ein willkommener Anlaß, sich an den Major durch das Lob anzubiedern, gleichzeitig aber seine Rache an ihm zu kühlen, da er mit Recht voraussetzen konnte, daß weder die Angelegenheit als solche, noch aber die Anspielung auf die Deserteure dem Stadtkommandanten angenehm sein durfte. Und wenn das Lob nicht verfing, so hatte er also überdies noch die Hoffnung, damit den Keim zu einem Zerwürfnis zwischen dem Major und Esch gelegt zu haben, dem niemand glauben werde, von der Einrückung nichts gewußt zu haben, einer Einrückung, die überdies in undelikater Weise auf eine Intimität mit den offiziellen Stellen anspielte. Und schließlich freute es ihn, Esch selber durch die Einschmuggelung, die zudem sein eigenes gutes Recht war und die ihm niemand vorwerfen konnte, zu ärgern. Aber es galt ihm nicht nur, seinen persönlichen Zu- und Abneigungen Befriedigungen zu verschaffen. Es dämmerte ihm auf, wie sehr er es eigentlich unausgesetzt gewünscht hatte, daß die Schaumschlägerei seiner Geheimberichte trotz seines eigenen, besseren Wissens einen realen Hintergrund besäße und daß er durch seine Reden und Anspielungen im Bordell und in den Kneipen und auch jetzt durch seinen Artikel im Grunde stets darauf hingearbeitet hatte, Unruhe zu stiften, um damit zu einem allgemeinen Zusammenbruch der Ordnung und der geltenden Realität beizutragen. Sicherlich war er kein Revolutionär, und er wäre zufrieden gewesen, wenn er am Rande der bestehenden Ordnung ungestört in der seinen hätte leben können, aber er war ein Kämpfer für seine eigene Realität und jetzt, wo er fühlte, daß der Major sich von ihm abwandte, fühlte er auch jene Welt sich von ihm abwenden und feindlich werden, so daß deren Vernichtung zur Aufgabe seines eigenen Lebenskampfes werden konnte.

All dies war ihm natürlich nur höchst unbestimmtes Wissen und Unbehagen, und er bemühte sich, seine Gedanken auf den kleinen Triumph der Gefängnisnotiz zu konzentrieren. Dennoch gelang dies nicht, und das Unbehagen verdichtete sich ihm in einer Angst vor Esch oder richtiger vor dem Mittagstisch, denn es erschien ihm, dessen Gewissen doch sonst manche Robustheit des Lebens überstanden hatte, unmöglich angesichts des Betrogenen oder unter seinem strafenden Blick einen Bissen schlucken zu können.

So erfindungsreich er sich nun auch sonst erwies, hier versagte er, und seine Phantasie reichte nicht weiter als die eines Schülers: sich krank melden. Er ging also zu Frau Esch in die Küche hinauf, und ermangelte sogar nicht, eine Leidensmiene aufzusetzen. Vielleicht fühlte er sich wirklich nicht ganz wohl und vielleicht wäre es am richtigsten, überhaupt nichts zu essen. Aber schließlich war die Pension gezahlt, und er brauchte diesem Esch nichts zu schenken. Also trat er in die Küche und rührte das Herz der guten Frau mit der Erklärung, daß er ob seines leidenden Zustandes heute bloß eine leichte Omelette von drei Eiern auf seinem Zimmer verzehren wolle, wohin er sich daraufhin zurückzog.

Teils weil es den Kranken so anschickte, teils weil Lektüre noch nie zu den Einrichtungsgegenständen seines Lebens gehört hatte, legte er sich auf das Kanapee, um einzuschlafen. Es gelang dies bloß mangelhaft, denn noch zitterte die Erregung über seinen journalistischen Coup in ihm nach. Dahinduselnd blinzelte er auf den Spiegel über dem Waschtisch und auf das Fenster vor seinen Augen und horchte auf die Geräusche des Hauses. Es waren die gewohnten Küchengeräusche; er hörte Fleischklopfen und rechnete nach, ob heute Fleischtag sei, bedauernd, daß er eben diesen versäumen mußte; dann hörte er ein kurzes, scharfes Hacken auf einem Brett und agnoszierte es als Schneiden des Gemüses für die Suppe. Angstvoll hatte er seiner Mutter immer zugesehen, wenn sie mit so raschen, hackartigen Schnitten die Petersilie oder den Schnittlauch kürzte, immer in Angst, daß sie die Fingerspitze mitnehmen werde. Er war froh, daß das Hackgeräusch jetzt endete und die Mutter den unverwundeten Finger jetzt abwischte. Dann knarrte die Stiege, und jemand kam herauf; der Vater pflegte sonst nicht so zeitlich zu sein. Beruhigt hörte er, daß es bloß der Postbote war, mit dem Frau Esch unterhandelte. Sonderbar, früher kam stets der Bäcker ins Haus; er sieht ihn jetzt nie. Wieder zum Fenster blinzelnd, sah er draußen die Kette der Colmarer Berge; der Burgvogt der Hochkönigsburg ist ein Major, der Kaiser hat ihn selbst dazu eingesetzt. Wenige Leute haben so viele Uniformen wie Kaiser Wilhelm. Jemand lacht, und er hört Alsasserditsch sprechen. Dann ging ein Kochtopf über; es zischte auf dem Herd. Hunger, Hunger, Hunger, sagte jemand in sein Ohr. Warum durfte er nicht mit den andern essen? immer hat man ihn schlechter und ungerechter behandelt. Ob man wohl den Major auf seinen Platz setzen wird? Jetzt knarrte wieder die Treppe und schreckhaft erkennt er des Vaters Schritt. Zumindest werde ich meine Omelette vor ihm bekommen, und angstvoll horcht er, ob man drüben schon zu Tisch geht. Daß Esch die Uniform eines Gefangenenwärters anzieht, ist die nämliche Hochstapelei wie sein Pastorenrock. Man weiß nie, ob sie einen schon zur Exekution holen oder bloß das Essen bringen. Jedenfalls soll Esch nicht früher Futter bekommen, bevor ich nicht selber gegessen habe. Morgen oder vielleicht schon abends wird aber in den Gasthof gegangen und Fleisch gegessen, vielleicht am Tische des Majors, doch jetzt möchte er schon endlich seine Omelette haben.

Frau Esch trat leise ins Zimmer, stellte die Tasse mit dem Eiergericht auf einen Stuhl neben das Kanapee und erbot sich, einen Kräutertee zu kochen, den sie immer in ähnlichen Fällen zu trinken pflege. Huguenau tat das Mitgefühl wohl, und er hätte es gerne gesehen, wenn ihm Frau Esch einmal über die Haare gestrichen oder die Hand auf die Stirne gelegt hätte, um zu prüfen, ob er Fieber habe. Dennoch wehrte er den Tee ab, meinte, daß, wenn überhaupt, nach seinem Dafürhalten ein Kirschschnaps angezeigter wäre. Frau Esch entgegnete jedoch, daß der Tee nicht nur ein uraltes, sondern auch ein berühmtes Medikament sei, daß der Kräutersammler, der das Geheimnis von seinem Vater und Urgroßvater geerbt hatte, ein schwerreicher Mann geworden sei, zu dem die Leute aus der ganzen Gegend pilgern und der sogar schon ein Haus in Köln besitzen soll, daß sie auch Herrn Esch, dessen Gesundheit doch nicht die festeste sei und der daher guter Pflege bedürfe, gewonnen habe, den Tee einzunehmen: und so entschloß sich Huguenau, sich ihrer Pflege ohne weitere Auflehnung anzuvertrauen. Er setzte sich mit einem Seufzer auf und verzehrte seine Omelette.

# XVIII

Hatte schon der Vorfall im Gefangenenhaus dem Major seine dienstliche Eigenschaft und Pflicht in harter und deutlicher Weise ins Bewußtsein gerufen, ihn gemahnt, daß er irgendwie ins Gleiten geraten war, sich irgendwohin ins Unbekannte und Schreckhafte verloren hatte, so lieferte ihm die Notiz des Kurtrierschen Boten nun auch einen vertretbaren äußeren Grund, von Esch abzurücken und ihn achselzuckend mit dem Wort »Zeitungsleute« abtun zu können. Wohl wußte er, daß er damit den wahren Sachverhalt nicht traf, ja daß er Esch damit Unrecht tat, aber zur Rettung der eigenen Haltung mußte dieses soldatische Opfer gebracht werden: aber so sehr er sich nach dem Freunde sehnte und im Grunde nicht ihn mit den »Zeitungsleuten« gemeint hatte, sondern Huguenau, in dem er mit verstärkter Abneigung den Grund seiner Seelenpein vermutete, und den er nachgerade für die unglückliche Wendung, die der Krieg zu nehmen schien, verantwortlich zu machen geneigt war.

Aber es war nicht die letzte Bitternis, die dem alten Mann von Huguenau widerfahren sollte. In den ersten Oktobertagen langte bei dem Stadtkommando endlich doch eine Anzeige der Feldgendarmerie ein, anfragend, ob der Füsilier Wilhelm Huguenau des Füsilierregiments No. 14 sich in militärischer Verwendung dort befinde, widrigenfalls, da das Regimentskommando weder eine Abkommandierung noch eine Verwendungsmeldung vorliegen habe, er als Deserteur zu behandeln und an das genannte Regiment unter Bedeckung von zwei Mann überzustellen sei.

Es war ein arger Schlag. Der Mann, der von ihm, dem Stadtkommandanten selbst hier sozusagen eingeführt worden war, sollte als Deserteur abgeführt werden. Zwar hatte Esch als »Verräter« von ihm gesprochen, wohl selber Komplize, der den Komplizen verrät, wer kennt sich in diesen Journalistenintriguen aus! Schließlich, war nicht seine eigene Abneigung durch Einflüsterungen Eschs verursacht? wie weit war sein eigener Blick durch den Einfluß dieses Esch getrübt? denn immerhin: Huguenau hatte sich, wenn man es recht betrachtet, stets korrekt und patriotisch betragen; man konnte ihm nichts vorwerfen. Zwei Tage ließ der Major die

Zuschrift unbeantwortet liegen. Schützte sich selber Überlastung vor, hoffend, daß irgend ein übermächtiges Ereignis ihn weiterer Schritte enthöbe. Ein gewisser Anlaß zu solcher Meinung lag ja immerhin vor. Die Kriegsereignisse boten einen immer katastrophaleren Aspekt; der Zusammenbruch mußte dem Eingeweihten eigentlich unaufhaltsam erscheinen. Die Befehle der obersten Heeresleitung verwirrten sich, und der Major, noch immer bereit anzunehmen, daß Huguenau die Hand im Spiele habe, wo Übles geschieht, war ihm nun hiefür fast dankbar. Alles überstürzte sich. Nachdem die Stadt in den letzten Wochen Schauplatz unausgesetzter Truppeneinlagerungen und Durchmärsche gewesen war, so daß die ärgsten Unterkunftsschwierigkeiten entstanden, wurde sie jetzt geradezu evakuiert, doch mußte man jederzeit auf gegenteilige Befehle gefaßt sein. Es war also immerhin naheliegend, anzunehmen, daß in dieser allgemeinen Unruhe und Unordnung die Angelegenheit Huguenau ohne weiteres in Versandung zu bringen gewesen wäre. Aber wie Kant verlangte, daß beim Weltende der letzte zum Tode verurteilte Verbrecher noch vorher justifiziert werde, so war der kategorische Imperativ seines wiedergewonnenen und daher etwas hypertrophierten Pflichtgefühls für den Major zu stark, um sich ihm entziehen zu können: nach zwei Tagen ließ er Huguenau zu sich bescheiden.

Als er des Mannes ansichtig wurde, wallte des Majors ganzer, zurückgedämmter Widerwille neuerdings auf. Er begrüßte ihn mit dienstlicher Förmlichkeit und reichte ihm stumm die Anzeige der Feldgendarmerie. Huguenau erfaßte blitzschnell, daß es jetzt ums Ganze ginge und war, wie es für Menschen in Todesgefahr oftmals charakteristisch ist, sofort gefaßt und orientiert. Er schlug einen leichten Ton an:

– »Ich habe Ähnliches schon längst erwartet. Die Unordnung bei den Heeresstellen reißt immer mehr ein. Als ich im Frühjahr mich bei der Pressehauptleitung abmeldete, nahm mir der dienstfreie Unteroffizier meine Papiere ab, angeblich, um das Regiment zu verständigen. Ich befürchtete sofort Unannehmlichkeiten, da es doch nicht anginge, einen dienstpflichtigen Soldaten ohne Dokument fortzuschicken. Ich wurde aber mit dem Hinweis beruhigt, daß man mir die Dokumente nachschicken werde und händigte mir bloß einen interimistischen Marschbefehl nach Trier aus, wo ich ihn vorschriftsgemäß beim Bahnhofkommando ablieferte. Natürlich habe ich mir auch selbst vorzuwerfen, daß ich zwischenzeitig die Angelegenheit immer wieder vergaß. Aber wenn schon die Behörden versagen, kann man dem einfachen Staatsbürger und Landesverteidiger keinen Vorwurf machen.«

Das klang plausibel; der Major wurde wieder unsicher.

– »Wenn ich Herrn Major einen Vorschlag machen darf, würde ich ersuchen, der Heeresgendarmerie und dem Regiment wahrheitsgetreu mitzuteilen, daß ich hier die offiziöse Landeszeitung leite und daß ich die fehlenden Dokumente, um die ich mich indessen kümmern werde, ehebaldigst nachfolgen lasse.«

Der Unmut des Majors hakte bei dem Worte »wahrheitsgetreu« ein.

– »Sie werden mir doch nicht zumuten, daß ich etwas anderes als etwas wahrheitsgetreues melden werde! Und um im übrigen völlig bei der Wahrheitstreue zu bleiben: ich glaube Ihnen nicht.«

– »So, Herr Major glauben mir nicht? Haben Herr Major vielleicht schon untersucht, auf welch glaubwürdige Denunziation jene Anzeige zurückzuführen ist. Und daß es sich bloß um eine Denunziation – und um eine läppische und boshafte obendrein – handeln kann, ist doch sonnenklar. Wie viele Leute wissen denn überhaupt, daß ich Unzukömmlichkeiten mit meinen Papieren hatte?: ich kenne bloß einen einzigen und dieser einzige hat, angeblich zum Spaß oder zum Symbol, wie er sagt, oft genug und auch oft genug vor Ihnen von einem »Verrätertum« gesprochen. Ich kenne solche scheinheiligen Späße: wenn es gut geht, verliert man sein Geld daran, wenn es schlecht geht, so bringen sie einen an den Galgen.«

– »Wollen Sie gefälligst Herrn Redakteur Esch aus dem Spiele lassen; er ist ein ehrenwerter Mann.«

Huguenau spürte, daß er jetzt va banque spielen müsse:

– »Herrn Major mache ich gehorsamst darauf aufmerksam, daß nicht ich, sondern Sie den Namen Esch zuerst genannt haben. Also habe ich mich nicht getäuscht, und er ist der saubere Denunziant. Wenn der Wind von hier aus weht und der Herr Major mit Rücksicht auf die Freundschaft mit Herrn Esch dessen Geschäfte führen will, dann bitte ich um meine Verhaftung.«

Die Dreistigkeit sitzt. Der Major schreit:

– »Herr, ich lasse Sie sofort abführen.«

– »Bitte, Herr Major, tun Sie, was Sie nicht lassen können. Aber ich weiß, was ich von einem preußischen Offizier zu halten habe, der zu solchen Mitteln greift, um sich eines Zeugen seiner defaitistischen Reden vor Mannschaftspersonen und Kommunisten zu entledigen. Es ist ja hübsch, wenn man seinen Mantel nach dem Wind hängt, aber ich habe keine Lust, mich zum Windfänger herzugeben.«

Die letzten, eigentlich unsinnigen Worte, von Huguenau bloß zum Aufputz seiner Rhetorik draufgegeben, hörte der Major nicht mehr. Huguenau hatte das Zimmer verlassen und respektlos die Tür hinter sich zugeschlagen. Fassungslos sitzt der alte Mann hinter seinem Schreibtisch.

Nachdem er eine Stunde mit leerem Kopf vor sich hingebrütet hat, entnimmt er der rechten Schreibtischlade einen Militärrevolver. Aber darf er so ohne weiteres seinen Posten verlassen, bloß weil er sich erniedrigt und beleidigt fühlt und keinen Ausweg weiß? Also legt er die Pistole wieder zurück, nimmt aber dafür die Feder und schreibt gepreßten Herzens sein Abschiedsgesuch. Am liebsten hätte er um infame Kassierung gebeten.


XIX


Ein besonderer Schmerz für den Major war es, sich über den furchtbaren Zwiespalt, in dem er sich befand, nicht mit Esch aussprechen zu können. Esch, der nicht minder unter der Erkaltung des Verhältnisses litt, vermied aber seit jenem Sonntagabend einen sozusagen außerdienstlichen Kontakt zu suchen. Kamen die beiden Männer zusammen, so beschränkte man sich auf gleichgültige Dinge und stiller Übereinkunft gemäß wurde Huguenau überhaupt nicht erwähnt.

Huguenau aber wohnte weiterhin im Eschischen Hause. Sonderbarerweise kam ihm überhaupt nicht der Gedanke, daß er als offen gesuchter und verfolgter Deserteur eigentlich flüchten müßte. Er war mit seiner hiesigen Wirksamkeit schon allzusehr verbunden. Sagte ihm sein kaufmännisches Gewissen, daß er ein Geschäft, in dem ein gutes Stück [Geld], wenn auch nicht sein eigenes, steckte, nicht abandonnieren dürfe, so war dies bloß ein Vorwand. In Wirklichkeit war es ein Gefühl allseitiger Unabgeschlossenheit, das ihn zurückhielt. Wäre er geflüchtet, so wäre es eine Kapitulation seiner Realität vor der der andern gewesen, und das Ärgste war, sich vorzustellen, der Major und Esch könnten sich hinterher wiederfinden und ihn verhöhnen. Diese eifersüchtige Angst verbot es ihm sogar, ein anderes Quartier zu suchen, zwang ihn, seine Beziehung zu Esch aufrecht zu halten und dieser ging umso eher darauf ein, als er ja von dem Auftritt mit dem Major und seinen Konsequenzen nichts wußte, wohl aber, von einem dunkeln Mißtrauen getrieben, Huguenau unter den Augen behalten wollte.

Nein, Huguenau kapitulierte nicht. Er blieb und vereinbarte bloß mit Frau Esch eine Rückvergütung für nicht genossene Mahlzeiten, um sich öfters von dem verhaßten Mittagstisch absentieren zu können. Und schließlich hatte er nichts zu fürchten: Esch konnte nichts wissen, den Major hatte er in geradezu erpresserischer Gewalt, und die Zeit war überdies wahrlich nicht danach, um Einzelaktionen gegen einen kleinen elsässischen Deserteur zu unternehmen. Aber er durfte trotzdem die Hände nicht in den Schoß legen, nicht nur, weil es der Aberglauben und die Angst vor des Krieges Wechselfällen verbot, nicht nur weil eine Untätigkeit die Bereinigung und Liquidation seiner schwebenden seelischen Angelegenheiten, um derentwillen er doch geblieben, keineswegs förderte, – denn dies waren durchaus nicht seine eigenen Erwägungen, – sondern weil ihn seine Feinde, wie er sagte, bösen Anlaß zu Widerstand und Aggression gaben.

Denn jemehr die Zustände, die er früher mit den Augen eines phantasievollen Polizisten gesehen hatte, nunmehr feste Gestalt annahmen und je deutlicher Polizeimaßnahmen getroffen wurden, auf deren Veranlassung er früher bloß stolz gewesen wäre, umso mehr mußte Huguenau in die Opposition geraten, mußte vom Standpunkt des Polizisten zu dem des Aufrührers hinübergleiten. So gleichgültig es ihm

war, daß die Einbrüche in erschreckendem Maße stiegen, ja
so sehr er nach Schutz gerufen hätte, wenn ihm eigenes Hab
und Gut gestohlen worden wäre, und so unberührt er von
dem Faktum der bolschewistischen Propaganda war, so
faßte er nun dennoch jede simple polizeitechnische Aktion
als persönliche Spitze gegen sich auf: die durch einen Geheimbefehl des Stadtkommandos verfügte Schließung des
Bordells, die verschärfte Polizeiaufsicht, die über die niedri-
geren Kneipen verhängt wurde, betrachtete er als hinterhäl-
tige Beleidigungen, die er gemäß seinem bereits erprobten
Rezept mit einer lobenden Notiz im Blatte beantwortete.

Es verstand sich, daß er dabei nicht stehen blieb. Das
öffentliche Haus, das nun als Geheimbetrieb weiter geführt
wurde, sah ihn öfter als je, und in den Kneipen und Weinstu-
ben ließ er gerne einen Taler springen. Oft war es bloß Sucht
nach Publikumserfolg, die ihn dahin trieb, denn er befürchtete stets, daß seine boshaften Notizen, auf die er so stolz
war, etwa gar als ernsthafte Lobesartikel aufgefaßt werden
könnten, immer bereit zu erklären, daß dies der einzige Weg
sei, Geheimverfügungen des Polizeibüttels einer breiten Öffentlichkeit zur Kenntnis zu bringen. Er erzählte ferner jedem, der es hören wollte, daß man ihn höheren Ortes gerne
als agent provocateur verwendet hätte, daß er aber, trotz
glänzender Anerbieten, sonst säße er nicht hier, sondern
zumindest in Köln oder Berlin, nicht einen Schritt von seiner
korrekten Haltung abgewichen sei. Gewiß war er stets ein
guter Patriot, gewiß habe er die Siege seines Vaterlandes
gefeiert, wer wage es, ihn deswegen zu tadeln! aber jeder wird
ihm das Zeugnis ausstellen, daß er stets einen offenen Blick
für die Ungerechtigkeiten, die das Volk bedrücken, gehabt
habe. Wer hatte als erster den Mut, öffentlich die Mißstände
im Gefangenenhaus aufzudecken? Und wer hat die Bour-
geoisie, der der Beutel gewiß nicht locker im Sacke sitze, dazu
gebracht, doch etwas für die armen Kinder gefallener Proletarier zu tun? so viel er sich erinnere, dürfte er es gewesen
sein. Und der Dank? er würde sich nicht wundern, wenn
nicht jetzt schon geheime Polizeibefehle gegen ihn liefen:
aber er fürchte sich nicht, sie mögen bloß kommen, er habe
schon noch Freunde, die ihn aus dem Gefängnis befreien
würden. Mit der geheimen Gerichtsbarkeit müsse überhaupt

aufgeräumt werden. Ein Mensch verschwindet, man wisse nicht wie und hinterher mag man erfahren, daß man ihn im Gefängnishof verscharrt habe. Weiß Gott, wie viele in den Kerkern noch schmachten. Nein, wir haben kein Gericht, wir haben eine Polizeijustiz. Und das Ärgste ist die Scheinheiligkeit dieser Polizeibüttel. Die Bibel haben sie immer in der Hand, aber bloß um einen damit auf den Kopf zu dreschen. Und vor und nach dem Fressen gibt es ein Tischgebet, aber die andern können mit oder ohne Tischgebet verhungern. Ja, die Pastoren, die sind ein besonderes Kapitel, die das Volk mit Bibelsprüchen am Sonntagnachmittag abspeisen wollen. Da verwende er seine freie Zeit noch lieber für den Kintopp. Aber wenn es nicht anders geht, läßt der Pastor am Sonntagnachmittag auch schießen. Es gibt Leute genug, die damals die Schießerei im Gefängnis gehört haben. Nun, er wolle nichts gesagt haben, er war immer korrekt und wird es immer bleiben, auch wenn es seinen Kopf kostet. Das werden ihm wohl alle bezeugen. Und wenn er nach solcher Rede im Kreise umsah, war keiner, der ihm nicht Beifall zollte.

Daß Esch bald von den Redereien Huguenaus in den Wirtshäusern Kenntnis erhielt, verstand sich von selbst. Er legte nicht allzu großes Gewicht darauf, da er ihn ja oft genug bramarbasieren gehört hatte. Da ihm aber immer wieder von seinen Freunden zugetragen wurde, daß Huguenau – und dies sei doch für den Eigentümer einer so bedeutenden und fromm geschriebenen Zeitung merkwürdig – eine kommunistische und gotteslästerliche Sprache von sich gäbe, ja geradezu zu Haß und Verachtung gegen die Diener Gottes hetze, entschloß er sich, einmal mit ihm zu sprechen. Huguenau stellte nichts in Abrede: »Sie wissen, lieber Esch, ich war immer ein Freigeist und habe nie ein Hehl daraus gemacht. Ich habe Sie in Ihrer Frömmelei nicht gestört, lassen Sie also mir auch mein Vergnügen. Im übrigen bin ich kein Volksführer wie Sie; ich habe keinen Ehrgeiz. Aber wenn ich den Leuten so zuhöre, so scheint es mir, daß die Dinge doch einen andern Lauf nehmen, als Sie, Herr Pastor Esch, wünschen. Ich meine, wir werden bald etwas erleben. Und ich sehe auch einige Leute am Laternenpfahl. Wenn der Herr Major nicht auf mich böse wäre, würde ich ihn ganz gehorsamst warnen. Ich bin ein guter Kerl. Auf Sie scheint er mir ja auch nicht

gerade mehr gut zu sprechen zu sein, der wankelmütige, alte
Narr. Aber immerhin stelle ich es Ihnen frei, ihm die Warnung zu überbringen. Sie sehen, mit mir kann man mit
offenen Karten spielen; ich ermorde keinen von hinten wie
andere Leute.« Und mit diesen nicht sehr adäquaten Worten
entfernte er sich stolz. Hinterher ärgerte er sich seiner Gutmütigkeit; er hatte doch keinerlei Anlaß zu irgend einem
Schuldgefühl gegenüber den Herren Pasenow und Esch.


## XX

Und in den ersten Novembertagen erlebte man tatsächlich
etwas. Am Morgen gab es eine kleine Demonstration der
Arbeiter der Papierfabrik. Man zog wie bei solchen Anlässen
stets vors Rathaus, aber man hatte diesmal, eigentlich ohne
besonderen Grund die Fenster eingeworfen. Der Major ließ
die Halbkompagnie, die ihm noch zur Verfügung stand,
aufziehen und die Leute zerstreuten sich. Aber die Stadt war
voller Gerüchte; der Zusammenbruch der Front war bekannt, von den Waffenstillstandsverhandlungen war aber
noch nichts zu erfahren; man erwartete schreckliche Dinge.
  Abends sah man rötlichen Schein im Westen liegen, und
allgemein hieß es, Trier brenne an allen vier Enden. Huguenau, der nur bedauerte, die Zeitung nicht schon längst den
Kommunisten verkauft zu haben, wollte eine Separataus-
gabe drucken lassen, aber die beiden Arbeiter waren unauf-
findbar. In der Nacht gab es ein Geschieße in der Nähe der
Strafanstalt. Es hieß, es wäre ein Zeichen gewesen, um die
Häftlinge zum Ausbruch zu bewegen. Späterhin wurde bekannt gegeben, daß ein Gefangenenwärter infolge eines Miß-
verständnisses Alarmschüsse abgegeben hätte, aber niemand
glaubte daran.
  Der nächste Morgen war kalt, neblig, winterlich. Der Ma-
gistrat versammelte sich in den ersten Stunden in dem unge-
heizten, kaum beleuchteten, getäfelten Sitzungssaal und verlangte die Bewaffnung der Bürgerschaft. Da Stimmen laut
wurden, daß dies eine aufreizende Demonstration gegen die
Arbeiter wäre, einigte man sich auf die Aufstellung einer
Schutzgarde, der sowohl Bürger als Arbeiter angehören soll-

ten. Da zu einer regelrechten Werbung keine Zeit war, wurden vormittags Gewehre an alle jene verteilt, die sich als ortsansässig und waffenkundig legitimieren konnten und von einem hiezu gewählten fünfgliedrigen, paritätischen Komitee, der Bürgermeister als Vorsitzender, approbiert wurden. Auch Esch und Huguenau fühlten sich verpflichtet, sich zu melden und wurden mit Waffen ausgestattet.

Esch ersuchte um Verwendung in der Nähe des Rathauses; er wollte in der Nähe des Majors sein. Er wurde für den Nachtdienst bestimmt, während Huguenau nachmittags an der Brücke zu wachen hatte.


## XXI

Huguenau saß auf der Steinbalustrade der Brücke und fror im Novembernebel. Sein Gewehr mit aufgestecktem Bajonett lehnte neben ihm. Zwischen den Steinen der Balustrade wuchs Gras, und Huguenau beschäftigte sich damit, es auszurupfen. Auch uralte Mörtelstückchen konnte er zwischen den Steinen herauslösen und sie dann ins Wasser fallen lassen. Er langweilte sich reichlich und fand die ganze Angelegenheit sinnlos. Der aufgeklappte Kragen seines kürzlich gekauften Überziehers scheuerte rauh an Hals und Kinn und gab keine Wärme. Er erinnerte sich an Indianerspiele, erinnerte sich, wie er sie plötzlich dumm fand und ihrer überdrüssig wurde, als ihm seine Mutter einen echten Indianerschmuck mit Hühnerfedern auf rotem Körperband angefertigt hatte. Und ebenso sinnlos war es, hier zu sitzen mit der dummen grünen Armbinde auf dem Winterrock und überdies kalt. Aus Langeweile verrichtete er seine Notdurft, aber auch dies ging vorbei. Die Uhren der Stadt tönten durch den Nebel herüber; fünf Uhr, und wie finster es bereits wird, so kurz die Tage und ein Jahr wieder herum. Huguenau wurde traurig. Wozu dies alles, was hatte er hier zu tun? Drüben lag das Eschische Anwesen. Huguenau spuckte in der Richtung aus. Plötzlich, in der ebenso gerichteten Handlung, überkam ihn jäher Schreck: er hatte die Tür zur Druckerei offen stehen lassen, und wenn es heute zu Plünderungen kommt, so werden sie ihm seine Maschinen zerschlagen.

Er war schon nahe daran, seine Pflicht im Stiche zu lassen und sich nach Hause zu begeben, als grelles Aufleuchten drüben von der Höhe herunterblitzte und ihn erschreckte. Im nächsten Augenblick erfolgte eine fürchterliche Detonation. Er erfaßte noch, daß es in der Kaserne der Minenwerferkompagnie war, daß es dort noch Munitionsreste gab, und daß irgend ein Dummkopf sie zur Explosion gebracht hatte und hatte sich schon instinktmäßig auf den Boden geworfen. Klug genug, weitere Explosionen zu erwarten, blieb er liegen; in kurzem Abstand folgten dann noch zwei weitere Detonationen, und dann ging der Lärm in vereinzeltes Geknatter über.

Huguenau lugte vorsichtig über die Steinbalustrade, sah die Ruinenmauern der Magazinschuppen von innen heraus rot und schwelend beleuchtet und das Dach der Kaserne brennend. Also, es geht los, sagte er sich, stand auf und putzte seinen Winterrock ab. Wenige Sekunden später kam schon ein Trupp Menschen von der Kaserne herunter gelaufen, Stöcke, Steine, teilweise auch Gewehre in den Händen. Er begriff, daß es auf das Gefangenenhaus losginge und fühlte sich wie ein Generalstabschef, dessen Pläne auf die Sekunde genau ausgeführt werden. Brave Leute, sagte etwas in ihm und fand es natürlich, daß er sich ihnen anschloß.

Im Sturmschritt und johlend ging es zur Strafanstalt. Die Tore waren geschlossen. Ein Steinhagel prasselte dagegen, und dann wurde der direkte Angriff geführt. Huguenau schmetterte den ersten Kolbenschlag gegen die Bohlen. Einer hatte sich ein Brecheisen verschafft und die Bresche war bald gelegt: das Tor sprang auf, und die ganze Menge flutete in den Hof. Er war menschenleer, das Personal hatte sich irgendwohin zurückgezogen; nun, man wird sie schon ausräuchern, die Burschen. Aber aus den Zellen tönte wilder Gesang: »Hoch soll er leben, hoch soll er leben, dreimal hoch«. Plötzlich gellende Schreie. Sie hatten einen der Wärter im Hofe gefunden. Als Huguenau hinkam, lag der Mann wie gekreuzigt auf der Erde, bloß das eine Bein stieß krampfhaft hochgereckt und rhythmisch in die Luft. Zwei Weiber hatten sich über ihn geworfen und auf der einen Hand stand mit genagelter Sohle der Kerl mit der Brechstange und ließ sie auf die Knochen des Gemarterten herabsausen. Huguenau

fühlte, daß er sich übergeben müsse. Etwas Panisches über-
wältigte ihn. Das Gewehr auf dem Rücken rannte er in die
Stadt zurück.

Diese aber lag im Scheine der brennenden Kaserne scharf-
beleuchtet, spitzgiebelig, und die schwarzen Konturen der
Häuser waren überragt von den Türmen des Rathauses und
der Kirchen. Von dort schlug es halbsechs, unbekümmert,
als läge noch tiefer Friede über dieser menschlichen Ansied-
lung. Unbändigen Wunsch nach menschlicher Nähe und
nach Schutz empfand Huguenau aus seiner Panik heraus, als
er des vertrauteren Bildes und jener Töne, die ihm irgend eine
Beruhigung gaben, inne wurde. Er bemerkte, daß es nach
Selchstube roch. Plötzlich durchfuhr es ihn mit Schrecken,
daß nunmehr die Schränker und Einbrecher befreit werden,
daß die Druckmaschine nicht verschlossen sei, und mit ver-
doppelter Anstrengung strebte er weiter und nach Hause.

## XXII

Esch befand sich in der Küche, als die erste Detonation
erfolgte. Mit einem Sprung war er beim Fenster, prallte aber
zurück, als bei der unmittelbar folgenden zweiten Explosion
ihm das gelockerte Fenster samt Rahmen entgegenflog. War
es ein Fliegerangriff? Die Frau lag zwischen den Scherben
auf den Knien und ratschte das Vaterunser. Er riß sie auf. »In
den Keller, Flieger.« Aber schon von der Stiege aus sah er
den [Brand des] Munitionsmagazins, hörte das von dort
kommende Geknatter. Also es ging los. Und sein nächster
Gedanke war »der Major«. Die winselnde Frau – noch klang
Wimmern nach, er möge sie nicht verlassen – ins Zimmer
zurückstoßen, das Gewehr nehmen und die Stiege hinunter-
laufen, war das Werk eines Augenblicks.

Die Straße war voll schreiender Menschen. Vom Marktplatz tönte ein Trompetensignal. Er keuchte die Straße hinauf. Hinter ihm wurden im Laufschritt ein paar angeschirrte
Pferde gebracht; er wußte, daß sie für die Feuerwehr bestimmt waren, und es tat ihm wohl, daß noch ein Stück
Ordnung funktionierte. Die Spritze stand schon auf dem
Marktplatz, man hatte sie herausgezogen, aber es fehlte an

Mannschaften. Der Hornist stand neben ihr, ließ immer wieder den Sammelruf ertönen, aber vorderhand waren erst sechs Mann anwesend. Von der anderen Seite des Platzes kam aber oben die Kompagnie angelaufen, und der Hauptmann war so besonnen, sie in den Dienst der Feuerwehr zu stellen; sie ratterte mit der Spritze ab.

Im Rathaus waren alle Türen offen. Kein Mensch zu sehen; die Kommandantur leer. Es war eine Erleichterung für Esch, also konnten sie den Alten wenigstens hier nicht gleich finden. Aber wo war er? Als Esch heraustrat, hörte er, daß die Strafanstalt gestürmt werde; ein Sanitätsunteroffizier lief vorüber, er rief ihn an, ob er den Kommandanten gesehen habe. Ja, er habe die Schutzgarde alarmieren lassen und sei entweder bei der Kaserne oder beim Gefangenenhaus.

Esch machte sich auf den Weg zur Strafanstalt. Etwa mittwegs außerhalb der Stadt hörte er das Johlen eines herankommenden Trupps. Er trat ins Gebüsch, um ihn vorbeiziehen zu lassen. Es waren etwa zweihundert Leute, die Sträflinge, an ihren grauen Gewändern kenntlich, unter ihnen. Einige versuchten, die Marseillaise zu singen, andere die Internationale. Eine Stimme rief fortwährend »Viererreihen bilden«, aber keiner hielt sich daran. Voran trug einer auf einem Stock, der wohl einen Galgen darstellen sollte, die mit Zeug und Tüchern ausgestopfte Figur eines Gefangenenwärters, den man zu diesem Zwecke augenscheinlich nackt ausgezogen hatte. Der Puppe war ein weißer Zettel auf der Brust angeheftet, und in dem zuckenden Licht der brennenden Depots konnte Esch das Wort »Stadtkommandant« entziffern.

Um Nachzüglern auszuweichen, lief er neben der Straße auf der Wiese weiter. Scheinwerfer eines Autos tauchten vor ihm auf, kein Zweifel, es war der Major. Esch kletterte die Böschung hinab und versuchte, durch Schreien und Winken, den Wagen aufzuhalten. Aber man bemerkte ihn nicht oder wollte sich nicht dran kehren. Zur Seite springend, um nicht überfahren zu werden, konnte er noch ausnehmen, daß sich neben dem Major drei bewaffnete Männer befanden, Soldaten oder Mitglieder der Schutzgarde, davon einer auf dem Trittbrett.

Der Wagen fuhr den Aufrührern geradewegs in die Arme;

109

der Major schien verloren. Esch lief dem Wagen nach, verzweifelt wie im Traum einem enteilenden Zuge, erwartete, sofort Furchtbares sehen zu müssen. Und mitten in dieser Angst hörte er schon vor sich einige Schüsse, dann einen krachenden, explosionsartigen Schlag, Schreien und Lärmen. Er sprang wieder die Böschung hinauf.

Vor den ersten Häusern stand der Haufe, die Gegend war von dem Brande noch immer beleuchtet. Hinter den Gebüschen Deckung suchend, gelangte Esch zum ersten Gartenzaun und konnte sich nun im Schutz der Einfriedungen nähern. Der Wagen hatte sich überschlagen und lag brennend auf der jenseitigen Straßenböschung. Offenbar hatte der Chauffeur, angesichts der Menge oder von einem Stein getroffen, die Herrschaft über das Vehikel verloren und war aufgefahren. Er lag halbgekauert vor einem Baum, an dessen Stamm er sich augenscheinlich den Schädel zerspalten hatte. Der eine Soldat lag ausgestreckt auf der Straße, der andere, wohl mit heiler Haut aus dem Sturze hervorgegangen, war von dem Haufen umringt. Unter den Stein- und Stockhieben machte er schwache, flehentliche Bewegungen, sprach etwas, das in dem Lärm nicht vernehmbar war; dann brach auch er zusammen. Esch überlegte, ob er in die Horde hineinschießen sollte, aber in diesem Augenblicke zuckte eine blaue Stichflamme aus der Motorhaube, und einer rief: »der Wagen explodiert«. Die Menge rannte zurück, verstummte und wartete auf die Explosion. Als aber nichts erfolgte, der Wagen bloß still weitergloste, ertönten bald Rufe »Aufs Stadtkommando, aufs Rathaus«, und der Trupp wälzte sich weiter der Stadt zu.

Wo aber war der Major? Jäh durchfuhr es Esch: unter dem Wagen und in Gefahr, lebendig zu rösten. Von Angst gejagt, kletterte Esch über die Planke, rüttelte an dem Wagen: krampfhaftes Schluchzen überkam ihn, als ihm klar wurde, daß er ihn nicht allein heben konnte. Hilflos und verzweifelt starrte er das brennende Gefährt an, verbrannte sich seine ohnmächtigen Hände mit erneuten Versuchen. Da lief ein Mann herbei. Es war der dritte Soldat, der über die Böschung hinausgeflogen, auf die Wiese gefallen und unverletzt war. Zu zweit gelang es ihnen, die eine Seite etwas zu lüpfen. Esch kroch darunter, stützte die Wand mit seinem Rücken, während der Soldat den Major hervorzog. Sie trugen den ohnmächtigen Mann in gebührende Entfernung von dem gefährlichen Wagen und betteten ihn auf die feuchte Wiese. Mit Ausnahme einiger Hautabschürfungen und der versengten Haare konnte keinerlei äußere Verletzung an ihm gefunden werden. Sie rieben ihn mit nassem Grase ab, und als er die Augen aufschlug und Arme und Beine bewegte, war wohl sichtbar, daß er sich auch nichts gebrochen hatte. Aber er antwortete auf keinen Zuruf und blieb liegen. Daß man ihn aber hier nicht lassen konnte, war klar; es galt, ihn in Sicherheit zu bringen, und so hieß Esch den Soldaten anpacken: über die aufgeweichten Äcker, deren Schollen sie am Gehen hinderten, trugen sie den alten Mann zu Eschs Anwesen. Einmal blickte der Major auf, sah Esch voll an und kommandierte »Löschen gehen«, dann versank er wieder in Somnolenz.

Als sie in seinem Hofe anlangten empfing sie neuer Feuerschein. Das Rathaus war in Brand gesteckt worden, und die Flammen loderten über den Dächern. Doch es war keine Zeit zu verlieren, Esch dankte dem Soldaten und meinte, daß er nun rasch zu seinen Kameraden gehen möge, die noch auf der Straße lägen und in denen vielleicht doch noch Leben sei. Er wolle dann später nachkommen, und zum Hinauftragen des Majors werde er hier schon Hilfe finden. So legten sie ihn vorerst auf die Bank vor dem Gartenhaus. Als sich aber der Soldat entfernt hatte, ging Esch leise ins Haus, lehnte das Gewehr an die Flurwand und öffnete die Falltür zur Kellerstiege. Dann ging er zu dem Alten zurück, lud ihn sich auf den Rücken und trug ihn hinein, tappte vorsichtig die Kellerstiege hinunter und bettete ihn unten auf einen Kartoffelhaufen, entzündete die Kellerlampe, die er mit Bedacht abblendete, damit kein Lichtstrahl durch die Luken nach außen dringe und legte einen Zettel davor: »Herr Major haben bei dem Kraftwagenunfall das Bewußtsein verloren. Ich komme sofort zurück. Esch.« Dann stieg er hinauf, um auf der Landstraße nach den verwundeten Soldaten zu sehen.

# XXIII

Die nachfolgenden opernhaften Szenen wurden ausschließlich zur Erfreuung des Lesers geschrieben.

Atemlos und zitternd war Huguenau über den Hof kommend bei der Druckereiwerkstätte angelangt. Zuerst wußte er nicht, was ihn hergeführt hatte. Dann begriff er. Er ging hinein; der dunkle Raum lag, von außen zuckend beleuchtet, in sonntäglich anmutender Ordnung. Huguenau, das Gewehr zwischen den Beinen, setzte sich vor die Maschine. Er war enttäuscht: die Maschine lohnte seine Anstrengung nicht – sie stand kalt und unberührt und warf bloß zuckende Schatten, die ihm unbehaglich waren. Drüben der Sonntagspredigtschuppen. Ob der Esch nächsten Sonntag wieder predigen wird? wäre er wenigstens hier oder drüben in seinem Schuppen. Aber was hat der zu verlieren? die Knochen sollte man ihm zerschlagen. Sitzt droben bei seinem Weib, und sie trösten sich gegenseitig. Aber sie sollen wenigstens auch mit ihm sprechen.

Neuerdings vergißt er, warum er gekommen war. Er lehnt das Gewehr an die Maschine, geht hinaus, steigt die Treppe hinauf. Unverständlich und erschreckend, daß die Flurtüre aus den Angeln gehoben ist. Und als er in sein Zimmer kommt, hängt der Spiegel nicht mehr über dem Waschtisch, sondern liegt auf dem zerschmetterten Geschirr. Die vor dem Waschtisch auf dem Boden zerstreuten Scherben erinnern ihn unangenehm und beunruhigend an Knochensplitter. All dies ist unbegreiflich; vielleicht könnte er es sich begreiflich machen, aber er will nicht mehr nachdenken; es möge jemand kommen, ihm alles gut erklären und ihn beruhigen. Schon will er Frau Esch unter dem Vorwand rufen, sie möge einmal den Schaden, den er nicht angerichtet hat und auch nicht zahlen werde, ansehen, als sie, die sein Kommen gehört hat, in das Zimmer stürzt: »Wo ist mein Mann?« Eine ungeheure wonnige und erregende Beruhigung überkam Huguenau, als er ein vertrautes Menschengesicht erblickte, irgendwie: jetzt ist alles wieder gut, man soll mich zu Bett bringen. Aber warum störte sie ihn in diesem Gefühl mit der dummen Frage nach diesem Esch; daß er nicht da ist, ist doch nur gut. »Wie soll ich wissen, wo er sich herumtreibt. Zum Essen wird er wohl schon kommen.« Aber sie hörte ihn gar nicht, packte ihn bei den Schultern: »Er ist weggelaufen, mit dem Gewehr weggelaufen. Ich habe schießen hören.« Eine Hoffnung stieg in ihm auf, daß Esch erschossen sei, aber warum hat diese Frau dann solch jämmerliche Stimme, warum funktioniert sie falsch. Er wollte Ruhe von ihr empfangen, und nun verlangte sie, er solle sie und noch dazu wegen eines Esch beruhigen. Sie hatte seine Schultern noch nicht losgelassen und er, hilflos, betreten und zornig zugleich tätschelte ihre Oberarme wie einem weinenden Kinde, fuhr an ihnen auf und ab, während sein Mund weiter böse Worte sagte. »Was jammern Sie denn nach Esch? haben Sie nicht auch schon genug von ihm? jetzt bin doch ich hier!« und während des Sprechens merkte er selber erst, daß er wie zum Ersatz für das, was sie ihm schuldig blieb, jetzt Gröberes von ihr verlangte. Jetzt spürte sie auch, wohin es hinauslief. »Herr Huguenau, um Gotteswillen, Herr Huguenau.« Aber im vorhinein, fast ohne Willen, setzte sie unter seinem keuchenden Drängen keinen weiteren Widerstand ihm entgegen. Wie ein Delinquent, der dem Henker selbst behilflich ist, öffnete sie ihm die Hose, und zwischen ihren breitgeöffneten, hochgereckten Schenkeln kippte er kußlos mit ihr auf sein Kanapee.

Ihr erstes Wort nachher: »Retten Sie meinen Mann«. Huguenau war es gleichgültig: jetzt mochte er meinetwegen leben. Im nächsten Moment schrie sie auf: das Fenster war plötzlich blutrot erleuchtet, orangegelbe Garben stiegen auf, das Rathaus brannte. Ihre unförmige Masse sank zu Boden; sie war an allem Schuld. »Jesus, Maria, was habe ich getan, was habe ich getan, retten Sie ihn, retten Sie ihn, retten Sie ihn.« Huguenau war erbittert; jetzt ging es auch hier noch los. Er hatte schon von da draußen genug. Und was wollte dieses Weib jetzt von ihm. Er machte Esch für all dies verantwortlich. Soll er mit dem Major da drüben rösten, Heilige sind immer geröstet worden. Und jetzt wird es ja doch noch Plünderungen geben, die Druckerei ist noch immer nicht versperrt. Und er nahm es zum Anlaß, mit guter Manier wegzukommen: »Ich werde nach ihm sehen.« Käme Esch ihm jetzt entgegen, überlegte er beim Hinausgehen, er würfe ihn die Treppe hinunter.

In der Druckerei war aber noch immer alles in Ordnung.

113

Das Gewehr lehnte noch dort, und die Maschine warf ihre unruhigen Schatten. Schwarz-rot, gelb, orangefarben schossen die Garben des Rathauses gegen den Himmel, während es drüben bei der Kaserne und den Depots noch schmutzigbraun qualmte. Die Obstbäume des Gartens streckten leere Äste hart empor. Huguenau besah das Schauspiel und fand, daß es richtig war; nun mußte noch irgend ein Schlußpunkt kommen, und dann ist alles gut. Im scharfen Licht tauchte jetzt vom Garten her ein Mann auf. Huguenau griff nach dem Gewehr; dann erkannte er Esch, der eine Art Sack schwer auf dem Rücken trug, also ist der Herr Pastor sogar zum Plünderer geworden – neugierig wartete er, bis jener vorüberkam und dann sah er, daß es ein Mensch war, den er daherschleppte, und daß der Mensch der Major war, mit dem Esch in der Kellertür verschwand.

Huguenau war aufs äußerste gespannt, was nun erfolgen werde. Als Esch wieder zum Vorschein kam und auf die Straße hinaustrat, schulterte auch er sein Gewehr und folgte ihm in gemessener Entfernung.

Die Straßen in der Richtung zum Marktplatz lagen in voller greller Beleuchtung: in den andern gab es scharfe, zuckende Schlagschatten der Häuser. Kein Mensch war zu sehen; alles war zum Marktplatz gerannt, von dem wüstes Getöse herübertönt. Huguenau fällt es auf, daß in den verlassenen Gassen jeder nach Belieben plündern könne; er selbst mochte in jegliches Haus hineingehen, heraustragen, was er wollte: es würde sich bloß nicht die Mühe lohnen, ihm fiel der Ausdruck vom »besseren Wild« ein. Esch bog um die nächste Ecke; er ging also nicht zum Rathaus, der Hund. Zwei Burschen rannten vorüber; Huguenau nahm das Gewehr zum Zuschlagen bereit in die Hand. Aus einer Seitengasse schwankte ein Mann ihm entgegen; mit seiner Linken hielt er krampfhaft sein Zweirad an der Lenkstange fest, die Rechte hing, offenbar gebrochen, schlotternd herunter; Huguenau sah mit Grausen in ein zerschlagenes, zerschmettertes Gesicht, aus dem noch ein Auge, ohne ihn zu bemerken ins Leere hinaus starrte. Bloß bemüht, sein Rad festzuhalten, als wollte er es ins Jenseits mitnehmen, torkelte der Verwundete vorüber. Kolbenhieb ins Gesicht, sagte sich Huguenau und hielt sein Gewehr fester. Ein Hund löste sich aus einem

Haustor, schnüffelte hinter dem Verwundeten und dem her-
abtropfenden Blut, leckte daran. Esch war jetzt nicht sichtbar. Huguenau beschleunigte den Schritt. Bei der nächsten
Straßenkreuzung erblickte er wieder das Aufblinken des Sei-
tengewehrs vor sich. Er folgte ihm schneller. Esch ging geradeaus, schaute nicht rechts, nicht links, sogar das brennende
Rathaus schien seine Aufmerksamkeit nicht zu erregen. Nun
hallten seine Schritte nicht mehr auf dem schlechten, mittelalterlichen Pflaster, denn hier draußen gab es keine Pflaste-
rung. Nun bog er in eine Gasse ein, die längs der Stadtmauer
führte; sie war nur einseitig mit Häusern bebaut, und
von diesen beschattet; auf der anderen Straßenseite waren
Gärten, die sich an die Stadtmauer anlehnten. Huguenau
trieb es vorwärts: er war jetzt etwa zwanzig Schritte hinter
Esch, der ruhig seinen Weg fortsetzte. Sollte er ihn mit
dem Kolben erschlagen? nein, es war sinnlos, er mußte
vielmehr einen Schlußpunkt machen. Und da übermächtigte
es ihn wie eine Erleuchtung, er senkte das Gewehr, war mit
ein paar tangoartigen katzigen Sprüngen bei Esch und
rannte ihm das Bajonett in den knöchernen Rücken. Esch
ging, zu seiner Verwunderung, noch ein paar Schritte ruhig
weiter, doch dann stürzte er lautlos vornüber auf das
Gesicht.

Huguenau stand neben dem Gefallenen. Sein Fuß berührte die über einer Radspur im Kote liegende Hand. Soll er
drauftreten? Kein Zweifel, er war tot. Es war alles gut. Huguenau war ihm dankbar; er kniete nieder und sah in das
seitwärts gedrehte, bartstoppelige Gesicht; als er den ge-
fürchteten höhnischen Zug nicht darin fand, war er zufrieden, klopfte der Leiche wohlwollend, fast zärtlich weich und
streichelnd auf die Schulter. Dann wechselte er die Gewehre,
ließ sein eigenes, blutiges bei dem Toten, eine an solchem
Tage wohl überflüssige Vorsicht, aber er liebte ordnungsgemäße Gebahrung. Dann wandte er sich zur Stadt zurück.
Hell war die Stadtmauer vom Rathaus beleuchtet, die Bäume
vor ihr zeichneten ihre Schatten auf ihr ab, eine letzte,
orangegelbe Garbe schoß aus dem Dach des Rathauses hervor – Huguenau mußte des Mannes auf dem Colmarer Bild
gedenken und hätte ihm gerne die aufgereckte Rechte ge-
schüttelt, so leicht und froh war ihm zumute –, dann krachte

115

der Rathausturm in sich zusammen, und das Feuer verebbte in bräunlichem Rot.


## XXIV


Huguenau ging heim. Vor dem Hause stand ein weinendes Kind. Er hob es auf, zeigte ihm das schöne Feuerwerk, das vom Marktplatz herüberstrahlte, indem er das Prasseln und Zischen der Flammen, das Krachen des Gebälkes nachahmte, sssssssssscht, schschschschschttkrach, bis das Kind lachte. Dann trug er es ins Haus hinein, die Mutter belehrend, daß man in solchen Zeiten ein Kind nicht unbeaufsichtigt zu lassen habe.

Zu Hause angelangt, stellte er das Gewehr an die Flurwand. Dann öffnete er die Falltüre und stieg zu dem Major hinunter.

Der Major lag noch immer und in der gleichen Lage auf dem Kartoffelhaufen, wie ihn Esch verlassen hatte, aber seine blauen Augen waren geöffnet und starrten in das Licht der Kellerlampe. Er blickte nicht auf, als Huguenau eintrat. Huguenau räusperte sich einigemale, und als sich der Major nicht rührte, war er beleidigt. Die Zeiten waren wirklich nicht danach, kindischen Zwist so lange fortzusetzen. Er zog einen Schemel, den man sonst zum Kartoffelauslesen benutzte, herbei und setzte sich dem Major gegenüber.

»Herr Major, ich begreife ja, daß Herr Major Gründe haben, mich nicht sehen zu wollen, aber schließlich wächst über alles Gras, und die Umstände haben schließlich ja doch mir Recht gegeben. Und ich möchte nicht unerwähnt lassen, daß mich Herr Major in durchaus falscher Beleuchtung gesehen haben. Vergessen Herr Major nicht, daß ich das Opfer einer niedrigen Intrige gewesen bin. Man soll Toten nichts Schlechtes nachsagen, aber bedenken Sie die Verachtung, mit der mir dieser Pastor begegnet ist. Schlecht wird ein Mensch immer erst, wenn er verachtet wird. Und niemals ein Dank. Haben Herr Major ein Wort der Anerkennung gehabt, für all die Feste, die ich zu Ehren des Herrn Major arrangiert hatte. Man soll nicht ungerecht sein, denn einmal haben mir Herr Major doch auf die

Schulter geklopft, damals, wie wir den eisernen Bismarck eingeweiht haben; Sie sehen, Herr Major, daß ich jede Freundlichkeit des Herrn Majors wohl im Gedächtnis behalten habe. Aber selbst damals hatten Herr Major einen ironischen Zug um den Mund. Wenn Sie wüßten, wie ich es haßte, wenn der Esch so feixte. Immer war ich ausgeschlossen, wenn ich mich so ausdrücken darf. Das heißt, es war kein richtiges Ausgeschlossensein. Ich wohnte bloß anderswo und bin später gekommen. Das war kein Grund, mich zu verhöhnen. Sie wollten mich nicht aufnehmen, also mußte ich mich für mich abschließen. Vielleicht haben Sie mich böse genannt. Sie haben ja einen ganzen Abend über die Bösheit gesprochen, und ich habe genau gemerkt, wen Sie und Esch gemeint haben. Also mußte ich für Sie irgendwie böse werden. Aber es war nicht so, es war alles ganz anders. Ich kann es nur nicht richtig ausdrücken. Herr Major werden mich verstehen. Sie werden mich sogar einen Erpresser oder gar Mörder nennen, aber auch das ist nicht richtig. All dies sieht ganz anders aus, als es in Wirklichkeit ist. Es ist nur so schwer, die Wirklichkeit auszusprechen. Die Worte gehen immer nur um sie herum und treffen sie nie. Und was weiß ein anderer von dieser Wirklichkeit, die ich selbst nicht einmal ausdrücken kann. Ach, es bedarf so vieler Liebe, um zu wissen, was ein anderer mit seiner Wirklichkeit meint. Und ich weiß, daß ich so viel Liebe doch nicht verlangen kann und daß ein Mann in Ihrer Stellung sich doch nie herbeilassen wird, für einen Menschen wie ich es bin, der doch ein ganz gewöhnlicher Deserteur ist, solche Gefühle zu haben. Nicht einmal Esch, der zwar auch immer von der Liebe geredet hat, aber eben doch nur ein Pastor war. Ich weiß nicht, ob ich mich Herrn Major verständlich machen kann, aber ich bitte Herrn Major mit mir Geduld zu haben . . .«

Er putzte seine Brillengläser und schaute den Major an, der noch immer keinen Laut und keine Bewegung von sich gab.

»Ich bitte Herrn Major inständigst, nicht etwa zu glauben, Herr Major werden von mir in diesem Keller gefangen gehalten, um Sie zu zwingen, mich anzuhören. Es geht draußen fürchterlich zu, und wenn Herr Major hinaus

gingen, würden Herr Major an die Laterne gehängt werden. Herr Major werden sich morgen selbst überzeugen
können. Haben Sie doch, um Gotteswillen, einmal Vertrauen zu mir . . .«

So sprach Huguenau stundenlang auf die lebende, unbewegliche Puppe ein, bevor ihm inne wurde, daß der Major ihn
nicht hörte. Aber er wollte noch immer nicht daran glauben.
– »Ich bitte um Verzeihung, Herr Major sind erschöpft und
ich rede. Ich will etwas zu essen holen.«

Er stürzte eilfertig hinauf. Frau Esch saß auf einem Küchen-
stuhl, in sich zusammengekauert und weinte zuckend in sich
hinein. Als er eintrat, sprang sie auf: »Wo ist mein Mann?«
– »Es geht ihm ganz gut, er wird schon kommen. Haben Sie
etwas zu essen? Ich brauche es für einen Verwundeten.«
– »Ist mein Mann verwundet?«
– »Nein, ich sagte Ihnen, er wird schon kommen. Geben Sie
mir etwas zu essen. Können Sie eine Omelette machen?
nein, es dauert zu lange . . .«

Er ging in den Wohnraum, dort stand Wurst auf dem Tisch.
Ohne zu fragen, nahm er sie, legte sie zwischen zwei Stück
Brot. Frau Esch war ihm gefolgt, kreischte auf:
– »Lassen Sie das, das gehört für meinen Mann.«

Huguenau hatte das unangenehme Gefühl, daß man einem
Toten nichts wegnehmen dürfe; vielleicht würde es auch dem
Major Unglück bringen, wenn er Totenspeise äße. Im übri-
gen war es wahrscheinlich auch nicht das Richtige für ihn. Er
dachte einen Augenblick nach.
– »Schön. Aber etwas Milch werden Sie doch haben.«

Ja, Milch hatte sie. Er füllte einen Schnabeltopf und trug
ihn sorgsam hinunter.
– »Herr Major, Milch, frische, schöne, gute Milch«, sagte er
mit munterer Stimme.

Der Major rührte sich nicht. Vielleicht hätte ich ihm doch
lieber Wein bringen sollen? das hätte ihn erweckt und gekräf-
tigt. Er scheint doch sehr schwach zu sein. Aber jetzt wollen
wir es trotzdem versuchen. Und Huguenau beugte sich
herab, hob den Kopf des Alten, der es willen- und kraftlos
geschehen ließ. Dann setzte er den Schnabel des Topfes an
seine Lippen, ließ die Milch langsam in den Mund fließen
und war glücklich, als er merkte, daß der Major sie annahm

118

und schluckte. Er rannte hinauf, um einen zweiten Topf zu holen; bei der Tür blickte er zurück, sah, daß der Major den Kopf gedreht hatte, um zu schauen, wo er hinginge, und das rührte ihn fast zu Tränen. Als er zurückkam, schaute der Major noch immer auf die Tür und lächelte, richtiger lachte ihm ein wenig zu. Aber er trank nur mehr einige Tropfen. Er hatte einen Finger Huguenaus erfaßt und schlummerte. Wenn er aufwachte, lächelte er und, ohne ihn loszulassen, schlief er wieder ein.

So verbrachten sie den Rest der Nacht. Bei Morgengrauen machte Huguenau sich sanft los und stieg hinauf zur Straße. Die Stadt schien still zu sein. Er ging zum Marktplatz hinüber. Das Rathaus, bis zum Grunde ausgebrannt, rauchte dort. Militär und Feuerwehr hielten Wache. Zwei Häuser des Marktplatzes hatten auch Feuer gefangen, und vor ihnen lag Hausrat aufgestapelt. Von Zeit zu Zeit wurde die Spritze wieder in Bewegung gesetzt, um aufglosende Glut wieder niederzudämpfen. Es fiel Huguenau auf, daß auch Leute in Sträflingskleidern bei der Spritze behilflich waren. Er sprach einen Mann an, der gleich ihm die grüne Binde trug, erzählte, er komme von der Wache bei der Strafanstalt und fragte, was hier noch los gewesen sei. Ja, eigentlich sei mit dem Einsturz des Rathauses alles zu Ende gewesen. Sie seien dann Freund und Feind fassungslos um den Brandherd herumgestanden und hätten zu schaffen gehabt, daß der Brand nicht auf die Nachbarschaft übergriffe. Ein paar Kerle hätten zwar versucht, in die Häuser einzudringen, aber auf das Geschrei der Frauen seien sogar die andern über sie hergefallen. Man hätte ein paar wohl den Schädel eingedroschen, aber das war gut; dann hat keiner mehr ans Plündern gedacht. Und außerdem hatte man mit den Verwundeten, die entsetzlich gejammert haben, gerade genug zu tun gehabt. Er sei froh, daß sie jetzt alle im Krankenhaus drüben wären. Man hat natürlich gleich nach Trier telephoniert, angeblich sei dies ja schon am Vormittag geschehen, aber sie hätten dort so viel mit sich selber zu schaffen, daß sie erst jetzt ein paar Autos mit Mannschaften geschickt hätten; die seien nun beim Munitionsdepot beschäftigt. Der Stadtkommandant sei allerdings abgängig. Um den brauche er sich nicht sorgen, meinte Huguenau. Den habe er aufgelesen, zwar in einem

üblen Zustand und habe ihn bei sich in guter Pflege untergebracht.

Er lief nach Hause zurück. Der Major schlief noch immer.
Gleich Esch packte er ihn sich auf den Rücken und stolperte
mit ihm die Stiege hinauf. Es war eine furchtbare Arbeit. Im
Flur legte er ihn nieder und holte Frau Esch. Die kniete jetzt
in der Küche und betete. Als sie Huguenaus ansichtig wurde,
rutschte sie auf den Knien heran. Der aber hörte nicht auf
ihre Anrufungen, sondern schrie sie barsch an, mit ihm hinunter zu kommen und den Major zu holen. Willenlos folgte
sie, in der Hoffnung, damit etwas für ihren Mann zu erkau-
fen, und gemeinsam trugen sie ihn hinauf, betteten ihn auf
Huguenaus Kanapee.

Huguenau ging nun noch ins Krankenhaus und meldete
dort den Aufenthalt des Majors mit der Bitte, für ihn zu
sorgen. Im Krankenhaus ging es drunter und drüber. Es war
der Befehl gekommen, das Spital wie sämtliche übrigen militärischen Anstalten zu evakuieren. Man erwartete noch vormittags zu diesem Zwecke einen Sanitätszug. Schließlich
ergab es sich, daß ein Sanitätsauto ohnehin nach Köln ab-
ginge, und daß man den Major mittransportieren könne. Er
werde bald abgeholt werden.

Er ging zurück und fand den Major erwacht, aber mit
Zeichen großer Aufregung. Frau Esch hatte ihm Kaffee
gebracht, aber er hatte die Schale weggeschleudert und zerbrochen. Gesprochen hatte er mit ihr überhaupt nichts, obwohl sie ihn angefleht hatte, ihr über ihren Mann Auskunft
zu geben. Aber als er Huguenau sah, beruhigte er sich. Huguenau bestellte wieder Milch, und der Major ließ sie sich
von ihm einflößen.

Bald kam das Sanitätsauto. Huguenau half beim Hinun-
tertragen und bei der Unterbringung in den Wagen, und der
Major ließ es ruhig geschehen. Als aber der Wagenschlag
zufiel und der Major merkte, daß Huguenau nicht bei ihm
war, begann er zu toben. Schließlich konnte man sich nicht
anders helfen und nahm Huguenau, eigentlich gegen dessen
Willen, mit. Der Major ergriff seine Hand und ließ sie nicht
mehr los. Schulter an Schulter gelehnt, Hand in Hand schlie-
fen die beiden Männer und kamen solcherart nach Köln.

Dort stahl sich Huguenau von dem Major weg, verschaffte

sich vom Spitalskommando einen Marschbefehl nach seiner Colmarschen Heimat und beschloß seine Kriegsodyssee. Die schöne Ferienzeit war zu Ende.


## XXV

(Engführung der Gesamtkonstruktion)
Von welchen ewigen Gestaden
Kommst du, oh Schiff, das niemals landet,
Oh Meer des Schlafs, das uns umbrandet,
Oh Traum, mit blinder Fracht beladen;
Furchtbar Gesetz, das furchtbar ahndet,
Nach jenem andern Schiff zu fragen,
Das fernewo und nirgendwo einher soll tragen
Das Du, nach dem die Seele fahndet.
Kein Traum hat je des andern Traum getroffen
Einsam die Nacht und ist sie auch gefalten
Durch deines Atems Tiefe, tragend unser Hoffen,
Blassender Tag: vor kälteren Gewalten
Zerbricht die Hoffnung, daß in unsern Nöten
Wir je uns nähern, ohne uns zu töten.


## XXVI

Um dieses Epiloges willen wurde die ganze Geschichte erzählt und wohl auch der Weltkrieg geführt.

Bald nach Friedensschluß erhielt Frau Esch folgenden Brief:
Frau
    N.N. Esch
        Wohlgeboren

Werte Frau,

Sie recht wohlauf hoffend, nehme ich den Anlaß, um in frdl. Erinnerung zu bringen, daß ich lt. Vertrag v. 18. V. 1918 Machthaber über 95% der Geschäftsanteile des »Kurtrierschen Boten« bin. Ordnungshalber bemerke ich hiezu, daß von diesen 95% ein Drittel, d. i. cc. 31% im Besitze verschiedener Herren am dortigen Platze sich befinden, die ich jedoch in der Geschäftsleitung vertrete, so daß also ohne mein Wissen und Willen keinerlei Betrieb geführt, noch sonstige Geschäfte gemacht werden dürfen und muß ich Sie, resp. die anderen Herren Compagnons bei ev. Dawiderhandeln voll und ganz für alle Folgen und Schaden haftbar machen. Sollten Sie, resp. die anderen Herren w. Compagnons trotzdem den Betrieb aufgenommen haben, so ersuche ich demnach vor allem um gfl. Rechnunglegung und Überweisung des auf meine Gruppe entfallenden Gewinnanteils von 64% und behalte ich mir alle weiteren Schritte höfl. vor.

Da ich es aber vermeiden will, mit der hochgeschätzten Gattin meines sehr geehrten seligen Freundes Esch etwaige gerichtliche Auseinandersetzungen zu haben, obwohl solche für mich als französischen Staatsbürger im besetzten Gebiet leicht durchzuführen wären, mache ich folgenden erg. Vorschlag:

Durch den force-majeure-Fall des Kriegsendes war ich verhindert, dem Unternehmen für mich resp. meine Gruppe die beiden restl. Raten von insgesamt M 13 300,–, von denen Ihnen als Erbin nach dem sel. Herrn Esch M 8000,– zukommen, rechtzeitig zu bezahlen. Auch haben Sie, wenn Sie darauf reflektiert hätten, verabsäumt, die Zeitung, resp. mich als deren Geschäftsführer, auf Auszahlung Ihrer Raten unter Setzung einer entsprechenden Nachfrist zu mahnen, so daß ich jetzt lediglich verpflichtet wäre, Ihnen die Zahlung unter Vergütung der Verzugszinsen zu leisten, damit unsere juristische Lage glattgestellt ist.

In Ihrem w. Interesse gestatte ich mir aber darauf aufmerksam zu machen, daß die Mark entwertet ist und daß Sie vor Gericht keine Aufwertung verlangen können und auch ich keine solche leiste, so daß Sie daher von der Zahlung wenig Gewinn hätten. Wenn wir also unser damaliges Geschäft stornieren, so haben Sie allen Vorteil davon.

Diese Stornierung kann am einfachsten dadurch geschehen, daß ich Ihnen die mir, resp. meiner Gruppe gehörigen 64% der Geschäftsanteile zurückverkaufe und bin ich bereit, dies zu besonders akzeptablen Bedingungen zu tun und offeriere Ihnen freibleibend, Zwischenverkauf vorbehalten, diese Anteile gegen bloße Rückvergütung meiner Aufwendungen, die ich bekanntlich in Gestalt von Einschüssen und Aufopferung meiner Arbeitskraft dem Geschäfte geleistet habe und entgegenkommend mit frz. frcs 10 000,– beziffere. Ich sehe mich zu dieser besonders bescheidenen und entgegenkommenden Haltung und Forderung veranlaßt, um Ihnen den Entschluß angenehm zu machen und eine glatte Erledigung herbeizuführen und können Sie die Summe leicht durch eine Hypothek auf Ihr unbelastetes Anwesen aufbringen.

Da Sie sodann eine erdrückende Majorität von 69% der Anteile

fest in Händen haben, werden Sie mit der schwachen Minoritäts-
gruppe leicht fertig werden und bin ich überzeugt, daß Sie dann in
Kürze wieder Alleinbesitzerin eines blühenden Unternehmens
sind. Ich möchte hiezu nicht unerwähnt lassen, daß das Inseratengeschäft, wie ich mir schmeichle, es eingeführt zu haben, allein eine
Goldgrube ist und stehe ich Ihnen auch weiterhin jederzeit mit Rat
und Tat gerne zur w. Verfügung.

In Ansehung, daß Sie meinen freundschaftlichen und entgegenkommenden Vorschlag würdigen, sehe ich zwecks Perfektionie-
rung Ihrer gfl. Zustimmung entgegen, benütze die Gelegenheit,
um höfl. mitzuteilen, daß auch ich mich wohlauf befinde und
zeichne ich

hochachtungsvoll

Recommandé! Wilh. Huguenau

Wohl oder übel mußte Frau Esch auf den Handel eingehen.
Die frcs 10 000,– waren für das Colmarer Geschäft kein
schlechter Einschuß, und damit hatte Huguenau die Kriegs-
begebenheit mit Geschick und Vorteil restlos liquidiert.
Rückschauend konnte er die lärmenden Ereignisse jener Zeit
eigenlich auch kaum mehr umfassen: sie schrumpften ihm
immer mehr auf diese einzige Zahl frcs 10 000,– zusammen,
in der sie sich symbolisierten und in die Bilanz eingegangen
waren, so daß der Krieg, von höherer und entfernterer Warte
aus gesehen, von irgendeinem anderen Geschäftsfall kaum
mehr sich unterschied. Und würde man Huguenau fragen,
ob sein Leben einen andern Verlauf genommen hätte, wenn
es nicht von den Begebenheiten der Jahre 1914-1919 erfaßt
worden wäre, er müßte die Frage verneinen. Gewiß, auch
damals hatte es ihm nicht an allerhand Klugheit gefehlt, aber
er war immer ein Kerl gewesen, der sich in der Welt zurecht-
zufinden wußte, auch wenn man es nicht immer leicht hatte.
Und schließlich lief doch alles in den vorgezeichneten Bahnen. Es verstand sich von selbst, daß er das väterliche Geschäft übernommen hatte und es im Sinne der Ahnen solid
und auf Gewinn bedacht umsichtig weiterführte. Ebenso,
daß das Junggesellenleben für einen bürgerlichen Kaufmann
nicht tauge, und daß die Tradition seines Hauses, der ja auch
er sein Dasein verdankt, forderte, er möge eine brave Frau
ehelichen und mit ihr Kinder zeugen, ihre Mitgift aber zur
Konsolidierung und Ausbreitung des Geschäftes verwenden.

Und es war selbstverständlich, daß er sich nach einer entsprechenden Mitgift umsah und sie dort suchte, wo sie in Goldwährung gezählt wurde. Durch Vermittlung von Geschäftsfreunden fand er sie rechtsrheinisch im Nassauischen, allerdings in einer protestantischen Gegend und in einer protestantischen Familie, die aber so begütert war, daß er sich entschloß, seiner Braut und ihrer Familie zuliebe zum evangelischen Glauben überzutreten; das war eine Formalität und für einen Freigeist ohne Belang. Dann führte er die Braut heim und wurde ein rechter Familienvater, kümmerte sich um sein Geschäft, wurde langsam immer kurzsichtiger, seine alemannische Rundlichkeit wölbte sich immer mehr, er stieg zu städtischen Würden auf, ging sonntags mit Frau und Kindern spazieren. Ins Museum ließ er sie allerdings allein gehen; er mochte die Bilder nicht leiden. In nichts unterschied sich sein Leben von jenem, das seine fleischlichen Ahnen seit zweihundert Jahren geführt hatten, und würde man die Reihe ihrer feisten, wohlwollenden Gesichter betrachten, man könnte sie wohl alle untereinander und mit dem ihres Enkels verwechseln können, es sei denn, man ließe den ironisch-sarkastischen Zug, der sich um seinen Mund immer mehr ausprägte, als Unterscheidungsmerkmal gelten, denn so weit man auch die Ahnenreihe hinaufginge, man würde nur immer wieder finden, daß in all dem Fett für solch ironisches Mienenspiel wenig Platz vorhanden war, und man würde jenen Zug wohl vergeblich suchen. Aber dies festzustellen, ist schwierig und ein Detail, auf das niemand, am allerwenigsten Huguenau selber, irgend einen Wert legt.

Dennoch war etwas vorhanden, das Huguenau, wie ihm selber schien, von den Menschen um ihn herum abhob und ihn entfernt hielt. Oft wunderte er sich selber, daß er Kundschaften, ja große Käufer, über die er beste Auskünfte und Referenzen besaß, und die jeder seiner Konkurrenten gerne belieferte, ausschlagen konnte, wenn ihm bei einer persönlichen Zusammenkunft ihr Gesicht nicht gefiel: das angstvolle Mißtrauen, das ihn dann überkam, er könne sein Geld an ihnen verlieren, war ihm eigentlich unerklärlich, wenn er es auch mit der Überlegung begründete, daß man in solch schwierigen Zeiten nicht vorsichtig genug in der Kreditierung sein könne. Manchmal geschah es wohl auch, daß einer oder der andere der irrational abgelehnten Kunden sich hinterher tatsächlich als kreditunwürdig erwies: dann fühlte Huguenau sich als Liebling des Himmels und war stolz auf seine Menschenkenntnis; »er hat etwas im Blick gehabt, was mir nicht gefallen hat, und ich habe ihm nichts mehr geborgt«, pflegte er sodann zu erzählen. In den meisten Fällen aber empfand er Reue ob des dem Konkurrenten überlassenen Geschäftes, seine Abseitigkeit war ihm dann doppelt auffällig, und dies ging so weit, daß er, nach einer Ursache suchend, sogar seinen französisierten Namen, der von den Namen seiner Umgebung abstach, für diese Fakten verantwortlich machte. Am auffälligsten war ihm aber wohl seine innerliche Sonderstellung, wenn er in eine größere oder gar festliche Ansammlung von Menschen geriet. So etwa, wenn er in ein Lokal trat, in dem die Jugend tanzte, oder in ein Kino, oder wenn er am Sonntagmorgen in der Straßburgerallee mit seinen Kindern dem Start der Radwettfahrer beiwohnte. Denn dann erschien ihm all das, was man hier mit Fug und Recht als eine Veranstaltung, also als eine einheitliche Sache mit einem unteilbaren Begriff bezeichnete, als etwas durchaus Un-Einheitliches, als ein Monstrum, das man wider besseres Wissen durch Dekorationen, Fahnen und Girlanden zu einer Einheit zusammengebunden, zusammengepreßt hatte. Ja, wenn er es recht bedachte, fand er keinen Begriff mehr, dem ein konkretes Substrat entsprach, kein Wort, das konkret das ausdrücken konnte, was es meinte. Und obwohl er wußte, daß es nie geschehen werde, so war es ihm und oft erwartete er es, daß alles Sichtbare in ein unnennbares, schwereloses, trockenes Konglomerat durchsichtiger Asche zerfallen könnte, gehorchte es nicht irgendwelchen unerklärlich befehlenden Symbolen, die den Zusammenhang gewährleisten: jene Radfahrer etwa, würden sie nicht sofort in alle Winde zerstieben, wenn sie nicht durch die gemeinsame Dress und das gemeinsame Klubabzeichen zusammengehalten wären? Und unbegreiflich war es ihm und regte ihn zu immer schärferem Haß an, daß die Menschen, als merkten sie nicht, wie es um sie steht, und als wäre er ihnen eingeboren, solchen Zwang munter und unbefangen trugen, ja offenbar sich an ihm geradezu erfreuten.

Manchmal überkam ihn das Empfinden, er säße in einer

Höhle, und das Leben ziehe in fernen Bildern am dunklen Firmament vorüber, und dann hatte er große Sehnsucht, aus solchem Pferch herauszukriechen und draußen einer Freiheit und Einsamkeit zu genießen, deren Bestand er von irgendwo her ahnte. Hatte dann auch die noch dunklere Hoffnung, er könne so zu jenen anderen gelangen, die er um ihr schlechteres Wissen doch beneidete, Brüderlichkeit und Gemeinsamkeit von ihnen erwartend. Denn so wenig er sich im Gehaben und in der Lebensführung von ihnen unterschied, so fühlte er sich doch von ihnen immer ausgeschlossen, und die Menschen rückten ihm in stets weitere und ersehntere Fernen, die zu durchmessen wohl seine Aufgabe war, wußte er auch immer deutlicher, daß der Weg unendlich ist und keines Menschen Leben ausreiche ihn zu durchschreiten. Menschen und Dinge und sogar sein eigenes Leben rückten ihm solcherart immer mehr ins Konturige, und in den zarten Nebel traumhaften Schlafs, vielleicht wohl nicht anders als dem Odysseus, der nicht mehr wußte, ob er sein Leben gelebt oder gehört hatte: so objektivierte sich dem Kaufmann Huguenau die Welt so zart, gläsern und ferne, daß dem Verfasser dieser Erzählung berechtigter Zweifel aufsteigt, ob er es war oder nicht Huguenau selber, der sie geschrieben hat.

# Tierkreis-Erzählungen

### Eine leichte Enttäuschung
### Novelle

Plötzlich fiel es ihm auf, und gleichzeitig erschrak er, weil es ihm nicht früher aufgefallen war: da stand zwischen den modernen Warenhäusern der lärmenden Geschäftsstraße ein schmales Haus, das aus der Mitte des achtzehnten Jahrhunderts stammen mochte. Täglich war er daran vorbeigegangen, und nie hatte er es noch gesehen, trotzdem es wie ein abgebrochener Zahn zwischen den beiden Nachbarn steckte, eingeklemmt zwischen zwei riesigen buntbemalten Feuermauern, und eine Luftlücke über sich ließ, durch die – mochte auch das Gerippe der Lichtreklame auf dem First des braunen Ziegeldaches dort ragen – manchmal der blaue Himmel, manchmal die Wolkenwand in die Straße schaute. Aber die langen Firmentafeln, deren Aufschriften schon an der Front des linken Nachbars begannen und bis zum rechten hinüberliefen, diese langen, steifen Bänder waren es wohl, die jede selbständige Äußerung des Hauses unterbunden hatten, es mit dem Baublock in einer Einheit hielten, die nicht die seine war. Nun plötzlich war es vorhanden, losgelöst aus dem Gefüge, in dem es sich befand: gleichwie unter den Kleidern aller Menschen die tierisch-menschliche Haut liegt, ein Faktum, dessen man nur selten inne wird, so wurde unter den Ankündigungen und Firmentafeln des Hauses die Mauer wieder zu einer richtigen Ziegelmauer mit dem grauen Verputz, den die Kelle des Maurers einst geworfen hatte, und sichtbar wurde das braune Dach, wie es zwischen den Sparren und Trämen des alten Dachstuhls wellig sich einbog. Vielleicht ist es immer erschreckend, wenn Unbekanntes aus der Vergangenheit auftaucht, – Angst des Menschen, der etwas zurückgelassen hat, das er nicht kennt, er selbst geworfen in die Angst und in die Zeit, die ihn nicht zurückläßt, und zu solch historischem Gefühl gehörte es wohl auch, daß die Buchhandlung hier in ihrem Schaufenster einen Kupferstich ausstellte, auf dem diese Geschäftsstraße in ihrer gewesenen

Gestalt zu sehen war, als eine breite, stille Wohnstraße, Häuserzeile, in welcher Dach an Dach stieß, Einheit gewesener Verbundenheit. Und da der Betrachter sich dieses Kupferstichs entsinnt und auch an den darauf abgebildeten Fahrdamm denkt, der nicht gepflastert war, sondern kreuz und quer von Wagenspuren gefurcht und ohne Bürgersteig, betritt er des Fahrdamms Pflaster, überquert er die eisernen Trambahngeleise, getrieben von dem Verlangen, in jenes alte Haus einzutreten, gleichsam von der vagen Hoffnung getrieben, darinnen so aufatmen zu können, wie man aufatmet, wenn man die geschlossene ineinandergefügte Stadt verläßt und in eine Dorfstraße gerät. Wäre er gewohnt gewesen, auf seine tieferen Wünsche achtzuhaben, so hätte er in seinem Innern eine Art Sehnsucht feststellen können, mochte diese auch bloß eine Sehnsucht der Nase nach dem scharfen Geruch von Heu, Dung und gebeiztem Mist sein, Sehnsucht, daß sich in dem Haus irgendwo ein Rest von Heu finden würde oder etwa gelbe und hellbraune Maiskolben, aufgereiht zum Trocknen an einer Schnur unter der Dachtraufe, wie in einem Bauerngehöft. War doch die Bettlerin, die neben dem Torbogen saß, wie eine der alten Bäuerinnen, die auf der Bank vor der Türe ruhen, weil sie keine Arbeit, nichts mehr zu schaffen haben, und er scheute sich auch, ihr ein Almosen zu geben, ja, es fehlte gar nicht viel, und er hätte den Hut gezogen, als er in den dunklen Torweg hineinging, der, zur Hälfte für Geschäftszwecke verbaut, unverhältnismäßig schmal war.

Auch die Wände des Torweges waren voller Firmentafeln und nicht minder der Treppenaufgang, über dem ein altes Schild die Aufschrift »I. Stiege« auf schwarzem Grunde zeigte. Hier war noch Geschäftsstraße, war es noch die in das Haus hineingekrochene Geschäftsstraße; und sicherlich kroch sie auch noch die ganze erste Stiege hinauf, bei jedem Treppenabsatz ihre Tafeln anhaftend. Ein Täuschungsmanöver, dachte der Besucher unwillig, ein Täuschungsmanöver, und er war nicht gewillt, sich täuschen zu lassen, würdigte den Aufgang keines Blickes und trat aus dem Torweg in den Hof. Der lag dunkel und wie ein tiefer Brunnen innerhalb des Mauergevierts, und aus den geöffneten Fenstern der Stockwerke klapperten geschwätzige Schreibmaschinen.

Nein, das war noch nicht das, was er suchte, und fast wäre er umgekehrt, wenn nicht die stille Werkstätte für Schreibmaschinenreparaturen in dem Hofe gewesen wäre. Daß dieser Reparaturmeister mit seinen Gesellen hier seiner gemäßigten Arbeit nachging, daß er sein Schild, unbeweglich und steif eine Schreibmaschine darstellend, heraushängte wie einstmals der Schuster einen Schuh, der Schneider eine Schere, daß daneben die Buchbinderwerkstätte ruhig und dunkel ihre Tür geöffnet hielt, all dies vergrößerte ein wenig die tatsächliche Entfernung von der Geschäftsstraße, gewiß nicht um vieles, etwa bloß um einige Millimeter oder noch um ein Geringeres, dennoch genügend, daß die Tafel »Zur II. Stiege« neben der zweiten Durchfahrt an der Rückseite des Hofes zu einer leisen Verlockung ihm werden konnte. Er überwand die Scheu vor dem Geklapper und durcheilte leichthin den Hof, denn lockender noch als die Tafel schien es, daß jene zweite Durchfahrt schräg in eine dunkle, kellerige und eine gelbe sonnige Hälfte geteilt war, so daß unzweifelhaft dahinter noch ein Hof liegen mußte, in den die Sonne ungehindert ihre Strahlen sendete. Fast fürchtend, er könne sich irren, war er voller Begier hinausgetreten in die durchsonnte Landschaft und war im Vorhinein entschlossen, auch die zweite Stiege nicht zu benützen, überzeugt, daß er dort bloß die stets versperrten, mit Eisen beschlagenen rückwärtigen Ausgänge der Büros finden würde. Auch hätte er die Glastür kaum bemerkt, die von dem Torweg zur Stiege führte, aber durch ihr zitterndes Klappern zog sie seine Blicke auf sich. Es war eine gewöhnliche Glastür, ihre Scheiben waren durch Gitter aus braungestrichenen Drahtbögen geschützt, und das Glas klirrte ein wenig. Das Klirren rührte von einem unausgesetzten leichten Klappen der Tür her, und die Schattengrenze, die zwischen dem dunklen und dem durchsonnten Teil der Durchfahrt über die Tür lief, zitterte mit. Das war wie eine Sonnenuhr, aber eine, die ungenau geht, und weil sich dies jeder Ordnung widersetzte, schien es auch wie ein Versprechen, daß das Gefüge steinerner Ordnung, eiserner Starrheit still auseinanderfallen könne, still wie der neue Hof nun war, an dessen Rande er stand und der durchsonnt und warm vor ihm lag. Das Klappern der Schreibmaschinen war verstummt, war zu einem fernen

Summen in der stillen Luft verblaßt. Daß die Sonne hier so freien Zutritt hatte, das war nun allerdings merkwürdig und rührte davon her, daß der große Hof an der Längsseite nicht durch einen Gebäudetrakt, sondern bloß durch eine hohe Mauer abgeschlossen war. Natürlich warf auch diese Mauer ihren Schatten in den Hof, doch da die Mittagsstunde heranrückte, war dieser Schatten nur schmal und außerdem dadurch gemildert, ja gemildert konnte man sagen, daß er nicht auf Pflaster fiel, sondern daß eben dort neben der Mauer wie ein Schlitz in der Steinhaut des Bodens ein ungepflasterter Streifen sich hinzog. Vielleicht hatte man einmal den Versuch gemacht, hier Spalierobst zu ziehen, und es war wegen der Schattenlage nicht gelungen, vielleicht aber hatte man nur Rasen gesät gehabt, und es waren Ruhebänke dazwischen gestanden. Davon war allerdings nichts mehr zu sehen, bloß die graue Erde mit hineingetretenem Kies, kleine, mühsam zusammengescharrte Sandhäufchen, wie von Kinderspielen übrig geblieben, und auch Hundeunrat. Theoretisch war dies ihm sozusagen verständlich, denn Hunde lieben zu solchem Geschäft den natürlich gewachsenen Boden und verabscheuen das Pflaster, als könnten sie auf diese Weise ihrer Sehnsucht nach dem Lande und nach der einstigen Freiheit Ausdruck verleihen, aber daß es in diesem kommerziellen Hause überhaupt Kinder und Hunde geben sollte, das war beunruhigend, und es war auch eine Hoffnung dabei, die in einem zwar losen, dennoch deutlichem Zusammenhang mit seiner eigenen Erwartung stand, es werde sich die festgefügte Stadt hier ins Landschaftliche und Dörfliche öffnen. Gerne nahm er's für ein Omen, daß es ihn zur Mittagsstunde hierher verschlagen hatte, denn auch die Dorfstraße liegt so still und leer unter der heißen Sonne wie dieser Hof zu solcher Mittagsstunde, in der die Familien, soweit sie nicht auf dem Felde draußen sind, sich um den Tisch versammelt haben, während die Hunde, den Bissen erwartend, daneben sitzen, schläfrig nach Fliegen schnappen oder mit zuckend gerunzeltem Fell tatsächlich einschlafen; und manche sind räudig. Nicht gerade, weil er sich für noch nicht würdig hielt, den beschatteten Kiesstreifen längs der Mauer zu betreten, sondern, so wenigstens meinte er, weil er über die Mauer schauen wollte, hielt er sich an der gegenüberliegenden Seite neben der glühenden Hauswand. Die Wand hatte im Erdgeschoß keine Öffnungen, denn wo einst Türen und Fenster gewesen, da waren sie zugemauert worden, und es mußte wohl ein Magazin dahinter liegen, das vielleicht zur Buchbinderei des ersten Hofes gehörte. Einmal blieb er stehen, streckte den Hals und stellte sich sogar auf die Zehenspitzen, um etwas von dem zu erhaschen, was hinter der Mauer lag. Er konnte nicht viel erspähen, doch war es kaum glaublich, daß solch großer freier Raum sich im Rücken der Geschäftshäuser befinden sollte, wenn es auch wohl so sein mußte, da erst in weiter Ferne Gebäude und auch die bloß mit ihren oberen Stockwerken und Dächern auszunehmen waren. Mitten in dem freien, luftigen Raum aber ragte ein roter Fabrikschlot wie ein blutiger Schnitt in der weißblauen Fläche, und horchte man scharf hin, so hörte man auch eine Dampfmaschine arbeiten. Wahrscheinlich haben die großen Geschäftshäuser hier inmitten ehemaliger Gärten ihre Kraft- und Heizzentrale, und er beneidete ein wenig die Maschinisten, die jetzt zur Mittagszeit vor dem Maschinenhaus sitzen, mit ölig riechenden Händen die Zigarette zum Mund führen und ihre Maschine, die kaum einer Wartung bedarf, ruhig laufen lassen. Während er dies noch bedachte, hatte er den Hof durchschritten. Doch nun gab es keinen Torbogen mehr, sondern nur noch eine Glastür gleich jener vor der zweiten Stiege, und da er eintrat, war es keine Durchfahrt mehr, sondern ein verhältnismäßig schmaler Gang, der – als hätte der Baumeister die fortgesetzte Verkleinerung aller Maße betonen wollen – mit einer noch geringeren, nur mehr einflügeligen Glastür endigte, einer Privattür fast, denn vor ihren blinden Scheiben fehlten sogar die Drahtstäbe.

Es galt sich zu entscheiden. Rechts führte die Stiege hinauf, und sozusagen probeweise, als wollte er ihre Tragfähigkeit prüfen, setzte er den Fuß auf die erste Stufe. Aber er konnte nicht umhin, dabei immer noch zu jener kleinen Tür hinzusehen, die nun zu seiner Linken lag, denn fast schien es, als wäre von dort her entscheidendere Verlockung zu erwarten. Eine weiße Mauer, von der Sonne grell beleuchtet, zeigte sich hinter den schmutzigen Scheiben, blendete. Sollte dort wieder ein Hof sein, dann noch immer einer und immer so fort, einer an den andern sich fügend, eine Stadt von Höfen?

Jählings wurde das Horizontale ihm widerwärtig; es war, als ob im Horizontalen das Gefüge aller Angst läge, wie ein Labyrinth. Man mußte einmal den Entschluß fassen, emporzusteigen, und von der Tür sich abwendend, sagte er: »Ich will sie links liegen lassen.« Dieses sagte er ganz laut vor sich hin, und indem er es wiederholte, freute er sich, daß der abgegriffene Ausdruck plötzlich einen so handgreiflichen und deutlichen Sinn erhalten hatte. Ja, so freut man sich, wenn man unter alten Sachen mit einem Male etwas Brauchbares findet. Er hatte die Tür links liegen lassen und war auf die zweite Stufe getreten. Doch er konnte sich trotzdem nicht so leicht trennen, und weil er vielleicht immer ein wenig zu nachsichtig gegen sich gewesen war, gab er auch diesmal nach, drehte den Kopf, bückte sich sogar, um nochmals das Bild hinter den Scheiben zu erhaschen. Und in dieser schrägen Blickrichtung ließ sich nun feststellen, daß es ein kleiner Hof war, der sich dort befand, eigentlich kein Hof, sondern ein kleiner Garten, zur Hälfte beschattet von etwas, das man nicht wahrnehmen konnte, das aber wohl eine Holzplanke sein mochte, ein Garten, in dem ein Lusthaus stand, dessen Holz durch Wetter und Sonne grau geworden war, so grau wie der Misthaufen, der an die Wand angeschüttet war und vor dem man neben allerlei Grünem auch Fuchsien in den Boden eingesetzt hatte. Neben den Fuchsien staken Holzgitter in dem Boden, unten schmale, oben verbreiterte Gitter aus Holzstäbchen, an denen sich die Fuchsien ranken sollten, und trügt es ihn nicht, so summten Wespen um das Holz des Lusthauses. War es nicht ihr Summen gewesen, das er für das verebbende Klappern der Schreibmaschinen gehalten hatte? Hier hinter der Privattür schwärmten sie wie Wächter, damit niemand in den Privatgarten eindringe. Oder ist das Geklapper über dem Labyrinth der Stadt nicht wie das Summen des Ungeziefers über dem Misthaufen? Klappern des aussätzigen Wächters, der den Wanderer verscheucht und ihn auf Zickzackwege zwingt. Also war es gewissermaßen eine Überlistung, daß er hinaufstieg, daß er die Wächter sozusagen übersprang; und unter solchen Gedanken beschleunigte er seinen Schritt, stieg er die Treppe hinauf, sah in jedem Stockwerk den langen Gang, der beiderseitig der Stiege sich dehnte und in dem sich die hellbraunen Türen und vergitterten

Küchenfenster reihten, horchte, ob aus den Räumen, die hinter den Türen lagen, Geräusche kämen. Aber es war kaum etwas zu hören, und wenn es irgendwo leise raschelte, so mochten es auch Mäuse sein oder gar Ratten. Freilich ließ sich die Stille mit dem Mittagsschlaf erklären, in den zu dieser Zeit Mensch und Tier verfällt, umschwärmt von Wespen und Fliegen, aber so weit mußte man gar nicht denken, denn eher war es anzunehmen, daß man diese Wohnungen zu Hinterräumen der großen Büros degradiert hatte, wenig benützte Hinterräume wohl, die man, vorsorgend für eine künftige Ausbreitung des Geschäfts, bloß ihrer Billigkeit wegen mitgemietet hatte und in die sich nur hie und da ein Diener verirrt. Dazu allerdings mochte es nicht stimmen, daß vor der Wasserleitung im zweiten Stock eine große Lache auf den gelben, zersprungenen Steinfliesen des Ganges glänzte und daß auch der Hahn noch tropfte. Aber dafür würde sich schon noch eine natürliche Erklärung finden lassen, und es wäre lächerlich, deshalb eine verbrecherische Kombination zu mutmaßen. Vielmehr machte ihm der Anblick Durst, und er ging zu dem Wasserhahn, um sich wie ein Bergsteiger, der zu einer Quelle gelangt ist, darüber zu beugen oder aus der hohlen Hand zu trinken. Da jedoch wurde ihm offenbar, daß der Hahn ohne einen zugehörigen Schlüssel sich nicht öffnen ließ, und die Aufschrift »Wasser sparen« belehrte ihn, warum ihm das Wasser verwehrt war. Er mußte sich begnügen, die Hand unter den tropfenden Hahn zu halten; er tat es erst mit der einen Hand, und als er auch die zweite darunter hielt und die Tropfen einen angenehmen feuchten Streifen darauf abzeichneten, war es fast, als würde er sich eine unberechtigte und vielleicht sogar diebische Lust verschaffen, obwohl doch nicht er es gewesen war, der wider die Vorschrift den Hahn so unsorgfältig geschlossen hatte. Unberechtigt aber blieb es, daß er hier so lange verweilte, an die Mauer sich lehnte und müßige Beobachtungen anstellte, zum Beispiel, daß die Türen hier keineswegs so zitterten, wie die Türen in den obersten Stockwerken der Großstadthäuser infolge des gewichtigen Straßenverkehrs es sonst zu tun pflegen. Er erinnerte sich, daß die Glastür in der zweiten Durchfahrt, jene, über der die Tafel »II. Stiege« sich befand, leise und unaufhörlich geschlagen hatte, während diese Türen

133

hier wie festgewachsen waren in ihren Mauern, festgekeilt,
und man empfand es kaum als störend, daß da Holzbestand-
teile zwischen Ziegeln saßen. Diese Sicherheit der Erde gab
ihm neuen Mut, und wenn es ihn auch sehr gelüstete, einen
Blick aus dem Gangfenster zu werfen, so vergönnte er es sich
noch nicht, sondern stieg weiter. Er mußte wohl schon ins
vierte Stockwerk gelangt sein, als er oben eine Tür gehen
hörte. Weniger als über die Anwesenheit von Menschen
erschrak er über die nicht enden wollende Höhe dieses Hauses, aber da er es vorzog, selber zu suchen, denn herumirrend
und lauschend ertappt zu werden, eilte er nun über die aus-
getretene Stiege die letzten Stockwerke hinauf, zwei, ja drei
Stufen mit einem Schritt nehmend, so daß er recht atemlos
oben anlangte und einer Frau geradezu in die Arme lief, die,
einen Eimer Wasser in den Abtritt zu entleeren, eben den
Gang überquerte.

Auf diesem obersten Stockwerk war der Gang sehr hell,
»schmerzhaft hell«, dachte er; es waren die Fenster des Ganges weit geöffnet und die Luft, die mit der Sonne hereinflu-
tete, so ruhig und doch so bewegt wie der Mittag über einem
ruhenden Meer. Dazu gehörte wohl, daß die Frau bloß mit
Rock und Hemd bekleidet war und daß ihre Beine nackt in
Holzschuhen staken. Matrosen beim Deckwaschen, dachte
er, da er sie mit ihrem Eimer vor sich sah. Sie sagte: »Wen
wünschen Sie? – mein Großvater ist nicht zu Hause.« Ihre
Haare hingen in einem losen Zopf über den Rücken und
waren blond. Auch ihre Achselhaare waren sichtbar, waren
buschiger als sonst bei Blondinen. Er antwortete: »Ich wußte
nicht, daß hier auch Parteien wohnen.« »Ja«, antwortete sie,
»wir wohnen hier.« Er schaute auf ihre Achselhaare und auf
ihre Beine, die nackt in den Rock hineinragten, und sagte:
»Sie wohnen hier sehr schön.« – »Es geht an«, antwortete sie,
und wie zur Erklärung: »Ich bin Wäscherin«, und da er es
offenbar nicht gleich verstand, fügte sie hinzu: »Die Waschküche ist auf dem Dachboden.« Das war gewissermaßen eine
Befriedigung, und er begriff es auch, denn er sagte: »So hat
man dieses Haus bis in seine letzten Möglichkeiten ausge-
nützt.« – »Das kann ich nicht ermessen«, entgegnete sie,
»denn ich kümmere mich nicht um andere Leute.« – »Da tun
Sie recht daran«, sagte er, »aber es muß doch mühsam sein,

134

die schwere Wäsche auf diese Höhe zu befördern.« Sie lächelte: »O nein, wir haben eine sinnreiche Einrichtung«, und sie zeigte auf eine starke Winde, man könnte fast glauben eine Ankerwinde, die in einem massigen Holzgestell mit dick aufgewickeltem Seil auf dem Gang stand, »eine Einrichtung, die schon meine verstorbene Großmutter benützt hat: wir winden die Wäschepäcke durch das Fenster herauf und lassen sie auch hier wieder hinab.« Er erkundigte sich: »Werden durch diese Handhabung nicht die Fenster der unteren Stockwerke gefährdet?« – »Durchaus nicht«, antwortete sie, »denn an dem Wäschepack hängt ein dünnerer Strick und der Mann, welcher unten steht, hält ihn angespannt in der Hand. So können wir selbst bei stärkstem Sturm ungefährdet unsere Last auf- und niederlassen.« – »Das ist sehr praktisch«, sagte er. »Ja, sehr praktisch«, erwiderte sie, »und es erspart uns viele Wege. Wir kommen fast niemals in die Stadt.« Sie sagte »in die Stadt«, als ob sie auf dem Lande lebte, und dabei stand das Haus doch in der verkehrsreichsten Geschäftsstraße; aber es war ihm recht, als sie es sagte, und es gab ein sicheres und zielnahes Gefühl in irgendeiner Verbindung mit ihren Achselhaaren, die wie nach Heu aussahen. Um sie mit seinen Blicken nicht zu belästigen, wandte er sich der Winde und dem Fenster zu, durch welches die Transporte geleitet wurden. Da weitete sich vor ihm nun eine Aussicht, und dennoch überraschte sie ihn nicht; das Haus war in diesem Teil offensichtlich am höchsten gebaut. So unscheinbar und niedrig es an der Straßenfront war, so sicher und allmählich stieg es an, je weiter es sich in seine Höfe hinein erstreckte, und da diese Höfe eben sehr weit gedehnt waren, so mußte das Haus bei der beträchtlichen Länge des Grundstückes sogar bei mäßiger Steigung zu außerordentlicher Höhe anwachsen. Es ruhte solcherart wie ein richtiger langgestreckter Bergrücken, und dies ergab wohl das Gefühl außerordentlich großer Sicherheit und Natürlichkeit, da man nun auf seinem Gipfel stand. Er sagte: »Ich möchte gerne noch höher hinauf, in die Waschküche, auf den Dachboden.« – »Davon hätten Sie wenig Gewinn«, sagte sie, »denn wir haben heute die Wäsche gekocht, so daß alles voller Dampf ist.« – »Und auch der übrige Dachboden ist nicht betretbar?« – »Nein, auch der nicht; soweit er uns

135

nämlich zugänglich ist, ist er mit Wäsche angefüllt, die an den Stricken dort hängt. Die Dachluken auf beiden Seiten sind geöffnet, und der durchziehende Wind leistet die Trocknungsarbeit. Hätten wir ein flaches Dach, wie dies bei den neuen Häusern der Fall ist, sagt mein Großvater, so würden wir an solchen Sonnentagen die Wäsche ausbreiten und sie bleichen lassen.« – »Gewiß könnten Sie dies«, entgegnete er, »aber der Rauch des Fabrikschlotes würde den Ruß auf das Linnen niederschlagen, und die ganze Arbeit wäre umsonst.« Sie machte ein erstauntes Gesicht: »Welchen Fabrikschlotes?« – »Nun«, sagte er, der schon am Fenster stand, und wollte die Hand ausstrecken, um hinzuweisen, aber da mußte er feststellen, daß weder von diesem Fenster aus, noch von sonst irgendeinem der Gangfenster, zu denen er eilte, der große Platz mit dem Maschinenhaus in der Mitte sichtbar war; das war immerhin eine Enttäuschung, da er bestimmt darauf gerechnet hatte, den Platz von der erreichten Höhe aus überblicken zu können. Hier schob sich das Stiegenhaus vor die Aussicht, dort ein anderer Gebäudeteil, und so war es nur verständlich, daß sie von dem Vorhandensein jenes Schlotes nichts wußte. »Sie scheinen wirklich selten in die Stadt zu kommen«, sagte er, und es fiel ihm auf, daß er schon ihre eigenen Worte verwendete, »denn sonst hätten Sie den Schlot doch bemerken müssen.« – »Selten genug; Theater und sonstige Vergnügungen kenne ich bloß vom Hörensagen.« Sie sagte dies freilich mit so wenig Bedauern, daß er nicht wagte, sie zu einem Theaterbesuch einzuladen, woran er während ihrer Rede einen Augenblick lang gedacht hatte. Um aber trotzdem seine Anteilnahme zu äußern, sagte er tröstend: »Dafür haben Sie es hier sehr schön«, und wies auf die Aussicht, die seine Blicke immer wieder anzog und die zwar auf der einen Seite vom Stiegenhaus abgeschnitten war, dennoch prächtig genug vor ihnen lag und sehr weit reichte. Und obwohl er nicht eigentlich überrascht war, fand er sich nur schwer zurecht, denn die sonst doch so sehr vertraute Stadt ergab von diesem Ausblick bloß in der weiten Ferne das bekannte Bild, dort erst bei den Bergen, die in dem goldenen Mittag verzitterten, den Feldern, die sich hell und glänzend an ihnen hinaufzogen, und den Dörfern draußen, die so still in den Hängen lagen, daß man ihre Stille herüber

136

zu hören vermeinte: je näher aber der Blick zur Stadt fiel, desto unvertrauter wurde die Gegend, und wäre nicht der schwarze Strich der Ringbahn gewesen, der verschwand und wieder auftauchte, nicht das Gewirr der Schienen dort, wo der Hauptbahnhof liegen mußte, er hätte sich in die Fremde versetzt geglaubt, ja, hätte glauben mögen, die Stadt wäre nicht vorhanden oder zumindest so sehr beschnitten, daß sie nur mehr als Andeutung ihrer selbst da wäre. »Des Abends und am Morgen«, sagte sie, halb entschuldigend, halb vorwurfsvoll, »sieht man bei klarem Wetter auch die Schneeberge, jetzt allerdings zu dieser Mittagsstunde . . .« Er wurde zornig, weil sie ihm vorwarf, zur unrechten Stunde gekommen zu sein, und da nun auch zwei Wespen sich durchs Fenster hereinverirrten, fiel er ihr ins Wort: »Nun denn, ein andermal«, und mit einem Blick auf den Eimer, der noch immer neben ihr stand, »ich habe Sie ohnehin schon lange genug aufgehalten . . .« Sie merkte, daß er nach einer Anrede suchte und sagte: »Ich heiße Melitta.« – »Ein schöner Name«, sagte er und gleichsam sich vorstellend, obwohl dies für einen Herrn mit steifem grauen Hut vor einer einfachen Wäscherin nicht eben am Platz war: »Und ich heiße Andreas.« Sie wischte sich die Hand an ihrem Rock ab, gab sie ihm und sagte: »Sehr erfreut.« – »Darf ich Ihnen noch helfen?« sagte er und griff nach dem Eimer; aber sie kam ihm zuvor: »O, nein, das ist meine Arbeit«, und zum ersten Male lächelnd, hatte sie den Henkel schon gepackt, schwenkte den schweren Eimer wie übermütig ein wenig hin und her, so daß etwas von der schmutzigen Seifenbrühe auf dem gelben Steinboden verspritzte, und trug das Gefäß rasch zu dem Abtritt, dessen Türe sie offenstehen ließ, so daß man das gewichtige Ausgießen hörte und wie das Wasser in immer weitere und dunklere Tiefe verschäumte und verebbte. Andreas aber war indessen zu einem der Fenster getreten, unter welchen seiner Ansicht nach das Gärtchen mit den Wespen liegen mußte, und es erschien ihm durchaus richtig, daß gerade auf diesem Fenster ein Blumentopf voll alter verbrauchter Erde stand, in der, wie zur Wiederholung dessen, was er unten zu sehen hoffte, noch einige Stäbchen staken. Nun zeigte sich aber, daß die Lage des Gärtchens keineswegs so eindeutig bestimmt war, wie er geglaubt hatte; denn wenn

137

auch die Mauer des Stiegenhauses die Lage einwandfrei angab, so hatte das Stiegenhaus in den unteren Stockwerken
allerlei Anbauten, und er sah auf ein Gewirr verschiedener
Dächer, die teils mit Ziegeln, teils mit häßlicher schwarzer
Pappe, teils sogar auch noch mit Schindeln gedeckt waren;
nun, so sehr er es auch bedauerte, nicht das finden zu können, was er suchte, so war es doch beruhigend, daß die
Mauern nicht ungebrochen und steil bis zur tiefsten Tiefe
abfielen und daß der Blumentopf, würde man ihn aus Unachtsamkeit jetzt hinabstoßen, nicht geradlinig wie Wasser,
das in einen Schacht gegossen wird, hinabstürzen konnte,
jemand zu erschlagen, sondern, daß er erst gefahrlos auf
einem der Dächer zerschellen und verstäuben mußte. Und
während Andreas noch die schwarzen Regenstreifen auf der
Mauer betrachtete, sagte er: »Dies ist wohl eine der Fuchsien
aus Ihrem Garten gewesen?« Sie setzte wieder ihr erstauntes
Gesicht auf, und obwohl die Frage in ihren Augen schon
genügt hätte, setzte sie eilig hinzu, als ob sie den Namen, den
er ihr genannt hatte, nicht rasch genug verwenden könnte:
»Aus welchem Garten, Herr Andreas?« Ich hätte ihr den
Namen nicht gleich nennen dürfen, dachte er, aber da es nun
einmal geschehen war und er ihn nicht zurückfordern
konnte, sagte er: »Nun, von dem Garten neben der Stiege.«
Sie überlegte angestrengt, ja, sie schloß sogar dazu ein wenig
die Augen, und ihre glatte Stirne faltete sich zu Runzeln über
der Nase, dann machte sie eine wegwerfende Bewegung:
»Ach, das ist ein neuer Garten.« Das genügte zur Erklärung:
aber es tat ihm trotzdem leid: »Ich dachte, es wäre ein Erho-
lungsort für Sie . . . an Sommerabenden.« – »Nein«, sagte sie
hart, »es ist ein neuer Garten.« Da es definitiv war, konnte er
daran nichts ändern; er erkundigte sich daher bloß noch:
»Und dieser Fuchsienstock?« Sie antwortete freundlich: »Er
dient uns als Sonnenuhr; wenn der Schatten dieses Stäbchens
auf die Steinritze des Bodens fällt, die der Großvater mit
einem roten Farbstrich da versehen hat, ist es Mittag, und
ebenso sehen Sie dort die Zeichen für die früheren und späteren Stunden. Es ist sehr sinnreich«, und mit etwas zutrau-
licher Koketterie setzte sie hinzu: »Nicht wahr, Herr Andreas?« Dabei bemerkte sie, daß der Eimer einen feuchten
Kreis auf den Fliesen zurückgelassen hatte, eilte in die Küche

138

und kehrte mit einem grauen Tuche zurück, mit dem sie niederkniete und die Flecken aufwischte. Wieder mußte er an Matrosen beim Deckwaschen denken, allerdings nur sehr flüchtig, denn auf allen Vieren, wie ein Tier, das seine Jungen säugen lassen will, so kniete sie, ihre Brüste lagen frei, und die helle glatt-zarte Haut der Brüste mit den blauschimmernden Adern war von jener goldenen Weiße, die den blonden Frauen eigentümlich ist. Aber obwohl sie nicht darauf acht hatte, tat er, als beschäftige er sich nicht mit ihr, sondern mit den Zeichen auf dem Fußboden und sagte: »Wenn ich es richtig lesen kann, ist es jetzt ein Uhr vorbei. Meine Geschäfte rufen mich.« Sie war rasch aufgestanden und schien ein wenig bestürzt: »Sie wollen schon wieder gehen? Ich hätte Ihnen gewiß einen Imbiß anbieten müssen . . . oder vielleicht hätten Sie ruhen wollen. Der Großvater wird gewiß zürnen, wenn ich Sie so gehen lasse.« Er dankte. Bloß um einen Trunk Wasser wolle er bitten, und er wies auf die Wasserleitung, die, ohne Schlüssel nicht zugänglich, gleichfalls mit der Mahnung versehen war, mit dem Wasser zu sparen. »Das Wasser taugt hier in den oberen Stockwerken nicht viel«, sagte sie, »es ist lauwarm.« Das war nun wieder eine Enttäuschung, aber auch diese Enttäuschung war durch die Luft so sehr aufgelockert, war so leicht gemacht durch die Luft, die nun stärker und bewegter von all den geöffneten Fenstern her den Gang durchflutete, so sehr verfließend in dem Raum, der von den Bergen hereinzog und, in seinem Atem den Atmenden mitnehmend, wieder zurück sich dehnte, daß sogar der Durst vergangen war, als wäre er verfrüht gewesen, als wäre noch kein Recht vorhanden gewesen, zu dürsten. Und da sie eilfertig mit dem Hahnschlüssel kam und mit einem Glase, es war ein Seidelglas mit Henkel, und die Wasserleitung aufdrehte, das Wasser zischend rinnen ließ, damit es möglichst abkühle, hielt Andreas mit dem Hinweis auf die Tafel sie davon ab, das Wasser zu vergeuden, nippte bloß ein wenig von dem Trunke und auch dies nur, um sie nicht zu kränken. Doch wie er dann Abschied nehmen wollte, zögerte er wieder ein wenig, vielleicht weil die Last der Enttäuschungen doch zu groß geworden war, vielleicht weil er doch noch etwas erwartete. Er hätte gern seine Bitte, noch höher zu steigen, neuerdings vorgebracht, aber da dies so ausgesehen hätte, als hätte er ihren früheren Worten nicht geglaubt, sagte er bloß: »Ich gehe ungern den gleichen Weg zurück.« Sie dachte einige Sekunden nach, und dann sagte sie: »Bis zum ersten Stockwerk, oder wenn Sie es lieber so nennen wollen, bis zum Halbstock, kann es Ihnen, Herr Andreas, nicht erspart werden. Dort aber mögen Sie versuchen, bei der Tür, welche der Stiege gegenüber liegt, zu schellen. So weit ich unterrichtet bin, ist es die Tür Nummer 9. Öffnet man Ihnen, so gelangen Sie in die Lederhandlung des Herrn Zellhofer, und von dort aus werden Sie leicht auf die Straße finden. Ich weiß dies, weil mein Großvater dort das Leder für unsere Schuhe zu kaufen pflegt und mir oft erzählt hat, wie bequem es für ihn sei, den beschwerlichen Weg über die Gasse zu ersparen.« – »Ich danke Ihnen vielmals, Melitta«, sagte er, und daß er ihren Namen aussprach, war sein Dank und war gleichzeitig Flucht, denn da stand er auch schon auf den Stufen der Treppe, kaum daß er sich nochmals zum Abschied umgewandt hatte, und, als ob ihn etwas hinunterfegte, eilte er in großen Sprüngen über die Treppe, dennoch bemerkend, daß auf der alten Mauer an manchen Stellen unzüchtige Zeichnungen wie von Kinderhand hingemalt waren. Aber dies beschleunigte die Geschwindigkeit seines Laufes nur noch mehr. Die Schatten rückten vor, und er mußte in sein Büro gelangen.

Fast hatte er bei diesem eiligen Hinabstürzen das erste Stockwerk übersprungen, ja, als er dessen gewahr wurde, mußte er sich an das Stiegengeländer anklammern, um zum Stehen zu kommen und die Reihe der Türen zu betrachten. Ja, die Tür gegenüber der Treppe trug tatsächlich die Nummer 9, und er schellte. Er mußte es mehrmals tun, bis er Schritte hörte. Es war offenbar ein Diener, der den Kopf heraussteckte und fragte: »Warum benützen Sie nicht den regelmäßigen Eingang? Sind Sie vom Hause?« – »Ja«, log Andreas, obwohl es doch keine richtige Lüge mehr war; »wir pflegen das Leder für unsere Schuhe bei Ihnen zu kaufen.« Der Mann öffnete ihm daraufhin und ließ ihn eintreten. Nun konnte Andreas sehen, wie die Wohnung gestaltet war, in der Melitta oben wohnte, denn die Wohnungen in dem Haus waren, wie dies so üblich ist, in allen Stockwerken gleich gebaut. Der erste Raum, den er betrat, entsprach der Küche, dann kam er in einen zweiten Raum, der gleich der Küche auf den Gang hinaus ging, und dann rechtwinklig abbiegend gelangte man in zwei weitere, sehr tiefe Räume, deren Fenster auf einen anderen Hof oder vielleicht auf eine Straße schauten, unentscheidbar, da alle Läden geschlossen waren und alles dunkel und voll beizenden widrigen Gerbgeruchs, so daß man sich nur schwer vorstellen konnte, wie licht und luftig die gleichen Räume oben bei Melitta sein mußten. Ja, die Erinnerung daran verwischte sich geradezu, denn all diese Gelasse hier waren mit getrockneten Häuten und Lederfellen dicht behängt, so daß die elektrische Birne, die in jedem Raume mattgelb brannte, schlechte alte Birnen, die man von Rechts wegen schon längst hätte auswechseln sollen, von der vielen Ware fast ganz verdeckt wurden. Nun gelangten sie in einen schmalen Gang, auf dessen Mauer die Worte »Licht ausdrehen« mit ungelenker Hand geschrieben standen, und in einen neuen Raum, der auch wieder mit Leder vollgehängt war. »Wir sind wohl in einem der Anbauten«, sagte Andreas, aber der Diener in seiner braunen Leinenjacke und mit der grünen Schürze zuckte bloß die Achseln, als verstünde er die Frage nicht, drehte die Schalter ab, sagte »Vorsicht« und führte ihn zu einer Notstiege, die sie behutsam hinuntertappten. Damit waren sie aber noch keineswegs in den Verkaufsraum selber gelangt, sondern in ein neues Magazin, das vielleicht jenes war, dessen Fenster man vermauert hatte, denn soweit man in der Dunkelheit feststellen konnte, war es von beträchtlicher Länge, wenigstens schien die nächste Glühlampe hinter den Häuten in sehr großer Entfernung zu sein. Es war nächtlich kühl, und der scharfe Geruch all des Leders verhinderte es sicherlich, daß Wespen sich hier einnisteten. Ruhe der Nacht nach der Angst des Tages: Andreas war ermüdet und wollte sich auf eines der Gestelle setzen, die auf schrägen Beinen zum Zurichten des Leders herumstanden. Aber da sein Führer darauf keine Rücksicht nahm, sondern unbeirrt weiterschritt und die Lichtschalter an den Säulen im Vorbeigehen abdrehte, wäre er in die Gefahr gekommen, allein in dem dunklen Magazin und bei den Mäusen zurückzubleiben, wenn er sich der Ruhe hingegeben hätte, und wer weiß, ob er dann je wieder herausgefunden hätte, denn schon die Lichtschalter an den Säulen tastend zu suchen, hätte für einen Ortsunkundigen seine Schwierigkeiten gehabt. So setzte er sich bloß für einen Augenblick auf eines der Gestelle, eigentlich nur, weil er noch nie auf solch einem Gestell gesessen hatte und weil er nichts Unbekanntes hinter sich lassen wollte; dann eilte er dem Führer nach. Der hatte eine schwere Eisentür zur Seite geschoben, und nun war der Weg, der ohnehin so lang gewesen war, daß es unverständlich blieb, wie der Diener in verhältnismäßig kurzer Zeit auf Andreas' Klingeln hatte öffnen können, endlich zu Ende: vorbei an einem Glasverschlag, aus dem zögerndes Klappern einer Schreibmaschine klang, traten sie in das eigentliche Verkaufslokal des Herrn Zellhofer. Hier zeigte sich allerdings, daß der Diener in Wirklichkeit kein Diener, sondern ein Verkäufer war, denn so mürrisch er bisher als Führer gewesen sein mochte, er setzte im Lokal sofort das gewinnende Lächeln des Verkäufers auf sein Gesicht und fragte Andreas: »Womit kann ich dem Herrn dienen? Mit prima Oberleder? Wir haben eine neue Sendung erhalten.« Nun war Andreas mit Schuhen wohlversorgt, und er pflegte auch fertige Schuhe zu kaufen, hätte also nicht gewußt, was mit dem Oberleder beginnen.

Aber er durfte einem Mann, der ihm auf einem so langen Weg Führer gewesen war, nicht die Enttäuschung bereiten, ohne Kauf wegzugehen. Der lockte ihn: »Wir haben ausgezeichnetes Sattelleder; unser Lager wird bald ausverkauft sein.« Andreas hätte ihm gerne gesagt, daß er doch selber die Lager gesehen hätte und daß von einem Ausverkauftsein keine Rede sein könne; aber da jener eine so scharfe Unterscheidung zwischen seiner Rolle als Führer und als Verkäufer machte, schien es auch Andreas unschicklich, das Vorherige mit dem Jetzigen zu vermischen, und angestrengt dachte er nach einem passenden Ledergegenstand, den er brauchen könnte. Er wollte von Tierhäuten und dem braunen Leder nichts wissen, und wenn es schon sein mußte, so sollte es eine helle Haut sein.

Er hatte auf den Tennisplätzen, die draußen vor der Stadt lagen, durchsonnt und voll leichter jugendlicher schattenfreier Luft, einen jungen Spieler gesehen und ihn beneidet, so daß der Wunsch in ihm aufgekeimt war, das Tennisspiel auf schattenfreiem Platz zu erlernen und gleich jenem einen

142

chromledernen Gürtel zu tragen. Doch weil er es sich nicht eingestand, sagte er: »Ich möchte ein Chromlederfell kaufen, aus dem Spangenschuhe oder ein Handtäschchen für ein junges Mädchen einfachen Standes zu erzeugen wären.« Der Verkäufer entgegnete warnend: »Also kein Sattelleder? Sie werden es bedauern, mein Herr ... das Lager wird bald geräumt sein, die Zeit wartet nicht ... stündlich schmilzt es dahin ... aber wie Sie wollen, mein Herr«, und brachte Chromleder herbei. Da lagen die weißbläulichen und hellgrauen, mattglänzenden Felle auf dem ungefügen Verkaufstisch, und Andreas konnte mit der Hand über ihre glatte und doch körnige Fläche streichen. Der Verkäufer sagte: »Beachten Sie die Geschmeidigkeit«, und nahm eine der Randzacken des Leders und zerknitterte sie vor Andreas' Augen; das Leder ließ sich die Manipulation weich und lautlos, ohne Knirschen und Knistern gefallen, und der Verkäufer, dem diese Nachgiebigkeit bekannt war, wiederholte den Vorgang an Andreas' Ohr. Dann glättete er die zerknitterte Stelle mit einem flachen Eisen, das er einer schweren Tischlade entnahm, und sagte: »Sie sehen, kein Bruch, keine Falte, keine Runzel ... eine Ware, die noch niemanden enttäuscht hat. Prüfen Sie selber.« Und mit der Zudringlichkeit, die Verkäufern oft eigen ist, nahm er den Zeigefinger Andreas' und führte ihn über die geglättete Stelle. Nein, es war keine Enttäuschung, es war ein so glattes Gefühl wie jenes, das man verspürt, wenn man nach großem Durst sich mit frischem Wasser gelabt hat, und doch war es eine Enttäuschung, daß das Erwartete niemals in der erwarteten Form, sondern immer nur verwandelt und fremd seine Erfüllung findet. »Wir verkaufen die Chromlederfelle nach Dutzenden«, sagte der Verkäufer. – »Ich kann aber höchstens eines brauchen ... und das kaum«, sagte Andreas. »Das kann man immer brauchen«, sagte der Verkäufer mit befehlender Stimme »solche Felle finden Sie nie mehr.«

Aber Andreas wurde nun hart; er hatte seinen guten Willen gezeigt, und wenn der andere den Bogen überspannte, so war das seine Sache. Er machte eine unwillige Bewegung und wandte sich zum Gehen.

Mit dem feinen Gefühl, das Verkäufer für geheime Regungen von Kunden besitzen, flehte nun der andere: »Nehmen

Sie ein Vierteldutzend, ich mache Ihnen den Dutzendpreis, weil Sie zum Hause gehören.« – »Die Zeit rückt vor«, sagte Andreas, »Sie haben in diesem dunklen Gewölbe das Gefühl für Zeit verloren; Sie dürfen mich nicht aufhalten . . . ich nehme ein Stück und damit basta.« – »Schön, ein Stück«, sagte der Verkäufer, achselzuckend wiederholte er, als sei es etwas Unerhörtes, »ein Stück . . . ein Stück . . ., Sie verscherzen sich dabei den Rabatt . . .«, er schaute geradezu mitleidig drein und machte sich daran, das oberste Fell in ein Papier einzuschlagen. »Nicht doch«, sagte der Käufer, »ich will es auf mich nehmen, etwas zu verscherzen . . . aber dafür will ich mein Fell auch selber auswählen.« Und er nahm den ganzen Pack vom Verkaufstisch und trug ihn zu dem blinden Fenster. Dort wählte er auf gut Glück eines der Felle, es war milchgrau mit bläulichem Stich, und ließ es in Papier packen. Als es aber zum Zahlen ging, merkte er, daß er recht leichtsinnig gewesen war, denn der Preis, den der Verkäufer nannte, war ein hoher, und eigentlich mußte er jetzt ein paar Tage hungern, um seine Kasse in Ordnung zu halten. Aber er ließ es sich nicht anmerken und ging zur Tür, die ihm der Verkäufer mit einem »Beehren uns bald wieder« öffnete.

Draußen lag die Nachmittagssonne, und seine Augen schmerzten in dem Lichte. Er konnte sich nicht zurechtfinden. Erst als ein Trambahnwagen vorbeikam, merkte er an der Aufschrift, daß er sich in der W.-Straße befand, und wunderte sich, daß das Haus, das er eben verlassen hatte, bis in diesen immerhin entlegenen Stadtteil reichte. Aber es war nun die höchste Zeit, daß er in seine Kanzlei kam; er lief dem Trambahnwagen nach und erreichte ihn auch noch glücklich bei der Haltestelle.

*Vorüberziehende Wolke*
*Novelle*

Sonderbar, sagte ein Teil der Seele des Fräuleins zu einem andern Teil, sonderbar, wie lange der Mann braucht, um mir entgegen zu kommen.

Die Straße lag langgestreckt vor ihr. Ein Auto verschwand in der Ferne. Es war ein heller Frühsommermorgen. Die Bäume warfen gute gleichmäßige Schatten, die in der Nähe unruhig und sonnenfleckig waren, während sie schon in kurzer Entfernung zu einem dunklen Streif zusammenflossen und längs der Allee den Fahrdamm säumten. Weit hinaus war auf dem Gehsteig niemand zu sehen; bloß der Mann dort oben kam langsam die sanfte Neigung der Straße herunter, kam entgegen und brauchte so sonderbar lang dazu.

Das Fräulein ging zum Sonntagsgottesdienst in die Schloßkirche. Das Gebetbuch lag schräg in der behandschuhten Hand; sie trug es ein wenig gegen den Leib gepreßt, weil sie noch außerdem das Täschchen halten mußte. Das ergab ein züchtiges Bild, das das Fräulein mit unzähligen Kirchenbesucherinnen verband, nicht nur mit jenen, die sich jetzt gleichzeitig in alle anderen Gotteshäuser Mitteleuropas begaben, sondern auch mit allen jenen, die dies während vieler vorhergegangener Jahrhunderte getan hatten. Es war eine durchaus konservative Körperhaltung.

Wenn man die Straße bis zu dem sanften Gipfel emporgestiegen ist, dann endigt die schräge Linie der Häusersockel, dann werden Sockellinie und Fensterreihen beruhigend parallel, und man sieht in mäßiger Entfernung den Schloßplatz vor sich liegen, in den die Straße einmündet. Und das großherzogliche Schloß fängt den Blick in schöner barockaler Kulisse auf.

Da die Straße bloß von wenigen Querstraßen durchschnitten wurde, fiel es schwer, das wirkliche Tempo des entgegenkommenden Mannes abzuschätzen. Das war irgendwie unbehaglich, und das Fräulein überlegte, ob sie nicht auf die andere Straßenseite hinüberwechseln sollte. Aber da die ganze Überlegung nicht sehr deutlich war, ja, eigentlich schon wieder verschwand, als der Blick die dort drüben brennende Sonne bemerkte, so blieb das Fräulein auf ihrem Gehsteig und verkürzte bloß den Schritt, als müßte sie sich – war es Angst oder Erwartung? – auf den Entgegenkommenden ebenso langsam zubewegen, wie dieser selber ihr nun zustrebte.

Es mag sein, daß die friedvolle Stille der sonntäglichen Avenue an und für sich schon langsame Bewegungen vor-

schrieb, selbst wenn es vielleicht auch nur eine scheinbare
Ruhe war, denn in den oberen Luftschichten wurden die
weißen Zirruswölkchen, verdichtet zu schmalen Bändern,
mit ziemlicher Eile vorwärtsgetrieben, und so oft ein solcher
Streif vor die Sonne kam, da gab es eine kurzwährende und
gleichsam helle Verdunkelung des Tages, eine gleichsam ju-
gendliche Trauer, auf die man zwar nicht achthatte, weil
niemand gerne den wechselnden Bewölkungsverhältnissen
einen Einfluß auf das eigene Leben zugesteht, die aber trotzdem, ein Sendbote größeren kosmischen Geschehens, in den
Augen und in der menschlichen Seele haften bleibt.

Sicherlich haben sich nun auch schon andere Passanten
auf dem Gehsteig gezeigt. Doch das Fräulein hatte nun
einmal jenen langsamen Fremden im Auge, der vom Schloß
herunterkam oder richtiger einherwandelte, und gerade dieses Wandeln brachte ihn mit dem Schlosse, brachte ihn mit
der erwarteten barockalen Abschlußkulisse da droben in
eine vorderhand noch nicht aufklärbare, in eine wahrscheinlich niemals zu klärende Beziehung. Nicht etwa, daß das
Fräulein in der näherkommenden Gestalt einen der einstigen
Hofbeamten vermutete oder einen der Offiziere, denen man
vor dem Kriege, da sie selber noch ein Backfisch, oftmals und
mit stets neu erwünschtem Vergnügen hier begegnet war:
derartige Wünsche hatte das Fräulein, das freilich jugendlich
aussah, aber auf Würde hielt, längst abgestreift, ja, so weit es
anging, aus dem Gedächtnis getilgt und, überdies wußte sie,
so weit sie sich erinnerte, daß alles, was damals mit dem Hofe
zusammenhing, keineswegs einen bedächtigen, vielmehr einen forschen oder zumindest eleganten Eindruck erweckt
hatte, – wahrlich, so verhielt es sich keineswegs, sondern es
war viel eher so, als wären die ziehenden Zirruswölkchen
Teile einer noch unsichtbaren Wolkenwand und als wäre das
überaus bedächtige Näherkommen dieses Menschen eine
Aussendung jener Bedächtigkeit, die in der weitausladenden
Schloßfassade eingebaut ist.

Man muß wohl einer Stadt und ihrer Bauweise sehr verhaftet sein, wenn man solche Gedanken hegt. Ist dem aber so
und ist man so sehr verhaftet, dann bilden solche Gedanken
eine natürliche Atmosphäre und man bemerkt sie eigentlich
gar nicht. Dem Fräulein, das seit Kindheitstagen in dieser

146

Stadt gelebt hatte, war das Schloß aus vielerlei Gründen wert und wichtig. Gründe, von denen allerdings die architektonischen die nebensächlichste Rolle spielten, und sie wußte daher auch nicht, warum sie eigentlich enttäuscht war, als sie des Mannes endlich ansichtig wurde. Daß er gar nicht so langsam ging, als sie angenommen hatte, war dabei von geringster Bedeutung, vielmehr war es daran gelegen, daß der Mann ein derart unhöfisches, ja, beinahe proletarisches Aussehen besaß. Für jemanden, der auf sich hält und der sich auf dem Weg zur Schloßkirche befindet, für jemanden, der es tagtäglich bedauert, daß das alte Schloß der Großherzoge aus der Stille altererbten Privatbesitzes in die Öffentlichkeit eines Museums verwandelt worden ist und daß es heute jedermann erlaubt ist, die Schlafzimmer, in denen eine jahrhundertelange und verzweigte Reihe prinzlicher Kinder gezeugt und geboren wurde, nicht nur mit schmutzigen Stiefeln, sondern auch mit schmutzigen Gedanken an in Schränken verborgene und schmähliche Liebhaber zu betreten, für so jemanden, der m. e. W. die Verschwiegenheit des Boudoirs als eine der wichtigsten Institutionen des Weltgeschehens ansieht, kurzum für eine so geartete Dame ist es, gelinde gesagt, immerhin peinlich, die eigene Aufmerksamkeit auf einen Menschen konzentriert gehabt zu haben, der in seinem ganzen Wesen das Gegenteil solcher Lebensauffassung ausdrückt. Beinahe erstaunt und weil sie es nicht recht glauben wollte, wohl aber auch, weil sie von ihrer Jungmädchenzeit her die Gewohnheit beibehalten hatte, Männer auffordernd und prüfend anzusehen, ohne dabei sich selbst zu gefährden, hatte sich der Blick des Fräuleins auf das Gesicht des Entgegenkommenden geheftet, mehr sogar, er hatte sich stracks in dessen Augen gerichtet, und es war ein auffordernder und dennoch leerer Blick, der, sobald er erwidert wurde, sofort verschwamm, der sofort im Nichts versank, durch das Gesicht hindurchschaute in alle Fernen, die dahinter sich dehnen. Und in der Tat, nicht anders ging es diesmal vonstatten. Zwar war das Fräulein von dem leidenschaftlichen und eigentlich leidenden Ausdruck dieses gewöhnlichen Mannes betroffen, und für eine Sekunde hatte sie vergessen, den Blick ins Unpersönliche zu flüchten, indes sie bewerkstelligte es allsogleich, als ihr Staunen dem des andern begegnete: da war ihr Blick in gewohnter Weise blicklos geworden, und in unverwandter Gleichgültigkeit war sie auch schon vorübergeschritten.

Nun lag die Straße wirklich ganz leer vor ihr, und das war eine Art hoffnungslose Leerheit. Gewiß durfte man dies nicht überschätzen: schließlich war die Wegstrecke nur mehr kurz, und Schloßplatz wie Kirche waren bald erreicht. Nichtsdestoweniger blieb es hoffnungslos, und diese Hoffnungslosigkeit beschränkte sich keineswegs auf das kurze noch zurückzulegende Stückchen Weg, sie beschränkte sich keineswegs auf diesen Sommertag, sondern sie umfaßte das ganze Leben. Denn selbst angenommen, es käme neuerdings eine Gestalt entgegen, noch so langsam oder noch so rasch, es hätte das Fräulein wohl kaum mehr den Mut aufgebracht, neuerliches Interesse an solch entgegenkommender Gestalt zu nehmen, neuerlich sich solcher Enttäuschung auszusetzen. Das war gewiß kein Gelöbnis, obgleich in der Seele eines zur Züchtigkeit neigenden Mädchens bald etwas die Gestalt eines Gelöbnisses annimmt, aber ob nun so oder so, das Fräulein hatte, da sie nun weiterschritt, urplötzlich das Gefühl einer Treue gefühlt, von der sie nicht wußte, wem sie eigentlich galt. Das Erlebnis war durchaus unabgeschlossen, und das Fräulein fühlte sich nun überdies sehr benachteiligt, weil ein inneres und äußeres Gesetz es ihr verwehrt hatte, den Blick länger auf dem zur Antwort bereiten Gesicht ruhen zu lassen. Es stak eine tiefe Ungerechtigkeit in der Situation, in die sie da hineingeraten war, und auch eine arge Gefährlichkeit, denn, kein Zweifel, der Mann hinter ihrem Rücken würde nun stehen bleiben, ihr nachblicken und sodann folgen, während es ihr nicht erlaubt war, sich umzuwenden und zu vergewissern.

Durch Erziehung und Überzeugung daran gewöhnt, heroische Situationen zu ertragen, ging das Fräulein ruhigen Schrittes weiter, sie flüchtete nicht, und es wäre ja auch nutzlos gewesen, da der Unbekannte sie ohnehin einholen konnte. Sie hielt das Gebetbuch an den Leib gepreßt, nicht weil sie von dieser Berührung mit Gott eine besondere Kraft erwartete, wohl aber, weil der Druck in der Magengegend ihr Sicherheit verlieh und die furchtsame Unruhe in dieser Gegend besänftigte. Allein sie vernahm ganz deutlich, wie die

Schritte des Mannes hinter ihr Halt machten, sie spürte seine Blicke im Rücken, und kurze Zeit hernach hörte sie auch, wie sein Schritt in gemessener Entfernung ihr nachfolgte. Fast war sie daran, noch langsamer zu gehen, denn nicht nur, daß ihr der Anstieg heute beschwerlicher als sonst fiel, es erschien ihr auch richtig, den Verfolger zu zwingen, daß er sie überhole. Aber da war sie auch schon auf der Höhe, die Linien der Häusersockeln und der Fensterreihen wurden parallel, und nicht weit vor ihr öffnete sich die Straße zum großen Oval des Schloßplatzes, in dessen Mitte das kurfürstliche Standbild zum scharfen Galopp gegen die Avenue ansetzte, gehindert bloß von den schweren Eisenketten, die in kleinerem Oval und von Steinbock zu Steinbock sich hinziehend, das Kunstwerk umgaben.

Links war der Platz von der Schloßkirche beschattet, und die Schatten der beiden Türme reichten bis über das Monument hinaus. Rechts dagegen befand sich das triumphale Portal, das zum Schloßgarten führte; seine reichen schmiedeeisernen Flügel standen offen, und man sah auf die sonnigen schnurgeraden Alleen, auf die vielerlei verrenkten Bildwerke aus Sandstein und auf die Wasserkünste. Eine Bonne schob eben einen Kinderwagen durch das Portal; einstens war dies verboten gewesen, Kinderwagen und ihr unanständiger Inhalt hatten in einer Zone höfischen Anstands nichts zu suchen, und für einen Augenblick vergaß das Fräulein, daß auch Herrschergeschlechter sich fortpflanzten: wer über den Menschen steht, darf mit dem Menschlichen nichts mehr zu tun haben, und je tiefer die Gesellschaftsklasse, desto üppiger dünkte dem Fräulein das Überwuchern häßlicher geschlechtlicher Triebe. Die Schichtung des Reinen über dem Unreinen war durch die Demokratisierung der Welt zerstört worden, und wenn das Fräulein sich auch all dies nicht zu Bewußtsein brachte, so war es ihr doch klar, daß in einem geordneten Staat eine Dame nicht von den beharrlichen Schritten eines untergeordneten Menschen hätte verfolgt werden dürfen. Einstens stand auch ein Doppelposten vor dem Schloß. Nichtsdestoweniger fühlte sich das Fräulein auf dem Schloßplatz geborgener; ein Photograph hatte seinen Apparat mit schwarzem Tuch vor dem Schloß aufgeschlagen, die Fremden erwartend, die sich mit dem Reiterstandbild zusammen abkonterfeien lassen wollten – ein spärlicher Ersatz für den militärischen Doppelposten; aber das Fräulein fühlte sich geborgen. Sie überquerte den Platz in gerader Linie auf die Kirchenstufen zu, überzeugt, daß der Verfolger es nicht wagen würde, seine schamlosen Absichten dieser weiträumigen Öffentlichkeit preiszugeben und daß er sich werde begnügen müssen, sie vom Rande des Platzes aus mit den Blicken zu verfolgen. Und tatsächlich, die Schritte hinter ihr verstummten, doch nach wie vor war es ihr untersagt, den Kopf zurückzuwenden und sich zu vergewissern: der Nacken schmerzte vor der Anstrengung, dem Gelüste zu widerstehen, und es brachte auch keine Erleichterung, als das Fräulein nach oben schaute, wo Gott wohnte und die Zirruswölkchen zogen. Dennoch war es ein kleiner Dank, weil die Gefahr vorüber war.

Wie sie jedoch in die Kirche eintrat und eben ihren Platz erreichen wollte, spürte sie wieder das Ziehen im Nacken, spürte, daß der Blick auf ihr brannte. Unschlüssig blieb sie stehen, es war ein Frevel an Gott, verunreinigt durch den Blick eines Gottlosen, gebannt von diesem Blick, dem sie sich nicht entziehen und den sie nicht vergessen konnte, der Andacht beizuwohnen. Der Raum war voller Menschen, sie war ohnehin zu spät gekommen, ein Entweichen war durchaus möglich. Das Fräulein schob sich langsam zwischen den Menschen vorwärts und zum Seitenschiff hin, wo auf den Steinfließen die Tritte, ging man auf den Zehenspitzen, weniger dröhnten als auf dem mit Brettern belegten Boden des Mittelschiffs. Dann schlich sie an den Pfeilern vorbei und gelangte zu dem Seitenausgang, der früher von den Fürstlichkeiten benützt worden war, drückte die mit Leder gepolsterte Pforte lautlos auf, und als sich diese mit einem leisen, ein wenig atemlosen Seufzen sanft hinter ihr schloß, da atmete auch sie sanft auf, und sie griff an ihren Nacken, sei es um dort etwas wegzuwischen, sei es um die schmerzende Stelle zu reiben. Sie befand sich in dem kleinen Hof zwischen der Kirche und dem Seitenflügel des Schlosses, und, welche Erlösung, hier war sie wirklich ganz allein. Eine Art Vorhalle ohne Dach, streng und festlich, lag der kleine Hof da mit seinem großen, so außerordentlich ebenen und gefügten Quaderpflaster, und der Sperling, der zögernd darauf herumhüpfte, hatte hier eigentlich nichts zu schaffen. Gäbe es eine Bank, so könnte man hier bleiben, obwohl der gedämpfte Choral, der jetzt aus der Kirche heraus klang, wie eine Mahnung war. Zögernd trat das Fräulein durch die nicht minder festliche, nicht minder strenge offene Doppelarkade, die auf den Schloßplatz hinausführt, und beinahe listig ließ sie die Augen um den Platz kreisen. Der Photograph war noch immer da, beim Monument stand ein offenbar fremdes Ehepaar, drüben gingen einige Frauen. Sonst niemand. Sie hatte also den Verfolger überlistet, sie hatte sogar Gott überlistet, da sie nun dorthin schaute, wohin sie vordem nicht schauen durfte, sie hatte einen Bogen geschlagen, um nach rückwärts schauen zu dürfen, und es war gelungen. Nein, jetzt war niemand mehr hinter ihr, obwohl der Nacken noch immer schmerzte, obwohl sie noch immer den Blick, den brennenden, im Nacken spürte, [und] als wollte sie sich ein für allemale schützen, als wollte sie die Gefahr aller Ungewißheit, aller Dunkelheit, die rückwärts liegt, für immer bannen, lehnt sie sich an den Pfeiler zwischen den beiden Torbogen, oder richtiger, sie nähert sich ihm soweit, daß sie die strahlende Kühle des beschatteten Mauerwerks im Rücken fühlt. Darf sie hier nicht lehnen und den schönen Platz betrachten? darf sie hier nicht lehnen an der Grenzscheide zwischen der Dunkelheit des schattigen Hofes hinter ihr und dem besonnten Platze, der vor ihr sich dehnt? darf sie dies nicht? viele Leute haben von hier oder daneben von den Kirchenstufen aus den Platz schon betrachtet, haben hinübergeschaut zu den Gärten, deren Alleen im Abhang des Hügels sich verlieren und nun kommt auch das Ehepaar vom Monument herüber: ihre Beine gehen nebeneinander, vier Beine, die zwei Körper und zwei Köpfe tragen; in der Hand des Mannes ist ein roter Bädeker. Der Apparat des Photographen steht auf drei Beinen, und das gekrümmte Bein des Pferdes auf dem Monument schlägt in die Luft, schlägt in den lichtblauen Himmel, der über den Gärten tief sich herniederwölbt, angesaugt von der Erde, die im Grenzenlosen sich verliert. Der amerikanische Ehemann schläg den Bädeker auf, jetzt blickt auch seine Frau hinein, blickt auf Buchstaben, an denen ihre Blicke sich treffen.

Das Fräulein steht an den Pfeiler gelehnt, und falls sich

der Verfolger in dem kleinen Hof befinden sollte – er tut es aber nicht, oh, er tut es gewiß nicht – so kann er sie nicht sehen, der Pfeiler deckt sie vollständig. Aber nun läßt sie die Hand mit dem Gebetbuch sinken, und, weil sie ein wenig schwach sich fühlt, greift sie nach der Kante des Pfeilers, sie berührt die kühle Kante nur ein wenig, nur mit dem kleinen Finger und wohl auch ungeschickt, denn das Gebetbuch in seinem schwarzen Deckel klafft dabei auf, und wenn der Verfolger gute Augen hätte, er könnte mit seinem roten Blick nicht nur den Finger und das aufgeklappte Buch an der Pfeilerkante sehen, sondern auch die Buchstaben entziffern. Rasch zieht das Fräulein die Hand und das Buch zurück.

In dem Torbogen zwitschern Sperlinge. Das Ehepar kommt näher; sie sind verheiratet und daher sozial gleichgestellt. Sie kommen, um den ovalen Platz zu betrachten und um des fürstlichen Erbauers zu gedenken; für sie ist Ordnung und sie haben soeben aus ihrem roten Buch erfahren, daß dies eine schöne Architektur sei. Der Verfolger in dem Hofe ist ein Mensch mindern Standes, und dennoch kann man ihm nicht enteilen, dennoch ist man hier gebannt an den Pfeiler gleich einer Bettlerin. Das Fräulein hat nun das Gebetbuch wieder an den Leib gepreßt, aber sie weiß zugleich, daß das Herz, gegen das sie das Buch preßt, die Worte nicht zu entziffern vermag, daß nichts als Buchstaben auf den weißen Seiten zwischen den schwarzen Deckeln stehen. Das Rund des Himmels spiegelt sich im Rund des Platzes, das Rund des Platzes spiegelt sich im Kreise um das Monument, der Gesang der Engel spiegelt sich im Gesang, der aus der Kirche heraustönt, und die Kirchenlieder sind in dem Buche an ihrem Herzen, aber man muß wissen, daß es so ist, man muß wissen, daß Gott im Fürsten sich spiegelt und der Fürst in dem Sterblichen, der den Platz überquert: weiß man es nicht, dann ist das Rund um das Monument niemals der Himmel, ist das Wort im Gebetbuch niemals der Gesang der Engel, dann dürfen die Kinderwagen durch das Portal des Parks geführt werden, und, schändlicherweise, es stört niemanden. Schwarz sind die Kinderwagen, so schwarz wie der tote Blick des schwarzen Photographenapparates, der alles im Bilde festhält, festhält, damit nicht eines in das andere stürze, damit Erde und Himmel geschieden bleiben, wie Gott am ersten Tage es befohlen hat.

Doch ist nicht jede Wolke schon Mittlerin zwischen Erde und Himmel? löst sie nicht die Erde auf, zieht sie nicht den Himmel herab, auf daß sein Rund sich dränge zwischen die Häuser und die Mauern der Plätze, sie zu sprengen, das sträfliche Rund der Nachahmung? Weiß sind die Mauern, weiß die Wolken, die dem schwarzen Gewölke voranfliegen, schwarz die Bücher und ihre Worte, doch rot und brennend ist der Blick, der herausbricht aus der Höhle der Dunkelheit, einsaugend das Ich immer weiter zurück durch das lärmende Tor des Todes, immer weiter zurück in die brennende Kälte der Finsternis. Es verschlingen sich die geraden Wege des Parkes, schlagen Bogen um Bogen, sie verschlingen sich zu einem unzüchtigen Knäuel, in dem alles gleich ist, und einander verschlingend, fressen sie einander auf, stets aufs neue einander gebärend. Da nützt kein Wachtposten, da nützt es nichts, daß ein rotes Buch das Brennende zu spiegeln trachtet, denn die Spiegelung des Großen im Kleinen ist aufgehoben, es ist das Schöne und die Schönheit aufgehoben, es jagen die Pferde der Monumente aus der Schönheit ihrer Erstarrung und sie fliegen davon, es ersticken die Lungen der Menschen in den Hallen der Kirche, kein Bild kann mehr festhalten, was geschieht, da das Geheimste nunmehr hervorbricht, sich über die öffentlichen Plätze zu ergießen. Und nicht achtend, daß der Verfolger sie nunmehr packen würde, ihre Arme nehmen und sie zurückreißen wird, zu sich und in seine Tiefe, breitet das Fräulein die Arme aus, ja sie greift nach rückwärts, und, angepreßt, angeklebt an den Pfeiler, der nun ihr einziger Halt ist, klammert sie sich an ohne Rücksicht darauf, daß sie ihren dunklen Mantel an der Mauer beschmutzte. Das Zwitschern der Sperlinge im Torbogen wird immer ärger, es ist zu einem pfeifenden Sausen angeschwollen, und es ist, als wäre aller Schatten von der Welt abgelöst worden, der Schatten weggeflogen, Welt, die nicht mehr Welt ist, in unerträglicher Nacktheit zurücklassend.

Doch das fremde Ehepar, vierbeinig noch immer, war jetzt bei den Kirchenstufen angelangt, und, immer den entfalteten Plan des Bädekers in der Hand, schickten sich die beiden

sogar an, in den Hof einzudringen. Vielleicht war es gleichgültig geworden, wenn dies nun geschähe und wenn die
Menschen das Geheimnis und die Schande des siegenden
Verfolgers dort entdeckten, es war wohl gleichgültig, denn es
gab keinen Schatten mehr, und selbst der Hof, in dem jener
stand und befahl, ein Mann niederer Herkunft, und doch in
der Mitte des Hofes ragend wie ein Monument, selbst der
Hof war jetzt des Schattens entblößt. Aber vielleicht auch,
um den Verfolger zu schützen, vielleicht um mit ihm zu
flüchten, ehe es zu spät sein würde, vielleicht, um ihn in einem
Schrank zu verstecken, löste sich das Fräulein mit großer
Anstrengung von der Mauer los und wandte sich dem Hofe
zu.

Der lag schattig und leer da, so wie sie ihn verlassen hatte,
und der Sperling saß noch immer auf den Fließen. Die Mauern umschlossen das Geviert, streng und kühl, gleichsam eine
freundlich helle Verdunklung des Tages, und für einen Menschen niedern Standes oder einen Kommunisten war hier
kein Raum. Das Fräulein wandte sich zum Schloßplatz zurück: der breitete sich vor der weit ausladenden Bedächtigkeit der Gebäude im schönen großen Oval und spiegelte, ein
abgeschlossenes Erlebnis, das Rund und die friedvolle Stille
des Himmels, die Schatten der Türme reichten jetzt nur mehr
knapp bis zum kleinen Oval des Monuments, auf drei Beinen
stand das Pferd des Kurfürsten in schöner Starrheit, auf drei
Beinen stand das Stativ des Photographen, und von schwarzen schnurgeraden Schatten gesäumt, dehnten sich die Alleen des Parks den Hügel abwärts, überwölbt von der lichtblauen Kuppel, an der die Zirruswölkchen langsam dahin-
glitten, – Reinheit, die über alle Unreinheit geschichtet ist.

Aus der Kirche drang der Choral. – Und das Fräulein,
erfüllt von Treue, durchschritt den kleinen Hof und betrat
die Kirche durch die gleiche Türe, durch welche ehedem die
großherzogliche Familie ihren Einzug in das Gotteshaus
gehalten hatte und durch die sie, so Gott will, unablässig
einziehen wird. Kein Teil der Seele des Fräuleins brauchte
mehr mit einem andern zu sprechen, so einstimmig klangen
die Teile ineinander, kaum daß das Fräulein, süßer Hoffnungslosigkeit voll, an sich selbst zu denken vermochte: es
schlug das Gebetbuch auf.

*Ein Abend Angst*
*Novelle*

Unter dem gestreiften Sonnensegel, das auch jetzt bei Nacht ausgespannt ist, stehen die leichten Korbtische und die Korbstühle. Zwischen den Häuserreihen, durch die jungbelaubten Kronen der Alleen streicht der leise Nachtwind, man könnte meinen, der käme vom Meer. Aber es ist wohl nur das feuchte Pflaster; der Sprengwagen ist soeben durch die leere Straße gefahren. Ein paar Ecken weiter liegt der Boulevard, von dort hört man das Hupen der Autos.

Der junge Mann war vielleicht schon ein wenig angetrunken. Ohne Hut, ohne Weste ist er die Straße heruntergekommen; er hielt die Hände im Gürtel, damit der Rock weit aufklaffe und der Wind möglichst bis zum Rücken gelange: das war wie ein lau-kühles Bad.

Der Boden vor dem Café ist mit leicht stickig riechenden, braunen Kokosmatten belegt. Ein wenig unsicher wand sich der junge Mann zwischen den Korbstühlen hindurch, streifte da und dort einen Gast, lächelte entschuldigend und gelangte zu der offenstehenden Glastür.

Im Lokal war es womöglich noch kühler. Der junge Mann setzte sich auf die Lederbank, die unter der Spiegelreihe die Wände entlang lief, er setzte sich mit Bedacht der Türe gegenüber, damit er die kleinen Windstöße sozusagen aus erster Hand in die Lunge bekäme. Daß das Grammophon auf dem Bartisch gerade jetzt sein Spiel abbrach, ein paar Augenblicke lang zischte es noch kreiselnd und dann überließ es das Lokal seinen eigenen stillen Geräuschen – das war unangenehm boshaft, und der junge Mann schaute auf das blauweiße Schachbrett des Marmorfußbodens. Ein Glas dunkles Bier stand vor ihm, und die Bläschen des Schaumes dehnten sich und zerplatzten.

Am Nebentisch, gleichfalls auf der Lederbank, saß jemand. Es wurde ein Gespräch geführt. Aber der junge Mann war zu faul, den Kopf hinzuwenden. Es waren eine fast knabenhafte männliche Stimme und die Stimme einer Frau. Ein dickes und dunkles Mädchen muß das sein, dachte der junge Mann, guttural-mütterlich ist sie. Aber jetzt sah er absichtlich nicht hin.

155

Die männliche Stimme sagte:

»Wieviel Geld brauchst du?«

Als Antwort kam ein guttural dunkles Lachen.

»So sag mir doch, wieviel du brauchst.« (Stimme eines gereizten Knaben.)

Wieder das dunkle Lachen. Der junge Mann denkt: Jetzt hat sie nach seiner Hand gegriffen. Sodann hört er:

»Woher hast du denn soviel Geld? . . . und selbst wenn du's hättest, von dir nähme ich es nicht.«

Der junge Mann schaut auf den Marmorfußboden. Reste von Sägespänhäufchen sind noch sichtbar, sie verdichten sich um die Grundplatten der gußeisernen Tischfüße zu kleinen Dünen.

Nach einer Weile denkt der junge Mann: Wahrscheinlich ist ihr mit hundert Franken geholfen; ich habe noch zweihundert, ich könnte ihr also hundert geben.

Dabei hat er das Gespräch daneben verloren. Jetzt hört er wieder hin. Die Knabenstimme sagt:

»Ich liebe dich ja.«

»Eben deshalb darfst du nicht von Geld sprechen.«

Der junge Mann denkt: Beide schicken sie ihre Stimmen aus, aus ihrer beider Münder kommt der Atem mit der Stimme, über ihren Tisch hin fließen Atem, fließen die Stimmen zusammen, sie vermählen sich, das ist das Wesen eines Liebesduetts.

Und richtig hört er wiederum:

»Ich liebe dich ja.«

Ganz leise kommt es zurück:

»Oh, mein Kleiner.«

Jetzt küssen sie sich, denkt der junge Mann. Es ist gut, daß drüben kein Spiegel ist, sonst würde ich sie sehen.

»Noch einmal«, sagt die tiefe Stimme der Frau.

»Brauchst du das Ganze auf einmal? . . . in Raten könnte ich es schon aufbringen.«

»Lieber stürbe ich, als daß ich von dir Geld annähme.«

Hallo, denkt der junge Mann, das ist falsch; so spricht eine mütterliche Frau nicht, mit mir dürfte sie nicht so sprechen; sie will ihm das Geld doch wegnehmen. Und dann fiel ihm ein, daß man den Knaben vor dieser Frau schützen müsse. Aber weil er schon einiges getrunken hatte, vermochte er den

Gedanken nicht weiter zu verfolgen; er hatte nun auch das Bier mit einem Zug geleert und fühlte sich ein wenig übel. Um die Magengegend fühlte er sich kalt, das Hemd klebte, und er holte tief Atem, um die vorherige Behaglichkeit wiederzugewinnen. Es wäre gut, eine mütterliche Frau an der Seite zu haben.

Wenn ich mich umbringe, dachte er plötzlich, so gehe ich mit gutem Beispiel voran und der Kleine ist von ihr befreit.

Hinter der Bar bewegte sich eine ältliche Person in einem nicht sehr reinen rosa Kleid. Wenn sie mit dem Kellner dort sprach, dann sah man ihr Profil und zwischen Ober- und Unterkiefer ergab sich ein Dreieck, das sich öffnete und schloß.

Ich bin froh, daß ich die Frau neben mir nicht sehen muß, dachte er, und dann halblaut sagte er unversehens:

»Man kann sich ruhig umbringen.«

Das hatte er gesagt, er war darüber selbst erschrocken, aber nun erwartete er, daß seine Stimme sich mit den Stimmen jener beiden verflechten werde, und er maß aus, an welchem Punkte der Luft vor ihm dies geschehen könnte, so etwa zwei Meter vor seinem Tisch mußten sich die Linien der Stimmen treffen. Jetzt wird es ein Trio, dachte er, und er horchte, wie sich die beiden dazu verhalten würden.

Aber sie hatten es wohl nicht beachtet, denn die Frau sagte halb spielerisch, halb ängstlich:

»Wenn er jetzt käme!«

»Er würde uns töten«, sagte die Knabenstimme, »aber er kommt nicht.« Die beiden reden Mist, dachte der junge Mann, jetzt ist mir wohler, ich will jetzt einen Schnaps, und als der herbeigerufene Kellner kam, sagte er etwas deutlicher als zuvor:

»Jetzt kommt er.«

Aber die beiden gaben wieder nicht darauf acht, obwohl sie es möglicherweise doch gehört hatten, denn nun sagte die Frau:

»Vielleicht wäre es doch besser, wegzugehen.«

»Ja«, sagte der junge Mann.

»Nein«, sagte daneben die Knabenstimme, »das wäre sinnlos ... wir können ihn ebensowohl auf der Straße treffen.«

Dort stehen Polizisten, dachte der junge Mann, und laut setzte er hinzu:

»Und hier bin nur ich.«

Doch die Frau sagte:

»Auf der Straße kann man davonlaufen.«

Sie hat mich doch gehört, dachte der junge Mann, aber sie enttäuscht mich, eine mütterliche Frau läuft nicht davon. Jetzt habe ich wieder Durst, was könnte ich noch trinken? Milch? Kellner, noch ein Bock, wollte er sagen, aber es war, als müßte er seine Stimme aufsparen, und so wartete er vorderhand. Dagegen rief die Frau am Nebentisch den Kellner, und es war ein Beweis für die vollzogene Verflochtenheit der Stimmen, als sie nun verlangte:

»Eine heiße Milch.«

Ich sollte weggehen, sagte sich der junge Mann, ich werde immer tiefer in dieses Schicksal verflochten, es geht mich nicht an, ich bin allein, er aber wird uns alle töten.

Der Kellner hatte eine spiegelnde Glatze. Wenn er unbeschäftigt war, lehnte er an der Theke und die Kassiererin mit auf- und zuklappendem Gebiß sprach mit ihm. Es war gut, daß man nicht verstand, was ihre Stimmen redeten.

Knäuel der Stimmen, die sich ineinander verflechten, die einander verstehen und von denen doch eine jede allein bleibt.

Nun sagte die Knabenstimme am Nebentisch:

»Oh, wie ich dich liebe . . . wir werden uns immer verstehen.«

»Das ist meine Angelegenheit«, sagte der junge Mann, und er dachte: ich bin besoffen.

Die Frau aber hatte geantwortet:

»Wir lieben uns bis zum Tode.«

»Er wird schon kommen und schießen«, sagte der junge Mann und war sehr befriedigt, weil er den Reflex der Mittellampe auf der Glatze des Kellners entdeckt hatte.

»Ich werde dich schützen«, sagte es nebenan.

Das hätte nicht er, das hätte sie sagen müssen, dachte der junge Mann, so ein kleiner blonder Bursch kann niemanden schützen, ich werde ihm eine herunterhauen und zur Mutter nach Hause schicken; es ist lächerlich, so einen Jungen ermorden zu lassen.

»Wir werden uns an den Händen halten«, sagte nun die Frau.

Ein Mann war hereingekommen, ein etwas dicklicher Mann mit schwarzem Schnurrbart; ohne ins Lokal zu schauen, hatte er sich an die Bar gelehnt, die Zeitung aus der Tasche gezogen, und während sein Vermouth neben ihm stand, begann er zu lesen.

Der junge Mann dachte: sie sehen ihn nicht. Und laut sagte er:

»Jetzt ist er da.«

Und weil sich nichts rührte, und auch der Mann an der Bar sich nicht umdrehte, rief er überlaut:

»Kellner, noch ein Bock.«

Der Wind draußen war stärker geworden, die herabhängenden Zacken des Sonnendaches bewegten sich, und wer an den Korbtischen dort Zeitung las, mußte oftmals die Blätter mit einem kurzen, knisternden Schlag glätten.

Er hält die Zeitung verkehrt, dachte der junge Mann, aber das schien doch nicht zu stimmen, denn der Gast an der Theke unterhielt sich mit dem Fräulein offenbar über den Inhalt des Gelesenen; zumindest schlug er oftmals wie empört mit dem Handrücken und mit den Fingerknöcheln gegen eine bestimmte Stelle des Blattes.

Er liest schon seinen eigenen Prozeß, dachte der junge Mann, und er ist darüber empört. Es ist sein gutes Recht, sie zu töten, uns alle zu töten. Und der junge Mann starrte auf die Stelle, an der sich seine Stimme mit denen der beiden verflochten hatte, verflochten, um sich immer wieder dort zu verflechten.

»Wir sind hier«, sagte er schließlich.

»Wenn ich das Geld aufbringe«, sagte die Frau, » . . . er ist käuflich.«

»Ich werde zahlen«, sagte der junge Mann, »ich . . .« und er legte einen Hundertfrankenschein auf den Tisch.

Das Blut auf dem Marmorboden wird aufgewaschen und Sägespäne werden darüber gestreut werden.

»Ich will nicht, daß du Sorgen hast«, sagte die Knabenstimme, »ich . . .«

»Ich will zahlen«, sagte angeekelt der junge Mann, und starrte auf den Punkt der Verflechtung in der Luft. »Hier«, rief er, erwartend, daß der Mann an der Bar sich endlich umdrehen und einen Schrei des Erkennens ausstoßen werde, einen Schrei, der mit den anderen Stimmen an diesem Punkt sich treffen werde.

Doch nichts geschah. Sogar der Kellner kam nicht, der war draußen auf der Terrasse beschäftigt, seine weiße Schürze wurde von der auffrischenden Brise hin- und hergeweht. Der Mensch an der Bar aber sprach ungerührt mit dem Fräulein weiter, der er das Zeitungsblatt hinübergereicht hatte.

Die Frau am Nebentisch sagte:

»Ich mache mir keine Sorgen, aber meine Füße und Hände sind schwer, wenn er käme, ich wäre wie gelähmt . . .«

»Man kann nicht fortgehen . . .«, sagte der junge Mann.

»Wir wollen heute nicht mehr daran denken«, sagte die Knabenstimme.

»Es nützt nichts . . .«, erwiderte der junge Mann, und er fühlte, daß sein Gesicht blaß war und wie der Schweiß auf seiner Stirne stand.

»Oh, mein süßer Freund . . .«, sagte nun leise die Frau.

Der junge Mann nickte. Nun nimmt sie Abschied. Der Mensch an der Bar hat nun auch wirklich den Revolver hervorgezogen und zeigt dem Kellner, wie die Waffe funktionieren wird. Die Sache mit der Zeitung war also Vorbereitung gewesen, eine sehr richtige Vorbereitung, warum soll nicht alles einmal verkehrt ablaufen?

Um den Kellner abzulenken, rief der junge Mann:

»Noch ein Bock«, und dabei schwenkte er die Hundertfranknote, um sie dem Schützen zu zeigen. Aber der kehrte sich nicht daran, sondern schraubte an der Waffe weiter herum, um sie schußbereit zu machen.

Das Fräulein setzte eine Reihe Gläser auf den Bartisch, eine Kette von Gläsern, und immer, wenn sie eines hinstellte, klirrte es leise und klingend. Der Revolver knackte. Die Instrumente werden gestimmt, dachte der junge Mann, wenn alle Stimmen zusammenklingen, dann ist der Augenblick des Todes da.

»Schön ist heute die Nacht unter den Bäumen, unter den klingenden Sternen«, sagte die sanfte Stimme der Frau.

»Unter den klingenden Sternen des Todes«, sagte der junge Mann, und wußte nicht, ob er es gesagt hatte.

160

Die Knabenstimme aber sagte:

»In einer solchen Nacht könnte ich an deiner Brust sterben.«

»Ja«, sagte der junge Mann.

»Ja«, sagte die Frauenstimme ganz tief, »komm.«

Und nun bewegte sich der Mensch an der Bar, ganz ohne Eile und ganz langsam bewegte er sich. Er nahm erst das Zeitungsblatt aus den Händen der Kassiererin zurück, und nochmals schlug er bekräftigend auf die Stelle, die von seinem Prozeß berichtete. Hierauf wandte er sich langsam zum Lokal und sagte laut und deutlich:

»Die Exekution kann beginnen.«

Seine Stimme war weich und doch abgehackt. Sie trug bis zu dem Punkt der Verflechtung, bis zu diesem Punkt, auf den der junge Mann mit aller Anstrengung hinstarrte, und dort blieb sie hängen.

Der junge Mann aber sagte: »Nun ist die Kette geschlossen.«

Und wohl, weil es galt, die gebannten und gelähmten Blicke aller Anwesenden auf sich zu ziehen, hob der Mensch an der Bar mit großer runder Geste den Revolver, er hob ihn empor und dann verbarg er ihn hinter seinem Rücken. So kam er näher. Man hörte seinen Atem. Selbstverständlich ging er auf den Nebentisch los, ja das war selbstverständlich. Und weil nun der Augenblick der Katastrophe da war, weil die rücklaufende Zeit das Jetzt nun erreicht hatte, um an diesem Punkte des Todes zur Vergangenheit zu werden, da gestattete sich der junge Mann, den Traum aufzudecken, ehe er endgültig in ihn versinken sollte, und den daherkommenden Menschen verfolgend, blickte er zum Nebentisch.

Der Nebentisch war leer, das Paar war verschwunden. Und gleichzeitig begann das Grammophon, den »Père de la Victoire« zu spielen.

Der Kellner war dem Menschen gefolgt. Der junge Mann hielt ihm den Hundertfrankschein hin:

»Haben die Herrschaften, die hier saßen, gezahlt?«

Der Kellner sah ihn verständnislos an.

»Ich wollte nämlich auch für sie bezahlen.«

»Alles ist bezahlt, mein Herr«, sagte der Kellner.

Der Fremde sagte mit seiner weichen und eigentlich fettigen Stimme:

»Seien Sie doch nicht so ehrlich, mein Freund.«

Ich bin wirklich besoffen, dachte der junge Mann, zum Sterben besoffen.

Die Kassiererin begann nun die Gläserreihe zu reinigen. Sie nahm ein Glas nach dem andern, es klirrte klingend, und jedes Glas spiegelte die Lichter des Lokals. Doch der Wind draußen war abgeflaut.

## Die Heimkehr
### Erzählung

Vor der Reihe der Hoteldiener im Bahnhofsvestibül wurde er unschlüssig.

Er ging an ihnen vorbei und gab seine Koffer in der Gepäckaufbewahrung ab. Draußen regnete es. Ein dünner, beinahe zarter Sommerregen, und hauchdünn schien die Wolkendecke, die den Himmel unterwölbte. Drei Hotelomnibusse, zwei blaue und ein brauner, standen vor dem Bahnhof.

A., von der Fahrt ein wenig benommen, überquerte den körnig glänzenden Asphalt und befand sich am Rande einer Gartenanlage; ohne viel nachzudenken, wandte er sich nach links, dem Gehsteig folgend, der die Anlage säumte. Erst sah er bloß das feuchte Gras und die Sträucher zu seiner Rechten, oder besser, er roch sie, leicht hingegeben der plötzlichen Gelöstheit, die in der feuchten Luft flutete, und da die Äste eines Strauches über den eisernen Zaun ragten, griff er ins feuchte Gelaub und ließ es durch die Finger gleiten. Es dauerte eine Weile, bis er sich so weit gesammelt hatte, daß er sich orientieren konnte.

Hinter ihm also lag der Bahnhof und bildete die Basis eines Platzes, der, ein langgezogenes gleichschenkeliges Dreieck, mit seiner Spitze zur eigentlichen Stadt hinwies, um wie ein Trichter den freilich jetzt nicht vorhandenen, zu anderen Tageszeiten aber vielleicht stattfindenden Verkehr in eine der Hauptstraßen dort einzugießen. Das stand mit dem feuchten Wetter in einem angenehmen und ruhigen Einklang, und der

Ankömmling hätte sich ohne weiteres in einem stillen englischen Badeort wähnen können. Denn dieser Platz, den man zweifellos zur Zeit des Bahnbaues, sohin zwischen 1850 und 1860, angelegt hatte, trug – trotz aller unverkennbaren städtebaulichen Voraussicht – die Spuren jener strengen Grazie, die als ein letzter Nachklang des Empire es zuwege brachte, das neue technische Zeitalter mit den alten höfischen Aspekten spielerisch zu vermengen, weil die Herrschaft des einen noch nicht verklungen, die des andern noch nicht völlig in Kraft getreten war. Und so erweckte dieser Platz den Eindruck eines zwar kühlen, dennoch festlichen Vorraums, der Prächtigeres erwarten ließ. Beinahe gleichförmig und ausnahmslos zweistöckig gebaut, zeigten die beiden Häuserreihen an den Schenkeln des Dreiecks den unaufdringlichen, zurückhaltenden Stil jener Zeit, und da man die Rasenflächen der Gartenanlage wohlweislich in sanfter Mulde vertieft hatte, erhoben sich die Häuser wie am Ufer eines grünen Teiches, von diesem bloß durch die beiden Zufahrtsstraßen getrennt, deren still-aristokratisches Gepräge – nun waren auch die mit dem Zuge angekommenen Leute verschwunden – jetzt erst richtig in Erscheinung trat: ganz selten fuhr ein Auto vorüber, und schließlich kam gar eine Droschke einhergezackelt.

Zwei symmetrische s-förmige Fußwege durchschnitten das Dreieck der Gartenanlage. An ihrer Kreuzung stand ein Kiosk, überhöht von einer großen Uhr, die ihre drei Zifferblätter den drei Straßenseiten des Platzes zukehrte. Die Zeiger bewegten sich in Minutenspüngen; 17.11 konstatierte A. und verglich es mit seiner Armbanduhr; 17.11, Grenzscheide zwischen Nachmittag und Abend. Und plötzlich hatte er jede Lust verloren, mehr von dieser Stadt zu sehen. Was hinter diesem Bahnhofsplatz noch liegen mochte, das war gleichgültig geworden. Es war, als sei der Bahnhof bloß für diese dreieckige Siedlung gebaut, als würden die Züge bloß für deren Einwohner hier halten. Alles andere mußte mit Omnibussen weiterbefördert werden. Und A. hatte mit einem Male den starken Wunsch, zu jenen Einwohnern zu zählen.

Er betrachtete die Häuser. Es fand sich kein Hotel darunter, ja, nicht einmal Geschäftsläden gab es hier. Auch dies war in Ordnung. Wenn er nicht irrte, hatte er einen Gasthof

163

gleich bei der Bahn bemerkt, aber der gehörte schon nicht mehr zum Platz, Fenster und Eingang waren der Bahn zugekehrt gewesen. Wollte man hier auf dem Platze wohnen, wollte man Fenster haben, die hinausschauen auf die grüne feuchtglänzende Fläche des Rasens, wollte man an diesen Ufern weilen, so hieß es auf jene Bequemlichkeit verzichten, mit der einem bei der Ankunft im Hotel die Sorge um das eigene Schicksal abgenommen wird. Vor allem mußte man wohl die beiden Häuserzeilen abgehen und suchen, ob nicht irgendwo ein Vermietungszettel heraushänge; das war sicherlich nicht bequem, doch A. hatte nun einmal, da er von der Reihe der Hoteldiener abgeschreckt worden war, auf Bequemlichkeiten verzichtet, und er mußte nun wohl oder übel die Konsequenzen daraus ziehen.

A. begab sich also auf die systematische Suche. Er ging bis zur Spitze der Anlage, warf einen schnellen Blick in die dort beginnende Hauptstraße und schritt dann langsam die linke Häuserzeile entlang dem Bahnhof zu, wobei er jedes Tor genau nach Vermietungsanzeigen musterte. An der Dreiecksbasis angelangt, benutzte er den dort ansetzenden s-förmigen Weg durch die Anlagen, kam wieder zur Spitze und nahm von hier aus die rechte Häuserzeile in Angriff, um sodann durch die Anlage hindurch neuerlich zur Spitze zurückzukehren. Dieses Spiel wiederholte er zweimal, konnte aber trotz solch doppelter Musterung keinen einzigen Zettel entdecken. Sollte er nochmals beginnen, ein drittes Mal sich vergewissern? Durfte er es bei zwei Malen bewenden lassen? Und irgendwie war es ihm recht, daß er nichts gefunden hatte, denn der Ekel vor fremden Wohnungen und berufsmäßigen Vermieterinnen war in ihm aufgestiegen, je mehr er sich mit diesen Häusern befaßt hatte, er sah sie mit Hausrat angefüllt, mit Betten und Waschgeschirr, das von fremden Ahnen ererbt worden war, er sah das Konglomerat von Lebensmechanismen – ja, Konglomerat war der richtige Ausdruck hiefür –, das Konglomerat, das in all den Zimmern aufgeteilt, dennoch eine Ganzheit, diese beiden Häuserzeilen ausfüllte und um das grüne Dreieck sich staute.

Indes waren die Uhrzeiger auf dem Kiosk beinahe bis sechs vorgerückt, und auf der rechten Seite des Platzes begannen die Fenster golden zu schimmern. Denn der Regen war versiegt, der Wolkenschleier zerrissen, und metallisch hell glänzte das Grün der Bäume und des Gesträuchs. Nun belebte sich auch der Platz, offenbar weil jetzt die Angestellten aus den Büros strömten und weil um diese Zeit wohl auch ein Zug vom Bahnhof abging: zumindest sah man eine Anzahl von Leuten bahnhofwärts dahineilen. Aber schon gab es auch einige, die, von der Frische des Grüns angelockt, sich auf den Bänken niederließen, obwohl diese noch ein wenig feucht waren.

Ohne daß ihm die plötzliche Veränderung, die der Platz durch die Überschwemmung mit menschlichen Lebewesen erfahren hatte, recht zu Bewußtsein kam, fühlte A. sich nun selber verändert. Denn so isoliert die Seele des Menschen auch sein mag und so wenig es sie eigentlich angeht, daß sie in einem Leib wohnt, der mit Magen und Gedärm ausgestattet ist, und so gleichgültig es ihr auch zu sein hätte, daß andere derartige Geschöpfe gleichfalls auf der Erde sich befinden und einen abgeschlossenen Platz bevölkern, sie wird doch – sobald sie eines solchen Lebewesens ansichtig wird – in eine unbezwingliche, gleichsam unterirdische Verbindung mit ihm gesetzt, sie verliert ihre Einheitlichkeit, wird gleichsam zerdehnt und deformiert, aufgespalten zwischen Trauer und Glück im Bewußtsein des Irdischen und des Todes. Und A., der auf diesem zwar von Menschenhand und in nicht allzu ferner Vergangenheit gebauten Platz eine Stunde so tiefer Verwirrung verbracht hatte, daß er, entrückt seinem sonstigen Sein, schier hatte vermeinen wollen, es werde niemals mehr ein Bett zu finden sein, darin seinen Leib auszustrecken, er, der schier vermeint hatte, eines solchen Bettes auch niemals mehr zu bedürfen, er ging stracks auf den Kiosk unter der dreigeteilten Uhr zu, betrachtete die dort ausgehängten und vom Regen ein wenig weich gewordenen illustrierten Zeitschriften und kaufte ein Exemplar des in dieser Stadt erscheinenden Kreisblattes. Und beim Wechseln des Geldes fragte er die Verkäuferin, ob hier in der Nähe – denn sicherlich besorgten die Leute aus der Nachbarschaft ihre Zeitungen in diesem Kiosk – nicht ein passendes Zimmer zu vermieten wäre.

Das Mädchen im Innern des Kiosks dachte eine Weile nach und meinte dann, daß er wohl bei der Baronin W.

nachfragen könne, die (sie streckte dabei den Arm über den Verkaufstisch und wies auf ein Haus an der Ostseite) dort ihre Wohnung habe und von dieser ein oder zwei überflüssig gewordene Zimmer abgeben wolle, vorausgesetzt natürlich, daß dies noch nicht geschehen sei.

A., den Blick auf das Haus und die funkelnden Fensterscheiben geheftet, wunderte sich, daß er nicht von allem Anfang an dort nachgefragt hatte. Das Haus gehörte zu jenen, die in der wohlausgewogenen Reihe durch einen Balkon oberhalb der Haustüre ausgezeichnet waren, und gleichsam in einem zweiten Grade der Auszeichnung war eben dieser Balkon durch Blumenschmuck am Fuße des Eisengeländers auffällig gemacht worden: die roten Pelargonien leuchteten im Einklang mit dem funkelnden Glas, als sei die Seele zu lauterer Freude geboren, ja mehr noch, ewig vorhanden seit jeher und für immerdar. Das war natürlich nur Fassade, das wußte auch A., und er wußte nicht minder, daß hinter der hellsten, man möchte wohl sagen, zeitlosesten Fassade sich dunkle Gelasse befinden, er wußte wohl, daß es keine Farbe gibt ohne Substanz, die sie trägt, aber in all dem Wissen strömte – es lockernd und auflösend – die Bläue der Luft und die beglückende Abwandlung des Regenbogens, der bruchstückweise nun über den Platz sich spannte, vieladerig strömte in ihm solche Transparenz, die Dunkelheit und Unermeßlichkeit des Weltenraumes dahinter ahnen lassend: Skala, die das Dunkle und Irdische, das Substantielle und Geschlossene verbindet mit dem geöffneten Licht des Himmels und trotzdem wieder zur Dunkelheit des Unermeßlichen zurückleitet. Vielleicht wußte dies auch das Mädchen im Kiosk, und wenn sie es nicht selber wußte, so wußte es doch ihre Hand, denn die vielgelenkige, vieladrige, vielknochige Fingerhand, sie wies noch immer auf das Haus hin, unsichtbar zum Hause hin verlängert, unsichtbar die Einheit zwischen der toten Architektonik dort und der lebendigen Hand, ein Hinüber- und Herüberstrahlen, in dem die leuchtenden Pelargonien gleich sanften Vermittlern schwammen. So war also A. von mancherlei verborgenen Strömen getragen, da er zu dem Hause hinüberschritt, sein Ziel im Auge, und so wie ein jeder der hier wandelnden Menschen sein eigenes Ziel im Auge hatte und ein jeder auf seinem eigenen

Strom dahingetragen wird, so schritt er dahin in dem Gewebe der Ströme, er, ein nackter, vielknochiger, vieladriger, vielgelenkiger Mensch unter den mehrteiligen Kleidern, die auf ihm saßen.

Was zwischen den Stationen des Lebens liegt, wird zumeist vergessen. Doch während A. jetzt über die Straße schritt, den schütteren Strom der Leute, die zur Bahn eilten, durchquerend, da fiel ihm ein, daß er diesen Augenblick nie mehr vergessen und ihn zu jenen gesellen wolle, die er in der Stunde des Todes sich ins Gedächtnis rufen werde, ihn mit hinüberzunehmen in die Ewigkeit. Warum er eben diesen Augenblick auswählte, diesen fluktuierenden, kaum zu erhaschenden, anstatt eines erhabenen und festgefügten, das hätte er wohl nicht angeben können, denn die Leichtigkeit, mit der er die Straße überschritt, ein göttliches Überwandeln des erhabenen Regenbogens, diese Gelöstheit der Glieder, sie war zwar in sein Wissen gedrungen, drang aber nicht in die Überlegungen seines Bewußtseins, und hätte man ihn gefragt, woran er jetzt denke, er hätte wahrscheinlich von dem zu erwartenden Zimmerpreis gesprochen, oder er hätte versucht, sich des praktischen Zweckes zu entsinnen, um dessentwillen er in diese Stadt gekommen war. Aber das wäre ihm nicht gelungen, und nun schon gar nicht, denn es trat ihm aus dem Haustor eine Dame entgegen. Gleichsam wählend, welcher Strömung sie sich hingeben sollte, sah sie die Straßen hinauf und hinab. Oder war es etwa gar, weil sie den Gast erwartete, ihn einzuholen, ihn zu begrüßen? Und A. fand es natürlich, daß er sie nach der Baronin W. und dem vermietbaren Zimmer fragte.

Sie stutzte betroffen:

»Ja, meine Mutter . . .«, und dann fügte sie schroff hinzu: »aber wir vermieten jetzt nicht.«

Und ohne sich auf weiteres einzulassen, ja, ohne A. überhaupt zu bemerken, geschweige also seine Enttäuschung, verschwand sie wieder im Hause, als müßte sie zurückkehren, um die Wohnung vor dem Eindringling zu schützen.

Wäre dies vor einer Stunde geschehen, da noch der Regen herabgerieselt war, es wäre verständlich gewesen, jetzt aber fiel das Verhalten des Fräuleins – denn um ein Fräulein handelte es sich offenbar – in so aufdringlicher Weise aus dem gesamten Naturgeschehen, daß A. nicht daran glauben konnte. Entweder gab es noch verborgene Zusammenhänge innerhalb des Sichtbaren und Erfüllbaren, oder es mußte hier irgendein Irrtum, ein Beobachtungsfehler vorliegen. A. wagte sich in den Hausflur. Der war am andern Ende durch ein weißgestrichenes, verglastes Tor gegen einen Garten abgeschlossen, welcher in Hausbreite sich weit nach hinten erstreckte, weit genug, daß die weißen Bänke in seinem Hintergrund noch außerhalb der Schattengrenze sich befanden, von der Abendsonne berührt und feucht glänzend. Ein angenehmer Küchenduft, Zeichen der baldigen Abendmahlzeit, vermischte sich mit dem Geruch der weißgekalkten Wände im Stiegenhaus, und A. wußte auch, daß man bloß die Tür zum Garten öffnen mußte, damit der Geruch der abendfeuchten Erde und der Pflanzen gleichfalls hereinfließe. Das war alles so sehr in Ordnung, daß A. wieder voller Zuversicht wurde und kurzerhand die Treppe hinaufstieg.

Im ersten Stockwerk stand er vor einer ebenfalls weißgestrichenen Glastüre, und die trug den Namen des Freiherrn v. W. auf einer kleinen, sehr blanken Messingtafel. Die Messingbeschläge der Tür glänzten golden im Widerschein des Stiegenhausfensters, das auf den Garten führte, doch unter dem altmodischen messingnen Klingelzug war ein moderner elektrischer Druckknopf angebracht, und das störte die Einheitlichkeit. A. wartete ein wenig, und dann drückte er kurzentschlossen auf den Knopf.

Es dauerte ziemlich lange, bis geöffnet wurde. Eine alte Frau mit weißem Stubenmädchenhäubchen steckte den Kopf heraus.

»Ich komme wegen der Wohnung«, sagte A.

Das alte Stubenmädchen zog sich zurück. Nach ein paar Minuten erschien sie wieder und hieß ihn eintreten. A. fand sich in einem Vorraum, der mangels einer direkten Belichtung – es gab hiefür bloß die Eingangstüre und eine gegenüber befindliche, deren Glasscheiben mit Spitzenvorhängen dicht verhängt waren –, aber auch infolge der Überfüllung mit Möbeln einen unfreundlichen und düsteren Eindruck erweckte. Und daran änderte auch nichts, daß es nicht die üblichen Einrichtungsstücke eines Vorzimmers, sondern gute Stilmöbel waren, die man hier angehäuft hatte. Das

168

bejahrte Stubenmädchen machte sich in einem Winkel zu schaffen, um den Wartenden zu bewachen. Dann wurde sie der Diskretion müde, sie blieb einfach stehen und gesenkten Kopfes ließ sie den matten Blick an dem Fremden haften.

Hier roch es dumpfig; der gute abendliche Küchengeruch hatte also in einer andern Wohnung seinen Ursprung gehabt. A., der sich den Plan der Wohnung zurechtgelegt hatte, schloß, daß die Glastüre zu dem großen Mittelraum des Hauses führen und daß zu diesem der große, mit Pelargonien geschmückte Balkon gehören müsse, und er war voller Ungeduld, eintreten zu dürfen.

Hinter der Glastüre wurde gesprochen; zwei gedämpfte höfliche Frauenstimmen:

»Bei den gedrückten Zimmerpreisen . . . ich begreife nicht, daß du noch immer an die Vermietung denkst.«

»Es ist immerhin ein Beitrag.«

»Wir werden es in Reparaturen wieder dransetzen.«

»Oh, wir wollen doch nicht so pessimistisch sein.«

»Und ein Fremder in der Wohnung . . . wenn es wenigstens eine Dame wäre. Man wird sich ständig geniert fühlen.«

»Vielleicht ist es gut, männlichen Schutz zu haben.«

Nun wurde ein Stuhl gerückt.

»Ja, wenn ich dich nicht überzeugen kann . . .«

»Mein Gott, ein Versuch, ich verstehe nicht, daß du dich so wehrst.«

»Bitte, ich werde ihn hereinrufen . . . aber ich gehe, ich will damit nichts zu schaffen haben. Du mußt mich entschuldigen.«

Das war in aller Höflichkeit und Ruhe gesagt, obwohl vielleicht eine Unterschwingung von Zorn darin klang. Dann wurden Schritte hörbar, es ging eine Tür, und durch den schmalen Korridor kommend, der wahrscheinlich auch die Verbindung zur Küche herstellte, erschien das Fräulein im Vorzimmer. Die Dunkelheit des Raumes verhinderte sie, den Fremden sogleich zu erkennen. Mit einem kurzen, gleichmütigen »Bitte« gab sie dem alten Stubenmädchen die Weisung, ihn eintreten zu lassen, doch bei der Ausgangstüre bemerkte sie, wen sie vor sich hatte. Sichtlich überrascht und empört, fand sie nichts zu sagen als:

»Ich begreife nicht.«

A. verneigte sich:

»Ich meinte, daß ein Mißverständnis vorläge.«

»Meine Mutter würde sich aufregen, wenn Sie jetzt weggingen, aber ich empfehle Ihnen dringend . . .« Sie wollte weiterreden, indes das alte Stubenmädchen war vorgestreckten, aufmerksamen Gesichtes nähergeschlichen, und so schwieg das Fräulein; bloß mit einer kleinen, beinahe bittenden und heimlichen Geste deutete sie an, A. möge sein Quartier doch anderwärts aufschlagen. Allein gerade diese heimliche Verbundenheit erweckte in A. neue Zuversicht, Zuversicht, daß eine verborgene Gesetzlichkeit die kleinen Störungen des Weltgeschehens, von denen er in der letzten Viertelstunde betroffen worden war, bereinigen werde. Und obgleich er doch gehört hatte, daß das Fräulein mit der Vermietungsangelegenheit nichts zu tun haben wollte, ja, vielleicht eben deshalb brachte er den Mut zu der Frage auf, ob sie an der Unterredung nicht teilzunehmen wünsche.

Sie überlegte auch tatsächlich ein wenig; dann sagte sie kalt: »Ich hoffe, daß dies nicht notwendig sein wird«, und ging hinaus, während die Alte die Glastüre zum Mittelraum öffnete.

A. hatte sich nicht getäuscht; es war ein großer dreifenstriger Raum, der sich nach dem Balkon hin öffnete, durchleuchtet von der untergehenden Sonne. Am Fuße der Eisenbalustrade draußen glühte das Rot der Pelargonien zwischen den starken Blättern; schwarz war die Erde in den grüngestrichenen Blumenkisten. Hierher hatte die Hand des Mädchens gezeigt, und es war wundersam, daß er, der damals neben dem Kiosk gestanden und die unsichtbare Linie hier herauf verfolgt hatte, nunmehr ans andere Ende der Linie geraten war, herübergetragen von etwas, das mit dem Leib und den Beinen des Leibes, die das besorgt hatten, eigentlich kaum mehr eine Verbindung hielt. Und daß die alte Dame, die in einem Lehnstuhl beim Fenster saß und deren Profil sich dunkel gegen das blendende Licht abzeichnete, nun ihrerseits die Hand ausstreckte, sie ihm zur Begrüßung zu reichen, das war eine jener Übereinstimmungen, die ihn immer mehr verstricken wollten und die doch beglückend waren.

»Sie haben also die freundliche Absicht, bei uns zu mieten«, sagte die Baronin W., als er ihr gegenüber Platz genommen hatte.

Ja, dies beabsichtige er. Im Grunde war er von ihrer Anwesenheit gestört: er war gezwungen, sich ihr zuzuwenden, während seine Blicke lieber von dem Raum Besitz ergriffen hätten, der ordentlich mit blankem Parkettboden und vielerlei Möbeln und vielerlei Gegenständen um ihn herum sich aufbaute. Durch die geöffnete Balkontüre wehte das gemäßigte Geräusch des Platzes; das Zwitschern der Vögel in den Baumkronen war vernehmlicher als alles andere.

»Wurden Sie an uns empfohlen? . . . meine Tochter ist einer Vermietung überhaupt abhold . . . wenn Sie aber an uns empfohlen wären . . .«

»Ich bin dem gnädigen Fräulein bereits begegnet«, wich A. aus.

»So?« es klang etwas beunruhigt, »haben Sie mit ihr gesprochen? . . . wir leben sehr zurückgezogen, ich möchte beinahe sagen einsam.«

»Ich hatte den Eindruck«, sagte A., »und will selbstverständlich nicht störend in Ihre Gewohnheiten eindringen.«

»Meine Tochter fürchtet für meine Ruhe . . . sie nimmt allzuviel Rücksicht auf mich, ich bin noch nicht so alt.«

Kein Mensch ist alt. Die Jahre waren über das Gesicht und den Körper der Baronin dahingegangen, zeitlos jedoch sprach ihr Ich: ich bin nicht alt. Und zeitlos bewahrt das Gedächtnis das Gewesene. Es senkte der Abend sich rasch herab, doch wie zeitlos stehen die Möbel und die Wände der Räume, es blühen und verwelken die Pelargonien, sie werden im Winter vom Balkon hereingetragen, Schlaf senkt sich auf den Menschen, der Mensch geht durch die Räume seiner Behausung, er tritt zu seinem Bette, er geht durch die Behausung seines Schlafes, doch unabänderlich lebt sein Ich von Schlaf zu Schlaf, getragen von den Strömen und Linien, die herüberreichen über den Platz und über die Anlage, im Seienden gebundene Linien, trotzdem hinausführend in das Firmament des Regenbogens.

Die Baronin sagte:

»Seit dem Tode meines Mannes leben wir einsam.«

Er erwiderte:

»Ihr Heim ist überaus friedlich, Frau Baronin.«

Sonderbarerweise schien die Baronin den Kopf zu schütteln. Aber vielleicht war es bloß das Wackeln eines Greisenkopfes. Denn ohne näher zu antworten, erhob sie sich mühselig, so daß A. schon glaubte, es sei die Unterredung damit beendet, doch da er sich anschickte, seinen Abschiedsgruß anzubringen, sagte sie:

»Sie könnten auf jeden Fall die Zimmer besichtigen.«

Und gestützt auf ihren schwarzen Stock schritt sie zur Türe, betätigte die neben dem Türstock befindliche Klingel, schritt voran ins Vorzimmer, wo sich das alte Stubenmädchen zu ihr gesellte, und durch den in das Vorzimmer mündenden dunklen Korridor geleiteten die beiden Frauen den Gast in ein dämmeriges Gemach, dessen dunkle Möbel schwarz von der weißen Wand sich abhoben. Und als hätte man den Gast erwartet, stand auf der geblümten Kretonnedecke des runden Mitteltisches eine Vase, gefüllt mit frischen Korn- und Mohnblumen.

»Meine Tochter sorgt stets für Blumen«, sagte die Baronin, und dann befahl sie: »Marie, öffne das Fenster.«

Die alte Marie tat es, und alle Milde des Hausgartens schlug mit einem Male herein.

»Es ist stets unser Gastzimmer gewesen«, sagte die Baronin, »und daneben ist der Schlafraum.«

Nicht anders als führte sie einen Bräutigam in die Kammer der Braut, so huschte die alte Marie jetzt in den Schlafraum, und mit einer beinahe listigen Bewegung der gichtischen Hand lud sie ein, doch einzudringen und das Bett zu begutachten, auf das sie jetzt hindeutete.

Die Baronin war im ersten Zimmer stehengeblieben und rief nun herein:

»Marie, ist der Schrank leer und hast du ihn gründlich gereinigt?«

»Ja, Frau Baronin, der Schrank ist leer und auch das Bett ist bereits frisch bezogen.« Und dabei öffnete sie den einen der beiden Schränke, strich mit der Hand über ein Fach, um sich selbst und A. zu überzeugen, daß alles spiegelblank sei. »Kein Stäubchen«, sagte sie, indem sie ihre Finger betrachtete.

»Du sollst auch das Schlafzimmer lüften.«

»Ich bin ohnehin schon dabei, Frau Baronin«, und Marie setzte das Gespräch fort: »Ich habe beide Krüge mit frischem Wasser gefüllt.«

172

»Ja«, sagte die Baronin, der es offenbar schwer fiel, ein Lob zu äußern, »das ist schon recht, aber du kannst es abends nochmals wechseln.«

»Abends bringe ich einen Krug warmen Wassers«, übertrumpfte sie die Dienerin.

A. war inzwischen an das Fenster getreten und atmete den Duft des Gartens. Noch dämmerte es, aber im Erdgeschoß hatte man bereits ein Zimmer erleuchtet, und der Lichtstreif fiel auf die Beete, er gab den Rosen und ihren vielfältigen Farben ein unwirkliches Aussehen, verwandelte die Blätter zu lackiertem Blech. Doch weiter hinten, dort wo die weißen Bänke standen, da waren die Farben noch die natürlichen des Tages, bloß stumpf geworden in der Dämmerung, und die zwei dichtgesetzten Nelkenreihen neigten sich auf matten, blaugrünen Stengeln über den Mittelweg des Gartens.

Indes bei aller Geborgenheit, die dem Garten entströmte, mit Sanftheit wurde A. von seinem ursprünglichen Vorhaben abgezogen, das fühlte er, und er machte einen schwachen Versuch zur Richtigstellung:

»Eigentlich habe ich auf ein Straßenzimmer reflektiert.«

»Die schöne Morgensonne hier«, sagte die alte Marie als Antwort, und als er zustimmend dazu lächelte, sagte sie leise, so daß die Baronin es nicht hören konnte, »jetzt haben wir einen Sohn.«

A. hätte gern darüber gelacht, aber er vermochte es nicht. Er ging ins erste Zimmer zurück, wo die Baronin, auf ihren Stock gestützt, noch immer stand. Und als wäre eine unterirdische Gedankenverbindung zwischen den beiden Frauen vorhanden, selbst da noch, wo sie voreinander etwas verbargen, fragte die Baronin:

»Wie alt sind Sie eigentlich, Herr A.?«

»Schon über dreißig, Frau Baronin.«

»Über dreißig«, wiederholte sie, »über dreißig, meine Tochter . . .« Sie sprach nicht weiter, sie war offenbar daran gewesen, das Alter der Tochter preiszugeben. Hingegen fuhr sie nach einer Weile fort: »Und welchen Beruf üben Sie aus?«

In einer Art verbissenen Übermuts, aber auch, um auszuprobieren, was alles einem Sohn im Elternhause erlaubt sei, was alles ihm verziehen werde, hätte A. gerne gelogen und sich als politischen Agenten ausgegeben. Doch warum den bereits errungenen Sieg wieder aufs Spiel setzen? Also sagte er, daß er Edelsteinhändler sei. Allerdings war auch dies noch gewagt genug. Denn wie leicht konnte die Baronin mutmaßen, daß er unter der Decke des Edelsteinhandels gefährliche Schiebergeschäfte betreibe oder gar, daß er sich mit Absichten auf ihren Familienschmuck hier eingeschlichen hätte.

Fürs erste freilich schien die Baronin nicht so weit zu denken. Sie verband mit dem Worte wohl überhaupt keinen Begriff, sie hatte die Miene des Menschen, der nicht recht gehört hat, und sah hilflos drein: »Edelsteinhändler?«

Marie, die nachgekommen war, bestätigte sogleich die Richtigkeit: »Ja, ja, Edelsteinhändler.« Aber ganz im Gegensatz zu ihrer Herrin sagte sie dies in einem ermunternden Ton, als sei da ein sehr ehrenvoller Beruf zum Vorschein gekommen, mit dem man sich ganz gut abfinden könne.

»Wir wollen das weitere drüben besprechen«, entschied schließlich die Baronin, der der Aufenthalt in dem Zimmer eines Edelsteinhändlers sichtlich unbehaglich wurde, und so begab sie sich mit A. in den großen Mittelraum zurück, während Marie in der Küche verschwand.

Als sie wieder einander gegenübersaßen, fragte die Baronin mit zögernder Stimme:

»Sie betätigen sich also als Juwelier, Herr A.?«

»Nein, Frau Baronin, als Edelsteinhändler, das ist etwas anderes.«

Vielleicht war es das Wort »Händler«, das die Baronin störte, vielleicht war sie an Gemüsehändler, an Kohlenhändler und an sonstige kleine Leute gemahnt, wahrscheinlich war für sie ein Händler überhaupt nicht gesellschaftsfähig. Und nicht einmal mit einem Juwelier hätte sie gerne das Badezimmer geteilt. Und so sagte sie:

»Über die geschäftlichen Dinge weiß meine Tochter besser Bescheid als ich. Sie ist leider außer Haus . . .«

A., welcher den wahren Sachverhalt spürte, erläuterte weiter:

»Der Diamantenhandel ist ein sehr schöner Beruf. Ich war zwei Jahre lang auf den Diamantenfeldern Südafrikas.«

»Oh«, sagte die Baronin und hatte wieder Vertrauen.

»Und wenn meine Geschäfte in Europa erledigt sein werden, kehre ich auch wieder nach Afrika zurück.«

»Oh«, sagte die Baronin in wachsendem Vertrauen und vergaß, nach der Art der Geschäfte zu fragen, die ihn gerade in diese Stadt führten, »man würde Sie nicht für einen Engländer halten.«

»Ich bin holländischer Staatsbürger.«

Das war ausschlaggebend. Die Baronin atmete auf. Einem Fremden, der aus großer Ferne kommt, gewährt man leichteres, selbstverständlicheres, willigeres Obdach als dem Einheimischen, und was sonst zu einem Geschäft unter armen Leuten wird, das gewinnt bei dem Fremden aus weiter Ferne den Nimbus großmütiger Gastfreundschaft. Und so war, ohne daß es eigentlich hätte ausgesprochen werden müssen, in dem nun völlig dämmerig gewordenen Zimmer ein Einverständnis zwischen den beiden Menschen hergestellt worden. Die Architekturkupfer an den Wänden in ihren Kirschholzrahmen reduzierten sich auf dunkle Schattenflecken, und nur die beiden, römische Landschaften darstellenden Ölbilder an den Schmalseiten neben den Fenstern zeigten noch die Linien und die grauer gewordene Farbe. Erinnerung fernen Leuchtens. Wie Mutter und Sohn des Abends manchmal miteinander schweigen, so saßen sie da, und durch die Fenster hellgrün, seidengleich leuchtete der wolkenlos gewordene Himmel, rötlich irisierend über den westlichen Dächern. Und in der so entstandenen Vertrautheit erbat sich A. die Erlaubnis, auf den Balkon hinauszutreten zu dürfen, und tat es.

Da lag nun der dreieckige Platz vor ihm, nicht ganz aber doch beinahe so, wie er ihn sich ersehnt hatte. Dunkel bereits standen die Bäume der Anlage, gesäumt von dem lichtgrau sich dagegen abhebenden und bereits völlig trocken gewordenen Asphalt des breiten Uferwegs. Im Innern des Bahnhofgebäudes brannten schon die Lichter, dort war die Vorhalle mit den Hoteldienern, aber A. dachte ihrer nicht mehr. Er sah hinab auf die wenigen Menschen, die langsamen Schrittes die Häuser entlang gingen, er hörte das Knirschen des Sandes unter den Schuhen der Wandelnden auf dem s-förmigen Weg in der Anlage, und er freute sich der Hunde, die spazierengeführt wurden. Dann und wann zirpte noch ein Vogel, milde war die Luft, von Feuchtigkeit geschwängert und manchmal bellte ein Hund. Geboren werden von einer Mutter, leiblich geboren werden von einem Leib, selbst Leib sein, Körper, dessen Rippen sich dehnen, wenn man atmet, Körper, dessen Finger sich um eine Eisenbalustrade legen können, das Tote mit Lebendigem zu umfangen, ewiger Wechsel des Belebten und Unbelebten, eines das andere bergend in unendlicher Transparenz: ja, geboren werden und dann über die Welt und ihre sanften Straßen hin spazieren gehen, unverlierbar die Hand der Mutter, die des Kindes umfangend, dieses natürlichste Glück menschlichen Daseins wurde ihm sehr offenbar, da er hier stand auf einem Balkon an der Hauswand, Geborgenheit des Hauses im Rücken, hinabschauend auf den dunklen Rasen und die dunklen Bäume, aber wissend von den Rosenhecken des Gartens hinter dem Hause, Streifen der Häuser zwischen dem Lebendigen und Lebendigen, zwischen Wachstum und Wachstum, Streifen aus Stein und Holz, totes Menschenwerk, dennoch Heimat. Und A. wußte, daß es ihm gestattet war, wann immer zurückzukehren, und daß die Wartende im Zimmer geduldig warten werde, so geduldig wie eine Mutter ihr Kind erwartet.

Er kehrte heim in den tiefverdämmernden Raum und an seinen alten Platz der Baronin gegenüber. Und diese lächelte ihm zu, und dann, sich vorbeugend, sagte sie: »Da draußen ist es schön, nicht wahr?«

»Ein unvergeßlich herrlicher Abend. Doch wir bekommen nochmals Regen.«

»Hildegard« (sie bezeichnete sie zum ersten Male mit Namen), »Hildegard ist spazierengegangen . . .«, und als sei er ein Familienmitglied, das man korrekterweise in die Verhältnisse des Hauses einweihen müsse, fuhr sie fort: » . . . mich natürlich hält sie hier gefangen.«

Er war durchaus nicht verwundert, er zweifelte nicht an ihren Worten, wollte ihnen jedoch eine scherzhafte Wendung abgewinnen: »Ach, Baronin sind eine Gefangene.«

»Ja, das bin ich wirklich«, antwortete sie ernsthaft, »es wird Ihnen nicht entgehen, sobald Sie hier sein werden, ich bin eine Gefangene.«

A. nickte. Denn ein jeder hält den andern gefangen und jeder glaubt, der einzige Gefangene zu sein. War doch auch sein eigener Lebensraum nun schon eingeschränkt auf diesen dreieckigen Platz und auf dieses Haus, war eingeschränkt worden, ohne daß er anzugeben vermocht hätte, wer dies bewirkt hatte, wer ihn gefangen hielt.

Die Baronin fuhr in ihren Erklärungen fort:

»Ich lasse den beiden ihren Willen ... ich sage ›den beiden‹, weil Marie, meine alte Zofe, die Sie ja gesehen haben, mit Hildegard gemeinsame Sache macht ... ja, ich lasse ihnen die Freude, denn ich habe meinen Teil vom Leben gehabt, und das Verzichten fällt mir jetzt leicht.«

»Sie haben jetzt andere Freuden, Frau Baronin«, sagte A.

Doch die Baronin fuhr fort:

»Marie war schon Zofe bei meiner Mutter und immer im Hause ... verstehen Sie das? sie ist eine alte Jungfer ...«

Wem gilt die Liebe der alten Magd? den Möbeln, die sie tagtäglich berührt? dem Fußboden, den sie seit vierzig Jahren immer wieder scheuert und von dem sie jede Ritze kennt? Sie schläft allein, und wenn sie einstens, vielleicht noch in ihrem Heimatdorf, mit einem Burschen unterm Tor gestanden hat, es ist längst vergessen, obwohl nichts vergessen wird in der Zeitlosigkeit des Ichs, nichts vergessen und nichts vergeben.

A. sagte:

»Maries Liebe gilt Ihnen, Frau Baronin.«

»Sie verzeiht es mir nicht«, sagte die Baronin, »sie und das Kind, sie verzeihen es mir nicht ...«, und sie öffnete ihre Hände, als wollte sie die Liebkosungen zeigen, die diese Hände gegeben und empfangen hatten. »Es kostete alle Mühe, Marie zu bewegen, daß sie in mein Haus einträte, sie mochte ja nicht einmal das Kind leiden.«

Überwölbt von der hauchdünnen Durchsichtigkeit des Firmaments, eingebettet in der von Straßen und Schienensträngen durchzogenen Landschaft liegt die Stadt, verdichtete Landschaft; doch eingebettet zwischen dem Rasen des Platzes und dem Grün des Gartens liegt das Haus, gefügt mit den Nachbarhäusern zur Einheit des Platzes, und zwischen den toten, den unbeweglichen Wänden des Hauses spannt sich Beziehung von Mensch zu Mensch, unabänderlich auch diese, spannt sich die Rede von Mund zu Ohr, Hauch, durchschwebend den alles durchdringenden ewigen Äther, in dem der Regenbogen steht.

»Die ersten Sterne«, sagte A. und wies zum Fenster hin.

Der Himmel hatte die milde Härte des Seidenglanzes verloren und wurde tief, seine Farbe war vom Grün in ein mattes Violett gewechselt, aufatmete der Himmel, denn es nahte die Zeit seiner Gewalt, es nahte die Nacht.

»Nun wird Hildegard bald hier sein«, sagte die Baronin und erhob sich, »wir wollen Licht machen.« Sie stand ein wenig schwankend, stand auf sicherlich dünn gewordenen Beinen den Rumpf tragend, in dem die Tochter einstens geworden, und die einstens liebende Hand hielt die Krücke des Stockes umklammert. Dunkel war der Raum, die drei Fensteröffnungen allein waren hell, doch sie gaben kein Licht, und die Tür, die hinüberführte zu den Schlafzimmern, hing geschlossen in den Angeln.

Und da nun das Außen wieder Gewalt ergriffen hatte, da mit der Nacht eine Umlagerung aller Beziehungen zu erwarten und zu befürchten war, galt es, die Reste, die noch draußen waren, einzuknüpfen in die Unlöslichkeit des Bestehenden, ehe dieses zerriß, und A., fürchtend, es könnte schon das Aufflammen des Lichtes die Zerstörung bringen, beeilte sich zu fragen:

»Darf ich jetzt mein Gepäck von der Bahn herschaffen lassen?«

Die Baronin zögerte einen Augenblick, dann sagte sie:

»Hildegard muß gleich hier sein ... bitte machen Sie inzwischen Licht, der Schalter ist neben der Türe ...«, es war so, als wollte sie nicht im Dunkeln mit ihm überrascht werden. » ... und klingeln Sie bitte auch gleich nach dem Mädchen.«

Er gehorchte; das Licht, eine Glühbirne innerhalb des Kristallgehänges eines Biedermeierlüsters, war von unsicherer Schärfe, und die vordem in Dunkelheit getauchten Ecken des Zimmers wurden nun den anderen Einrichtungsgegenständen gleichwertig; das gab dem Raum einen geheimnislos strengen Aspekt, und man begriff mit einem Male, daß strenge, tüchtige, jedem Geheimnis abholde Männer hier gewohnt haben mochten, ja, daß die Frauen, die hier zurückgeblieben waren, ihnen noch immer dienten. Und es waren auch prüfende Augen, die A. auf sich gerichtet fühlte, freilich unsichtbar, denn sowohl die Baronin als auch Marie, die eingetreten war und die Fenster zu schließen begann, schie-

178

nen mit anderem und Längstvergangenem beschäftigt. Doch in dieser Sekunde hauchdünner Stille und Spannung hörte man die Flurtüre öffnen.

»Das ist Hildegard«, sagte die Baronin.

»Ich möchte Ihre Unterredung nicht stören«, sagte A. und wollte sich entfernen.

»Bitte, bleiben Sie«, sagte die Baronin, »und entschuldigen Sie uns bloß für eine kurze Weile.«

Sie ging hinaus. Marie zog die Vorhänge vor, legte sie in ordentliche Falten. Sie schien verdrossen und erloschen, und wenn er ihren Blick suchte, schaute sie weg. Aber bevor auch sie ihn verließ, nahm sie vom Arbeitstische der Baronin eine dort liegende Zeitung und brachte sie A. Dann schaltete sie die Stehlampe ein, die neben der Sitzgruppe beim Ofen stand, löschte das Mittellicht und bewerkstelligte solcherart, daß A., fast wie ein Hausherr, der seine Zeitung liest, in dem großen Lehnstuhl Platz nahm.

Er las nicht. Die Zeitung, ein letzter Gruß des Mädchens aus dem Kiosk, hielt er in der Hand, der Raum hatte sich auf den von der Stehlampe beleuchteten Kreis verengt. A. saß vornübergebeugt, und die Zeitung in der lässigen Hand hing zwischen den geöffneten Knien. Und das Ich in dem vornübergebeugten Kopf sah hinab auf den Rumpf, der in die Beine sich spaltete, beleuchtet bloß er, der doch nicht zu ihm gehörte, herausgehoben aus der Umwelt, und so sehr eingebettet war in die Dunkelheit nächtlicher Umwelt; er war allein.

Auf der Kommode tickte eine Uhr. Mögen auch alle Fäden zur Umwelt gelöst sein, durch die Zeitlosigkeit des Ichs läuft der Faden der Zeit, und das unendliche Gewebe unendlich vieler Fäden, selbstgeschaffenes, dennoch unentrinnbares Netz, es dient bloß dazu, den Faden der Zeit zum Verschwinden zu bringen, auf daß in unendlicher Breite, in unendlicher Größe des Raumes alles Sein wieder zur Zeitlosigkeit werde.

Aber nun schlug es acht Uhr.

Und A. hörte Schritte, in ihrer Raschheit beinahe unmutige Schritte, und gleich darauf erschien Hildegard mit einer Miene, die tatsächlich allen Unmut ausdrückte.

»Sie haben also Ihren Zweck erreicht, Herr A.«, begann sie ohne weitere Umschweife, »ich gratuliere Ihnen.«

»Die letzte Entscheidung liegt in Ihrer Hand, meine Gnädige.«

»Es war nicht sehr schwierig, sich in das Vertrauen zweier alter Frauen einzuschleichen! Würde ich jetzt Nein sagen, es würde meine Mutter zu sehr aufregen« – das hat sie heute schon einmal gesagt, dachte A. –, »so bleibt mir nichts mehr zu tun übrig, als das Geschäftliche mit Ihnen zu regeln.«

»Leider waren Sie bei unserer Besprechung nicht zugegen; Sie würden mein Verhalten sonst anders beurteilen.«

»Ich habe Sie gebeten, von Ihrem Vorhaben Abstand zu nehmen.«

Nichts ließ sich vorbringen gegen die Empörung, die sie gehemmt und vielleicht etwas gouvernantenhaft – das stimmte mit ihrem sonstigen gemessenen, ein bißchen eckigen Gehaben überein – in Blicken und Tonfall äußerte. Hier stieß Schicksal gegen Schicksal, und der Bruch im Naturgeschehen hatte also noch immer keine Aufklärung gefunden. Warum war es ihm verwehrt, eine andere Unterkunft zu suchen? Warum war er gleichsam gebannt an diesen Platz, gefesselt an ein Geschehen, das sich unaufhaltsam und unabweislich bis zu diesem Punkte entwickelt hatte: floß nicht alles Geschehen gleich Straßenzügen im Punkte seines Ichs zusammen? seines Ichs, das nun einsam im Lichtkegel der Stehlampe sich befand? Mußten sich in diesem Punkte nicht alle Gegensätze klären und auflösen? und darum sagte er zu dem Fräulein, das steif und eckig am Lichtrande saß:

»Sie kennen mich nicht und sind dennoch voller Aversion gegen mich. Ob ich es bin oder ob ein anderer Mieter gekommen wäre, ist doch gleichgültig.«

»Es handelt sich nicht um Ihre Person . . . ich würde höchstens eine Dame in mein Haus aufnehmen.«

»Ich hatte den Eindruck, daß der Frau Baronin gerade der männliche Schutz – soweit ich wagen kann, mich als solchen zu betrachten und anzubieten – genehm sei.«

»Wir bedürfen keines Schutzes«, sagte das Fräulein streng.

War es das Vermächtnis des alten Barons und seiner Strenge, daß die Frauen allein blieben? behütete die Tochter im Verein mit der Magd dieses Vermächtnis? dann wurde der Bruch im Naturgeschehen verständlich: denn das Schicksalhafte, das Unabänderliche ist immer der Tod, ist immer das

Tote, das ins Leben eingreift, es ist die Zeitlosigkeit des Todes, die sich an die Stelle der Zeitlosigkeit des Ichs setzt, Seele, die erstarrt ist in der Architektonik des Todes, Glück der Erstarrung.

Das Fräulein sagte langsam und starr:

»Ich habe das Geschäftliche mit Ihnen zu regeln.«

»Darüber werden wir bald einig sein«, sagte A., »ich möchte bloß noch bemerken, daß ich sicherlich viel weniger Ungelegenheiten machen werde als eine Dame, im Gegenteil, daß Sie stets auf meine Dienste rechnen können.«

»Damit haben Sie wohl die alte Marie geködert«, sagte das Fräulein, »mich kann das wenig locken . . . ich hoffe, daß Sie als Ausländer einen anständigen Preis für Unterkunft und Pension werden bewilligen können.«

Nun war auch dies nicht eben im ursprünglichen Plan gelegen, denn A. hatte ja mit dem billigeren Preis des Privatlogis gerechnet, aber da vom Materiellen her kaum etwas gelöst werden kann, verzichtete er auf weitere Erörterung und einigte sich auf den geforderten Preis. Und als die Baronin eintrat und mit zuversichtlicher Fröhlichkeit fragte, ob alles in Ordnung sei, mußte die Tochter die Frage bejahen.

»Das freut mich«, sagte die Baronin, »da kann Herr A. gleich mit uns zu Abend essen.«

»Herr A. hat den Wunsch geäußert, immer auf seinem Zimmer zu speisen«, erwiderte Hildegard, »so haben wir es gerade vereinbart.«

»Nun, für heute sollen Sie aber unser Gast sein«, bestand die Baronin, und sie wandte sich an Marie, die inzwischen das Abendbrot melden gekommen war: »Lege ein Gedeck für Herrn A. auf, Marie.«

»Ja«, sagte Marie, »das habe ich bereits getan.«

Wohlerzogen nahmen sie es ohne Erstaunen zur Kenntnis und taten, als wäre die Handlungsweise Maries etwas durchaus Selbstverständliches, etwas ebenso Selbstverständliches wie die Blumen, die in A.s Zimmer schon vorbereitet gewesen waren. Aber was damals selbstverständlich geschienen hatte, in der Anwesenheit des Fräuleins war es dies nicht mehr, und aufgehoben war die beglückende Übereinstimmung der Dinge, denn noch war die Lösung nicht gefunden. Immerhin zeigte sich dafür jetzt eine andere Übereinstimmung, freilich

eine viel äußerlichere: da sie jetzt unter dem geblümten
Schirm der Hängelampe saßen, und das Licht vom weißge-
deckten Tisch grell auf ihre Gesichter zurückgestrahlt wurde,
und Marie mit den Speisen um den Tisch herumging und
dieselben mit weißbehandschuhter Hand servierte, da wurde
es offenbar, daß die Gesichter der drei Frauen einander
ähnelten, teils infolge natürlicher Verwandtschaft wie bei
denen der Baronin und ihrer Tochter, teils infolge des langen
Zusammenlebens, wie dies bei Marie der Fall war. Drei
Formabwandlungen ein und desselben Gesichtes in verschiedenen Personen! Gewiß gab es noch viele andere Möglichkeiten der Abwandlung, aber es waren gewissermaßen drei
Grundtypen, die sich hier zeigten, nicht unvergleichbar den
drei Grundfarben, die in ihrer Dreizahl alle übrigen Schattie-
rungen des Regenbogens enthalten, und wenn die Baronin
das eigentlich Weibliche in diesem Dreieck war, so waren die
jungfräulichen Gesichter Maries und Hildegards, bäurisch
und alt das eine, verfeinert und jung das andere, ohne Rücksicht auf jung oder alt von nonnenhafter Zeitlosigkeit und in
dieser Nonnenhaftigkeit seltsam vereint. Die Vorhänge des
Raumes waren zugezogen, man wußte nichts von den Bäumen draußen, man wußte nichts vom Garten hinter dem
Hause, unlebend und einsam stand das Haus, man war in
einer Zelle: man wußte nicht, woher das Leben in diese Welt
der toten Dinge geraten war, und man wußte noch viel
weniger, warum das Lebendige, aus dem Staube kommend,
zum Staube zurückkehrend, bloß Staub zu formen vermag,
und doch damit das Leben schafft. Aber so sehr man auch
vom Außen abgeschlossen war, oder eben weil man es war,
abgeschlossen von dem Platz, über dem der Himmel sich
wölbte, abgeschlossen von der Welt, abgeschlossen von dem
Wissen und jeder Möglichkeit des Wissens, es wurde der Teil
zum Spiegel des Ganzen, es wurde der Raum und seine von
den Wänden umschlossene Luft zum Teil des unermeßlichen
Äthers, begreifbar die vieladrige Unendlichkeit in den Beziehungen des Endlichen, und die äußere Ähnlichkeit der drei
Frauen wandelte sich zum Spiegelbild, wurde zur Hoffnung
auf eine Lösung, die man nur hier und niemals draußen
finden konnte.

Flutende Skala, die das Dunkle und Irdische, das Substan-

tielle und Geschlossene verbindet mit dem geöffneten Licht
des Himmels und trotzdem wieder in die Dunkelheit des
Unermeßlichen zurückleitet, umspült die Luft alles Seiende,
umspült ätherhaft das Konglomerat der Dinge. Die Augen
A.s wanderten in dem mit dunkler Luft erfüllten Raum,
versuchten, die Dinge außerhalb des Lichtkreises zu erkennen. Luft stößt an die Wände, stößt an die Möbel. Marie
bewegte sich in diesem Raum, sie trat in den Lichtkreis und
huschte wieder ins Dunkle zurück, dorthin, wo der breite
Anrichtetisch sich befand. Durchflutet von Luft ist das Innere der Schränke, aber sie umspült auch die Menschen, sie
ist in ihrem Innern, ist in allen Hohlräumen ihrer Körper,
wird ein- und ausgeatmet, schlägt von einem zum andern.
Zwischending zwischen Lebendigem und Lebendigem, die
Seele in sich tragend, sie bergend und verbergend, Rechtfer-
tigung und Leben, durchflutet vom Licht und von der Transparenz des Blickes. Dort in der Mitte der Wand über der
Anrichte hing ein großes Bild, ein Porträt, und jetzt erkannte
A., daß es einen Herrn in richterlichem Ornat darstellte.

Hildegard, die unwohlwollend und unverwandt den miß-
liebigen Gast beobachtete, sagte zu ihm:

»Sie wundern sich, daß wir ein Porträt im Eßzimmer hängen haben . . . es ist das Bild meines Vaters.«

»Wir haben es hierher placiert, damit er an unseren Mahlzeiten teilnehme«, sagte die Baronin.

Marie, die aufmerksam zugehört hatte, schaltete stillschweigend die links und rechts neben dem Bilde befindlichen Wandleuchter an, und während sie selbst andächtig auf
die Züge des Entschlafenen schaute, schwante ihr wohl, daß
ihr das irdische Dasein dieses Mannes immer bloß eine Stö-
rung gewesen war. Denn bei aller Andacht machte sie ein
zufriedenes Gesicht und wartete offenbar darauf, belobt zu
werden. Der Mann dagegen in der gemalten Luft des Bildes
besaß die gleichen Augen wie seine Tochter, unverwandt und
unwohlwollend beobachtete er mit ihnen die Tafelrunde.

Nun hatte auch Hildegard ihre Blicke zu dem Bild erhoben; gleich zwei zusammenlaufenden Straßen mündeten ihr
Blick und der Maries in dem Auge des Vaters, und nur die
Baronin, die doch dem Manne dort droben am nächsten
gestanden hatte, schaute beinahe schuldbewußt auf ihren

Teller. Und A., der mit dem Gerichtswesen vertraut war und an den Samtstreifen auf dem Talar den Rang des konterfeiten Richters erkannte, sagte:

»Herr Baron W. war Gerichtspräsident.«

»Ja«, sagte die Baronin.

Gleich dem Soldaten, der stets auf den Krieg vorbereitet sein muß, dort zu töten und getötet zu werden, gleich dem General, der stets darauf vorbereitet ist, Menschen in die Schlacht zu schicken, muß jeder Richter bereit sein, wenn es nottut, ein Todesurteil zu fällen, und die vielen Alltagsstrafen, die er tagtäglich über die Alltagsverbrecher verhängt, sind immer Vorbereitung, Annäherung, sind Spiegelbild und Ersatz der kapitalen Handlung, die im Leben des Richters den furchtbaren Höhepunkt bildet. Er, der zwischen den vier Wänden des Gerichtssaals noch die gleiche Luft wie der Verbrecher atmet, er, eingebettet in der gleichen Luft, muß bereit sein, jenen auszuschließen und ihm die Seele zu nehmen.

Mit dem Mund, der auf dem strengen Mund des Richters geruht hatte, mit dem Mund, der den Atem des Richters einst getrunken hatte, mit diesem Mund, in dem sich noch immer der Atem zu Worten formt, aß nun die Baronin kleingeschnittene Bissen Kalbsbratens. Und mit dem gleichen Munde sagt sie dann:

»Marie, du kannst die Lichter wieder auslöschen.«

»Ist das Zimmer so nicht freundlicher?« widersprach Hildegard und Marie, ohne die Lichter auszulöschen, beeilte sich, in die Küche zu kommen, ehe noch die Antwort der Baronin erfolgte. Warum taten die beiden das? Zweifelsohne war sie mit dem Fräulein darüber einig, daß das Bild beleuchtet bleiben müsse; vielleicht eine Warnung an den Neuankömmling, sich den Gesetzen des Hauses unterzuordnen.

Die Baronin sagte:

»Gut, lassen wir heute die Festbeleuchtung zu Ehren des Gastes.«

»Richter«, sagte A., »ein großer Beruf.«

»Ja«, sagte Hildegard, »so wie ein Priester, über die Menschheit gestellt, eigentlich dürfte ein Richter nicht heiraten.«

Die Baronin lächelte:

»Ein Richter muß menschlich sein.«

Hildegard sah auf das Bild, sie hatte zusammengekniffene Lippen:

»Auch Priester müssen menschlich sein, aber es ist eine reinere Menschlichkeit . . . eine strengere.«

»Mein Mann hat oftmals unter der Strenge gelitten, wenn er sie anwenden mußte. Glücklicherweise war er niemals in die Lage gekommen, ein Todesurteil auszusprechen.«

Hildegard sah so aus, als würde sie dies jetzt an seiner Stelle nachholen wollen. Aber da war Marie mit dem Nachtisch eingetreten und, gewissermaßen als Kompromiß den Befehl der Baronin nachträglich ausführend, verlöschte sie die Lichter neben dem Bild.

»Schluß mit der Festbeleuchtung«, sagte A.

»Man muß sich dem Geschehen fügen«, sagte die Baronin und lachte ein wenig, »es ist immer stärker als der menschliche Wille.«

Steif saß Hildegard da und aß einen Pfirsich. Ihr schmaler Mund war ungeküßt, ihr Atem hatte noch niemanden beglückt. An welchem Punkte des Lebens verliert ein Mund die Gabe der Beglückung? Wann sinkt er herab zum Eßwerkzeug, trotzdem noch veredelt durch die Gabe der Rede, die ihm innewohnt bis zur letzten Vergreisung? Und doch könnte Marie sich jeden Augenblick herabbücken und mit ihren Greisenlippen schwesterlich den Mund Hildegards berühren, sie zu versöhnen, weil sie Verrat geübt hatte an der bisher Verbündeten.

Doch wahrlich, es hatte nichts gefruchtet, daß die Lichter verlöscht worden waren. Im Gegenteil, es hatte viel eher den Anschein, als sei das Bild an der dunklen Wand nunmehr ein wenig gewachsen, als sei die gemalte Luft nunmehr einbezogen in die Luft des Raumes und als sei der Gerichtspräsident, umfangen von der Luft, die sie alle umfing, nun auch räumlich in das Dreieck der Frauen eingeschlossen, ein Mittelpunkt, obwohl er der Vergangenheit angehörte und an der Wand hing. Denn in den Beziehungen zwischen Ich und Ich herrscht die Zeitlosigkeit, und der Raum wird unendlich klein und unendlich groß zugleich.

Jetzt nahm die Baronin den Stock, der an ihrem Stuhl gelehnt hatte, sie erhob sich, vielleicht um dem übermächtig und zu straff gewordenen Kreis der Beziehungen zu entrinnen. Nichtsdestoweniger streckte sie A. die Hand hin und gleichsam als Ersatz für den Trinkspruch – augenscheinlich hatte der Gerichtspräsident den Wein verpönt – sagte sie:

»Und nun seien Sie uns nochmals willkommen, Herr A.«

Marie stand daneben und lächelte zustimmend, es war ihr, als hätte die Baronin ihre Stellvertretung übernommen und führte ihren Auftrag aus, besonders als sie sich jetzt ihrer Tochter zuwandte und, sei es aus Gerechtigkeit und um sie zu versöhnen, sei es, um durch solch beidseitige gleichmäßige Behandlung einen Gleichklang und eine Verbindung zwischen Hildegard und A. herzustellen, sie auf die Stirne küßte. Marie aber beteiligte sich an der Zeremonie, indem sie die Türe zum Mittelzimmer weit öffnete und dort das Licht andrehte.

Da nun die Luftmassen ungehindert zwischen den beiden Räumen zirkulierten, wurde durch diese plötzliche Veränderung ihrer Gleichgewichtsverteilung nicht nur das Gewicht des Luftraumes im Bilde des Gerichtspräsidenten verkleinert, es wurde dadurch nicht nur seine eigene Gewichtigkeit und die beherrschende Stellung, die er im geschlossenen Speisezimmer innehatte, herabgemindert, sondern es war nun auch, da die Luft sich nur ein wenig regte, zweifelsohne eine gewisse Lockerung aller Straffheit und eine gewisse Labilität der Beziehungen eingetreten, und aller Haß und alle Liebe zwischen den drei Frauen – ihres sichtbaren Mittelpunktes und eigentlichen Urgrundes entkleidet – war in die Unbemerktheit des Alltags zurückgesunken, eines Alltags ohne Festbeleuchtung, mochte auch das Mittelzimmer nun hell erleuchtet sein und das Licht sich in den Glasscheiben der Bilder so stark spiegeln, daß viele der Architekturstücke unkenntlich wurden. A. hätte gern geraucht, aber niemand forderte ihn auf. Hatte der Gerichtspräsident auch dies verboten? Ein wenig unschlüssig standen sie in der Mitte des Zimmers, bloß in weiter Ferne und Dunkelheit das Bild des Gerichtspräsidenten noch ahnend. Und angesichts dieses Sachverhalts war es nur folgerichtig, daß A. sagte:

»Gestatten Sie, daß ich jetzt auch wirklich einziehe und mein Gepäck hole.«

»Oh, das ist noch nicht hier?« entsetzte sich die Baronin,

»was fangen wir da an!« und sie schaute hilfesuchend nach
Marie.

»Herr A. wird eben sein Gepäck holen«, sagte Hildegard
trocken.

»Sehr richtig«, sagte A. und verabschiedete sich rasch
von den Damen; er hatte hier vorderhand nichts mehr zu
hoffen, viel eher etwas zu befürchten, und überdies war es
ratsam, je eher auf den Bahnhof zu kommen, da möglicherweise zu einer späteren Stunde kein Dienstmann zur Stelle
sein würde.

Doch im Vorzimmer war sein Hut nicht zu finden, und
auch in dem als Kleiderablage benützten Korridor, der zur
Küche hinführte, konnte A. nichts entdecken. Er wurde
ungeduldig, denn während er noch suchend umherspähte,
spürte er, wie durch die offene Küchentüre leichte Fäden
frischer Gartenluft hereingeweht wurden, und da merkte er
erst, daß ihm die Dienstmänner am Bahnhof keineswegs so
wichtig waren, daß es sich um Wichtigeres handelte: gewiß,
er freute sich darauf, vom Flur aus einen Blick in den Garten
werfen zu können, sodann auf die Straße hinauszutreten,
zum Bahnhof hinzuschlendern, vielleicht den Weg durch die
Anlage einzuschlagen, den knirschenden Kies unter den Füßen, ein Mann, der ein Heim hat, in das er zurückkehren
kann, eingewoben in feste Beziehungen und von keinem
Altern bedrückt, all dies jedoch wäre an sich sinnlos, wenn es
nicht die logische Fortsetzung jenes Augenblickes sein sollte,
in welchem Marie die Türen des Speisezimmers geöffnet und
die Verbindung des Abgeschlossenen und Begrenzten mit der
Unendlichkeit wieder hergestellt hätte. Und in seiner Ungeduld, diese Einheit verwirklicht zu sehen, war er schon daran,
sich ohne Hut auf den Weg zu machen, als Marie einherge-
huscht kam:

»Sie suchen Ihren Hut, Herr A., ich habe ihn in Ihren
Schrank gelegt.«

Das entsprach der Selbstverständlichkeit seines Hierseins,
und mochte es sogar auf den Befehl Hildegards geschehen
sein, die keine Männerhüte im Vorraum dulden wollte, so
zeigte es dennoch, daß sogar sie sich mit seinem Bleiben
abgefunden hatte. Und ehe er selber den Hut aus dem Zimmer holen konnte, hatte Marie, krummrückig und lautlos, es

besorgt, und nicht viel hätte gefehlt, daß sie ihm den Hut auch aufgesetzt hätte.

Auf dem Kopfe den Hut, eine merkwürdige Verlängerung der Wirbelsäule, den Hut über die Haare gestülpt, so stieg A. langsam die Stiege hinab, und nachdem er durch die Glastüre im Hausflur den Garten begrüßt hatte, der freilich bloß so weit sichtbar war, als die Wohnungslichter in ihn hineintauchten, trat er auf die Straße, überquerte sie rasch und sah sich erst um, als er drüben am Rande der Anlage stand, in der er noch vor wenigen Stunden beinahe hilflos umhergeirrt war. Da stand er nun und musterte neuerdings das Haus und den von Bogenlampen bestrahlten Balkon mit den Pelargonien. Es fügte sich richtig, daß die Balkontür oben inzwischen geöffnet worden war, und er sah den gelblich erleuchteten Kristallüster im Mittelzimmer, er sah die oberen Rahmenkanten der italienischen Veduten und der Architekturstücke, er sah die weißgemalte Decke, deren Nachdunkelung über dem Ofen er nun schon so gut kannte, und aufmerksam musterte er die beiden toten Fenster des Speisezimmers, genau die Stelle wissend und sie bestimmend, an der das Bild des Gerichtspräsidenten hing. Doch oberhalb der Bogenlampen war der dunkle Himmel gespannt, und zwiefach dunkel gegen solche Helligkeit, so daß man kaum die Ränder der Wolken und dazwischen einige Sterne erkennen konnte. Rot und satanisch glühte eine Lichtreklame über den Dächern beim Stadteingang, und durch den Raum der Finsternis wehte kühl und nächtlich der Wind.

Und wie es das vorgefaßte Programm verlangte, betrat A. die Anlage, verfolgte den s-förmigen Weg, auf dessen Bänken jetzt Liebespaare saßen, Schatten ineinandergeflossen in gemeinsamem Atmen, und A. horchte auf den Kies unter seinen Füßen. In gewissen Abständen traf man auf eine Straßenlaterne, die Teile von Sträuchern und blaugrünen Rasen aus der Dunkelheit herausschnitt, hölzern gerade standen Baumstämme, überkrönt von sonderbar unduldsam rauschendem schwarzen Laub, das manchmal sich öffnete und einen Stern durchblicken ließ. Dies alles befand und vollzog sich innerhalb des steinernen Dreiecks, und A. kam nun zu dem Kiosk. Die Fensteröffnung war mit einem braunen eisernen Rollbalken verschlossen, aber die Uhr, die auf eisernem Ständer das Häuschen überhöhte, war in ihrem Innern beleuchtet und beherrschte mit ihren drei hellen Zifferblättern all die unbeleuchtete Natur ringsum, hielt sie im Zaum, Licht vom Menschen geschaffen, Licht, unlebendig wie die Gestirne selber, unlebendig wie die Luft und der weithin sich dehnende Äther, trotzdem das Bett des Lebens. Mücken tanzten hoch droben um die Uhr, ihr schütterer Schwarm zerfloß im Unermeßlichen, hier schwebten die Seelen empor aus den Augen der Toten, aus dem Hauch der Liebenden.

Hier war der Mittelpunkt der Anlage, der Mittelpunkt des umschriebenen Kreises, und A., die Hände in den Hosentaschen, umwandelte im Kreise den Kiosk und sein Blick schweifte in den Himmelsrichtungen, sah den helleren Schein, der sowohl über dem Bahnhof lagerte als über der eigentlichen Stadt, und nun bemerkte er auch, wie die erwarteten Wolken wieder heraufrückten und sich zusammenschoben, dunkler am dunklen Himmel. Bald mußte der Regen da sein, und A., der weder Mantel noch Schirm mitgenommen hatte, nur einen Hut, A. beschleunigte seinen Schritt, um zum Bahnhof zu gelangen.

Er verließ die Anlage, er überquerte den Platz, auf dem vordem die Hotelomnibusse gewartet hatten, er betrat das Bahnhofsvestibül, das geschwängert war vom Geruch der Reise, Geruch des Rußes, vom Geruch der Speisen und des Biers aus dem Restaurant und vom Geruch der Aborte und des Staubes, aufsteigend von der Kühle des Fliesenbodens, dunstig herab sich senkend, Geruch der Müdigkeit und des eilenden Aufbruchs. Welch ein Unterschied! Hier an der Basis des Dreiecks das Brodeln und der Schmutz der Friedlosigkeit, doch draußen die Kühle und die Gemessenheit des Platzes. Und drohend an der Spitze der Pyramide schon der, dessen gemessene Strenge hinausragt über das Gewirr des Menschlichen und des Schmutzes, über den Menschen schwebend gleich der Gerechtigkeit! war es da nicht besser, eine Fahrkarte zu lösen, die Einheit, die niemals erreichbare, niemals zu verwirklichende aufzugeben, wieder zurückzukehren in die Vieldeutigkeit und Beziehungslosigkeit unendlicher Welt, in der alle Straßen und alle Gleise sich verkreuzen? Hier war der Punkt der Entscheidung, es galt nochmals den Versuch zu wagen oder zu fliehen.

189

Die Guckfenster der Fahrkartenschalter waren mit Messingblech gerahmt, das Blech war matt und schmutzig, es schimmerte schäbig im Lichte der nackten Glühlampen; ein Schalter war geöffnet, hinter den Fenstern der übrigen hingen grüne staubige Vorhänge. A. ging an ihnen vorbei. Die Gepäckkarren, braun gestrichen, abgefasert das Holz an den Kanten, standen in einem Rudel beisammen wie in einem Stall. Die Träger, Mützen im rötlichen Genick, Ellbogen auf die Schenkel gestützt, die behaarten Hände gefaltet, saßen weit vornübergebeugt auf einer Bank. A. fragte sie, ob einer von ihnen sein Gepäck über den Bahnhofsplatz tragen wolle: nein, das durften sie nicht, sie durften den Bahnhof nicht verlassen, aber sie wollten ihm einen Mann besorgen.

Durch einen offenen Durchgang sah man die langgestreckten Dächer der spärlich beleuchteten Bahnsteige, und man sah die Bahnhofssperre, in deren Verschlag ein Bediensteter stand und gelangweilt seine Zange in der Hand hielt.

Ja, meinte A., es sei doch nicht nötig, daß die Herren ihm einen Dienstmann suchten, sie möchten ihm bloß sagen, wo vermutlich einer anzutreffen wäre. Die Träger dachten eine Weile nach und sagten dann, daß im Wartesaal sicher einer – sie nannten ihn sogar beim Namen – säße und sein Bier trinke. So verhielt es sich auch. Der Dienstmann saß dort, trank sein Bier, rauchte seine Pfeife und verhehlte A. durchaus nicht, daß er sich gestört fühlte. A. fiel es auf, daß sein sonst stets bereiter Nikotinhunger sich nicht einstellte, und bloß weil er sich auf dem Bahnhof befand, zündete er eine Zigarette an, während er den Dienstmann zur Gepäckaufbewahrung begleitete. Die Entscheidung war gefallen, ohne daß er es eigentlich gemerkt, ohne daß er sie überlegt hätte. Erst als sie aus dem Bahnhof traten, wurde es ihm bewußt.

In der spezifischen Haltung eines jeden, der einen Karren schiebt, ging der Mann neben ihm her, rundgebeugten Knies, rundgebeugten Rückens und mit gebeugten, auf die Stangen des Karrens gestützten Armen. Die Räder des Karrens drehten sich langsam und knarrend, ihre Eisenreifen rollten hohl über den Asphalt. Die Straße war jetzt ganz leer und still, selbst von der Stadt her drang kaum mehr Lärm herüber. Das Feuer der Lichtreklame, die vordem den Stadteingang so höllisch erleuchtet hatte, der Höllenrachen, in den der

Platz gemündet, schien zu erlöschen; der Pfeil wies ins Friedliche, ja, es schien, als stiege die Straße in sanfter Hebung nach aufwärts. Würde der Mann neben ihm sonst so mühselig den Karren schieben? denn würde der Weg abwärts sich senken, die Räder würden sich von selber drehen! Hinter dem Einfriedungsgitter der Anlage schwärzlich das Gebüsch, doch von den Bogenlampen zu scharfem Grün erweckt, lag der obere Teil der Baumkronen wie ein Streif über der Schattenmasse. Der Wind war verstummt, aber auch der Himmel war es, denn die Wolkendecke hatte sich nun vollends unter ihm zusammengeschoben, und es war, als senkte sie sich immer tiefer herab, sich mit der emporsteigenden Straße zu vereinigen.

Fast schämte sich A., daß er so aufrecht einherstolzierte, geradezu mit der Nase in der Luft, während der Mann neben ihm zur Erde gebückt den Karren schieben mußte, indes er konnte den Blick von dem, was über ihm geschah und gewissermaßen ausschlaggebend war, nicht abwenden. Die beleuchteten Kronen der Bäume drüben, wie der bewölkte Nachthimmel, wie die steilen Fronten der Häuser zu seiner Linken, dies war alles von einer wachsenden Bedeutung, und als sie nun zu dem Hause kamen, in das er heimkehrte, da war es nahezu eine Bestätigung: er sah auf dem Balkon eine helle Gestalt, und es war das Fräulein, das dort stand und mit beiden Händen sich auf die Balustrade stützte, steif und eckig abgeknickt, über die Pelargonien zur Straße gebeugt, als würde sie – wohl wußte er, daß sie es nicht tat – ihn erwarten. Doch jetzt, da er mit dem Gepäck halt machte, verschwand sie vom Balkon, und eine kurze Weile danach erschien Marie in der Haustüre, so daß unter ihrer Leitung und Mithilfe die Hinaufbeförderung der Stücke sich vollzog.

Oben war die Tür zum Mittelzimmer geöffnet, und A. traf hier auf das Fräulein. Sie sagte spöttisch:

»Wir mußten Sie erwarten, denn über all den Empfangsfeierlichkeiten hatte man vergessen, Ihnen Haus- und Wohnungsschlüssel einzuhändigen.«

»So habe ich Ihnen wirklich sofort eine Ungelegenheit verursacht«, sagte A.

»Ich wollte, es gäbe keine ärgeren Ungelegenheiten«, sagte Hildegard, und man wußte nicht, ob dies liebenswürdig oder feindselig gemeint war, »lassen Sie das Gepäck in Ihr Zimmer schaffen, und ich will Ihnen dann gleich die Schlüssel geben.«

So geschah es. A. entlohnte den Mann und kehrte sodann ins Wohnzimmer, dessen Tür noch immer offenstand, zurück, um die Schlüssel in Empfang zu nehmen.

»Und ich dachte, daß Sie bloß den Abend auf dem Balkon zu genießen beabsichtigten«, sagte A.

»Das tat ich vielleicht auch«, sagte Hildegard.

»Ich bitte Sie nochmals um Verzeihung«, sagte A., »ich hoffe bestimmt, daß meine Anwesenheit Sie in keiner Weise mehr stören wird.«

Hildegard machte eine Bewegung, die Hilflosigkeit, Hoffnungslosigkeit, aber vielleicht auch gewährte Verzeihung ausdrücken mochte, und auf den Balkon hinaustretend, ließ sie A. im Wohnzimmer zurück. Es war alles noch unerledigt, noch war es keine Entscheidung, so nahe sie auch geschienen hatte.

Schon wollte er sich leise entfernen, als er bemerkte, daß sie sich umwandte.

»Herr A.«, rief sie.

Er gesellte sich zu ihr auf den Balkon.

»Da Sie nun einmal hier sind, ist es besser, wenn ich Ihnen gleich die notwendigen Erklärungen gebe.« Obwohl sie mit ihrer gewöhnlichen trockenen Stimme und sehr leise sprach, war ihre Erregung vernehmlich.

»Ich bin Ihnen sehr dankbar«, sagte A.

»Meine Mutter hat Vertrauen zu Ihnen; sie sagte, Sie kämen aus den Kolonien und wären ein Gentleman. Meine Mutter hat leicht Vertrauen, allzu leicht . . ., ich will es diesmal ebenfalls haben.«

»Sie verschwenden Ihr Vertrauen an keinen Unwürdigen«, sagte A.

»Nun denn«, fuhr sie fort, »Sie sind hier kein gewöhnlicher Mieter.«

»Wenn ich nach mir schließen darf, so bin ich es nicht. Es war gewissermaßen eine Schicksalsfügung, durch die ich hierher gelangte.«

»Oder Ihre etwas unverständliche Beharrlichkeit«, stellte sie fest, »aber nicht darüber will ich reden, sondern über die Position, in der Sie sich dank Ihrer Beharrlichkeit nun befinden.«

»Ja«, sagte A.

»Kurzum, meine Mutter will mich verheiraten, sie glaubt, damit eine Pflicht zu erfüllen. Sie sucht unentwegt nach einem Mieter, aber in Wirklichkeit sucht sie einen Schwiegersohn.«

»Das ist merkwürdig«, sagte A. und war eigentlich uninteressiert.

»Es ist nicht sehr merkwürdig«, entgegnete sie, »es entspricht den Anschauungen ihrer Generation.«

»Aber«, sagte A., »Sie können Ihr Schicksal doch selbständig bestimmen.«

»Nein«, sagte sie, »ich könnte es, aber ich darf es nicht.«

Zwischen das Dreieck der Anlage, dessen Konturen jetzt nicht deutlich zu erkennen waren, und das Dreieck der Häuser hatte sich ein neues eingeschoben: das Dreieck der Bogenlampen, die in der Mitte der drei Straßen hingen. Nur wenige der Lampen auf der gegenüberliegenden Seite waren durch Baumwipfel verdeckt.

Nach einer Weile sagte er:

»Soll ich morgen die Wohnung verlassen?«

Hildegard schüttelte den Kopf:

»Es hat wenig Zweck . . ., jetzt sind Sie schon hier, und es ginge der Kampf dann bloß wieder von vorne an.«

»Ein Kampf?«

Hildegard schwieg. Dann ließ sie sich auf den Korbstuhl sinken, der an einem Ende des Balkons sich befand. Sie hatte die Füße parallel nebeneinander gestellt, hielt die gefalteten Hände zwischen die Knie gepreßt und bewegte den leicht vorgeneigten Kopf hin und her. Das war im Gegensatz zu ihrer bisherigen Haltung von einer eigentümlichen Weichheit und gab ihm den Mut zu fragen:

»Sie lieben jemanden?«

Nun lächelte sie gar, es war das erstemal, daß sie lächelte, und dabei wurden ihre Lippen voll, beinahe sinnlich, ließen starke, gleichmäßige Zähne sehen. Es waren nicht die Zähne ihrer Mutter, und A. hätte gerne gewußt, ob der Gerichtspräsident auf dem Bilde auch lächeln könne und hinter den abkonterfeiten schmalen Lippen ebensolche Zähne verberge.

Hildegard bewegte noch immer den Kopf hin und her, und dann sagte sie leise:

»Meine Mutter will mich aus dem Hause haben, deswegen will sie mich verheiraten. Vor sich selber verbirgt sie es unter Pflichtgefühl.«

»Die Welt ist schön«, sagte A., »Sie müssen nicht hier bleiben.«

»Und was geschähe dann mit meiner Mutter? Wer soll über sie wachen?« Das klang fast leidenschaftlich.

»Die Baronin ist doch scheinbar durchaus rüstig. Und außerdem ist sie, meine ich, in guter Hut.«

Unten ging eine einsame Frau vorüber. Wie sie Bein vor Bein in dem pendelnden Rocke vorwärtsbewegte und den Kopf über etwas schrägem Körper wendete, machte sie einen entweiblichten, einen geradezu männlichen Eindruck.

Hildegard sagte:

»Meine Mutter ist willenlos. Und Marie ist ihren Wünschen gegenüber zu schwach. Das haben Sie selber gesehen.«

An der Schmalseite des Balkons sitzend, hatte sie ihre Blicke der Stadt zugekehrt, sie heftete sie an den Stadteingang, als suchte sie dort etwas.

»Marie hat kein Kind«, sagte sie, »sie weiß nicht, wen sie als Kind behandeln soll, mich oder meine Mutter.« Und es war nun, als suchte sie Mariens Kind dort oben, wo die beiden Straßenschenkel des Dreiecks spitz zusammenliefen.

»Es wird bald regnen«, sagte A.

»Ja«, sagte sie.

Die Luft war so still, daß man den Regen, der bereits eingesetzt hatte, nicht bemerkte. Sie selber waren durch das Gesims des Hauses geschützt, und nur an den schwarzen Punkten auf dem Asphalt war das Ereignis sichtbar. Menschenleer war die Straße, die Frau, die unten gegangen war, war um die Bahnhofsecke verschwunden. Hinter den Häusern des westlichen Ufers zuckte manchmal der Widerschein eines Wetterleuchtens auf.

A. sagte:

»Die Wünsche Ihrer Frau Mutter können doch nicht so maßlos sein, daß sie derart bewacht werden müßte.«

Hildegard zögerte, dann sagte sie:

»Wäre sie nicht schon gebrechlich, sie würde alles im Stiche lassen ... sie würde sich unter das Volk mischen und dritter Klasse fahren, bloß um in die Welt zu reisen, das beteuerte sie viele Male.«

Es konnte also unmöglich die Angst um den Verlust der Mutter sein, die das Fräulein zu solch abseitigen Erwägungen veranlaßte. Nun mußte die Lösung kommen. A. hatte wieder das Eisen der Balustrade erfaßt, nackt und atmend unter seinen Kleidern beugte er sich hinaus in den stärker und dichter werdenden Regen, und leise surrte das Laub in den Baumkronen drüben. Erde atmete drüben, Erde atmete hinter dem Haus, und der Atem des Lebendigen stieg auf und schlug zusammen über dem Dach des Hauses, in dem das Lebendige und Menschliche geborgen war. Vielgliedrig, vielknochig, vieladrig schwebten sie hier im Atem des Lebens, emporgetragen über die Erde. Von einer Mutter geboren werden, eingehen in die Geborgenheit, ausgehen aus der Geborgenheit des Hauses und wieder in sie zurückfinden: Angst des Leibes, nicht mehr Kind sein zu dürfen, zu erstarren im Unleben, nur mehr bergend, nicht mehr geborgen. Angst aller Frauen im nackten Körper unter ihren Kleidern.

Und sie, von der alle Gelöstheit und Weichheit wieder geschwunden war, sie, die wieder mit schmalen Lippen nonnenhaft dasaß und starr zur Spitze des Straßenpfeiles hinblickte, sagte:

»Mein Vater hat den Frieden hier gestiftet ... ich muß dafür sorgen, daß er gehalten werde.«

A. strich über sein blondes Backenbärtchen und antwortete:

»Eine wundersame und schwere Aufgabe, die Sie sich gestellt haben.«

»Ja«, war ihre Gegenantwort.

Vom Bahnhof her drang der Pfiff einer Lokomotive, und das Rollen eines Zuges mischte sich in das Geräusch des Regens und in das vieladrig tönende Leben des Laubes. A. blickte nun gleichfalls zum Stadteingang hinauf, als erwartete er von dort die Stimme, die den Stimmen der Ferne die letzte Antwort geben würde. Wird es die Stimme des Kindes sein oder die des Gerichts, wird der Blick des Kindes dort aufscheinen oder der des Vaters? Es war beides zugleich, denn der verhallende leise Donner, der jetzt über den Himmel hinzog und die Stadt einhüllte, er nahm das Rollen des

Zuges in sich so sanft auf, er verklang so leise in dem Rauschen der Bäume, daß das Gewesene und das Kommende zur Einheit wurde, aufgenommen in unhörbarem Nachklang, in Zeitlosigkeit versinkend und in einer Ewigkeit, die das Lächeln des Lebens und das des Todes zugleich ist.

Immer kehrt der Mensch zum Atem zurück, auch wenn er der Starrheit völlig verfallen zu sein glaubt. Hildegard war ein wenig zusammengesunken, sie sah nicht mehr auf den Platz, sondern, die Ellbogen auf den Knien, hielt sie ihr Gesicht in Händen, die mit den Fingerrändern sich berührten. Dunkel glänzte der nasse Asphalt der Uferstraße, dunkel rauschte das schwarze Dreieck der Bäume und Sträucher. Und die erleuchtete Uhr über dem Kiosk im Mittelpunkt des Dreiecks, sie war jetzt wie ein wachsames Auge.

## Der Meeresspiegel
### Novelle

Hinab sich senkend zum Spiegel des Meeres, in drei Zonen geteilt, steinig und weiß die oberste, graugrün von Feigen- und Olivenbäumen die nächste, doch im dunklen Lorbeergebüsch die unterste, die sanft zur Küste auslaufende, so sank der Abhang vor den Augen des Fremden, der auf dem Kamm des Bergzuges stand und hinabsah, hinsah über das Gelagerte und Ruhende, stumpf die Farben der hinsinkenden Erde, doch glänzend der Spiegel, der in ihr ruhte, auf dem sie ruhte, bestrahlt von dem schrägen Licht der steigenden Sonne.

Zwischen niedern Steinwällen, Grenzen der nur spärlich, oftmals gar nicht bebauten Grundstücke, führte der Weg hinab, und der Fremde, der in der Kühle des Morgens heraufgekommen war, getrieben von der Sehnsucht nach dem Bilde der glänzenden Fläche, auf der die weißen Punkte der Fischersegel dahingleiten, der Fremde, dessen Sehnsucht nunmehr erfüllt war, entschloß sich zum Abstieg. Aus den Hütten, die hie und da als schüttere Besiedlung des Berghanges zwischen den Steinwällen lagen, stieg Rauch senkrecht zum weißlichen Himmel, und es war still.

Welche Sehnsucht hatte ihn hergetrieben? Ein nordischer städtischer Mensch, in Kleidern und Schuhen steckend, die in irgend einer Großstadtstraße gekauft worden waren, den Stock bei jedem Schritt vorsichtig und hart in das Schuttgeröll stoßend, ging er über den steinigen Weg und seine feucht gewordene Hand brannte ein wenig, so fest hielt sie den Griff des Stockes umklammert.

Welche Sehnsucht hatte ihn hergetrieben? Sehnsucht nach einer Sehnsucht, die immer weiter wurde, je weiter der Horizont sich dehnt? Dunkle Streifen lagen über dem metallischen Spiegel, hingewischt von Windstreifen, man sah die Kräuselung der Wellen, und wenn die weißen Segelpunkte in einen solchen Streifen gerieten, dann bewegten sie sich rasch vorwärts, bis sie ihn schließlich verließen; dann ruhten sie wieder, verloren und weiß, ruhend im Grenzenlosen.

Welche Sehnsucht hatte ihn hergetrieben? Schon säumten die Ölbäume den Steig, und geschützt in Gruben innerhalb der Steingevierte war Gemüse gepflanzt. Was hatte all dies mit seiner Sehnsucht zu schaffen? Er hielt den Schritt an, halbgeschlossenen Auges sah er über das Meer hinweg, zum südöstlichen Firmament, der Sonne entgegen, die schon hoch stand und ihn blendete. Und nicht nur der Strahl seiner Augen verband ihn mit dem fernen Horizont, der Teppich des Seins, auf dem er stand, lief gleichfalls dorthin, die krausen Linien der Erde kamen her, glitten über die Glätte des Spiegels, hoben sich mit dem Hang des Berges, sie liefen über die Wege, sie vereinigten sich mannigfach, liefen über seine Schuhe, liefen den Körper hinauf, im Auge wieder zu münden. Und damit er noch verbundener wäre den Linien der Landschaft, berührte er den Steinwall, der heiß und staubig sich anfühlte. Aber es nützte nichts. Was hatte ihn hergeführt? Wer war er? Auf den heißen Steinen lagen grüne Eidechsen und sonnten sich.

Nun gelangte er zu dem ersten der Häuser hier oben. Als er in der Kühle des Morgens hier vorbeigekommen war, noch lagen die Schatten allenthalben lang und kühl, da hatte er das Haus nicht beachtet, kaum daß er den Gruß der Frau, die aus dem Hause getreten war, erwidert hatte, so sehr war er von seiner Sehnsucht nach aufwärts gezogen worden, so unwiderstehlich hatte es ihn hinaufgezogen, den Blick über den

Meeresspiegel zu finden. Jetzt stand er vor dem Hause, das seine Schattenseite ihm zukehrte, ein mäßig großes Geviert beschattend, auf dessen unregelmäßigem Steinpflaster ein wackliger, einstmals braunpolierter Zimmertisch mit irdenem Kochgeschirr stand. Längs der Hauswand, bloß unterbrochen von der Eingangstüre, zog sich ein Steinsockel, der, mit brüchigen Brettern belegt, als Bank diente, und darüber rankte sich ein Weinstock. So war dieses Anwesen. Durch die offene Türe sah man den gemauerten Küchenherd, sah man zwei Öldrucke, von denen der eine die Madonna in blauer Gewandung, der andere den flott rauchenden Vesuv zeigte.

Als wollte er das nachholen, was er vorher versäumt hatte, blieb der Fremde stehen, beinahe erstaunt, weil niemand sich zeigte, seinen Gruß entgegenzunehmen: da er nun seiner Sehnsucht Genüge getan und sie doch nur gegen eine andere und weitere ausgetauscht hatte, war er gleichsam schwerelos geworden, er selber hingeweht auf dem Meere der Sehnsucht, und er wartete, daß jemand ihn zurückrufen werde, daß eine Stimme ihn wieder verbinden werde mit der Erde und der irdischen Gemeinschaft. Und so horchte er auf die Geräusche des Hauses. Aber er sehnte sich, näher zu treten.

Man brauchte nicht scharf hinzuhören, um zu erkennen, daß hinter dem Hause sich etwas regte; auch aus dem Hause selber drangen Geräusche. Und in der Tat dauerte es bloß einige Minuten, bis hinter dem Hause ein Mann hervorkam, der ohne viel Erstaunen den Fremden zur Kenntnis nahm und ihm einen guten Tag wünschte, ja, ihn sogleich aufforderte, den schattigen Sitzplatz zu benützen und auszuruhen, anstatt in der sengenden Sonne zu stehen.

Der Fremde, der Landessprache mächtig, dankte sehr verbindlich, er trat näher, setzte sich auf die Hausbank und lehnte den Rücken gegen die Mauer. So saß er da, sah den Hang hinauf, der die hohen und schroffen Berge verdeckte und den ganzen Norden, der dahinter lag. Und den Herrn des Hauses betrachtend, der bloß mit Hemd und Leinenhose bekleidet, lässig und schlank an dem wackligen Tisch vor ihm lehnte, erinnerte er sich der ältlichen Frau, die ihn morgens begrüßt hatte und schlecht zu diesem verhältnismäßig jungen Menschen taugte. Der aber, lächelnd herab sich beu-

198

gend, fragte ihn, was sie beide ohnehin wußten, nämlich, ob
er hier fremd sei.

Ja, entgegnete er und blickte den Hang hinauf, über dessen
Kuppe der Weg verschwand, um übers Gebirge hin zur
Heimat zurückzuführen, ja, entgegnete er, er sei fremd, doch
er habe kein Heimweh.

Wahrlich, er hatte so wenig Heimweh, daß er sich am
liebsten der in der Heimat angefertigten und gekauften Kleider auf der Stelle entledigt hätte. Aus der Küche roch es nach
Öl, und in dem schwarzgrünen irdenen Gefäß auf dem Tische
befand sich halbangerührter Teig.

Der Mann sagte:

»Auch ich war in der Welt, ich war in Amerika, ich bin zur
See gefahren.«

Der Fremde nickte. Er spürte den Geruch des roten Weins,
der hier des Abends unter den Sternen getrunken wurde,
getrunken aus billigen, starkwandigen, kleinen Gläsern, und
er sah zum Himmel empor, der von dieser dunklen beschatteten Ecke aus in harter Bläue sich jetzt zeigte. Welche Sehnsucht hatte ihn hergetrieben? Wo war das Namenlose, das er
suchte und das so stark war, daß er seinen eigenen Namen
daran verlor? Wer war er selbst, er, ein namenloser Reisender
voll namenloser Sehnsucht.

Angelockt von dem Sprechen, kam nun auch die Frau aus
dem Hause, ein etwa vierjähriger, sehr schmutziger Junge
klammerte sich an ihren dünnen Rock und ließ sich mitzie-
hen. Sogleich sagte sie, und dabei setzte sie ein vertrautes
Gesicht auf:

»Der Herr ist heute morgens hinaufgestiegen.«

»Ja, das tat ich«, antwortete dieser freundlich, obschon
ihm das vertraute Gehaben der Frau unangenehm war, »und
es war dort oben sehr schön.«

In dem Munde der Frau fehlten Zähne, und der Fremde
mußte daran denken, daß der Mann sein bartstoppliges Gesicht zu diesem Munde beugt, ihn zu küssen. Denn Nacht für
Nacht schlafen sie zusammen in einem Bett, und sie sind
einander Eigentum und Heimat. Und als ob er diese Gedanken hätte in jenem geheimen Einverständnis, das in der Einsamkeit und in der Stille des Himmels zwischen zwei Männern aufblühen kann, schickte der andere seine Frau mit dem

Befehl ins Haus, Wein und Gläser zu bringen. Aber da sie sich beide dieses Einverständnisses vielleicht schämten, so schwiegen sie, und als der Fremde das Schweigen endlich brach und fragte, ob der Gastgeber auf seinen Reisen auch in den Tropen gewesen sei, da lachte dieser und sagte:

»In Singapur sind die größten Bordelle . . . ja.«

Indes kam die Frau mit dem Wein und den starkwandigen, billigen, kleinen Gläsern, sie schob das Teiggefäß ein wenig zur Seite und stellte das Trinkzeug auf den Tisch. Und dann setzte sie sich zu dem Gast auf die Bank, während das Kind ihm ins Gesicht starrte.

Der hingegen dachte an Singapur, und unbegreiflich schien es ihm, daß dieses Kind gerade in dieser Frau und in dieser Heimat gezeugt worden war; er lehnte sich fester gegen die Mauer des Hauses, das zwischen ihm und dem Süden und den Tropen nunmehr hier errichtet war, und schließlich fragte er, als wollte er damit dem Zufall entrinnen, ob sie nur dieses eine Kind hätten.

»Giacomo«, rief der Vater, und aus dem Hause kam ein anderer Junge, etwa sechs oder sieben Jahre alt, der scheu dreinsah und sich zu dem Tische stellte.

Der Mann schenkte die Gläser voll: »Gute Fahrt«, sagte er und hob das seine.

Freundschaft im Unendlichen! und es war wohl unkameradschaftlich, daß der Gast diese Freundschaft zurückwies und nicht nur, halb zu der Frau gewendet, »Auf die Familie« antwortete, sondern sogar verlangte, daß sie, dieses verblühte Weib, mit ihnen trinke und anstoße. Sie hatte dies auch sicherlich gespürt, denn erst nach einem fragenden Blick auf ihren Mann stand sie auf, noch ein Glas zu holen, und nur verschämt und beinahe betreten füllte sie es, ja, sie wagte nicht einmal, richtig anzustoßen und zu trinken.

Das Fenster hinter ihm war mit einem grünen Fliegennetz überspannt und Fliegen tanzten aus der Küchentüre und wieder hinein, umkreisten das Gefäß mit dem Teig. Das war alles ganz lautlos, und man vergaß das Meer.

Der Mann freilich schien sich mit dem Sachverhalt abgefunden zu haben, allzuviel lag ihm an dem Einverständnis mit dem Gaste, und ohne die verschämt Lächelnde zu beachten, sagte er, gleichsam sie anbietend:

»Sie ist eine gute Frau.«

»Ja«, sagte der Gast, sie beide anblickend, »gewiß ist sie das, und es sind schöne Kinder.«

»Wo sind Ihre Kinder?«, fragte die Frau, und es war ihm, als böte sie sich damit an, dem Befehl des Mannes folgend, dennoch dem Mann zu Trotz, ihm, dem Fremden, ein Kind zu gebären. Und vielleicht war es wirklich so, denn sie fügte hinzu: »Wo wohnen Sie?«, mit enttäuschter Gebärde vernehmend, daß er drunten im Gasthof des Fischerdorfes Quartier genommen hatte.

Doch da nahm der Mann den Gedanken seiner Frau auf: »Sie könnten hier wohnen.«

Das war mit drängendem Ernst gesagt, so daß der Fremde kaum zu lächeln wagte. Er betrachtete das sehr einfache längliche Gesicht des Mannes, die rosa Lippen, die zwischen den Bartstoppeln lagen, die gegerbte, vielfach durchfurchte Haut des Halses, aus der Adern und Sehnen stark hervortraten, diese Adern, an denen der Mund der Frau sich festsaugen mochte, wenn er sie umarmte. Und weil dieses Gesicht und diese Haut darauf schließen ließen, daß der ehemalige Matrose jetzt den Beruf des Fischers ausübte, und weil dieses einfache Gesicht jetzt nichts als Erwartung und Hoffnung ausdrückte und weil es wohl verzweifelt geworden wäre, hätte der Gast die Einladung rundweg abgeschlagen, so lenkte dieser ab, indem er neuerlich das Glas hob:

»Auf frohe und gute Fahrt und auf gute Beute.«

Und wieder war es wie eine Verführung, da die Frau sagte: »Die Männer fischen bei Nacht.«

»So ist es«, bekräftigte der Mann, »wir fahren bei Nacht.«

Der doppelten Verführung zu entrinnen, und doch sich ihr hingebend, sagte der Fremde:

»Dann will auch ich in der Nacht mit Euch hinausfahren auf den schwarzen Spiegel des Meeres.«

»Auf dem schwarzen Spiegel des Meeres«, summte die Frau, sie hatte das kleinere der Kinder auf den Schoß genommen, und den Oberkörper leise hin und herwiegend, halbgeschlossenen Auges und lächelnd, als verspräche sie den Kindern ein Geschwister, summte sie im Takte: »Auf dem schwarzen Spiegel des Meeres.«

Leicht und lässig stand der Mann noch immer gegen den

201

Tisch gelehnt, hinter ihm der sonnige Hang des Berges, ihn und seine Befehlsgewalt stützend und unterstützend. Und der Mann sagte einfach:

»Ja, fahren Sie heute Nacht mit uns.«

Ziel gemeinsamer Sehnsucht, Wasser, in das die Netze leise fallen, Ziel namenloser Rückkehr. Allein die Frau, wissend, daß es eine trügerische Aufforderung war, daß das gemeinsame Ziel ihr zum Opfer gebracht werden mußte, sie sagte höhnisch und beinahe listig:

»Das ist eine schmutzige Arbeit, das Fischen, das wird Ihnen nicht behagen.«

Gleichsam zur Probe, doch auch um die Verstrickung der Eltern zu zerreißen, wandte sich der Fremde an den schweigsamen älteren Jungen:

»Wirst auch Du zum Fischfang mitgenommen?«

Das Kind antwortete nicht. Die Frau aber lachte:

»Nein, bisher durfte er nicht, einer der Männer muß immer zu Hause sein, jetzt freilich wird er es vielleicht dürfen.«

Und als wäre er nun seiner Sache völlig sicher, sagte der Mann:

»Ich werde die beiden abwechselnd mitnehmen.«

Oh, welche Veränderung! wie nahe ist das Unendliche dem Endlichen, das Unermeßliche dem Meßbaren im Augenblick des Jetzt. Wer sich noch hingetrieben wähnt über die Unermeßlichkeit des Spiegels, schwebend zwischen Nord und Süd, kaum die Linie erkennend, die von Unendlichkeit zu Unendlichkeit aus seinem Herzen sich spannt, er, der Namenlose, der namenlos Hingetriebene und Hingewehte, er ist schon in die Verflechtung aller Linien geraten, und vom Spiegel des Meeres ist er abgeschnitten durch die Mauern eines dürftigen Hauses, er ist gebunden in die summende Erwartung einer Frau, er ist gebunden von der Befehlsgewalt eines Mannes, und das Meer, unsichtbar, wird zur Nacht.

Da war die ziellose, unerkennbare Sehnsucht noch besser gewesen, besser als das Ahnen ihres Zieles, und der Befehlsgewalt des aufgerichteten Mannes sich zu entziehen, Angesicht zu Angesicht ihm gegenüber zu stehen, sich ihm zu entziehen und die Unendlichkeit wiederzufinden, erhob sich der Fremde:

»Ich kann nicht auf halber Höhe bleiben«, sagte er, »ich

hätte höher steigen sollen, aber da ich nun einmal umgekehrt bin, muß ich auch zu Tal.«

Der Mann schüttelte den Kopf:

»Jetzt kommt die Hitze des Mittags. Erwarten Sie die Abendkühle, ruhen Sie hier, und wir steigen dann gemeinsam hinab.«

Doch die Frau, die wohl fühlte, daß ihr Mann von dem Entschluß des Fremden zu eindeutiger Entscheidung gedrängt wurde, und die die Gefahr sah, beide zu verlieren, rief:

»Nein, heute soll Giacomo mitgehen, Du hast es ihm lange genug versprochen.«

Der Fremde lächelte, und obgleich er wußte, daß er damit unschön an der Frau handelte, schlug er vor:

»Wie wäre es, wenn sowohl Giacomo als auch ich heute mit auf den Fischfang zögen.«

»Oh«, klagte die Frau, »so wollen Sie, weil Sie kinderlos sind, alle verführen, so wollen Sie, daß ich von allen verlassen werde, das wollen Sie, obwohl ich Ihnen Wein gebracht habe und Sie hier geruht haben.«

»Den Wein habe ich gekeltert«, sagte der Mann, »und das Haus mit der Bank davor, das hat mein Vater gebaut.«

»Ich betreue das Haus«, schrie die Frau, »und die Kinder, die es nach Dir erben werden, in mir hast Du sie gezeugt.«

Und da solcherart das Band zwischen den beiden Gatten plötzlich abriß, da war es dem Fremden, als sei er selber bloß durch dieses Band gehalten worden, als wäre die Verführung, die der Mann im Wege der Frau, die Frau im Wege des Mannes auf ihn hatte wirken lassen, bloß solange in Geltung gewesen, solange der geschlossene Ring zwischen diesen Menschen bestand. Ja, es wurde ihm, der aus der Ferne kam und in die Ferne strebte, durchaus klar, daß das Endliche, in dem das Unendliche sich verfängt, immer ein geschlossenes System sein müsse und daß es an der Kraft des geschlossenen Systems liegt, wenn derjenige, der in ihren Bann gerät, sich sogar veranlaßt sieht, eine unschöne und verblühte Frau zu umarmen und ein Kind aus ihrem Schoße zu erhoffen, ja, das wurde dem Fremden klar, aber es ward ihm auch klar, daß die Kraft des Systems sofort versagt, wenn die Geschlossenheit des magischen Ringes auch nur an einer einzigen Stelle sich öffnet und daß dann unaufhaltsam das Unendliche wieder hervorbricht, hervorbrechen muß, die Seele des Menschen mit sich tragend. Oh Bild des Unendlichen im Endlichen, das immer wieder verlöscht wird! Und mochte darum der Fremde es dem Gastfreund auch verargen, daß der Zauber nicht vorgehalten hatte, daß der Ring zerbrochen war, und nichts übrig blieb als eine keifende und betrogene Frau, die Einsicht in das Unabänderliche befähigte ihn, ohne Arg Abschied zu nehmen. Er legte den Arm um des Gastfreundes Schulter, so daß sie, vereint in ihrer Freundschaft, ein Mann vor der Frau und vor der Feindseligkeit ihres Blickes standen. Und in diese Feindseligkeit hinein sprach er:

»Ich habe Euren Wein getrunken und ich habe Eure Nähe gefühlt, was Ihr hattet, botet Ihr mir an, und ich habe es angenommen. Ich unterlag der süßen Verführung des Endlichen und Irdischen, doch zur Unendlichkeit muß keiner verführt werden, denn ihre Verführung ist ewig.«

Und damit wandte er sich zum Gehen.

»Bleibe bei uns«, rief die Frau.

»Fahre heute Nacht mit mir«, rief der Mann, »wirst du es tun?«

»Ich weiß es nicht«, gab der Scheidende zurück, der den Steinwall schon hinter sich gelassen hatte. Denn schon war er des Meeres wieder ansichtig geworden, dessen Spiegel, ein mächtiger Stahlschild unter den goldenen Strahlen des Mittags zwischen den schattenlosen Zweigen der Ölbäume emporglänzte.

Mit dem Stock kräftig in den steinigen Boden stoßend, schritt der Fremde hinab, er hatte sich des Rockes entledigt, so daß er von ferne dem Gastfreund glich, und ohne Namen, ohne Ziel, die Sonne im Gesicht, war er doch wissend um das Ziel. Die Steinwälle neben dem Pfad verloren sich, die Feigenbäume und die Ölbäume blieben zurück, der Boden wurde weicher, schon knackten Zweige unter den Füßen des Wandernden und er drang ein in den Lorbeerhain, umsummt von dem Getier der durchsonnten Dunkelheit. Leben des Tönenden und des Geruches, Zone des Lebendigen und Irdischen, die immer wieder zu durchschreiten ist. Nun wurde der Abhang sanfter, in den kleinen Lichtungen des Lorbeerwaldes war der Boden grün, und da und dort glänzte ein hellerer Strauch durch das schwarzgrüne Gelaub. Der Wanderer nahm eines der ledernen Lorbeerblätter in den Mund und es war wie Erinnerung an den dunklen Wein, den er einstens – wie lange es her war, wußte er nicht – getrunken hatte. Nun war der Weg ganz eben, leicht und behaglich war es, dahinzuschreiten, es lichtete sich das Gebüsch, das metallische Rauschen des Wassers mischte sich schon in das Summen der Insekten und in die Ungeduld der Natur, die zum Ewigen hinstrebt, in das Sehnen der Landschaft nach dem Unendlichen, da glänzte die Fläche des Meeres zwischen den Stämmen und Kastanien.

Beinahe zögernd durchquerte der Wanderer den Garten der Küste, doch als er am Ufer stand, und als in den sonnigen Geruch der Landschaft sich der des Meeres mischte, da die Wellen in zarten Schlägen gegen die Felsen sich warfen, da kniete er nieder im Uferschotter, beugte sich ganz tief herab, daß seine Augen nicht höher waren als der Spiegel, und ohne Rücksicht auf die Kleider, die einstens in einer Großstadtstraße gekauft worden waren, tauchte er Gesicht und Hände in die mütterliche Flut.

*Esperance*

Noch immer bebt mir das Herz vor Fernweh, wenn ich an den Strand Sodoms denke, an das südliche Meer, das den kaumbewegten dunklen Rand an seinen Ufern zeichnete, an die Palmen, die ihn beschatteten. Und es ist mir, als wäre das Furchtbare, das mir dort begegnete und von dem ich doch hier berichten will, nie gewesen.

Unser Kreuzer war als Stationsschiff nach Sodom kommandiert. Nur ungern hörten wir den Befehl; ein längerer Aufenthalt in solch kleineren tropischen Hafenstädten ist lähmend und aufreibend. Die Tage vergehen, soweit sie nicht durch landesübliche Revolutionsunruhen belebt sind, in einem gereizten Nichtstun mit reglementierter Träumerei: man spürt verzweifelt, wie einem Zeit und Jugend gestohlen werden, blickt verzweifelt in sein eigenes leerstes Angesicht, das vom Menschenhaften nichts als die bloße Form noch trägt.

Es war selbstverständlich nicht daran zu denken, Frauen mitzunehmen. Wenn es mir trotzdem gelang, meine Schwester Esperance an Bord zu bringen, so konnte dies bloß geschehen, da sie ein Gazellenreh, ein Gazellenreh von außerordentlicher Schönheit war, und weil hiefür keine Vorschriften bestanden. Die Anwesenheit einer Dame an Bord verändert das Leben des Schiffes von Grund auf. Die Inhaltslosigkeit erhält den Pol, auf den sie sich konzentriert und erhebt sich zur Fiktion des Inhaltvollen. Die einzige Ehrlichkeit des Menschen: seine Verzweiflung und sein Schreck vor seinem unentrinnbaren Alleinsein verschwindet vor der Anwesenheit eines einzigen Wesens fremder Geschlechtlichkeit – – – ach, wie leicht akzeptiert der Mensch jene falsche und billige Ekstase, die die Einsamkeit zu durchbrechen wähnt, weil sie im Bette Du sagt.

Esperance wurde, wie man zu sagen pflegt, der Abgott des Schiffes. Trat sie des Morgens aus der Kajütentreppe, so konnte man gewiß sein, daß die dienstfreien Offiziere sie schon längst erwarteten. Sie blieb dann einen Augenblick in der Türe stehen, das rührend dünn-gefesselte Vorderbein leicht angezogen und auf die Spitze des Fußes gestellt, und bog mit unendlichem Liebreiz den Gazellenhals zu zartestem Gruße. Es gibt ein Wort unmäßiger Affektation – – – es heißt Minne. Zieht man die letzten Konsequenzen dieses Wortes und seiner Derivate – – – Minnedienst, Minnepfand, Minnelohn – – –, so kann man sich die Geschraubtheit vorstellen, unter welcher sich das sogenannte Leben auf S. M. leichtem Kreuzer »Loth« abrollte. Nichtsdestoweniger möge man die weiche und sehr keusche Stimmung jener Männer nicht allzu gering achten, möge nicht allzu sehr darob lächeln, daß es ihnen gleich dem eigenen Herzschlag klang, wenn Esperancens Trippeln während des abendlichen Spaziergangs wie ein wohlabgestimmtes Xylophon auf die Schiffsplanken tönte, denn selbst im Worte der Minne – – – und sei es noch so sehr vom ästhetischen Teufel vergiftet – – – ist ein Tropfen jener Göttlichkeit, die Hingebung heißt. – – –

Es vergingen die Tage in Leichtigkeit und Anmut, und als deren zweiunddreißig vorüber waren und die Küste Sodoms aus stillbewegter, morgendlicher See auftauchte, da war es, als steuerten wir zur Insel der Seligen. Süß und unbeschwert wehte vom Lande der Wind; man fühlte sich nackt und atmend unter den Kleidern, die sich dennoch leicht und selbstverständlich trugen. In schönem, weitgespanntem Rund lag die Bucht um uns; weiß schimmerten in der Morgensonne die Felsen und Steine der Ufer und die See war so ruhig, daß ihr feuchter, dunkler Rand auf dem Gestein kaum merklich breiter und schmäler wurde. Allüberall Palmenwald, unbewegt in der spielenden Brise, und zog sich die Hügel hinauf. An die Hügel angelehnt die Stadt mit gelblichen Häusern, flachen Dächern und einem kleinen Hafen, über dessen Molen die Segel der Fischerboote ragten.

In den Vormittagsstunden kamen einige prächtig uniformierte Mestizen an Bord, um die Landungsformalitäten zu erledigen, unter ihnen ein ganz vergoldeter Minister oder Bürgermeister, der den Kommandanten im Namen der Regierung begrüßte. Es verlautete, er hätte auch um Unterstützung gegen die Rebellen oder Affenstämme in den Wäldern gebeten, aber es war wohl anzunehmen, daß unser Alter jede Einmischung in die innerpolitischen Angelegenheiten eines befreundeten Staates, solange wir uns nicht mit ihm in Kriegszustand befänden, abgelehnt haben dürfte.

Immerhin verbot die ungeklärte Lage fürs erste, die Mannschaft an Land zu lassen. Bloß uns Offizieren war Landurlaub für den Nachmittag gestattet. Wir fuhren mit dem großen Boot, und es fiel den Leuten an den Riemen auf, wie schwer die Ruderarbeit wurde, je näher wir dem Ufer kamen. Das Wasser war wie verrottet. Geradezu wie mit Tang durchwachsen und dennoch konnten wir keinen wahrnehmen, bloß Aale in jeder Größe, solche von der Länge eines Fingers bis zu solchen von einigen Metern, Rochen, deren Kopf unmittelbar auf dem Schwanz saß, sonderbare Sägehaie. Als ein Mann unvorsichtig in das befremdende Wasser griff, schoß ein kleiner Aal aus dem Gewimmel und biß sich an seinem Finger fest wie ein Blutegel; noch viele Wochen später eiterte die Wunde.

Der Hafen machte einen fast sonntäglichen Eindruck. Oder, wenn ich mich richtig erinnere, eher den eines Panoptikums. Wir ruderten langsam zu den Kais; stumm schloß sich das Wasser hinter uns, denn in dieser Suppe von Melonen- und Kokosnußschalen, Zitronen und Tierkadavern hinterließ das Boot kaum eine Furche. Unbewegt lagen die Fischerboote nebeneinander, hie und da ein halb abgetakelter alter Dampfer, aber nicht ein europäisches Schiff. Die Segel und Flaggentücher klebten an den Rahen und wenn auch aus den Bars bei den Molen mechanische Musik herübertönte, wenn auch das Kreischen und wütende Klingeln der Straßenbahn hörbar war, ja sogar das Stimmengewirr und Geschrei südlich erregter Menschen aus den Straßenmündungen: die Laute amalgamierten sich nicht mit dieser Starrheit, der nur Stummheit entsprach, es waren Geräuschfetzen, die in der Stummheit herumschwammen.

Es mag sein, daß ich den Eindruck des Panoptikums bloß von den automatischen und eckigen Bewegungen zurückbehalten habe, mit denen die Kaffeehausgäste unter den Sonnendächern ihre Getränke zum Munde führten und wieder absetzten, vielleicht auch von der Unbeweglichkeit des Mannes mit dem Sombrero, der in voller Sonne an einer der gußeisernen Trossensäulen lehnte. Vielleicht war es die glühende Hitze, die solche Unbewegtheit hervorrief und es sogar verhinderte, daß die Hafenjugend uns mit entsprechender Neugierde und turbulenter Hilfsbereitschaft begrüßte: im Mauerschatten mit ein paar anderen Leuten stehend, sahen uns die Jungen zu und niemand war da, um in gewohnter Weise die Leine aufzufangen. Selbst die großen Eidechsen auf den Steinquadern ließen sich durch unsere Ankunft nicht stören, sondern blinzelten uns bloß giftig an.

Immerhin, als wir über den Hafenplatz gingen, folgten uns die Jungen, und wäre es nicht unter unserer Würde gewesen, so hätten wir uns umgedreht, um uns zu vergewissern, ob sie uns verhöhnten. Aber wir wußten es ohnehin.

Vor uns ging der erste Offizier zwischen dem Doktor und Leutnant Blake, ich folgte mit Kadett Enos. Der Platz war wie der Fleischerladen einer italienischen Kleinstadt, ich weiß nicht mehr welcher, mit großen Steinfliesen gepflastert; sie brannten unter den Sohlen und der Platz mit seinem gelben, geschlossenen Häuserrund erinnerte an irgend eine Arena für Tierhetzen oder sonstige blutige Spiele. Auch die Bars und Cafés mit ihren rot-weißen und rot-gelben Sonnendächern trugen zu solchem Bilde bei. Aber es änderte sich, als wir durch einen kurzen, kühlen Durchgang auf eine der

Hauptstraßen traten. Die hatten einen fernher großstädtischen Charakter, ja man war fast versucht, an eine Vorstadt von Paris oder Marseille zu denken. Die Häuser zwar höchstens dreistöckig, doch voller Kaufläden, die Straße schmal, doch mit Lärm und Leben erfüllt, allein schon durch die gelben Tramcars, die mit außerordentlichem Aufwand von Geklingel einherholperten und quietschend um die Ecken bogen. Ungeheure grelle Firmenschilder und Plakate, die Türen der Geschäftslokale weit offen, die Waren halb auf dem Gehsteig, ein süßlicher Geruch faulenden Obstes. Auf der Schattenseite Limonadenverkäufer, Hausierer mit Konfekt, negroide Zeitungsjungen; überhaupt viele Neger. Eine Menge Tiere; Hunde und Schakale lagen in der Sonne, Meerschweinchen schnupperten in einem Rinnsal, auf den Telefondrähten saßen Chamäleons, mit dicker Zunge nach Fliegen zielend, am Puffer eines Straßenbahnwagens hatte sich eine Schlange angeringelt und ließ den Schwanz nachschleppen, ein Affe verfolgte seinen Weg längs der Firmenschilder.

Wir waren froh, Esperance, obwohl sie flehenden Rehauges gebettelt hatte, nicht mitgenommen zu haben. Enos hatte es für sie durchsetzen wollen, aber wir andern waren fest geblieben, und ich glaube wohl, daß er uns jetzt beistimmte. Fast bedauerten wir ja, selber an Land gegangen zu sein. Denn obwohl sicherlich keiner von uns feige zu nennen war, spürten wir alle eine ungute Stimmung um uns, und wenn wir nicht sogleich umkehrten, so war es, weil wir uns ein wenig lächerlich vorgekommen wären. Immerhin hatten wir von der Bevölkerung einer Stadt, die bei uns um Schutz angesucht hatte, eine andere Aufnahme erwartet: wir merkten, wie die Straße vor uns irgendwie stumm wurde, als würden wir die Unbewegtheit der Hafenatmosphäre mit uns getragen haben. Ja es war, als würde die Straße vor uns breiter und zugleich geräuschloser werden. Sogar die Hunde, die noch eben in der Sonne geschlafen hatten, standen auf, senkten den Kopf zum Pflaster und schauten mit offenem Gebiß feindselig zu uns herauf. Waren wir vorüber, so war es als schlügen die Wogen des Lärms hinter uns wieder zusammen.

So zogen wir also durch die Straßen. Auf dem Platz, an dem der Regierungspalast lag, setzten wir uns vor ein Café. Man brachte uns Eislimonade, die wir in sonderbarer Angst

vor fremdartigem Gift nicht zu trinken wagten, und so saßen
wir noch eine Weile untätig, schauten auf den Platz und seine
verwahrlosten grau-grünen Anlagen mit den symmetrischen
Palmenreihen, unter denen einige Alligatoren spielten und
mit den Hunden sich begatteten, und warteten eigentlich auf
Frauen, die der Gefahr, die wir nun doch einmal eingegangen
waren, wert gewesen wären. Oh, es gibt Augenblicke im
Leben des Seemanns, in denen selbst ein syphilitischer Kuß
als romantische Gefahr begrüßt wird. Aber noch war es zu
früh und zu heiß für den Korso, und so brachen wir auf,
bummelten durch die Gassen. Enos schleppte uns von Laden
zu Laden, um Eingeborenenschmuck für Esperance zu finden, und schließlich hatten wir alle die Arme voll Ketten,
Ringe, Matten und Decken.

Der Abend brach unvermittelt an, Wind hob sich vom
Lande her und die Luft wurde kühl. Nun hätten wir wohl
zum Korso zurückgehen können, aber irgendetwas trieb uns
zum Schiffe, vielleicht zu Esperance. Der Hafenplatz hatte
sein Aussehen verändert und wenn mir die Menschen noch
immer panoptikumhaft vorkamen, so war es wohl bloß, weil
ich mich des nachmittägigen Bildes nicht ganz entledigen
konnte. Es war der übliche Matrosenbetrieb. Viele Frauen
mit dick geschminkten Gesichtern, Lippen aus chinesischem
Lack, und wenn sie sie manchmal zu einer Art von vor-
menschlichem Lächeln öffneten, dann war das Zahnfleisch
wie das Innere einer Wassermelone. Vorgebeugten Leibes
ließen viele aus den Fenstern ihre Brüste hängen als wären es
Trauben zum Trocknen, oder ließen nackten, fleischigen
Arm wie lauernde Baumschlangen schlaff längs der Mauer
pendeln. In den nun grell beleuchteten Bars saßen die Mädchen auf den roten Samtbänken unter den Spiegeln, starr den
Zigarettenrauch vor sich hinblasend, oder hinaufgezogenen
Knies zusammengekauert auf den hohen Barhockern. Manche der Frauen hatten Affen auf den Schultern, andere Pa-
pagein. Die Männer standen herum und kümmerten sich
scheinbar überhaupt nicht um das Getriebe. Und es mag
wohl sein, daß das Gespenstische bloß der augenblicklich
scheinbaren Zwecklosigkeit entsprang: kein fremdes Schiff
lag im Hafen und es war, als ob dieses ganze Fest, das doch
keines war, aber den Eindruck eines solchen hervorrufen

210

wollte, bloß wegen der wenigen Negersoldaten in ihren roten Uniformen angerichtet worden wäre. Wir schoben uns durch die Menge, und während ich noch darüber nachdachte, wie sehr derartige Veranstaltungen, die doch eine Höhe des Lebens dartun sollen, viel eher Sinnbild der Verwesung sein könnten und wie dennoch, als wüßte er von der Verschwisterung von Leben und Tod im Unendlichen, der Seemann, für den all die Mechanik vorgerichtet ist, an ihr jenen Überschwang des Gefühls zu erleben vermag, das dem Menschen eine Ahnung seines Daseins verleiht, ja daß unsere Leute im Boote jetzt wohl neidverzehrt und mit dem Gefühl, um ein Stück ihrer Jugend betrogen zu werden, auf das Gewimmel herüberstarren mögen, fühlte ich meine Finger von einer harten, kühlen Kinderhand umfaßt. Als ich herabblickte, war es ein mittelgroßer Schimpanse, der auf eine der dunklen Seitengassen mit unzüchtigen Gebärden deutete und mich mit der ganzen Kraft seines Körpers und seiner muskulösen Arme dorthin zu zerren sich mühte. Meinem Versuche, ihn abzuschütteln, begegnete er mit unwilligem Zähnefletschen und erst als ich ihm einige Kupfermünzen gab, konnte ich den Burschen loswerden.

Das Boot wartete und als die Riemen mit dem gewohnten hartklappenden Geräusch in die Dollen geworfen wurden, waren wir eigentlich alle etwas erleichtert. Das Wasser irisierte, wohl wegen der vielen sumpfigen Abfallstoffe, und wenn die Riemen eintauchten und emporgingen, dann fielen die Tropfen wie kleine Opallichter von ihnen herab. Weiß schimmerten die Uniformen im Boote; die Lichter der Stadt und des Hafenplatzes warfen lange Spiegelreflexe über das Wasser, am Ende der Molen blinkte das Drehfeuer auf.

Das Schiff lag erleuchtet, umkreist von einigen einheimischen Booten, die offenbar Händler, vielleicht doch auch Neugierige hergebracht hatten. Nachdem wir unsere Rückkunft gemeldet, gingen Enos und ich zu Esperance. Es war uns recht, sie nicht in der Kabine zu finden, denn wir richteten ihr dort vor allem mit unseren Geschenken eine Art Geburtstagstisch: wir bauten das Ganze malerisch auf und Enos, der von irgendwo kleine farbige Glühbirnen und Drähte herbrachte, verteilte die Lichter geschmackvoll über die Gesamtkonstruktion der Decken und Geschmeide. Wir trafen Esperance auch nicht auf dem Promenadedeck, sondern erst am Bug, wo sie sonst während der Fahrt gerne in die aufsprühende Gischt schaute. Aber wir trafen sie nicht allein. Vor ihr saß auf der Reeling ein großer Affe, ich schätze ein Gorilla. Mit der einen Hand hielt er sich bequem und gestreckt an einem der Drahtseile, die zum Geschützmast hinaufgespannt sind, den einen Fuß hatte er, die Reeling umklammernd, an den Leib gezogen, während er mit dem andern, der lässig herabbaumelte, Esperance an den Flanken kraulte. Esperance stand vor ihm, ließ es, wie es uns schien, geschmeichelt geschehen und hatte das Auge, kokett gedrehten Halses, bewundernd oder zärtlich oder wohlwollend zu dem Kerl emporgehoben.

Ich sah, wie Enos nach dem Revolver griff, und hielt seinen Arm fest. Die beiden ließen sich durch unsere Ankunft wenig stören; Esperance schien Miene machen zu wollen, uns vorzustellen, während der Gorilla uns kaum beachtete; er nickte uns bloß mit einem kurzen, negerhaften Feixen zu und ließ nicht ab, Esperance weiter an den Flanken zu kraulen. Enos war leichenblaß und auf dem Sprung, sich auf die beiden zu stürzen. Ich trat rasch vor ihn hin und bedeutete dem Gorilla, daß um diese Zeit keine Fremden mehr an Bord geduldet werden, Esperancen aber, daß sie sich in die Kajüte zu verfügen hätte. Sie war offenbar erstaunt, gehorchte aber: mit einem entschuldigenden Lächeln zu ihrem Besucher und einem vorwurfsvollen Blick auf uns entfernte sie sich, und wir hörten ihr unschuldiges Xylophontrippeln auf den Planken verklingen. Der Kerl schaukelte noch ein wenig auf seinem Sitz, wohl um uns zu ärgern, dann erhob er sich auf der Reeling, glitt im Nu zur Ankerluke und wir sahen ihn, aufgerichtet über die gespannte Ankerkette hinabgehend, im Dunkeln verschwinden; augenscheinlich hatte ein Boot dort auf ihn gewartet.

Der Vorfall regte uns mehr auf, als wir uns eingestehen wollten. Esperance war beleidigt und ließ sich nicht blicken, trotz der Geschenke, die sie doch in der Kabine vorgefunden haben mußte. Enos saß mit zusammengebissenen Zähnen auf Deck, war nicht zu bewegen, sein Lager aufzusuchen. Irgendwelche sonderbare und große Vögel schienen das Schiff zu umkreisen. Der Kapitän ließ die Schweinwerfer spielen, und wir entdeckten zwei Geier, die auf einem der Schlote saßen und uns mit hochgezogenen Schnabelwinkeln anlachten. Aber es mußten ihrer viel mehr gewesen sein. Wir stellten doppelte Wache auf, doch kaum lag ich zu Bette, als plötzlich die Dampfpfeife ertönte; als wir nach der Ursache fahndeten, trafen wir eine ganze Herde kleiner Affen, die über die Türme und Rahen turnten. Einer der Leute kam auf den guten Gedanken, sie mit dem Dampfstrahlgebläse der Hydranten zu vertreiben, und wir hatten den Spaß, die Tiere, soweit wir sie zwischen die Scheinwerfer bekamen, unter den Strahlen ins Wasser purzeln zu sehen. Gegen Morgen trat etwas Ruhe ein, und als der Tag nach kurzer Dämmerung unvermittelt und strahlend anbrach, schien es wie ein vorübergegangener Spuk. Bei solcher Versöhnung der Natur hätten wir doppelt erwartet, daß Esperance das Vergangene mit uns vergäße und in gewohnter Weise zum Morgenimbiß erscheine. Aber sie kam nicht. Schließlich ging ich zu ihrer Kabine; es regte sich nichts und ich klopfte. Als ich keine Antwort erhielt, drückte ich auf die Klinke; die Tür war unversperrt, die Kabine leer: unser Geburtstagstisch schien unberührt, noch brannten die farbigen Lichter, kaum sichtbar in der Tageshelle. Es war sonderbar. Wir durchsuchten das ganze Schiff – – – keiner der Leute hatte Esperance gesehen; sie war, daran war nicht zu zweifeln, verschwunden. Fassungslos starrten wir uns an. Selbstmord? ich fühlte mich schuldbewußt ob meiner Härte. Aber keiner der Wachen hatte ihren so wohlbekannten Hufschlag gehört. Sie mußte also weggetragen worden sein. Geraubt. Entführt. Wir stürzten nochmals in die Kabine. Keine Unordnung, nichts Außergewöhnliches, bis mein Blick auf ein Zeitungsblatt fiel. Wie kam dieses Lokalblatt her? ich sah es durch und blieb an einer Reihe von Inseraten haften, in denen Hebammen ihre diskreten Dienste, weiße Eselinnen und Ziegen ihre Reize, Masseusen ihre Künste, Kuppler ihre Waren anboten. Es war mir und Enos plötzlich klar, daß hier der Schlüssel zur Lösung des Rätsels liegen müsse.

Es galt, keine Zeit zu verlieren. Obwohl ich lieber allein gegangen wäre, mußte ich Enos mitnehmen. Wir fuhren mit zwei Mann, und hatte es mich schon erstaunt, ja geradezu gequält, daß wir, beide des Spanischen nicht mächtig, das

vorgefundene Zeitungsblatt lesen und verstehen konnten, als
wäre es unsere Muttersprache, so war es noch erstaunlicher,
daß wir, fast ohne die Inserate einzusehen, als liefen wir in
Geleisen, lückenlos die angekündigten Orte fanden, ja so
lückenlos, daß all die Wohnungen wie zu einer einzigen
zusammenschmolzen und es war, als gelangten wir von einer
zur anderen, ohne auch nur die Straße zu betreten: durch
dieses Gebirge von Wohnungen, in denen die Räume selten
in einer Flucht lagen, sonderbar aber mit auf- und absteigen-
den Stufen verbunden waren, mit irgendwelchen undefinier-
baren Gängen, die teils durch die Zimmer, teils wie Terrassen
über Höfe führten, mit den offenen Türen, aus denen Vieh-
zeug und geschminkte Frauen, halb erschreckt, halb verlangend uns nachblickten, fette, alte Weiber mit großen, einla-
denden Gesten uns zum Verweilen und guter Ruhe auffor-
derten, jagten wir, als berührten unsere Füße kaum den
schmutzigen Boden.

Wie lange dieses fruchtlos atemlose Suchen dauerte, war
nicht zu entscheiden – – – uns dauerte es Stunden. Plötzlich
standen wir vor einem Vorstadthaus und wußten, daß es
das gesuchte sei. Enos lief voran. Wir kamen durch eine
Reihe Zimmer, die seltsam durch viele Küchen unterbrochen waren. Einige Frauen, die uns in den Weg kamen, sahen wir kaum, ein Pumakater, der sich fauchend uns entge-
genstellte, erhielt von Enos einen Fußtritt, daß er winselnd
in eine Küchenecke rollte. Ich schüttelte die Inhaberin, eine
kleine, hagere Französin, die sich an meinen Rock gehängt
hatte, ab und nach zwei weiteren Zimmern trafen wir auf
Esperance.

Sie lag auf dem roten Ziegelboden eines Raumes an der
Schattenseite des Hauses, die beiden geöffneten Fenster ließen die in der Sonne matt glänzenden Palmenwälder sehen;
ein Eckchen des Meeres grüßte herein. Neben ihr auf dem
Boden stand eine Schüssel mit blutigem Wasser; einige beschmutzte Tücher hingen über einem Stuhl. Sonst gab es
keine Einrichtungsstücke. Es durchschoß uns mit großer
Klarheit; man hatte ihr Gewalt angetan.

Ihre Flanken arbeiteten. Sie hatte die Augen geschlossen,
aber kein Stöhnen und kein Schmerzenslaut war vernehmbar. Unseren Eintritt schien sie nicht zu bemerken. Ich

beugte mich über sie und wußte, daß es zu Ende ging. Enos
war auf die Knie gestürzt, seine Stirne berührte den Ziegelboden, seine Hände tasteten vor, aber er wagte nicht, sie zu
berühren und so hielt er sie endlich wie segnend über sie.

Es war nichts mehr zu tun. Sollte ich zum Schiff zurück,
den Doktor holen? Es war deutlich, daß er zu spät kommen
müsse. – Es konnte nur mehr Viertelstunden währen. Ich
ging in die Küche, holte Wasser und machte mit unseren
Taschentüchern eine Kompresse, die ich ihr auf den zarten
Nacken legte. Da bemerkte ich, daß sie doch eine der Ketten
angelegt, die ihr Enos gestern mitgebracht hatte.

Ich setzte mich auf das Fensterbord und schaute in die
Landschaft; unendliches und angstvolles Weh über die Dunkelheit alles Kreatürlichen erfüllte mich bis zum Rand. Als
ich mich umwandte, sah ich, daß Esperance – vielleicht infolge der Kompresse, vielleicht erweckt durch Enos segnende
Hände – die Augen geöffnet hatte und ihr Blick voll Tränen
ruhte in dem Auge Enos. Und obwohl ihre Rede leiser war
als der Hauch ihrer Münder, vernahm ich in meinem Herzen
ihre Zwiesprach. Erst war es wie ein Rieseln in meiner Brust,
das ich kaum erfassen konnte, und es war mir eine große
schmerzliche Anstrengung, es zur Formung zu bringen; dann
aber vernahm ich Enos Stimme, als käme sie aus einem
Grammophon mit einer Wattenadel.

». . . in Buchenwäldern, die mit Cyklamenduft bis zu den
Wipfeln der Bäume erfüllt waren. Dort lebte der Knabe. Und
wenn es Abend wurde, erlosch der Duft und nur der Geruch
trockenen Holzes war noch knackend um mich. Der Abend-
wind kam und nahm den verblassenden Himmel, der durch
die Wipfel noch hell hereinsah, mit sich.«

»Weiß waren die Planken des Schiffes in der Sonne und
drückend der Schatten unter dem Sonnensegel. Doch dann
standest du, Enos, aufrecht in der weißen Helligkeit, und in
deinem Schatten wurde meine kühle Heimat.«

»Die Hände der Mädchen waren braun und schlank – – –
oh, wie haßte ich die Jäger, da sie die Rehe töteten. Friedlich
war die Wiese vor dem Schlosse und die Rehe ästen unter den
schütteren Bäumen des Parkes.«

»Kam die Nacht, verging ich in Sorge um dich, Enos. Ich
hörte die Schläge der Maschine, und das Wasser glitt längs

215

des Schiffes. Du aber warst ferne und ich fürchtete den Abgrund des Meeres unter des Schiffes Kiel.«

»In ruhiger Anmut stand sie auf der Wiese und die Rehe lehnten den Kopf an den Gürtel ihres Kleides. Noch waren sie unter den Bäumen und blickten ihr nach, wenn sie im Hause entschwand. Ich aber in der dunklen Halle wartete ihres Eingangs – oh, welche Sehnsucht erfüllte mich, lieben zu können ohne zu begehren.«

»Als du kamst, Enos, wußte ich, daß ich lebe und daß ich sterben werde, weil du kamst.«

»Mit Efeu umrankt war der Hof unseres Hauses, Esperance, und die Eiche, von weißer Bank umschlossen, ragte über die Mauern. Das Mädchen war schön und unsere Hände lagen nebeneinander – – – fünfblättrig die ihre, fünfblättrig die meine. Und ich wußte nicht, ob ich sie begehrte, weil sie mir so fremd oder so ähnlich war.«

»Du warst mir fremd und nah wie ein Gott, Enos, und wenn ich in seltenen Stunden zu träumen wagte, dann war ich Leda oder Europa.«

»Und ich floh vor der Schönheit, die auf mich eindrang und die mein Herz nicht mehr ertrug, floh vor der verklärten Kühle morgendlicher Wiesen, vor der zitternden Dumpfheit des Schattens, der eingefangen war in dunklen Gebüschen mittäglichen Parkes, floh vor all dem, was mich erfaßte und mich zersprengte, weil nicht zu erfassen ich es vermochte, floh, um die Schönheit nicht mehr zu sehen.«

»Ich weiß nicht, Enos, ob du mir schön warst. Aber ich wußte, daß ich in dir geborgen war und doch in namenloseste Einsamkeit gestoßen durch dich, durch dich herausgehoben aus der Verbindung mit aller Kreatur.«

»Begehren zu können, ohne lieben zu müssen, fand ich in den Städten und der goldene Spiegel des Meeres schien mir Verzicht und Verheißung in meiner Angst, Esperance.«

»Ich weiß nicht, wo ich vorher war, ehe du kamst, Enos, ich war dein Geschöpf, das du erschufst.«

»Oh Esperance, du warst für mich das Lebendige, das ich lieben durfte, deine Zärte war so ferne, daß Rührung ohne Begehren war; einverwoben warst du mir, einverwoben allem, in dem ich aufwuchs, und deutliches Sinnbild all dessen, vor dem ich liebend geflohen, fand ich wieder losgelöst als Unantastbares in fremdestem Rahmen.«

»Wenn ich an dich dachte, dann sprach mein tiefstes Ich neue und vielsagendere Sprache, die kaum selber ich verstand.«

»Oh Esperance, warum verließest du mich.«

»Ich bin von dir weggegangen, Enos, und habe dich nie verlassen. Ich habe dich geflohen und floh nur zu dir. Ich mußte mich vernichten, um in dir zu leben.«

Da verdunkelte sich Enos Stimme, und noch leiser, selbst meinem aufhorchenden Herzen kaum vernehmbar, sagte er würgend:

»Esperance, ich habe dich – ich sah deinen dankbaren Blick als er dich an jenem Abend, oh« – kaum zu erraten war das heisere Wort – – – »streichelte.«

»Ach Enos, selig wäre ich gewesen, hättest du mich getötet – aber jetzt, Enos, verlohnt es sich nicht mehr. Laß mir deinen Blick.«

»Oh Esperance.«

»Und zweifle nicht an mir, Enos. Kann ich dir besseren Beweis geben als zu sterben? einmal mußte es mich noch ergreifen, die panische Nacht, in der wir geboren – sie war der Tod. Von deiner Hand wäre er süß gewesen.«

»Oh Esperance, ich liebe dich.«

»Es ist gut so, wie es gekommen ist, Enos, leide nicht – noch habe ich deinen Blick – es ist gut, in ihm zu ruhen.« –

Dann verstummten sie und Esperance tat es für ewig. Enos kniete noch immer gebeugt über die kleine Leiche, da spürte ich, daß irgendetwas Furchtbares herannahe. Ich sprang zur Tür, um sie abzuriegeln, doch entsetzt, mehr entsetzt, es nicht früher bemerkt zu haben als über die Tatsache selber, sah ich, daß keine Tür vorhanden war, bloß ein Vorhang von Glasperlenschnüren. Ungehindert konnte der Gorilla eintreten. Ich riß den Revolver heraus, kam aber nicht zum Schuß, denn Enos hatte auch schon den Riesen erblickt und, selber eher einem Tier gleichend, sprang er ihn an. Der Gorilla warf ihn zurück. Doch der Kampf war zu ungleich: einen Augenblick standen die Gegner, jeder auf die Brust mit den Fäusten trommelnd, einander gegenüber, dann stürzte sich der Gorilla auf Enos, hatte ihn schon umschlungen und ihm den Kopf, der kraftlos zur Seite sank, aus der Wirbelsäule gehoben. Über mich hinweg, der ich mich duckte, erwartend, daß das Untier nun auf mich losgehen werde, flog der Tote zum Fenster hinaus, – doch der Gorilla beachtete mich nicht weiter, ja nicht einmal meine Schüsse, die in seine Haut wohl kaum eindrangen oder ohne Verletzung durch seinen Körper hindurchgingen: er nahm den toten Körper Esperances und turnte mit ihm – fast war die Eile possierlich – zum Fenster hinaus.

All dies geschah so schnell, schneller als in einem Traum, daß meine Erinnerung die einzelnen Phasen kaum zusammenreimen kann; dennoch glaube ich, daß sie so abgelaufen sind, wie ich sie hier schildere. Wie ich zum Hafen kam, kann ich mich nicht mehr entsinnen, vielleicht, weil ich mich der Flucht schämte, vielleicht, weil es mich noch immer quält, die Leiche meines Freundes im Stich gelassen zu haben. Doch weiß ich noch, daß durch das Zimmergewirr ich den Ausgang suchte, daß mich der Pumakater ansprang und ich ihm einen Revolverschuß in den geöffneten Rachen schickte. Und sehe mich noch bei der Leiche Enos stehen und die Insekten, die ihn bereits umschwärmten, abwehren, sehe zwei Polizisten herankommen, höre, daß ich wegen gemeinen Mordes zu verhaften sei, sehe, wie einer ein Paar Handschellen hervorzog. Doch dann entsinne ich mich nur noch des Pfeifens von Kugeln, die sie mir nachsandten, und es war, als ob jene entlegene Vorstadt nun plötzlich eng an den Hafenplatz herangerückt wäre. Vielleicht lag sie wirklich so nahe und ich hatte nur durch unsere vorherige Kreuzfahrt die Orientierung verloren, kann es aber nicht glauben. Kurz, meine nächste Erinnerung sieht mich erst, wie ich über den Hafenplatz auf unser Boot zulaufe, während die Gassenbuben und Schimpansen um mich herumtanzten und mich zu Fall zu bringen suchten.

Aus dem Zollhaus kamen die Zollwächter und Polizisten herübergerannt. Woher sie den Befehl hatten, uns aufzuhalten war mir unerfindlich; aber sie kamen zu spät, denn wir hatten schon abgestoßen, und waren bald im Schutze unserer Kanonen.

Während ich über den entsetzlichen Vorfall noch Meldung erstattete, kam die Regierungsbarkasse heran, die Beschwerde überbringend, daß wir durch Anmaßung von Poli-

218

zeigewalt, überdies aber durch Mord und Totschlag den Frieden der Stadt gestört hätten und meine Auslieferung verlangend. Die Schadenersatzansprüche der Bürger und der befreundeten Stämme würden noch später bekanntgegeben werden. Es verstand sich, daß sie keiner Antwort gewürdigt wurden, daß aber der Kommandant dagegen die unverzügliche Auslieferung des Leichnams Enos verlangte und hiefür eine dreistündige, also mit Abend ablaufende Frist setzte.

Bei Anbruch der Dämmerung war noch keine Nachricht von der Regierung eingelangt und so machten wir zwei Boote klar. Wir warteten noch eine Stunde und als dann noch immer nichts eintraf, fuhren wir, kriegsmäßig ausgerüstet, langsam dem Hafen zu.

Es war indessen völlig dunkel geworden und wieder warfen die Lichter der Stadt ihre Spiegelreflexe über das tote Wasser. Besonders der Hafenplatz schien uns ungewöhnlich erleuchtet und es war auch, als hätten die Geräusche dort einen eigenen Rhythmus erhalten. Wir waren bedrückt, ja eigentlich verzweifelt und mir zumindest war es zu Mute, als führen wir dem Höllenrachen entgegen. So ruderten wir stumm dahin, und bloß das Knacken der Riemen, das leise Plätschern vor dem Eintauchen war über der Wasserfläche hörbar.

Als wir zum Hafeninnern kamen, bot sich uns ein überraschendes Bild. Alle Häuser waren hellerleuchtet, alle Fenster mit Menschen besetzt. Auf den Stühlen der Kaffeehäuser standen Zuschauer. Eine Estrade war erbaut worden, auf der die Mitglieder der Regierung in ihren Goldfräcken saßen. Militär sperrte den Platz im Halbkreis ab. Vor dem Militärkordon eine Reihe Frauen, Kastagnetten und Tamburins in den Händen. Auf den Stufen der Regierungsestrade lagen einige Großkatzen, Pumas und ähnliches. Vor den Frauen aber hockten im ganzen Halbkreis die Gorillas. Es war ein Konzert von einer Schrecklichkeit und Schönheit, wie ich es nie wieder hören werde. Die Affen schlugen im dröhnenden Takt mit den Fäusten auf ihren Brustkorb, begleitet von dem Zwischenrhythmus der Kastagnetten. Am Beginn der beiden Molen stand je eine Gruppe von etwa fünfzig Männern, den Sombrero auf dem Kopf und Mandolinen in den Händen. Alles, die Hüte der Männer, die Schultern der Affen und in

219

dicker Schichte die Steinplatten des Platzes waren mit bunten Coriandolis bedeckt und Papierschlangen zogen sich von Gruppe zu Gruppe und über den weiten Platz, als sollten sie das festliche Bild zur Einheit zusammenhalten. So war auch das Ballabile, das in der Mitte des Platzes um die Flaggenstange herum stattfand, mit dem Rund der Zuschauer und Musikanten verbunden: es tanzten hier an den Händen sich haltend, in alter spanischer Nationaltracht, züchtig und von unsagbarer Sinnlichkeit zugleich, eine Gruppe von acht Frauen einen Rundtanz um den Mast.

Wir waren gebannt durch das feenhafte Schauspiel. Plötzlich schrie ein Mann auf und deutet auf den Flaggenmast. Unbegreiflich uns allen, daß das, was doch den Mittelpunkt des Festes darstellte, uns nicht sofort aufgefallen war: an den Flaggenmast hatten sie – in seiner weißen Uniform hing er dort, den Tropenhelm auf dem herabgesunkenen Kopf festgebunden – den entseelten Körper Enos befestigt. Und tanzten um ihn herum.

Gelähmt vor Entsetzen schauten wir hinüber. Sollten wir hineinschießen? sollten wir landen? den Körper unseres Freundes befreien? Wir hatten keinen Befehl, Feindseligkeiten zu eröffnen, dennoch hätten wir es getan, wenn nicht in diesem Augenblick der Scheinwerfer des Schiffes dreimal aufgeblitzt hätte, als Aufforderung für uns, zurückzukehren. Offenbar hatten sie dort auch schon bemerkt, was hier vorging.

Wir wendeten also und kehrten zurück. Auf dem Schiff hatten sie das Fest durch den Feldstecher beobachtet, nicht aber gesehen, um was es sich drehte. Es war kein Zweifel, daß etwas geschehen mußte, und wir waren glücklich, als das Kommando ertönte, einen Warnungsschuß abzugeben. Wir wiederholten den Schuß dreimal. Als aber keinerlei Wirkung sich zeigte, das Fest vielmehr immer wilder wurde, so daß wir fürchteten, sie würden den Körper Enos zwischen sich und den Tieren zum Fraße aufteilen, drehten wir bei und waren froh, als sich die Geschütze mit öligem Gleiten auf die Stadt richteten.

Was auf den ersten Schuß erfolgte, war unfaßbar. Es war ein Augenblick Stille und nur das Dröhnen der Affenfäuste und das Klingeln der Mandolinen tönte herüber. Dann erhob sich mit dampfartigem Zischen, als sei die ganze Stadt aus Papier und Magnesium, eine ungeheure weiße Flamme gegen den Himmel, von einer Tageshelle, daß wir noch monatelang mit Augenschmerzen herumgingen. Wir schossen noch einige Male hinüber, und immer war der Schuß von dem Aufblitzen immer kleiner werdender, zischender, papieriger Stichflammen beantwortet. Als auf den letzten Schuß alles schwarz blieb, richteten wir die Geschütze gegen die Palmenwälder. Wir schossen die ganze Nacht, und wenn sich der schwarze Rauch von den Wäldern hob, dann sahen wir im rötlichen Licht des Brandes riesige Affenherden über die nackten Wipfel jagen.

Am Morgen stellten wir das Feuer ein. Ein Wald nackter Stämme, an denen schwarz der Bast und verkohlte Blattreste klebten, blickte herüber. Irgendwo lag dort Esperance. Die Stadt aber war tatsächlich verschwunden: keine Mauerreste, nichts, nicht einmal die Molen waren vorhanden, bloß eine Dünenlandschaft weißer, papieriger Asche. Wir fuhren hin, um den Versuch zu machen, die Gebeine Enos zu finden; es war aussichtslos, der Scheiterhaufen, den wir ihm errichtet hatten, hatte ihn aufgezehrt. Und angesichts der außerordentlichen Ereignisse, deren Zeugen wir gewesen waren, haben wir uns nicht gewundert, daß der Morgenwind seine Asche zu der Esperances leicht und voll kühler Minne hinübertrug und sie ihr vermählte.

Unverzüglich lichteten wir Anker. Als wir das tote Küstenwasser verließen, und die Wellen des Ozeans um uns rollten, waren die Ufer Sodoms nicht mehr auszunehmen. Ich ging über Deck. Am Bug saßen zwei Mann, nähten an den Rändern eines Sonnensegels und sangen zur Arbeit. Da erst fiel mir auf, daß wir seit unserer Ankunft in Sodom kaum ein Wort gewechselt hatten, ja daß sogar die dienstlichen Befehle geradezu lautlos erflossen und bestätigt worden waren. Und je mehr ich dem Gesange lauschte, der immer weiter sich erhob, zur Zweistimmigkeit anschwoll und den herbbewegten Himmel erfüllte, da war es mir, als würde über mein Herz mit einem linden feuchten Schwamm hinweggewischt und als würde der Schmerz um Esperancens Verlust, der in mir brannte, milde ausgelöscht werden.

# Barbara

Es war in den ersten Nachkriegsjahren; ich war zweiundvierzig, hatte meine Stelle im Landeskrankenhaus, zu dessen stellvertretendem Leiter ich aufgerückt war, wieder bezogen und sollte aufgrund meiner biochemischen Untersuchungen die Universitätsdozentur erhalten. Ein harter Arbeitswinter lag hinter mir, überdies war er endlos und sonnenlos grau gewesen, ehe er sich mit vehementer Plötzlichkeit zum Frühling verwandelt hatte, und an einem jener hellen, laubgrünen, blauleuchtenden Nachmittage sah ich sie zum ersten Male: einen leichten, nicht mehr ganz tadellosen Handkoffer tragend, ging sie mit langen, etwas schwingenden, fast wäre zu sagen gewesen, unweiblichen Schritten, zielstrebig und etwas streng wie der in die Ferne gerichtete Blick, vom Direktionsgebäude zum Hauptpavillon der Kinderabteilung; ich hielt sie für eine der Mütter, die um diese Stunde ihre Kinder besuchen kommen, aber als sie, von dem Handkoffer ein wenig behindert, nicht ohne Mühe die schwere und außerdem durch einen Schließapparat gehemmte Türe des Pavillons geöffnet hatte, da schaute ich noch eine Zeitlang hin – tue ich es nicht noch immer? noch heute höre ich das sanftautomatische Wiedereinschnappen des Türflügels! –, als hätte sie, trotz ihrer Unauffälligkeit und ihrer bürgerlichen Kleidung, ein Hauch von Überbürgerlichkeit umgeben, ein Hauch des Fremdartigen, unsichtbar nachwehend. Und ich war enttäuscht, daß in diesem Spitalsgarten nichts geblieben war als das junge Grün der Kastanienbäume und der Fliedersträucher.

Natürlich hatte sich dieser erste Eindruck bald verwischt, besonders, da sich bald herausstellte, daß sie eine neu aufgenommene Ärztin war und nun das Berufliche in den Vordergrund [trat]. Als der Primarius auf Urlaub ging und ich die Anstaltsleitung übernahm, kam ich mit ihr in nähere Berührung. Ihre fachliche Tüchtigkeit war bemerkenswert; wissensreich, entschlußfähig, hatte sie, die jüngste Sekundarärztin, in Kürze und unauffällig die Herrschaft über die Abteilung an sich gezogen, und mochte sie hiebei auch wenig

Widerstand gefunden haben – ihre beiden Kollegen bedeuteten nicht viel, und der Chef, Professor M., war schon zu alt, um nicht froh zu sein, nach den Visiten wieder raschestens heimkommen zu dürfen –, so war eine derartige Machtergreifung doch nur möglich gewesen, weil ein ganzer Mensch dahinter stand, mehr noch, nicht nur ein gelernter, sondern ein geborener Arzt, zu welch sehr seltenem Typ sie gehörte: in ihren Diagnosen war sie von hellseherischer Sicherheit, und diese außerordentliche Intuition für das Leiden war es wohl, die sie von vorneherein und innerlich zum Freunde des Patienten bestimmte, zu seinem Bundesgenossen im Kampfe gegen Krankheit und Sterben, und dies waren überlegene Fähigkeiten, denen sich keiner entziehen konnte, weder die Kollegen, noch die Pflegerinnen, die mitsamt dem ganzen Personal ihr auf den Wink gehorchten, doch am augenfälligsten befanden sich die Kinder unter ihrem Bann, ja, hier konnte man geradezu von magnetischen Wirkungen sprechen, denn sie brauchte sich bloß an ein Bett zu setzen, und der kleine Patient wurde so ruhig und glücklich, daß man schlechterdings an Heilerfolge glauben mußte, und wenn sie durch einen Saal schritt, blickte ihr eine lange Reihe von Augenpaaren erwartungsvoll nach. Dabei war die Herrschaft, die sie da errichtet hatte, durchaus nicht liebenswürdig; sie warb um niemanden, war vielmehr immerzu bereit, zu brüskieren und zu belehren, eine zorngemute Streiterin, und gar mit den Kindern machte sie überhaupt kein Federlesen; weit von den Tändeleien und Kinkerlitzchen entfernt, mit denen sich Kinderärzte so gern ihren Patienten nähern, behandelte sie sie mit stirnrunzelnder aufmerksamer Sachlichkeit, und der Kinderinstinkt bejahte es.

Von den Kindern hatte sie sich Dr. Barbara nennen lassen, und dieser Name war im Wege der Schwestern vom ganzen Hause übernommen worden.

Abgesehen von kleinen Kontroversen mit ihrem unbändigen Autoritätswillen, kam ich während meiner Anstaltsleitung recht gut mit ihr aus; sie fühlte sich in ihrem Wissen und Können von mir respektiert, und wir hielten eine gute männliche, oder richtiger geschlechtsfreie Arbeitsgemeinschaft, dies umsomehr, als diese unkokette, energische, nachdenkliche Ärztin in mir keinerlei Erinnerungen an jene Frau

wachrief, die wenige Wochen zuvor den Spitalsgarten überquert hatte. So blieb es bis zu meinem letzten Inspektions-
rundgang; der Urlaub des Primarius war abgelaufen, und ich
sollte den meinen antreten, war also eigentlich nicht mehr
geneigt, Entscheidungen zu treffen, die ich nicht mehr persönlich verarbeiten und vertreten konnte. Nichtsdestoweniger ergab sich noch im letzten Augenblick eine Diskussion
über die Operationsreife eines Falles – ich bin ein Gegner
allzurascher Eingriffe, wie sie die Chirurgen lieben –, und
schließlich ließ sie sich, mürrisch allerdings, von meinen
Argumenten überzeugen. »Na, Doctor Barbara«, sagte ich,
als das erledigt war, »wir brauchen nicht Abschied zu nehmen; im Laboratorium werden Sie mir ja hoffentlich oft Ihre
Aufwartung machen.« – »Es wird sich schon so ergeben«,
erwiderte sie immer noch mürrisch und strich ihre schlicht
gescheitelten Haare mit beiden Händen glatt. Warum ich in
diesem Augenblicke diese Hände in all ihrer Lebendigkeit
sehe, warum ich sehe, daß es Frauenhände sind und von einer
Weiblichkeit, wie ich sie seit meiner Kindheit nicht mehr
erlebt hatte, seit jenem Tage, an dem meine Mutter mir zum
letzten Male über die Haare gestrichen hatte, warum der
Anblick dieser Hände mich mit Sehnsucht erfüllte und plötzlich mein ganzes Leben aufrollte, ja, ihm einen neuen Hintergrund verlieh, das wird mir ewig unerforschlich bleiben.
Allerdings kam es mir erst hinterher völlig zum Bewußtsein,
in jenem Augenblick sagte ich bloß: »Sie sind eine ausge-
zeichnete Ärztin, Doctor Barbara, aber Sie wären eine noch
bessere Mutter.« Ein Schatten großen Ernstes ging über ihr
Gesicht, indes, dann lachte sie: »Das erste fällt unter Ihre
Kompetenz und freut mich.« Und ehe ich etwas antworten
konnte, war sie davon; bei der Saaltüre jedoch wandte sie
sich um und rief mir einen »Guten Urlaub« zu.

An diesem Frühsommertag standen die Kastanien im Spitalsgarten noch in voller Blüte, wenngleich ihre Pracht auch
schon etwas müde war und auf den nächsten Gewitterregen
wartete, der sie vernichten sollte. Und als ich am Abend,
nachdem ich meine Koffer gepackt hatte, in meiner Wohnung oberhalb des Laboratoriums mich zum Fenster hinaus-
lehnte und auf die Bäume hinunterschaute, die weiß und rosa
zu Grau sich auflösten, während das Dächermeer der Stadt

224

müde nebelig rauchig in der beginnenden Nacht verdäm-
merte, da war der hauchdünne Flor des Abends wie ein
lichtdurchwirktes graues Blumenauge, umgeben von zornig
dunklen Wolkenbrauen, die auf den fernen Höhen des Ho-
rizontrandes lagerten, und er enthüllte dämmernd ein Antlitz, das elfenbeinfarbig unter teerschwarz rotbräunlichen
Haaren, grauäugig und erhellt von einem unsäglich zarten
Lächeln, mir zum ersten Male sichtbar wurde, obwohl ich es
bereits so gut kannte. In dieses Antlitz schaute ich, konnte
mich von ihm nicht trennen und blieb am Fenster lehnen bis
die Nacht kam, und diese war wie eine unendliche und unendlich weiche und unendlich weibliche Hand, die sich auf
den Scheitel der Welt legt.

Das war keine Vision, das war eine zweite Wirklichkeit,
eine Wirklichkeit, die mit einem Schlage in das Sichtbare
einbezogen war, und sie blieb nicht auf jenen Abend beschränkt, sondern sie begleitete mich, als ich am nächsten
Morgen nach dem Süden fuhr. Gewiß wehrte ich mich dagegen, denn ich fühlte mich aus meiner eigenen Wirklichkeit,
an der ich an die vierzig Jahre gebaut und gearbeitet hatte,
schmerzlich verdrängt, ich fühlte, daß etwas am Werke war,
mich von allem, was vorhergegangen war, loszureißen, ohne
daß ich eine Möglichkeit sah, einen Anschluß an das Neue zu
gewinnen, das überfallsmäßig mich ergriffen hatte, ich fühlte
das Grauen des Nicht-mehr-vor- und -zurückkönnens, und
oft genug kam mir der Gedanke, ich müßte in die Berge
fliehen, um in ihrer härteren Umgebung und in ihrer Glet-
scherluft mir die Seele und mit ihr auch das neue ungebetene
Leben aus dem Leibe zu klettern. Allein, ich konnte mich
hiezu nicht entschließen, und nicht etwa, weil ich mir überlegt hätte, daß schicksalsmäßige Begegnungen im Landschaftslosen, Landschaftsunabhängigen vollzogen werden,
und daß daher keinerlei Ortsveränderung etwas gefruchtet
hätte, nein, dies war es nicht, vielmehr geschah es, weil ich
mich nicht aus einer Gegend zu entfernen vermochte, deren
Bewegtheit wie ein Spiegel des menschlichen Antlitzes ist,
ebenso lächelnd wie dieses, ebenso zürnend, ebenso voll ern-
ster Erstarrung, vom gleichen Pulse durchpulst, Landschaft
des Humanen, eingebettet in der Herbheit ihrer Ölbaum-
hänge, in dem Grau ihrer Weinberge, in dem Schwarz ihrer

Lorbeerwälder und in der lichten Düsterkeit ihrer Eichenhaine, grauäugiges, zürnendes, wolkenrunzelndes, strahlendes und nachdenkliches Land, elfenbeinfarben gleich seinen porzellanenen Wolken, unter denen das sternblickende, sternglitzernde Meer dahinrollt, traumschwer dunkel wie ein nächtliches Feld, das Meer in seinem Gewittermantel, und ruhend wieder, grünblau, ganz blau, rotblau, das Meer in seinem Sonnengefunkel, wenn weit draußen mit schrägem Segel langsam ein Fischerboot den funkelnden Sonnenstreifen überquert, das Meer des Südens, das Mittelmeer. Und Gleichnis der Einheit, zu der der Mensch strebt, Gleichnis seiner letzten Humanität, wurde mir die Natur zum Gleichnis ihrer zweiten Wirklichkeit, und war auch die Landschaft als solche nicht weiblich zu nennen, war auch ihre wehende Vielfalt jenseits alles Diesseitigen, wehend jenseits des Lebens, jenseits des Todes, jenseits des Geschlechtes, es hatte sich die Sehnsucht, in sie und in ihr Gleichnis einzugehen, so untrennbar mit der Sehnsucht nach der Frau verschmolzen, nach jener Frau, mit der mir die zweite Wirklichkeit der Welt zuteil geworden war, es hatte sich das Heimweh nach dem geliebten Menschen so unlösbar mit dem Heimweh nach meinem tiefsten Erinnern verbunden, daß das Meer in all seinen Bildern, in seinem Mittagsglanz wie in seinem finstersten Grollen, in seinem Ruhen unter den huschend weißen Nebeln des Morgens wie in seinem milden Gesang der schwereentlösten Abende, Wogenkamm um Wogenkamm, daß mir die lorbeerumlaubten, eichenbeschatteten, pinienbestandenen, ölbaumumflorten Ufer, hingezogen bis zu den grenzenlosen Gestaden des Himmels, zu einem einzigen Bilde jenes allumfassenden Du wurden, in dem uns, quellend aus dem Reichtum des Sichtbaren und des Unsichtbaren, unsere zweite Wirklichkeit geschenkt wird, erkoren zum Bilde des großen »Du bist«, dessen tiefe heimatliche Sicherheit neben die ursprüngliche des »Ich bin« tritt, sie beide umschlossen von der nämlichen Unendlichkeit und in ihr zur Einheit werdend, Ziel aller Sehnsucht.

Wir hatten keinen Brief gewechselt, nicht einmal einen Kartengruß, und bei aller Sicherheit, die das Schicksalshafte uns verleiht, wußte ich dennoch, daß Schicksal nichts anderes als Verhaftung an bestimmte Vorstellungswelten ist und daß das Schicksal des Arztes, das ihn zu seinem Beruf geführt hat, mehr denn jedes andere von dem großen Rhythmus des ewig sich erneuernden Todes bestimmt ist, von der Vorstellung jener Stunde, in der der Mensch für immerdar das Geschlechtliche abstreift, als wäre es nie gewesen; wer sich nicht unablässig selber in dieser Stunde sieht, kennt weder die Todesehrfurcht noch die Lebensehrfurcht, er ist nicht schicksalsmäßig Arzt geworden: und wissend, daß die Rückkehr in meinen Beruf auch die Rückkehr in diese, vielleicht engere Vorstellungsrealität bedeutete, fürchtete ich nicht nur – freilich es zugleich erhoffend –, daß jene zweite Wirklichkeit wieder mir verlustig werden könnte, sondern auch, täte sie es nicht, daß ich mit ihrer Sehnsucht allein zu bleiben hätte, weil die Frau, nach der ich mich sehnte, viel zu sehr ihrem ärztlichen Schicksal verbunden war, um je aus ihm heraustreten zu können. Und an den nahezu fünfzehnjährigen Altersunterschied denkend, welcher zwischen uns bestand, steigerte ich mich absichtlich in solche Befürchtung hinein, als vermöchte ich mich damit vor Enttäuschung zu bewahren. Doch es kam anders. Die Rückkehr in den Alltag hob nichts auf, sondern war in zunehmendem Maße Überraschung, war Überraschung einer Nähe, an die keinerlei Erinnerung herangereicht hatte, war Überraschung vor einem Heimweh, das erst kraft der Nähe wahrhaft erwachte, war Überraschung vor einer Fraulichkeit, die mir unerahnbar gewesen war und alle Nähe durchwebte, ach, als [ich] ihr gegenüberstand, da brauchte ich nicht erst ihre Hände zu betrachten, ich brauchte auch nicht ihr Gesicht zu prüfen, was zu unterlassen ich allerdings kaum übers Herz gebracht hätte, ihre bloße Anwesenheit und allein ihr menschliches Dasein gaben mir im tiefsten Innern zu erkennen, daß das, was ich im Landschaftlichen erfahren hatte, unendlich vielfältiger noch in unserer eigenen Seele vorhanden ist, daß das Landschaftslose, in dem der Seele tiefverschleierte Unendlichkeit weset, größer ist als jede Landschaft, weil es jede umfaßt, und daß das Du der Geschlechtlichkeit, von dem die Landschaft für mich verherrlicht, verunheimlicht, verlebendigt worden war, durch die Realität nicht eingeengt wird, nein, daß [sie] verwirklicht und vervielfältigt neu aufersteht: das Du im anderen Wesen bis in die letzten Fasern seiner Seele restlos als

227

gegengeschlechtlich empfinden dürfen, das ist unsere letzter-
reichbare Liebe, kraftempfangend im unausdenkbar unsäg-
lichen Gleichgewicht des Seins, und das erkannte ich, schier
schmerzlich lauschend, bei diesem Wiedersehen. Fast
scheute ich vor der Annahme zurück, es könnte ihr ähnlich
ergangen sein und sie könnte Ähnliches fühlen, ich scheute
wohl das Grenzenlose, das sich dahinter eröffnet hätte; trotzdem lag es mir nun außer jedem Zweifel, daß sie mein Denken und mein Sehnen während der verflossenen Wochen
gespürt hatte, daß sie spürte, wie es um uns zwei bestellt war,
und wenn auch das, was sie sagte, nämlich: »Gut und schön,
daß Sie wieder da sind«, teils als leere Höflichkeitsformel,
teils als Ausdruck ihrer stets mitschwingenden, leicht ironischen und leicht mürrischen Kampfbereitschaft aufgefaßt
hätte werden sollen, so war es doch daneben auch wie ein
Zeichen der Beruhigung und einer Vertrautheit, die ich deutlich heraushörte. Ich ging auf ihren Ton ein: »Warum? ist
was vorgefallen, wozu Sie mich nötig gehabt hätten?« –
»Nein, das nicht gerade.« – »Oder hat Ihnen bloß der richtige
Partner für Ihre Streitsucht gefehlt?« – »Das schon eher . . .
streitsüchtig bin ich immer.« – »Dann laden Sie mich einmal
zu sich ein; wir wollen es nicht mehr auf den Zufall ankommen lassen, und bis ich wieder einmal die Spitalsleitung
übernehme, dauert es mir zu lange.« – Sie blickte mich mit ein
wenig zusammengekniffenen Augen an, nicht überrascht,
beinahe eher abweisend: »Schön . . . morgen Abend, wenn's
Ihnen recht ist.« So war das Wiedersehen gewesen.

Ich war zum Tee nach dem Abendbrot bei ihr, und ich
teilte ihr kurz und bündig mit, daß ich von ihr ergriffen sei,
ergriffen in einer Weise, die über die Hochschätzung ihrer
fraulichen, menschlichen oder gar ärztlichen Qualitäten weit
hinausreiche, unerklärlich, kaum erklärlich, wie es eben jedes
wahrhafte Schicksal ist. »Ja«, sagte sie finster, »ich weiß es.«
– »Gewiß müssen Sie es wissen«, bestätigte ich, »denn erstens
weiß jede Frau um den Bestand derartiger Geschehnisse, und
zweitens gibt es keine einseitigen Bindungen von solcher
Vehemenz . . . da spielen sich unpersönliche oder überper-
sönliche Dinge ab, und das ist eine Zuversicht, die mit männlicher Eitelkeit nichts zu tun hat . . .« – Sie sah mich lange
und fest an, und dann sagte sie sachlich: »Das dürfte vermut-

lich stimmen.« Sonderbarerweise machte mich dieses eindeu-
tige und klare Zugeständnis durchaus nicht froh; in seiner
sachlichen Eindeutigkeit klang es geradezu nach dem Gegenteil. Und richtig setzte sie fort: »Aber legitim oder illegitim,
was mir heute ziemlich gleichgültig wäre, ich kann nicht Ihre
Frau werden.« – Auf das dumme ›Warum?‹, das mir auf der
Zunge lag, verzichtete ich, und wir schwiegen beide. Vor dem
offenen Fenster verwelkte die Luft, getränkt vom Juli, von
Nacht und vom absterbenden Lärm der großen Stadt. Und
dann sprach sie weiter: »Käme es bloß auf Liebe an, so wäre
es recht einfach und es wäre gut. Aber ich will nicht bloß
Liebe, ich will ein Kind. Ich bin achtundzwanzig. Es wäre
Zeit für mich, ein Kind zu haben. Ich könnte ohne Kind nicht
lieben. Und eben daran darf ich nicht denken. Es geht nicht.«
Sie hatte ihre Hände, ihre so hold weiblichen und doch
starken Hände ums Knie verschränkt, die grauen Augen
schauten weitgeöffnet und still unter dem weiblich schmal
gezeichneten düsteren Saum der Augenbrauen, weiblich war
der Glanz der teebraunen Haare, und die Lippen in dem
elfenbeinfarbenen Antlitz waren trotzig geschlossen. »Nein«,
wiederholte sie, »es geht nicht . . . es läßt sich nicht mit dem
Beruf vereinbaren . . .« Da konnte ich, banal genug, einwer-
fen, daß es viele verheiratete Ärztinnen gäbe, die zugleich
Mütter seien, und daß man schließlich auch einen Beruf
lassen könne, wenn es um menschlich Wichtigeres ginge. »Es
genügt, wenn ein Elternteil die Praxis ausübt«, schloß ich
voller Hoffnung. Jetzt lächelte sie, und das Lächeln in ihrem
ernsten Gesicht war hold wie ein Frühlingstag im Winter, wie
ein Sonnenstreifen auf dem Meere, doch sie schüttelte den
Kopf: »Mit bloß einem Beruf lassen sich Kinder zur Not
noch vereinbaren, aber nicht mit zweien . . . nein, Sie brauchen nicht erstaunt zu sein, ich bin Ihnen diese Aufklärung
auf jeden Fall schuldig, denn Sie wissen offenbar nicht, daß
ich aktive Kommunistin bin und was dies bedeutet . . .« Über
die politische Tragweite dieses Sachverhaltes machte ich mir
damals keine Gedanken; mir lag anderes am Herzen, und ich
sagte: »Auch zwei Berufe lassen sich aufgeben.« – »Sie sind
nicht im Bilde«, entgegnete sie, »dazu bin ich, dazu wäre ich
nicht imstande . . . nein, das kann ich nicht, obwohl ich weiß,
daß etwas Unnatürliches darin steckt, obwohl ich mir nichts

anderes ersehne, als mit einem geliebten Mann ein halbes Dutzend Kinder zu haben, mit denen ich irgendwo auf dem Lande sitzen dürfte, ja, obwohl, obwohl, obwohl .. ja, und obwohl ich manchmal diese Spitalskinder geradezu hasse, weil sie meinen eignen Kindern im Wege stehen, und obwohl ich diese ganze politische Tätigkeit hasse, weil sie mir den letzten Rest freier Menschlichkeit raubt, aber ich fühle, daß ich kein Recht habe, es für mich anders zu beanspruchen, und es muß wohl so sein, sonst wäre es nicht so stark, stärker als meine Wünsche ...« – »Barbara«, sagte ich, »wir haben jeder nur [ein] einziges Leben, und das ist kurz ... wir sind immer bereit, es zu verschleudern, hüten Sie sich vor der Verschleuderung ...« – »Auch dies ist mein Leben, und was ich tue, das tue ich nicht aus billigem Edelmut, darüber mache ich mir keine Illusionen ... ich kann nur nicht anders, ich bin besessen ... ich bin von etwas besessen, was man Gerechtigkeit nennen könnte, wenn man das Wort seines edlen Beigeschmacks entkleidete, davon bin ich besessen, vielleicht, weil ich schon zuviel Elend gesehen und erlebt habe ...« Sie zündete mechanisch eine Zigarette an und fuhr fort: »Warum dies sich so auswirken mußte, ist schwer zu ergründen, ich will es auch nicht ergründen ... es mag sein, daß es daran liegt, daß ich das Kind einer Vernunftehe bin, in der es offenbar von allem Anfang an nur Ekel und Haß gegeben hat ... meine Mutter hat dann nochmals und aus Liebe geheiratet und, auflehnerischen Geistes wie sie war, im Gegensatz zur ersten Ehe in dürftigste Verhältnisse, dabei einen etwas dumpfen und tief eifersüchtigen Mann, der seine Wut gegen den Vorgänger und das von diesem gezeugte Kind niemals verwinden konnte, kein Wunder, daß er, besonders in dem leidenschaftlichen Taumel, in dem die beiden gelebt haben, auch meine Mutter mit dieser wütenden Abneigung angesteckt hat ... ich war das richtige Stiefkind gegenüber den nachgeborenen Geschwistern, und ich hatte all die Ungerechtigkeiten zu erdulden, die eben nur ein Kind empfinden kann ... und dann, mit fünfzehn, bin ich einfach durchgebrannt, mitten ins Elend hinein, in ein physisches und psychisches Elend und wohl auch in eine moralische Verworfenheit; ich habe mit Männern zu tun gehabt, die ich nicht geliebt habe, die mich aber mitunter fütterten; was für meine

Mutter recht war, ist für mich billig, dachte ich mir, und aus Rache habe ich jeglichem Begehren nachgegeben, besinnungslos, bedenkenlos, es war kein Leben, es war ein Chaos . . . aber gerade weil ich in ein solches Chaos versunken war, wurde mir allmählich bewußt, daß ich dies alles nur aufführte, um endlich lernen zu können, denn auch dies hatte man mir zu Hause verwehrt gehabt . . . und später, ja, später kam der Wunsch hinzu, Arzt zu werden, anfänglich als eine Art hygienischer Wunsch, immerhin stark genug, daß ich ihn, während ich mich langsam, sehr langsam von dem Wust in mir und um mich befreite, verwirklichte und tatsächlich durchsetzte . . . ja, ich habe es durchgesetzt, und immer deutlicher wurde mir dabei das Ziel des Kinderärztlichen, der Gedanke, bei anderen Kindern das gutzumachen, was an mir verübt worden war; denn das dürfte nicht mehr sein, ich war von dem Gedanken getrieben, solche Ungerechtigkeit der Welt vernichten zu müssen . . . natürlich wußte ich stets und weiß es heute mehr denn je, daß eine derartige Gerechtigkeit bloße Chimäre ist, ein unendliches Menschheitsziel, von dem ich selber kein Jota zu sehen bekomme, doch ohne Unendlichkeit vermögen wir nicht zu leben, und wir leben für diese vage Zukunft der Menschheit und für ihre dereinstige Gerechtigkeit . . .« Sie verstummte, um unvermittelt abzubiegen und auf eine Photographie hinzuweisen, den einzigen Wandschmuck in dem nüchtern weißlackierten Ärztezimmer, das meinen beiden glich und mir doch von Weiblichkeit durchatmet zu sein schien: »Das ist meine Mutter«, sagte sie, »ich habe das Bild als Mahnung hingehängt . . . vielleicht auch als Mahnung der Menschheit wegen, die keine Kinder mehr bekommen dürfte, bevor sie nicht ihr Gerechtigkeitsziel erreicht hat.« – Da sie, ob dieser Schlußfolgerung belustigt, nun wieder lächelte, meinte ich zustimmend: »Freilich eine arge contradictio.« – »Ja, daß dies Schwierigkeiten begegnen würde, das ist allerdings evident . . . aber Sie begreifen, daß ich bei alldem ins kommunistische Fahrwasser geraten mußte, ebensowohl infolge der Gerechtigkeitsgrundlage seiner Idee, als auch in Anbetracht seiner, an sich gewiß harten Forderung, das Individuum im Kollektiven aufgehen zu lassen, der einzigen Möglichkeit, um den Menschen aus dem Wust seiner Wirrnisse und Nöte zu befreien; er kann sie im Kollektiven noch immer am raschesten vergessen . . . Gerechtigkeit ist das irdische Paradies . . .« – »Und für dieses wollen Sie das Kinderkriegen abstellen?« – Ihr Lächeln wurde ernst: »Natürlich läßt es sich nicht abstellen, das hieße ja die Unendlichkeit abstellen . . . aber trotzdem ist der Mensch nicht berechtigt, seine persönlichen Glücksbefriedigungen auszuleben, so lange die größeren Aufgaben um des Zieles willen noch zu lösen sind, wie es sich eben heute noch verhält . . . das gilt auch für mich . . . und auch für meinen Wunsch nach einem Kind gilt es . . .« Sie zog mit schmalgewordenen Lippen an ihrer Zigarette: »Ich fühlte mich verpflichtet, Ihnen die ganze Geschichte zu erzählen, ich konnte Ihnen bloß mit voller Offenheit antworten . . . nehmen Sie es also nicht als eine der biographischen Beichten, mit denen Liebende einander zu beglücken und eifersüchtig zu machen pflegen . . . ich weiß auch, daß der Schrei nach dem Kind geeignet ist, einen Mann zu rühren, besonders wenn ihm dabei noch überdies die Vaterschaft angetragen wird; ich hoffe jedoch, daß der gesamte Zusammenhang zur gegenteiligen Wirkung geführt hat und daß sich Ihre Heiratsabsichten entsprechend verringert haben, meinetwegen der Eifersucht halber, zu der Ihnen ja mein Leben genügend Anlaß bieten würde.« Ihre Stimme war immer kälter geworden, und nun endete sie unfreundlich: »Soll ich Ihnen noch einen Tee einschenken?« – »Ich liebe dich«, sagte ich, oder richtiger, es sprach aus mir heraus. Zuerst starrte sie mich an, ihr zorniger Blick ruhte in dem meinen, unendlich ferne, unendlich nahe, dann umflorte er sich, und sie begann zu weinen. »Ja, ich liebe dich«, sprach es nochmals in mir, denn ich wußte, daß ich sie nie mehr würde verlassen können, »ich liebe dich sehr, ich liebe dich für immer.« – »Gehen Sie«, fuhr sie mich wütend an, während die Tränen ihr aus den Augen flossen und die Wangen herabperlten. Ich hatte ihre Hand genommen. Ein paar Sekunden lang überließ sie sie mir, indes, sie mir wieder entziehend, strich sie mir sanft über die Haare, so leicht und mild, wie ich es seit dreißig Jahren nicht mehr gekannt gehabt hatte. »Geh'«, sagte sie weich und bittend, »geh'.«

Traumbefangen ging ich, nichtsdestoweniger geleitet von einem klaren, ja, geradezu nüchternen Gefühl unbedingter

Sicherheit. Ein jüngerer Mensch wäre wahrscheinlich geblieben, um den Widerstand ihrer schweren Seele zu überrumpeln, oder es hätten ihn, wäre er gegangen, wenn nicht eifersüchtige, so doch romantische Motive fortgetrieben. Ich war weder eifersüchtig, noch romantisch. Denn dreht es sich einmal um die letzten Erkenntnisse des Ichs und seines Schicksals, dann wird die marionettenhafte Gespenstigkeit, mit der das Abgestorbene in der Eifersucht weiterlebt, vom Humanen her befreit. Und die Wege und Irrwege, die diese Frau rückhaltlos und rücksichtslos geoffenbart hatte, sie hatten sie nicht nur zum Beruf geführt, freilich zu einem, der für sie Berufung war, sie hatten sie nicht nur zur Einfügung in die humane Ganzheit der Ordnungen gebracht, zum geduldigen gediegenen beharrlichen Schaffen, sondern sie waren darüber hinaus – und das wußte sie wohl selber kaum – auch noch das irdische Spiegelbild ihres Weges zum eigenen Selbst, es waren die Wege, die sie hatte beschreiten müssen, um im Gleichnis des irdischen Tuns zum Ich und zu seiner Einheit zu gelangen, damit dieses Ich, die eigene Unermeßlichkeit am Meßbaren erprobend und es durchdringend, sich seiner unendlichen Dunkelheit entlöse und zur Bewußtheit erlöst werde. Gewiß war es ein männlicher Weg gewesen, auf den ihre harte Jugend sie gedrängt hatte, ein Weg, dessen eingezeichnete Radikalität so scharf ist, daß nur die großen Welterlöser wahrhaft bis zum beispielhaften Ziel des vollkommenen irdischen Gleichnisses ihn zu durchlaufen vermögen, unnachahmlich für den gewöhnlichen Sterblichen und gar für eine Frau, deren Frauentum sich, wie hier, nur allzu bald und allzu schmerzlich, ungeachtet aller bereits erreichten Bewußtheit, meldet und Geltung verschaffen will: doch eben diese Bewußtheit, die unverkennbar ihr unumstößlicher Besitz geworden war, vermittelte mir die Sicherheit und die Überzeugung, daß sie aus dem ernsten inneren Kampf, in dem sie sich befand, mit einem Persönlichkeitsgewinn hervorgehen würde, und selbst wenn es um den Preis geschehen sollte, Stücke von jener erreichten Bewußtheit wieder aufzugeben und um des ersehnten Kindes willen ins anonym Naturhafte mit einem Teil ihres Wesens zurückzukehren, so konnte dies nicht mehr eine Vernichtung der so bitter errungenen Selbsterlösung bedeuten, was sie wahrscheinlich

fürchtete, vielmehr wäre damit bloß die Ergänzung durch
eine zweite und wohl noch dringlichere Erlösungstat eingeleitet, kurzum die volle Hinwendung zum Kinde, in dessen
Existenz ein für allemal die zweite Wirklichkeit einer jeden
Frau begründet liegt, die Sicherheit des Du und der Traum
einer lichten Gemeinsamkeit, gleichgültig ob in der Liebe zu
mir oder zu einem andern. So etwa hätte die Überlegung
gelautet, sofern ich eine solche überhaupt angestellt hätte;
bedenke ich es jedoch richtig, so war alle Sicherheit, die mich
erfüllte, von ihrer Hand ausgeströmt, von der einen und
einzigen Sekunde, da ich sie auf meinem Scheitel gespürt
hatte, von ihr fühlte ich mich in den Traum der Gemeinsamkeit gezogen, träumend und geträumt, Traum im Traume,
von ihr kam die Sicherheit des ›Du bist‹ und die jenes ahnen-
den Wissens, das die Erreichung des Ichs und seiner Einheit
nicht mehr in unendlichen Fernen, sondern in erlebbarer
Nähe vor sich sieht, weil das Du sich ihm enthüllt hat:
lauschend dem Echo des Du, das eigene hörend, wird der
Mensch zum Gleichnis des Menschen, vermag er sich selber
aufzugeben und in das große Gleichnis der Natur heimzu-
kehren, versinkend im Sein, im All, im lebendigen Sterben,
Natur er selber in der schöpferischen Geschöpflichkeit seines
Wesens, dessen landschaftsloser Ursprung, entbunden den
drei Dimensionen des Raumes, weltenschwanger, vollkom-
menheitsschwanger jegliche Landschaft in sich umfaßt. Und
getragen von solcher Zukunftssicherheit, die zugleich Ge-
genwartssicherheit war, ja, sogar auch eine Sicherheit des
Vergangenen, denn ihre Erinnerung war nicht minder die
meine und alles war unverlierbar gegenwärtig, war ich von ihr
gegangen, ohne sie zu verlassen, und mit eben derselben Sicherheit wußte ich, daß das Warten, das ich mir auferlegt
hatte, kein zeitliches Warten mehr war, nein, das war es nicht,
aber es war ein zeitloses Reifen in jener zeitlosen Ursphäre der
Seele, die das Ich beherbergt, Reifen der gemeinsamen zeitent-
bundenen Erlösung, von der unsere letzte Wirklichkeit lebt. In
der Sanftheit des sommerlichen Firmamentes schwammen die
Gestirne, spiegelnd das Sein am Widerspiel der Unermeßlich-
keiten, aufgelöst das Irdisch-Menschliche im Unsagbaren,
und ich, den Spitalspark durchquerend, fühlte die Klarheit
und die Richtigkeit des Geschehens.

Meine Zukunftssicherheit war nicht berechtigt, meine Überlegungen waren unzutreffend gewesen, meine Hoffnungen sollten zur Verzweiflung werden, und dennoch hätte es nichts genützt, wenn ich mich damals anders verhalten hätte; die Dinge wären so oder so in der nämlichen Weise abgelaufen. In den Augen der geliebten Frau hatte ich mich zweifelsohne richtig verhalten, und die Wochen wachsender Vertrautheit, die nun folgten, waren sicherlich eine Frucht meines Verzichtes. Es war Vertrautheit und es war Spannung. Und eines Morgens kam sie mit einem großen versiegelten Paket zu mir: »Ich will unfair gegen Sie handeln, unfair, weil Sie meine Bitte nicht abschlagen werden . . . Sie müssen den Mut haben, verbotene Literatur aufzubewahren, nicht sehr viel Mut, denn bei Ihnen wird man sie niemals suchen.« Einen Herzschlag lang durchzuckte mich, schneidend und bösartig, der Argwohn, es könnte ihre Zuneigung bloß ein taktisches Manöver gewesen sein, um mich in den Dienst ihrer politischen Operationen zu stellen, allein dann sah ich ihre Augen und ihre finstermutige Ruhe und ich sah ihre Wahrhaftigkeit: »Sie sind nicht unfair«, sagte ich, »oder meinen Sie, daß Sie sich jetzt aus Fairneß hingeben müßten, um geleistete politische Gefälligkeiten zu entlohnen? edle Spioninnen machen es so im Kino . . .« – Sie lachte nicht: »Darüber werden keine Witze gemacht, weder über die Politik, noch über die Liebe . . . mir ist nämlich mit beiden verteufelt ernst . . . ach Gott . . .« Und sie verstummte. – »Nun, warum ach Gott?« – »Weil dies alles mehr als ernst ist, grausam ernst und recht arg, und weil ich gegen Sie rücksichtslos bin . . . aber mit Fairness werden keine Revolutionen gemacht; das sind nun einmal unsere Methoden . . .« »Vor allem sind Sie gegen sich selber rücksichtslos und unfair, Barbara, und ich fürchte, daß sich das eines schönen Tages rächen wird.« – »Jawohl«, antwortete sie, »es rächt sich bereits, aber anders, als Sie denken . . . ich beginne, eine schlechte Kommunistin zu werden und wohl auch eine schlechte Ärztin.« – »Das habe ich bisher noch nicht bemerkt.« – »Doch«, sagte sie. Ich verstaute das Paket. Sie blickte zum Fenster hinaus, in die leise zitternde, glastige Luft, die draußen, gleichsam von der Erde angesaugt, in einer beinahe süßmüden Trockenheit glühte; dann wandte

235

sie sich: »Der August ist eine grausame Zeit, man spürt die Ernte . . . selbst in der Stadt.« – »Barbara«, sagte ich, »geben Sie mir Ihre Hand.« Sie lächelte müde und ein bißchen weh: »Die Hand der Spionin, Herr Doctor?« – »Nein, Ihre Hand.« – »Lieber nicht«, sagte sie und entfernte sich.

Kein Mann ist eitelkeitsfrei, und so waren mir die Berufserfolge, die gerade um jene Zeit sich hintereinander einstellten, nicht nur eine fachliche Ehrgeizbefriedigung, sondern auch huldigender Stolz vor der geliebten Frau, und aus ebensolchen vielleicht ein wenig unerwachsenen, immerhin jedoch begreiflichen Gründen begrüßte ich es, daß ich vom Ärztekongreß zu einem Vortrag über meine letzten Arbeitsergebnisse eingeladen worden war. Als ich hinfuhr, hatte ich mich tagsvorher von ihr verabschiedet und war daher überrascht, sie auf dem Bahnsteig anzutreffen: »Holen Sie jemanden ab?« – »Nein, ich begleite jemanden«; und sie lachte, weil ich nicht sofort kapierte, daß dieser Jemand ich war, und lachte, weil ich, bald doch kapierend, ein glückliches Gesicht machte, und sie lachte nicht mehr, da der Zug aus der Halle fuhr: sie stand dort auf dem weißen Zementstreifen zwischen den sonnenglitzernden Schienensträngen, hatte, ohne zu winken, die Hand leicht erhoben, und war sehr ernst. So war das Bild beschaffen, das ich von ihr mitnahm, ein Bild, das sich mir für ewig einprägte, bleibend und intakt in all seinen Einzelheiten, und all die anderen Bilder dieser Reise wurden von seiner Unverlierbarkeit durchtränkt; es waren die Bilder der Sommerwolken, die zu den elfenbeinfarbenen Gipfeln im Westen hineilten, es war das Bild der im kurz aufgrellenden Fackellicht, auf Nimmerwiedersehen, vorbeifliegenden Reparaturarbeiten am Gemäuer eines Tunnels, durch den der Zug hohlsausend hindurch fuhr; es waren die Bilder der erntemüden Bäume, die die Landstraßen zwischen den Garbefeldern säumten, die Bilder der abendlich und nächtlich werdenden Wiesen, ein letztes Bauerngespann über sie hinholpernd, unvernehmbar sein Knarren, es war der Feldweg, von Gehöft zu Gehöft abendfriedlich sich hinschlängelnd, hügelauf und -ab und wieder versteckt in Ackermulden, es war ein Bild eines Mädchens, das dort wandelte –, Bild um Bild, sie alle auf Nimmerwiedersehen, und trotzdem blieben sie alle, verankerten sich für ewig in mein Gedächtnis, getragen von dem Bilde des Bahnhofs und des Abschieds, eingegangen in eine unverlierbar unverlöschliche Ganzheit, lebend im Zusammenklang der Ordnungen, bleibende Wirklichkeit, die immer wahrer wird, je mehr sie entschwindet –, ein Wahrwerden. Denn auf dem Grunde solch zunehmenden Wahrwerdens lag ein noch größeres Wissen, und dieses vor allem hatte ich mitgenommen: es war das Wissen um die Entscheidung, die im Augenblick unseres Abschieds gefallen war, das Wissen um die eingetretene Reife unserer Gemeinsamkeit. Damals, nach meinem Vortrag, schrieb ich ihr zum ersten Male, mußte ihr schreiben, gezwungen von meinem glückhaften Wissen, gezwungen von Zuversicht, von Heimatgeborgenheit, von Seinsvertrauen, gezwungen von meiner ganzen Aufnahmsbereitschaft für sie, bezwungen von meiner Sehnsucht, zu der sich das herbstlich werdende Licht jener Tage wundersam quellend verwandelt hatte.

Heimgekehrt, ging ich sofort in den Kindertrakt. Ich fand sie im oberen Hauptsaal am Bett eines kleinen Mädels, und sie war in einer Aufregung, die mit ihrer sonstigen Ruhe in seltsamem Widerspruch stand, in einem um so seltsameren, als der Fall eigentlich nichts ausnehmend Bemerkenswertes bot: das Kind war am Vortag nach einem Autounfall eingeliefert worden, es wies alle Symptome einer Gehirnerschütterung auf, den schwachen unregelmäßigen Puls, die herabgesetzte Temperatur, die Somnolenz, die zwar nun schon über vierundzwanzig Stunden andauerte, aber schließlich auch nichts Außergewöhnliches darstellte, ja, es hatte sich der Zustand nach erfolgtem Blutentzug sogar relativ gebessert, kurzum, alles war auf das eindeutigste gegeben, und sie war dennoch von dem Gedanken verfolgt, daß das Kind einen Hirndruck erlitten hätte, also eine Schädigung, der nur durch einen so gewagten Eingriff, wie es eine Trepanation oder eine Lumbalpunktion ist, beizukommen gewesen wäre. Während ich untersuchte, sagte sie mit verzweiflungsvoller Düsterkeit: »Ich kann's nicht entscheiden . . .« – »Was meinen denn die Kollegen?« – Sie zuckte die Achseln: »Ausnahmslos Gehirnerschütterung . . . gerade deshalb habe ich ja auf Sie gerechnet . . .« – Ich war von ihrer Befürchtung einigermaßen betroffen: »Hören Sie, ich kenne die Zuverlässigkeit Ihrer diagnostischen Intuition, und wenn Sie mir den geringsten An-

237

haltspunkt lieferten, würde ich Ihnen unbedingt folgen, sonst aber könnte ich hier gleichfalls bloß Gehirnerschütterung annehmen.« – Ihr Ton wurde noch verzweifelter: »Meine Zuverlässigkeit ist dahin ... ich habe keinen Blick mehr, nur noch Ahnungen und Angst ... angstvolle Ahnungen.« – »Das genügt freilich nicht, um einen so schweren Eingriff vorzunehmen.« – »Nein, das genügt nicht ... das ist es ja eben ... ich kann meinen Beruf nicht mehr ausüben.« – Sie war offensichtlich aufs äußerste überreizt und überarbeitet, und unzweifelhaft hatte sie die ganze Nacht durchwacht. »Barbara«, sagte ich. »Sie haben sich einfach arg übernommen ... Sie sehen Gespenster ... das ist ein simpler Fall, ein so simpler, wie Sie und ich deren schon unzählige behandelt haben ... es ist alles geschehen, was notwendig war, und mit ein bißchen Morphium kommen wir unter allen Umständen durch ... weder Sie, noch ich können die Verantwortung für eine Operation solchen Kalibers auf uns laden ... beruhigen Sie sich ...« – Sie preßte ihre Hände, ihre starken schönen weiblichen Hände ans Herz: »Es mag sein, daß Sie recht haben«, sagte Sie. – »Sicherlich habe ich recht, so weit menschliche Voraussicht reicht, und wenn ich Ihnen jetzt befehle, sich vor allem ein paar Stunden auszuschlafen, so habe ich sogar absolut recht ... ich übernehme inzwischen gerne Ihren Dienst, die Schwester soll mich anrufen, wenn was los sein sollte .. es wird aber nichts los sein ...« – Sie nickte bestätigend.

Das war am Nachmittag, etwa gegen fünf. Ich hatte viel rückständige Arbeit bei mir vorgefunden, die Schwester hatte nicht angerufen, und so war es ziemlich spät am Abend, als ich wieder hinaufkam. Natürlich hatte sie nicht geschlafen, sondern saß noch immer oder aufs neue bei dem Kinde, das mit seinen Eisbeuteln so dalag, wie ich es verlassen hatte, nach wie vor in Bewußtlosigkeit. Nichtsdestoweniger hatte ich den Eindruck einer Besserung, das Herz schlug kräftiger und ruhiger, die Blässe war weniger wachsig, der Atem tiefer. »Schluß«, sagte ich, »die Sache verläuft normal ...« – »Wenn wir eine Lumbalpunktion machen wollen, müßte es jetzt geschehen«, entgegnete sie mit merkwürdiger Hartnäckigkeit, »sonst wird es zu spät.« – »Ja, um Himmelswillen, warum denn? Sehen Sie Lähmungserscheinungen?« –

»Nein.« Die Art, mit der sie das Kind nunmehr betrachtete, war nicht mehr die eines Arztes; eine unwohlwollende, fast haßerfüllte zornige Angst lag in ihren Augen. Und dann sagte sie schlaff: »Ich weiß es nicht mehr . . .« – »Nun eben, . . . kommen Sie ein wenig an die Luft, hier können Sie augenblicklich ohnehin nichts anderes tun, als sich selber noch weiter in Panik zu versetzen . . . Sie haben den Maßstab verloren, so etwas kann geschehen . . . geben Sie den Fall morgen an einen Kollegen ab, und jetzt kommen Sie . . .« – Sie schickte sich drein und erhob sich: »Gut, gehen wir.«

Unter den Kastanien war es dumpf und schwül, die Luft starr und gelähmt, und um freier atmen zu können, schlug ich den Weg zu der Aussichtshöhe ein, die den Spitalsgarten bekrönt. Wir sprachen nichts; die Spannung war zu groß, die Bedrückung war zu groß. Die Mauern des Pavillons links und rechts schimmerten weiß in der mondlosen Dunkelheit, manchmal warf eine Glühlampe der Parkwege ihren Schein auf die Geranien vor den Fenstern, die hier zu einer unpersönlichen besitzlosen Fröhlichkeit gepflegt werden, gespenstisch rot waren die Blumen angemalt, trübe schimmerte die Nachtbeleuchtung hinter den Scheiben der Krankensäle, in denen gespenstisch unpersönliche zweibeinige Wesen lagen, neutrale Krankheitsträger, die von ihren Krankheiten befreit zu werden hatten, und doppelt gespenstisch empfand ich es, daß ein einziges Wesen in dieser Welt, das Wesen neben mir, aus solcher Unpersönlichkeit herausgehoben sein sollte und daß es eine Frau, daß es für mich die Frau war. Sonderbar matt, als trüge die Luft den Schall nicht weiter, war der Stadtlärm vernehmlich, gedämpft und schlaff, und als wir auf dem Aussichtspunkt angelangt waren, dessen etwas monumentaler tempelhafter Halbbogen, geziert mit hygienischen Reliefs, die steinerne Rundbank umgibt, da war der Herbsthimmel ringsum eine Kuppel rotschwelenden Wartens, gespensterhaft erleuchtet von den Stadtlichtern, sternenlos vor rötlichem Dunst, sternverhüllt die Menschenhäuser darunter, und die flimmerlos trüben Punkte, die sich am schwarzglä[sernen] Horizontrande zeigten, waren kaum Gestirne zu nennen. Wir setzten uns auf das steinern monumentale Gebilde, und beinahe hätte man da meinen können, es sei dieses zur Aussicht in die Hölle der Starrheit errichtet worden: unbewegt mechanisch wechselten die Lichtreklamen auf den Dächern, mit schlaffer Starrheit drang das Getöse der Straßen herauf, hart und heiser klangen die Autohupen und das Läuten der Straßenbahn hinein, unbewegt dies alles trotz aller Bewegung, unbewegt zogen sich die Linien der Straßenlaternen an der Stadtgrenze, und die gespenstische Bewegungslosigkeit des Menschenwerkes und seines automatischen Ablaufes, sein blickloser Mechanismus hatte die ganze Welt in Besitz genommen, strahlte auf bis zum Himmel und ließ selbst die Bäume und ihr Laub zu duftlos höllischer Unnatur erstarren, regungslos der Lärm, regungslos das Licht, regungslos die Bewegung, regungslos die Luft; wir aber, umgeben von der Unnatur der Stadt, wir, in solche Unnatur eingegliedert, dem Menschenwerk, den Menschengedanken untertan, wir saßen da in unseren weißen Mänteln wie zwei Spitalsmechaniker, untertan der wahnwitzigen Gewalt menschlicher Einrichtungen und der in sie eingebauten Logik, die stärker ist als das Herz und die Seele und das Nervensystem des Menschen, stärker ist als die Urgewalten der Natur, und doch war in uns der tiefruhende Atem der Schöpfung, sich selbst schöpfend und aberschöpfend vor unablässig sich erneuerndem Sein, er allein lebendig in der starren Bewegungslosigkeit der Nacht, in der Bewegungslosigkeit eines Zeitablaufes, der tief und spät wurde, losgelöst von allem Räumlichen im unerlauschbaren, unerschaubaren Schacht der Unendlichkeit, in dem rotschwelenden todesschwangeren Schacht der Unnatur. »Das Kind wird sterben«, hörte ich Barbaras Stimme neben mir, und auch diese Stimme war unnatürlich, war monoton und starr und absterbend. Erst wußte ich nicht, ob ich dies nicht selber nur gedacht hatte, doch als ich sie anblickte, und sie monoton »Es wird sterben« wiederholte, weckte es mich so weit auf, daß ich mich zurechtfand: »Habe ich Sie deshalb weggeführt, Barbara?« – Sie zog die Brauen zusammen, wie einer, der wieder zu sehen beginnt, und es verstrich eine ziemliche Frist, bis sie begriffen hatte und antworten konnte: »Es ist schwer, sich aus einem derartigen Zustand zu reißen, wenn er einmal zwei volle Tage angedauert hat . . . aber ich möchte auf alle Fälle noch einmal Nachschau halten.« – Die Erwähnung dieser zwei Tage brachte mich auf einen Gedanken, den ich wahrlich schon früher hätte haben sollen: »Sagen Sie mal, Barbara, haben Sie seit gestern überhaupt einen Bissen gegessen . . .?« – Sie dachte ernsthaft nach: »Vielleicht . . . ich weiß es wirklich nicht.« – »Also dann zurück . . . Sie bekommen einen Tee, entweder bei Ihnen oder bei mir . . . glücklicherweise gibt es so etwas wie eine Urgewalt, welche Hunger heißt, und hoffentlich finden wir auch die hier zu nötigen Nahrungsmittel.« Ich war froh, ihren alten zürnenden Zug wieder in ihrem Gesicht zu finden: »Müssen Sie unbedingt mich kommandieren? . . . Zuerst schaue ich zu dem Kinde, und dann . . . ja, dann werden wir sehen . . .« – »Wenn Sie wollen, besorge ich die Visite für Sie . . . und mein Kommandorecht lasse ich mir nicht nehmen; immerhin bin ich noch Ihr Vorgesetzter, und ich habe Sie offiziell von Ihrem Dienst abgelöst . . .« – Ein Anflug von Heiterkeit ging über ihr Gesicht: »Überflüssig, Herr Primarius, ich bin bereits turnusgemäß abgelöst und augenblicklich offiziell dienstfrei; sie dürfen also Ihrerseits ruhig heimgehen . . . aber ich rufe bei Ihnen an und sage, wie es steht.« – »Dann will ich wenigstens mittlerweile den Tee für Sie vorbereiten.« – »Lieber«, sagte sie und ging rasch davon.

Es dauerte ziemlich lange, bis sie anrief. Ich hatte inzwischen Tee aufgegossen, hatte alles, was ich an Eßbarem in meiner Junggesellenwirtschaft besaß, zusammengesucht, und war bemüht gewesen, den Tisch so gut und schön, als ich nur konnte, zu decken. Endlich klingelte das Telephon. »Was macht das Kind?« – »Unverändert, eher sogar etwas besser . . . ich komme zu Ihnen.« – »Herrlich, der Tee ist fertig«, sagte ich noch, indes sie hatte es nicht mehr gehört, und ich, in der Erwartung, daß sie nun sofort erscheinen werde, beeilte mich, mit meinen Vorbereitungen korrekt feierlicher Ordnung zu einem Ende zu kommen, hing die Kleider in den Kasten, räumte die herumliegenden Rasierutensilien ins Schubfach und fand bald nichts mehr Störendes außer meiner Ungeduld in dem Zimmer. Denn unverständlicherweise ließ sie mich warten, und im Grunde von ihren Befürchtungen angesteckt, begann ich unruhig zu werden, annehmend, es müßte bei dem Kinde nun doch ein Zwischenfall eingetreten sein, der meine unverzügliche Anwesenheit erforderlich machte. Schon hatte ich den Mantel

wieder angetan und wollte mich auf den Weg begeben, da
hörte ich ihren raschen Schritt im Korridor, und ehe ich noch
selber öffnete, hatte es angeklopft und sie kam herein: meine
gastlichen Vorbereitungen bemerkend, blieb sie lächelnd stehen, als ich jedoch auf sie zutrat, drehte sie den Schalter
neben der Türe ab. Ein unsäglicher mütterlicher Friede,
tiefverschleiert, erntereif, erinnerungsgroß, umfing mich, da
ich ihre Arme um meinen Nacken fühlte. Die Heimat.

Ich weiß nicht, ob ich von Glück sprechen darf, doch was
ich erlebt hatte, war das Beseelte schlechthin gewesen: jenseits des Sichtbaren, durchsichtig in der Dunkelheit leuch-
tend, war es die Landschaft ihrer Seele, deren ich gewahr
wurde, geschlossenen Auges sah ich sie, die abendempfan-
gene Landschaft, die sich leise der Verschleierung und der
landschaftslosen Tiefe entlöste, ihr Antlitz beseelend, und
beseelt war die Nächtlichkeit des unsichtbar Sichtbaren, beseelt das Fühlbare jenseits des Fühlens, durchseelt jeder
Atemzug und jede Faser ihres Körpers, durchseelt sogar die
Knochen ihres Gerippes, Armspeiche und Elle und Finger-
gelenk, sogar die Zähne, durchseelt von Weiblichkeit, mich
aber mit unendlich träumender Weiblichkeit durchtränkend;
Erinnerung und Vergessen wurden Eines, wurden zur wahren Erinnerung des Seins und des Weltenanfangs, während
auf dem goldenen Grunde aller Finsternis im tiefsten
Schacht der Ozeane, der Berge und der versunkenen Inseln,
schwerelos trauerschwer, unerreichbar der Sprache, ja, unerreichbar dem Blicke, im Unerschaubaren, Unerrufbaren, in
jener Ursphäre, die unter den Spiegeln und Aberspiegeln der
Welten und Aberwelten liegt, in der Äonensekunde, die alle
Kontinente der vergessenen Erinnerung umfaßt, bildlos geworden durch die Fülle der Bilder und alle Bilder des Seins
erzeugend, ihr Antlitz schimmerte, gefeit vor Zeit und Raum,
gefeit vor dem ganzen Lebensablauf, schimmernd in stern-
dunkler Flut, und es war das Antlitz meines eigenen Vergessens, es war mein Ich und das ihre zugleich, ruhend und
geruht, träumend und geträumt, versinnlicht und entsinn-
licht in der Erleuchtung unseres tiefsten schmerzlichsten wis-
send-ahnenden Ausruhens. War dies noch Glück zu nennen?
Es hätte wohl eines neuen und noch tieferen Auges in dieser
letzten Sphäre des Schweigens und Staunens und Ruhens

bedurft, um zu erkennen, wie weit ich selber noch Glück empfand und wie weit ich bereits in das andere Ich verwandelt war, in dieses Ich, dem ich grenzenlos angehörte, da seine geheimnisvolle Unendlichkeit mich aufgenommen hatte. Denn nur wer in seinem eigenen Ich verbleibt, vermag glücklich oder unglücklich zu sein, nur der, dessen Blick noch vom Tierhaften und vom Engelhaften seines doppelten Ursprungs bestimmt ist, weiß in der wehen Nacktheit der in sich beschlossenen Seele von ihrem Jubel und von ihrem Leid; ich jedoch, jeglicher Starrheit entlassen, so daß ich heimkehren konnte in das Gleichnis der Einheit, ich hatte in deren abendempfangender unauslotbarer geheimnisträchtiger Wiedergeburt, im Echo des Lebensgrundes und Lebensabgrundes, traumhaft, schattenhaft, und trotzdem übergleichnishaft, so sehr war es von seiner werdenden Wahrheit erfüllt, das Du gefunden, das Du, welches Ich bin, die Einheit aller Wirklichkeit, ihre mild-gewaltige, mild-tröstliche Musik und ihr schreckensvoll heiliges Verlöschen, ihr Dahingehen im Wissen des Seins. Dies war jenseits des Glückes. Freilich, später – sie hatte mich verlassen –, da hörte ich das zarte Singen des Glückes, nicht in mir: die Welt sang: ich stand am Fenster, der rote Dunst unter der Himmelskuppel war verschwunden, die Nacht war leicht geworden und voller Sterne, und durch die verzauberte Entstarrung der Welt wehte, singend ihr Unausdrückbares, glückhaft und liebhaft und zart, silbern dahinstreichend über die Kastanienkronen, hauchleicht der erste Hauch des Morgenwindes; ein einzelner Vogel begann schüchtern zu zwitschern und begrüßte die erlöste Stille.

Und glückhaft war der Morgen, lächelnd das Licht, beinahe frühlingshaft, so leise war die Luft, gleichsam schwebend geworden, als sei sie schwebend gewordene Klarheit, seltsam beruhigt und beruhigend, flutend wie glasheller Wellenschlag, ein spielendes vielfältiges Wehen eines durchsichtigen Schleiers. Ich war zeitig im Kindertrakt, und eigentlich war ich bloß gekommen, um mich zu vergewissern, daß hier ebenfalls die entscheidende Wendung eingetreten war, so sicher war ich ihrer. Und richtig: das Kind war aus seiner Ohnmacht erwacht, es lächelte, und es hatte, so dünkte mich, glückhafte Augen. »Wo ist die Frau Doctor?« fragte ich die

Pflegerin. – »Dienstfrei, Herr Doctor.« – »Rufen Sie sie trotzdem, das heißt, sofern sie nicht schlafen sollte ... aber sie wird sich freuen.«

Nach einer Weile kam sie. Ernst, sachlich, weißmantelig, finster die Brauen zusammengezogen, schritt sie durch die Bettenreihen, verfolgt von den erwartungsvollen Blicken der Kinder, und ihre Begrüßung für mich war ein trockenes: »Wann ist sie aufgewacht?« – »Schon heute Nacht, Frau Doctor«, antwortete die Schwester an meiner Statt. Sie untersuchte genau, prüfte Herz und Atmung, doch in ihren Zügen blieb etwas besorgt Forschendes: »Es könnte sein«, sagte sie endlich, »hoffen wir, daß es überstanden ist.« – »Natürlich ist es überstanden«, warf ich ein, und dann setzte ich überflüssigerweise hinzu, »ich bin sehr glücklich.« Sie beachtete es nicht, sondern sagte bloß leise und beunruhigend sinnend: »Wenn es nur nicht ein freies Intervall sein sollte!« – Ihr Ernst berührte mich so sehr, daß ich nicht nur das Schicksal des Kindes, sondern auch das meine gefährdet sah; ich fühlte etwas Unheimliches aufdämmern, als sei das Erstarrte und Erstarrende wieder in der Nähe, drohend die starre Nachtwelt, umhüllt von der Dunkelheit der Seele und in diese einsinkend: »Nein«, rief ich fast, »nein ... jetzt wird alles gut werden!« – »Legen Sie jedenfalls weiter Eisbeutel auf, Schwester«, befahl sie, »und wenn Sie die geringste Veränderung bemerken, so rufen Sie mich.« Und sie entfernte sich wieder. Als ich meinerseits ins Laboratorium zurückging, war es noch wolkenlos; nichtsdestoweniger hatte ich den Eindruck einer beginnenden Eintrübung, es war wohl Föhn im Anzuge. Der Tag wurde schwer.

Nachmittags rief sie doch an; ich hatte es kaum mehr erwartet. Ja, ich möge zu ihr kommen. Ich ließ alles liegen und stehen, und wie ein verliebter Gymnasiast hinübereilend, war ich innerhalb weniger Minuten bei ihr. »Verzeih«, sagte sie. Ich war etwas verblüfft: »Mein Gott, was soll ich denn verzeihen?!« – »Du wirst es mit mir nicht leicht haben, Lieber ... ich habe es selber zu schwer.« – Sie umarmend, legte ich ihre Hände mir aufs Haar.

Es war an einem Donnerstag. Und tatsächlich setzte ein anhaltender Föhn ein. Am Sonnabend zeigten sich bei dem Kind Lähmungserscheinungen, und in der Nacht vom Sonn-

244

tag zum Montag verschied es. Die Diagnose des Hirndrucks und des freien Intervalls war richtig gewesen.

Sie nahm es schweigend hin. Meine Bestürzung war lauter, denn sie war von anderer Art; sie war äußerlicher: zwar hatte ich mir nicht den Vorwurf einer Fehldiagnose zu machen – wie dürfte man bei jeder Gehirnerschütterung mit Trepanation oder Punktierung vorgehen! –, aber das Objektive spielt in den menschlichen Beziehungen eine geringe Rolle, und von rechtswegen hätte ich in ihren Augen derjenige zu sein gehabt, der mit Leichtfertigkeit, ja, mit einer leichtfertigen Autoritätsausnützung sich ihren Vermutungen entgegengestellt hatte; hätte sie sich daraufhin von mir abgewendet, ich hätte [ihr] mit einem Teil meines Wesens dazu das Recht gegeben, und ich war gerührt, daß sie es nicht tat. Sie lehnte jede Erwähnung des Geschehens ab, sie blieb still, blieb in ihren dienstlichen Pflichten, denen sie mit noch ernsterem Eifer als früher nachging, und sie schien so durchaus mir zugetan geblieben zu sein, daß ich, lediglich mit den Plänen für unsere Zukunft beschäftigt, bald zu hoffen begann, daß nicht nur ihre Arbeit, sondern viel mehr noch meine Liebe imstande sein würden, sie über das Ereignis hinwegzubringen. Und gar als nach etwa drei Wochen, die seitdem verstrichen waren, sie meine Hand nahm, um mir mit still lächelnder Sachlichkeit mitzuteilen, daß sie glaube, ein Kind erwarten zu dürfen, da war es Erfüllung und es war der vollkommene Trost, und wenn ich auch, sie an mich gepreßt haltend, in diesem Augenblicke gar nichts dachte, so wußte ich dennoch vieles, ich wußte, daß alle Wirklichkeit der Welt im menschlichen Herzen eingesenkt ruht, versunken die Welt selber, ich wußte um die Ewigkeit im Irdischen, ich wußte von der Zeit, die durch uns rinnt, rinnt vom Ahnen des Ur-Anfangs bis zum Enkel des Ur-Endes, singend ihre der Worte entlöste Sprache, und ich wußte um eine Seinssicherheit des Wir, in deren Mittelpunkt die geliebte Frau und ihr Kind stand. Noch hielt ich sie an mich gepreßt und schon sprach ich wieder von den Zukunftsplänen und ihrer Verwirklichung; grauäugig unter zusammengezogenen Brauen blickte sie mich an, es war ein Blick voller Zuneigung und Güte, und sie lächelte. Daß es das Lächeln eines Menschen war, der mit Luftschlössern spielt und nicht daran zu glauben vermag, das erkannte ich nicht, weder damals, noch in der Folge, obwohl ihr Verhalten sich nicht änderte; sprach ich von Heirat, von Auflassung der Spitalspraxis, von der Übersiedlung aufs Land, so wandelte sich ihr finster nachdenkliches Gesicht holdselig zu diesem wehmütigen Lächeln, und sie sagte: »Wir haben Zeit, Lieber ... später«, doch darüber hinaus geschah eigentlich nichts. Was wirklich geschah, war eine Verdoppelung ihrer Arbeitsintensität; neben ihrem normalen Dienst hatte sie mit serologischen Untersuchungen bei mir im Laboratorium angefangen, sie stürzte sich überdies mit erneuter Heftigkeit ins Politische, war an jedem ihrer freien Abende auswärts beschäftigt, und ich erkannte die Selbstbetäubung nicht, die sie zu all dem antrieb: im Gegenteil, ich nahm daran innerlich teil, ebensowohl an ihrer Laboratoriumsarbeit, von der ich beglückt annahm, daß sie ihre Tätigkeit der meinen annähern wollte, aber ebensowohl auch an den mir absolut fernliegenden politischen Dingen, froh über den Freimut, mit dem sie mir von ihnen erzählte, froh über ihre Erfolge, froh über die Fortschritte der kommunistischen Zellenbildung, die sie im Spital und anderwärts organisiert hatte, und bei aller Unfraulichkeit solch propagandistischen Gebarens, es gab nichts an ihr, was mir nicht fraulich dünkte, und von ihrer mitreißenden Überzeugung war ich gefangen. Und ich erkannte nicht, daß trotz dieser Anteilnahme, mit der ich sie begleitete, ich im wesentlichen keinen Zugang zu ihr besaß, daß das Kind, nach dem sie gebangt hatte und das sie von mir erwartete, immer mehr in den Hintergrund trat und daß sohin unsere Beziehung auf eine völlig andere Ebene geraten war. Ein einziges Mal wurde ich stutzig, nämlich als sie einmal – gebeugt über den Laboratoriumstisch und eine Eprouvette in der Hand – mit fast gleichgültiger Stimme und nebenbei die Bemerkung hinwarf: »Um unseres Kindes willen hat das andere sterben müssen.« Indes, ich wollte es wohl nicht gehört haben; es war rasch wieder vergessen.

Im Oktober nahm sie einen dreitägigen Urlaub, angeblich um im Interesse unserer Heirat eine nachträgliche Erbschaftsangelegenheit zu ordnen. Die Überstürztheit ihrer Abreise war für mich nicht weiter auffallend und störte mich nicht in meinem Gefühl absoluter Sicherheit; auf dem nämlichen Bahnsteig, auf dem ich drei Monate vorher mir ihrer Liebe inne geworden war, sagten wir uns auf Wiedersehen. In den folgenden Tagen brachten die Zeitungen versteckte Andeutungen über einen mißglückten kommunistischen Putsch und ein verhütetes Ministerattentat. Da ich ein schlechter Zeitungsleser bin, hatte ich es nicht einmal beachtet; außerdem gab es damals im Spital besonders viel zu tun, und mir war dies recht, denn ich sehnte mich nach ihr und freute mich auf ihre Heimkunft. Die Tage vergingen und sie kehrte nicht heim. Hingegen kam die Nachricht, daß sie sich in einem Hotelzimmer vergiftet hatte. Das von ihr hiezu verwendete Zyankali stammte aus dem Laboratorium.

Was danach und in den folgenden Monaten geschah, weiß ich nicht mehr. Viel später stieß ich einmal zufällig auf das versiegelte Paket, das sie mir einstens übergeben hatte. Erst zögerte ich, es zu öffnen. Als ich es dann doch tat, fand ich zuoberst einen Brief; er enthielt bloß eine Zeile: »Ich habe Dich sehr geliebt.« Der Rest des Paketes bestand aus den genauen Putschplänen und aus Direktiven an die Organisationen für den Fall des Gelingens. Ich verbrannte alles.

# Die Heimkehr des Vergil

Stahlblau und leicht, getrieben von einem leisen Gegenwind, waren die Wellen des adriatischen Meeres dem kaiserlichen Geschwader entgegengeströmt, als dieses sich der calabrischen Küste genähert hatte, und jetzt, da es, die flachen Hügel zur Linken, langsam dem Hafen Brundisium zusteuerte, jetzt, da die sonnige und doch so todesahnende Einsamkeit der See sich immer mehr ins friedvoll Freudige menschlicher Tätigkeiten wandelte, genähert dem menschlichen Sein und Hausen, jetzt, da die Gewässer sich mit vielerlei Schiffen bevölkerten – mit solchen, die gleichfalls dem Hafen zustrebten oder die von dorther kamen – und die braunsegeligen Fischerboote bereits die weißbespülten Ufer, die kleinen Dörfer, die kleinen Molen verließen, um zum abendlichen Fang auszuziehen, da war das Wasser beinahe spiegelglatt geworden; perlmuttern war darüber die Muschel des Himmels geöffnet, es war Abend, und man roch das Holzfeuer der Herdstätten, sooft die Töne des Lebens, ein Hämmern oder ein Ruf von dorther herbeigetragen wurden.

Von den sechs Triremen, die in entwickelter Kiellinie einander folgten, trug die zweite, die größte und reichste von ihnen, mit bronzebeschlagenen Wänden und unter Purpursegeln das Zelt des Augustus, und während die erste und die letzte dem Transport der Leibgarden dienten, hatten die übrigen das Gefolge des Cäsars an Bord. Doch auf jener, die der augusteischen folgte, befand sich der Dichter der Aeneis, und das Zeichen des Todes stand auf seiner Stirne geschrieben.

Hatte er jemals anders als im Angesicht des Todes gelebt? War ihm die perlmutterne Schale des Himmels, war ihm das Singen der Berge, war ihm das lenzliche Meer, war ihm der Flötenton des Gottes in der eigenen Brust je etwas anderes gewesen als ein Gefäß der Sphären, das ihn bald aufnehmen sollte, ihn zur Ewigkeit zu tragen? Ein Landmann war er gewesen, einer, der den Frieden des irdischen Seins liebt, und doch hatte er bloß an dessen Rand gelebt, am Rand seiner Felder, und er war ein Ruheloser geblieben, einer, der den

Tod flieht und den Tod sucht, der das Werk sucht und das Werk flieht, ein Liebender und dennoch ein Gehetzter, der ein Leben lang durch die Landschaften geirrt war und den es schließlich als Fünfzigjährigen, Sterbenskranken nach Athen getrieben hatte, als könnte ihm, nein, dem Werke dort eine letzte Erfüllung und Vollendung werden. Wer vermag inneres und äußeres Schicksal zu unterscheiden? Das Schicksal in seiner Dunkelheit hatte es so gewollt, und Schicksal war es gewesen, daß er dem kaiserlichen Freund in Athen begegnet war, so sehr Schicksal, daß die Aufforderung des Augustus, mit ihm in die Heimat zurückzukehren, wie ein Befehl der unabweislichen Gewalten gewesen war, der Unabweislichen, denen man sich zu unterwerfen hatte. Vergil, den kranken Leib auf das Lager gebettet, über dem die Segelrah mit der von Zeit zu Zeit dröhnenden Leinwand in den Tauen knarrte, sah die weißbesäumte Strandlinie vorbeigleiten, er spürte den Takt der zweihundert Ruder unter sich, er hörte das gleitende Schäumen des Kielwassers und den silbernen Guß, der mit jedem Herausheben der Ruder einsetzte, er hörte ihr Wiedereintauchen, und gleich einem Echo klang das nämliche von dem vorausfahrenden kaiserlichen und von dem nachfolgenden Schiffe herüber; er sah auch die Menschen auf dem Deck, die Leute des Hofstaates, die mit ihm fuhren, trotzdem nicht mit ihm, denn sein Reiseziel lag ferner als das ihre.

Schon sank die Dämmerung, als man Brundisiums schmale fjordartige Einfahrt erreichte; vor den Kastellen links und rechts des Kanales war zu Ehren des Caesars die Besatzung aufgestellt, ihre Begrüßungsrufe flogen auf, flatterten in dem grauen Licht, beinahe verwelkt in herbstabendlicher Feuchte, und Vergil, aus müden Augenwinkeln hinblinzelnd, war von einem roten Punkt in dem Grau gefesselt; und obgleich es sich nur als das rote Vexillum eines Fahnenträgers erwies, der am Flügel seiner Manipel postiert, im Takt der Rufe die Stange mit dem Feldzeichen hochstieß, so war dieses im Dämmernebel vergehende Rot weit mehr ein Abschiednehmen denn eine Begrüßung. Doch unterhalb der Befestigungen bis herab zum steinigen Ufer war der Hang mit Sträuchern bewachsen, und gleichsam nach ihrem Laube greifend, streckte der Kranke die Hand aus. Wie weich war die Luft, Bad des Innen und Außen, Bad der Seele, fließend aus dem Ewigen ins Irdische, Wissen vom Kommenden im Diesseitigen und im Jenseitigen! Am Bug des Schiffes sang ein Musikantensklave, und Lied wie Saitenspiel, Menschenwerk beides, waren in sich beschlossen, menschenentfernt, menschenentlöst, Sphärenluft, die sich selber singt. Die Töne in sich eintrinkend, atmete Vergil, die Brust schmerzte ihn, und er hustete.

Dann wurde die Stadt im Innern der Bucht sichtbar, die hellerleuchtete Reihe der Häuser am Kai, eine Osteria neben der anderen, und davor die Menge, die sich angesammelt hatte, um der Ankunft des Caesars beizuwohnen; vielleicht fünfzigtausend, vielleicht hunderttausend Menschen, ein gewaltiges schwarzes Summen, das auf- und abschwoll. Auch auf vielen der verankerten Schiffe ringsum gab es schreiende Menschen, beleuchtet von festlichen Fackeln, und doppelt dunkel wuchsen die Maste und Taue und die gerefften Segel, ein sonderbar finsteres, verkreuztes und verwirrtes Wurzelwerk aus dem Wasser in den noch lichten Himmel hinauf. Vorsichtiger und langsamer wurden nun die Ruder eingetaucht, das Kaiserschiff war schon bis an den Kai geglitten, wo es an dem vorbestimmten, von Bewaffneten freigehaltenen Platze anlegte, und es war der Augenblick, den das dumpf brütende Massentier erwartet hatte, um sein Jubelgeheul ausstoßen zu können, endlos, erschütternd, sich selbst anbetend in der Person des Einen.

Immer war Vergil vor der Masse zurückgeschreckt; nicht daß sie ihm Furcht einflößte, aber er empfand die Bedrohung, die in ihr lag, die aus ihr geboren wurde und das Menschliche gefährdete, eine Bedrohung, die Mitleid einflößte und zugleich zur Verantwortung aufrief, ja zu einer so großen Verantwortung, daß er oftmals schon gedacht hatte, unter ihr zusammenbrechen zu müssen, krank und todesnah von solcher Last geworden, mitunter freilich meinte er, daß diese Verantwortung nicht seine Sache wäre, vielmehr, daß sie ausschließlich den Augustus anginge, aber allzu genau wußte er, daß die Verantwortung, die der Augustus auf sich genommen hatte, von ganz anderer Beschaffenheit war: Spanien war besiegt, die Parther hatten sich unterworfen, die Bürgerkriege lagen weit zurück, das Reich schien gesicherter,

250

befriedeter, wohlhabender als es je gewesen war, und doch war das Drohende vorhanden, ein drohendes Unheil, das auch der Augustus nicht abzuwenden vermochte, trotz seines Priesteramtes, ein sogar den Göttern unerreichbares Unheil, das von keinem Massengeschrei zu übertäuben war, eher noch von jener schwachen Seelenstimme, welche Gesang heißt und die, das Unheil ahnend, das Heil verkündet. Wieder ertönte das Jubelgebrüll, Fackeln wurden geschwungen, Befehle durchhallten das Schiff, dumpf flog ein vom Lande geschleudertes Tau auf die Deckplanken, und zwischen dem Getrappel der vielen eiligen Füße lag der Kranke, aber in seinem Herzen war das Wissen um die Hölle.

Waren ihm die Sinne geschwunden? Sicherlich hätte er sich gerne dem Gejohle der Menge verschlossen, das vulkanisch und unterirdisch und trägwellig über den Platz flutete, aber er klammerte sich an das Bewußtsein, klammerte sich daran mit all der Kraft desjenigen, der das Bedeutsamste seines irdischen Seins nahen fühlt und voller Angst ist, daß er es versäumen könnte, und nichts entging ihm, weder die hilfreichen Gesten und Worte des Arztes, der auf Befehl des Augustus an seiner Seite war, noch die dumpf befremdeten Gesichter der Träger, die mit ihrer Sänfte an Bord gekommen waren, ihn abzuholen, und weder die Stadt, die er mit allen Sinnen aufnahm, den kellerkühlen Hall ihrer engen Gassen und den vertrauten Gestank der Mietkasernen und ihres Unrates, noch der Urwaldgeruch des Massentieres, das ihn umtoste, nichts entging ihm, mehr noch, die Dinge waren ihm näher und deutlicher und wacher, als sie es ihm jemals gewesen waren, und bei aller Reisemattheit verlor er nichts von seiner stillen Würde, und er dankte freundlich für jede Handreichung, die ihm erwiesen wurde. Allerdings, es war eine schwebende Nähe, so schwebend, wie er es selber auf hocherhobener Sänfte war, es war die Nähe einer gleichsam schwebend gewordenen und entrückten Zeit, es geschahen die Dinge gewissermaßen unter Aufhebung jedweder Gleichzeitigkeit, und das im Fackellicht und im Lärme tosende Brundisium war ebensosehr das brennende Troja, so wie er, der durch die Flammen getragen wurde, der flüchtende und heimkehrende Anchises war, blind und sehend zugleich in seinem Schweben, getragen von dem Sohne. Und auch als man ihn im Palaste zur Ruhe gebracht und gebettet hatte, hielt diese schwebende Wachheit an, blieb er weiter an solche Wachheit geklammert: draußen tobte die Straße, und in den Sälen des Palastes tobte das Fest, das die Stadt dem Augustus, der Augustus der Stadt gab, der alte müde Caesar, gefangen von seinem Amte und von seiner Macht, geklammert und angekettet an beide und an ihren Augenblick, und es war, als flössen Straße und Fest bis an das Krankenlager, als flösse das Gleichzeitige und Augenblickliche bis in die innerste Seele, sie durchfließend ohne sie zu erreichen, da sie im Schweben war, schwebend im Gewesenen und Zukünftigen, hingegeben einem Warten, das ebensowohl nach vorwärts wie nach rückwärts gerichtet war, und die Augen des Vergil sahen bloß das milde Ölflämmchen der Nachtlampe.

Und da er sich und seine Gedanken zurückschickte, da bemerkte er, daß er zwar zu dem kleinen Jungen auf dem Bauernhof in Andes zurückzukehren vermochte, ja daß es eigentlich gar keine Rückkehr war, vielmehr ein unverändertes Weiterbestehen, so daß er jeden Herzschlag, den er damals erlebt, jeden Grashalm, den er damals gesehen hatte, jetzt ohne weiteres hätte beschreiben und aufschreiben können, und es ihm bloß verwunderlich deuchte, daß er, inzwischen gewachsen, als erwachsener sicher Mann hier liegen mußte, daß aber alles, was seit der Kindheit geschehen, immer schütterer wurde, immer verschwindender und vergessener, nicht nur der Gutshof in Nola mit seinen Bauern, seinen bergumsäumten Feldern und den sanften Tieren, sondern auch die vielen sonnebeglänzten Tage in Neapel waren vergessen, und sogar die Werke, die er geschrieben hatte, damit sie das Bleibende würden, waren verblaßt und kaum mehr dem Titel nach zu erinnern. Nichts von den Bucolica, noch weniger von den Georgica, und wenn überhaupt etwas verharrte, so war es die Aeneis, doch auch diese nicht, wie er sie gedichtet hatte, sondern als ein Geschehen, das von ihm geschaut und nur sehr mangelhaft eingefangen worden war. Warum war dies so? für wen hatte er gearbeitet? für welche Menschen, für welche Zukunft? stand nicht das Ende aller Dinge vor der Türe? war die Vergessenswürdigkeit des Geschaffenen nicht ein Beweis für den Zeitenabgrund, der sich nunmehr auftun wollte, die Ewigkeit zu verschlingen? Betrunkene Horden im Palast und auf der Gasse; noch trinken sie Wein, doch bald werden sie Blut saufen, noch leuchten sie mit Fackeln, doch bald werden ihre Dächer brennen und flammen, brennen, brennen, brennen. Und desgleichen werden die Bücher mit in dem Rauch aufgehen. Mit Recht, mit Recht, mit Recht. In der Brust des Kranken brannte es, allein die Lippen des Schriftstellers lächelten ein wenig, denn der Brand würde auch die Bücher Horazens und Ovids kaum verschonen, und man mußte sagen, ebenfalls mit Recht. Keiner wird bestehen bleiben. Was aber dann? was vermöchte die Menschen noch zu retten, auf daß sie weiterlebten? Hieß es nicht zurückkehren in die Jugend der Menschheit, in die schlichte und sanfte Derbheit des bäuerlichen Lebens, von dem er selber seinen Ausgang genommen hatte und nach welchem er sich ein Leben lang hoffnungslos, ach so hoffnungslos zurückgesehnt hatte? was wußte der Augustus davon? er hatte das Reich gesichert, er hatte Bauten errichtet, er hatte ihn selber geschützt, er hätte es nicht tun sollen, der müde alte Mann, der immer noch lebte, heute noch unbedroht, der vielleicht so lange zu leben verpflichtet war, bis das Drohende auch an seine Türe pochen würde, an die Pforte der Paläste, die einstürzen werden, den Augustus und all seine Pracht, all die ewigen Kunstwerke unter sich begrabend. Oh, überflüssig sind die Kunstwerke, überflüssig all die Schönheit, die der Augustus und der Maecenas um sich angesammelt haben, und sie sind dem Untergang geweiht. Auf der Gasse schrien sie Augustus Retter und Augustus Vater – wird er es nicht büßen müssen? Schlaf? wer wollte schlafen, da Troja brennt!

Und als die Nacht schon weit vorgeschritten war, da sah Vergil viele zerstörte Städte und Heiligtümer vor sich, Städte, von denen er nicht einmal den Namen kannte und die ihm doch so bekannt waren wie die Stadt seiner Jugend, die Mantua hieß; er sah Babylon und Niniveh, er sah ein verwüstetes Theben und das oftmals zerstörte Jerusalem, und er sah das verödete Rom, ein Rom, durch dessen Gassen die Wölfe streiften, ihre Stadt wieder in Besitz zu nehmen, und er sah die Ohnmacht der Götter. Und dann trat ein Engel an sein Lager, seine Fittiche waren so kühl wie der Septembermorgen, welcher anbrechen sollte, und der Engel sagte:

»Wachse nun, kleiner Knabe«, sagte es, als wäre es ein Trost, und es war einer, obgleich darin die Verkündigung des Todes enthalten war. »Gut«, antwortete Vergil und versuchte die Züge des Engels zu erkennen, »gut, dann will ich jetzt schlafen.«

Der Morgenwind strich das Fenster, und Vergil träumte von den Feldern im blondwogenden Erntekleid, er träumte vom Rinde, das neben dem Löwen lagert, er träumte den Frieden des Lebens, einen größeren Frieden als den, der vom Augustus der Welt geschenkt worden war, und er träumte davon, daß der Engel auch den Augustus besuchen werde. Denn durch all dieses Träumen hindurch schwebte ein Wissen, und wenn es auch keinen Namen hatte, sondern nur ein Bild war, ein Bild glückseligen Landes, nicht minder bekannt als die Bilder der rauchenden Städte, so war das namenlos Gewußte doch die wissende Namenlosigkeit der Liebe, einer männlich mütterlichen Liebe, die in die schmerzlich wartende, leidende, ihr geöffnete Welt ersehnt und sehnsüchtig einziehen sollte. Gerne hätte Vergil nach dem Namenlosen gefragt, doch als er die Lider aufschlug, da war das Gemach voll warmer Septembersonne, und statt des Engels stand flügellos und eher ein wenig beleibt der Maecenas vor ihm, ein besorgtes Lächeln in dem gutmütig tüchtigen, genießerischen Gesicht, und Vergil schloß rasch wieder die Augen, der verlorengegangenen Musik nachlauschend.

Weil aber das Singen sich nicht wieder einstellen wollte, rief er, noch immer geschlossenen Auges, nach seinem Besucher, und dieser antwortete: »Ja, mein Vergilius, ich bin hier.«

»Es ist schön, daß du gekommen bist«, sagte Vergil.

»Ich wußte um eure Ankunft; dich und den Augustus, sein Name sei gepriesen, einzuholen, eilte ich hierher.«

Vergil nickte: »Ja, du bist mich holen gekommen . . . das ist recht, du weißt den Platz am Posilip, der auf mich wartet.«

Von Gräbern wollte Maecenas nichts hören: »Du bist nicht älter als ich«, wehrte er ab.

Der Dichter blickte seinen Gast groß an, und in seinen Augen war unverkennbar die gewichtige Antwort zu lesen. »Höre, Maecenas«, sagte er, »ich bereue es nicht.«

»Oh, mein Vergilius, was hättest du wohl auch zu bereuen! du, der Dichter Roms!«

»Wäre ich bloß der Dichter Roms, ich hätte es zu bereuen!«

Maecenas schüttelte den Kopf, und seine Augen wurden feinschmeckerisch: »Du, der Dichter der Schönheit!«

»Wäre ich der Dichter der Schönheit, ich würde mich schämen, und meine Reue wäre groß.«

»Bist du nicht der Dichter der Götter?«

»Nein . . . glaubte ich an sie, wie sie es befehlen, ich hätte nie und nimmer dichten müssen . . .«

»Doch du sangest zu ihrem Preis . . .«

»Nein, ich sang, sie zu suchen . . . und ich habe sie nicht gefunden, ich fand anderes . . .«

Der genießerische Ausdruck in dem Gesicht des Maecenas verstärkte sich: »Dann wirst du uns singen, was du gefunden hast . . . es wird herrlicher sein als alles Bisherige.«

Vergil lächelte: »Ich werde nicht mehr dichten, Maecenas, und selbst wenn mir dazu Zeit vergönnt wäre, ich möchte es nicht mehr . . .«

Die Aufmerksamkeit, mit der Maecenas den Worten des Freundes und Dichters lauschte, wurde wehmütig, und er zitierte: »Nie mehr singe ich Lieder, und nicht mehr bin ich euer Hüter . . . oh, Vergilius, soll es wahrlich so sein?«

»Das Lied wird erschweigen, Maecenas, und die Bildwerke werden gestürzt werden; doch du sollst darob nicht trauern, denn was zu künden sein wird, ist die Wahrheit, eine Wahrheit, an die keine Kunst heranreicht und vor der die Kunst verstummen muß . . .«

Maecenas war verletzt: »Oh, niemals wird die Schönheit verstummen«, ereiferte er sich, »vor keiner Wahrheit wird sie erschweigen, und immer wird sie es sein, die die Wahrheit kündet . . . schmähe nicht die Kunst, die der Gott dir geschenkt, Vergilius . . .«

Wieder lächelte Vergil: »Ich schmähe sie nicht, ich beginne bloß, mich ihrer nicht mehr zu entsinnen . . . aber ich bereue es nicht, Maecenas . . . freilich nicht um der Schönheit willen . . .«

Ehrfürchtig vor dem Dichter, ehrfürchtig vor dem Tode, wagte Maecenas keinen Einwand mehr, und er seufzte bloß. Vergil aber, geschlossenen Auges sprach weiter, und er sprach nicht mehr für den Maecenas, er sprach für sich:

»Was nur um der Schönheit willen geschieht, das ist nichts und ist verdammenswürdig ... was aber um der Ahnung willen geschieht, das vermag das Herz des Menschen erklingen zu lassen, so daß es bereit wird für die kommende Verkündigung ... bereit wie eine Leier, die unter dem Winde singen wird ... es ist die Reinheit des Herzens.«

Straße und Hof erschollen von Pferdegetrappel; es waren die Boten, die kamen und gingen, es waren die Vorbereitungen für den baldigen Aufbruch des Augustus, es war das staatlich höfische Getriebe, das den Palast erfaßt hatte. Dazwischen hörte man das Ächzen ländlichen Fuhrwerkes, das Schlurfen der Sandalen auf dem Pflaster, immer wieder übertönt vom schweren Tritt der Militärstiefel, und aus der weiteren Ferne war ab und zu das Geschrei des Marktes vernehmlich. Und von solchem Alltag zu dem Maecenas zurückgeführt, sagte Vergil freundlich: »Du bist in Staatsgeschäften zum Augustus gekommen, und es will mich dünken, daß die Geschäfte schon recht sehr lärmen ... komme wieder zu mir, ehe ihr abreist ...«

»Auch der Augustus will dich besuchen«, bestellte Maecenas, indem er sich traurig und, bei aller Elegance, ein wenig schwerfällig erhob, nicht ohne dabei die Falten seines Gewandes zurechtzuzupfen und in die richtige Lage zu bringen.

»Gut«, stimmte der Kranke zu, »kommt beide zu mir ... soferne es die Geschäfte erlauben ... und bis dahin sage dem Augustus, daß ich ihn liebe ...«

Unschlüssig war Maecenas stehengeblieben, als erwarte er noch etwas Feierliches, zu dem die Stunde und die Freundschaft und die Ehrfurcht verpflichtet hätten, und auch Vergil spürte dies, aber er ließ es sich nicht anmerken; er lag da und schwieg, obwohl ihm der Abschied weh tat und erst als der Maecenas sich entfernte, auf Zehenspitzen davonwippend und durch solch ungewohnten Gang in seiner Würde, die er trotzdem aufrechtzuhalten sich bemühte, wesentlich beeinträchtigt, da blinzelte ihm Vergil unter den Lidern nach, und wenn der Maecenas sich umgewandt hätte, so hätte er eine große Rührung in den Zügen des Dichters entdecken können, freilich auch eine ebenso große Verwunderung: Vergil befand sich in einer großen Verwunderung, einer Verwunderung, über die er sich erst jetzt Rechenschaft abzulegen begann, erstaunt über den Schmerz, den er um des Maecenas und des Augustus willen empfand, erstaunt, daß ihm dies so nahe ging, mehr noch, daß seine Augen dem Maecenas genau so nachblinzeln konnten, wie sie es stets getan hatten, daß sein Gehör noch die Geräusche der Stadt in sich aufnahm, verwundert des Geistes, der intakt geblieben war und in dem all dies sich abspielte! wahrlich, je brüchiger und je unsteter er in den vielen vergangenen Jahren sich selbst empfunden hatte, desto begieriger war er geworden, daß die Brüchigkeit fortschreite, desto mehr war seine Neugierde gewachsen, eine verwunderte und wunderliche Neugierde, die gerne die körperlichen Schmerzen und das Ungemach auf sich nahm, vielleicht sogar sie unterstützte, um das Ende zu beschleunigen, das Außergewöhnliche, das mit der Auflösung kommen mußte, damit sie Erlösung werde; und jetzt, da es so weit war, da war es noch immer das nämliche Schauen, das nämliche Hören, das nämliche Denken, wie es das ganze Leben stattgefunden hatte, und dies war verwunderlich. Nun war der Maecenas gegangen, froh, zu seinen Bildwerken heimkehren zu dürfen, zurück in die irdische Schönheit seines Palastes, ledig eines Mahners, der von solcher Schönheit nichts mehr wissen wollte, und fast schien es, als hätte der Maecenas recht, verwunderlich recht. Was wäre wohl an die Stelle der Schönheit zu setzen, da das Leben des Menschen nicht weiter reicht als sein Sehen und Hören? ach, das Herz vermag nicht weiter zu klingen, als es schlägt – warum also die Auflehnung gegen eine Schönheit, die es zur Reinheit seines Klingens bringt? Vergil versuchte darüber nachzudenken, indes, wieder waren es bloß Bilder, die sich einstellten, und wiederum waren sie voller Leid: mochten auch die Schlachtfelder des Reiches nun ferne sein, in Britannien, in Germanien, in Asien, es waren doch Menschen, die sich dort abschlachteten, und mochten die kaiserlichen Gerichte auch gerecht aburteilen, mochten es auch Verbrecher sein, die allenthalben auf den Richtstätten an den Kreuzen hingen und in ihren Schmerzen sich wanden, es waren doch Menschen, und Menschen waren es, die in den Arenen gehetzt wurden, zerstückelt, zerfleischt, Menschen, die einander töteten, blutvergießend, Blut, Blut, Blut, zum Ergötzen der Masse, Opfer, sinnlose Opfer zum Ergötzen des Massentiers und einer Irdischkeit, der auch der Augustus und auch der Maecenas, jeder auf seine Art, dienten, da sie alles so lassen wollten, wie es war, und höchstens nach Schönheit strebten, blind für die Dumpfheit, blind für den Blutdurst, blind für die Einzelseele, die im Ungezügelten, kaum Gebändigten zu versinken drohte. Was aber war all dem Blute, all den vielen Opfern, all den Qualen entgegenzuwerfen? Verse? waren Verse nicht zu wenig und doch zu viel? vermochten Verse eine solche Welt zu ändern? vermag der Mann, der die Folterungen begafft und sich ihrer freut, überhaupt noch Verse zu hören? bedarf es da nicht eines größeren Einsatzes, um sich Gehör zu verschaffen?! In der Tat, so ist es: wer nicht das Opfer über- bietet, wer das sinnlos irdische Opfer nicht zum reinen Opfer des Überirdischen erhebt, wer nicht selbst in die Arena steigt, wer nicht selbst sich ans Kreuz heften läßt, wer nicht seine ganze Person, sein ganzes Leben darbringt, der kann nicht, der darf nicht, der soll nicht hoffen, daß es ihm jemals gelänge, das verwirrte und verstockte Menschenherz zu rei- nem Aufklingen zu erwecken! Er jedoch, wie hatte er selber gelebt? Er war geflohen! er war vor dem Opfer und vor dem eigenen Einsatz geflohen, er war geflohen von Landschaft zu Landschaft, bis er brüchig und müde geworden war, und er hatte Verse geschrieben, die gleichfalls nur Flucht waren, Flucht in die Schönheit. Nein, er war nicht besser gewesen als der Augustus und der Maecenas, er hatte ihre Meinungen und Haltungen in keiner Weise widerlegt, weder durch sein Leben noch durch seine Werke, und mit Recht durften die beiden die Widmung seiner Georgica und der Aeneis für sich beanspruchen. Kein Zweifel, die Werke gehörten ihnen, sie mochten sie mit sich nehmen und sie behalten, sie waren sein Vermächtnis an sie, die Freunde, die er liebte und nun doch nicht mehr sehen wollte, wenn sie jetzt abreisen würden, kai- serlich feierlich nach dem irdischen Rom. Oder waren sie gar schon fort? Vergil lauschte: in dem Palast war es merklich stiller geworden, und auch der Lärm der Stadt klang wesent- lich gedämpfter. Sollten sie ihn tatsächlich ohne Abschied verlassen haben? eine Wolke des Unmuts ging über des Dich- ters Stirne: er hätte ihnen gerne noch gesagt, daß in all seinen Werken etwas Verborgenes wohnte, etwas, das mit eigentli- cher Schönheit wenig zu tun hatte und das wichtiger als jegliche Schönheit war, etwas, das man freilich erst ergründen mußte, wie er ja selber erst heute diesem Sachverhalt auf die Spur gekommen war. Es wäre wohl der Mühe wert gewesen, ihnen dies noch zu sagen. Doch vielleicht waren sie noch gar nicht abgereist, vielleicht hatte man bloß, den Lärm abzudämpfen, die Straße mit Stroh bestreut und den Pferden die Hufe mit Tüchern umwickelt, weil man wußte, daß er krank hier daniederlag, daß die Brust ihm brannte und daß er über das Verborgene des eigenen Werkes nachsinnen mußte, lauschend einem Mittagslichte, das er nicht mehr sah. Und je schärfer er hinhorchte, desto verebbter und entfernter klangen die Geräusche des Lebens, sie waren wie Vorhänge, die sachte von einer Hand weggenommen wurden, einer nach dem andern, bis nichts übrigblieb als das, was zwischen den Worten und den Zeilen eingebettet gewesen war, und dies war die Gesinnung seines eigenen Herzens und des Herzens Ahnung, Schönheit auch sie, und doch des Herzens Opfer. Stiller und stiller wurde es, und es ward zu der Stille, die den Sänger empfängt, ehe er in die Saiten greift. Die große Stille der Menschheit, die nicht mehr Masse ist, sondern Gemeinde der Seelen, Atem der Klarheit, der hinüber- und herüberweht, das gemeinsame stumme Sphärenlied des Sängers und des Hörers, in beiden zugleich geboren, in beiden zugleich erklingend. Vergil, der Sänger, lauschte, er war gespannt, gespannt wie die Saiten einer Leier, ja, er war selber die Leier, und er erwartete die Hand, die nach seinem Herzen greifen würde, damit es in seiner reinen Spannung erklinge, sehnsüchtig erwartete er diese Hand, denn wenn es klingen würde, dann würde das Herz nicht mehr brennen. Und siehe, während er so lauschend lag und immer deutlicher es spürte, wie die mütterliche Hand der Liebe sich seinem Herzen näherte, und wie die Mittagsnacht immer stiller und dichter sich herabsenkte, erfüllt von dem Rieseln der Abendbäche, beschattet von den Eichen und Pinien, so daß Nymphen wie Hirten schon längst in der Dunkelheit entschwunden waren, oh, in dieser Landschaft des Abends, die er liebte, obgleich er sie längst nicht mehr sah, breitete Vergil die Arme aus, als wollte, als müßte er sich mit ihr verkreuzen und für immer in sie eingehen, denn er hörte aufs neue den Engel, und der sagte: »Wachse, kleiner Knabe, wachse, klinge und führe, Führer durch die Zeiten, ahnend im Zeitlosen.«

Prosa · Fragmente

# Frana

»Oh Vöglein geschwindes, mein enteilend Vögelein . . .« Die Großmutter sang es tschechisch, und es klang wie zu Hause in Königgrätz.

Zu Hause? zu Haus war hier in Alabama, zu Hause war dieses Haus, in dem man seit einem halben Jahr wohnt, anders gebaut als die Häuser in Königgrätz, anders riechend.

Frana sieht zum Fenster hinaus. Eine Pferdebahn mit offenem grünen Wagen zottelt stadtwärts vorüber. Zwischen den Schienen ist düniger gelber Sand, die Hufe des Pferdes sinken bei jedem Schritt ein, das weiche Sandmehl staubt bis zu dem Schimmelbauch, der bereits ganz gelb geworden ist.

Zu Hause gab es keine Pferdebahn. Ach was, zu Hause ist hier. Und man braucht hier in keine Schule zu gehen. Und vieles gleicht noch immer dem Zirkus, der vor zwei Jahren in Königgrätz war, Neger und gelber Manegestaub und eine Musik, die in der Luft ist, auch wenn man nichts hört. Wie in der Zirkuspause. Schade, daß dies jetzt langsam vergeht.

»Frana, Franischku«, ruft die Großmutter.

»Ja, Großmutter«, antwortet Frana tschechisch und wundert sich wieder einmal über diese Sprache, die sich einem quer in den Mund zu legen beginnt. Und manches mußte die Großmutter zweimal sagen, ehe man es verstand.

1901, September, neun Jahre und zwei Monate und sechs Tage alt; seit einem halben Jahr ein neues Zuhause.

Die Großmutter verlangt, daß Frana ihr aus dem Laden Essig und Salz hole, und Frana verlangt Geld zur Ausführung dieses Auftrages. Das ist keine leichte Sache, denn die Großmutter rechnet noch in Gulden, obwohl diese Währung auch in Österreich und in Königgrätz schon längst nicht mehr bestand, eine Privatwährung der Großmutter, die Frana allerdings von ihr gelernt hat; aber hier müssen die Einkäufe in Dollar und Cent beglichen werden.

Schließlich hält Frana zwei Zehncentstücke und einiges Kupfer in der fest geschlossenen Faust und schiebt ab, die staubige Straße entlang, auf deren gegenüberliegender Seite es keinen Gehsteig gibt, sondern die Pferdebahn knapp neben dem Straßengraben dahinfährt. Jenseits des Straßengrabens zieht sich der Stacheldrahtzaun des Fabrikgeländes. Links aber ist der Gehsteig von einer stachlichen Hecke flankiert; die ist streckenweise unterbrochen, so daß die verschiedenen Natur- und Kultureinrichtungen, die sich dahinter befinden, betrachtet werden können, ein hainartiges lichtes Gelände, mit durchsichtigen Bäumen bestanden, wie sie in Königgrätz nicht üblich waren, und so mittendrin, wenn auch in Straßennähe bleibend, lagen Häuser, Wellblechschuppen, Wagenremisen, Ställe, regellos verstreut ohne Zaun und Abschluß. Frana fällt dies auf, weil sein eigenes Haus richtig und ordentlich an der Straße liegt, hätte er nach seiner Ankunft hier Wohnung genommen, so wäre ihm das Gelände zum natürlichen und geheimnislosen Bewegungsraum geworden.

Weit unten erscheint ein Straßenbahnwagen, der Gegenwagen zu dem, der eben hinunter gefahren ist. Frana überquert die Straße und legt sich platt und lang in den Graben. In der Fabrik summen die Spindeln, ratschen hell die Flyer, dröhnen dumpf die Vorbereitungsmaschinen, klappern von Zeit zu Zeit einer oder mehrere Webstühle, dies alles untermalt von dem sausenden Rollen der Transmissionen. Es sind durchaus Geräusche, die der Frana wohl voneinander zu unterscheiden vermag, sie sind ihm aus Königgrätz her wohlbekannt, und seitdem die Spinnerei vor ein paar Wochen in Betrieb gesetzt worden war – seit ein paar Tagen laufen auch schon ein paar Webstühle an – ist es Frana, als sollte jetzt die Heimat hier langsam wie eine Theaterdekoration aufgebaut werden, und als sei der Vater mit dieser Mission betraut worden, denn der Vater war Spinnmeister, und die Mutter sollte den Negermädchen das böhmische Weben lehren. Das ist eine wichtige Sache, und Frana im Straßengraben horcht zur Fabrik hin und wartet. Wartet auf die Pferdebahn. Das dauert ziemlich lang, wenn es auch nur genau sechs Minuten sind, bis das Pferd den Waggon da heraufbringt, aber es sind Minuten voller Spannung: das Ohr auf dem Boden, um das Herannahen zu kontrollieren, hört man zuerst das weiche tappende Aufschlagen der Hufe, dann das Rollen der eisernen Räder auf den Schienen, ihren taktmäßigen Schlag bei den Schienenstößen, dann vermischt sich das dumpfe Erdgeräusch mit dem offenen, das durch die Luft kommt, mit dem Knirschen und Quietschen der Wagenfedern, und nun ist es auch ratternd da –, das Pferd schnaubt, man sieht die Hufe und die leichtbezottelten Beine, man wartet, daß es einen Fehltritt tun werde und einen erschlage, die Trittbretter des Waggons gleiten grau über einen hinweg, man hört die Stimmen der Fahrgäste, noch ein besonders grausiger Aufschrei des ganzen Eisengestänges, und dann ist die aufregende Angelegenheit vorbei und gegen East Hill getragen, das in unabsehbarer Ferne liegt, wo die Tramwayremise liegt und nur Abenteuerer hinkommen. Frana liegt noch ein paar Augenblicke still da, ehe er aus dem Graben kriecht und sich stadtwärts zum Laden begibt.

Der Laden liegt auf der linken Straßenseite, etwa am Ende des Hains, ein großer Schuppen, vor dem Fässer und Säcke stehen, offene Fässer mit Tomaten und solche mit Äpfeln, unter dem Vordach hängen die großen Bananenbüschel, zehn Cent ein halbes Dutzend, und im Laden bekommt man Kaugummi. In Königgrätz gab es weder Bananen, noch Kaugummi, hingegen gab es dort den Vilim Knize und den Arne Skrensky, es gab dort auch die Milena Zlinova, die allesamt weder von Kaugummi, noch von Bananen je etwas gehört haben. Wenn Frana reich sein wird, wird er der Milena Kaugummi schicken und ihr dazu einen englischen Brief schreiben.

Immerhin gibt es hier den Charly Buckle. Er ist der Sohn des Ladenbesitzers und trägt einen braunen Overall, es gibt noch etliche andere, vor allem einen Haufen Negerjungen, die für einen, der sie zum ersten Mal sieht, schwer auseinanderzuhalten sind und trotz ihrer Zutraulichkeit und steten Spielbereitschaft – das hatte Frana bald heraus – von oben herab behandelt werden müssen. Immer stehen ein paar von ihnen vor dem Laden, und wenn sie Geld haben, kaufen sie sich Zuckerrohr, dessen Vorhandensein auch zu den Errungenschaften dieses Zirkuslandes gehört. Und wenn der Vater Buckle aus dem Laden tritt, laufen sie davon, denn sie haben ihm schon oft Äpfel aus den Tonnen gestohlen, und der alte Buckle hat eine Art Dauerstrafgericht dafür installiert: wenn er einen Negerjungen vor den Tonnen trifft, kriegt er eine hinter die Ohren.

Von ihnen allen hat Frana Englisch gelernt, kein schönes Englisch, wahrlich kein Oxfordenglisch, sondern ein richtiges Südstaatengespreche, das er außerdem mit seinem singenden tschechischen Tonfall verziert und, fehlt ihm ein Wort, mit tschechischen Ausdrücken flickt. Aber das tut seinem Ansehen keinen Abbruch, an derlei ist man hier gewöhnt, und überdies sind die Fäuste wichtiger als die Sprache.

Charly steht im Laden auf dem Verkaufstisch und ordnet die Peitschenriemen, die von der Decke herabhängen. Das ist eine beneidenswerte Tätigkeit, und er würdigt daher den Eintretenden keines Blickes. Frana wendet sich an den Verkäufer, den grünlichen Thomas O'Donnors, der meistens aus dem Mund riecht, und tätigt seine Geschäfte. Nachdem er gezahlt hat, kneift er den würdigen Charles einmal recht scharf in die Waden, schon weil die so einladend und in Griffhöhe auf dem Tisch stehen, hört mit Befriedigung den wütenden Aufschrei, weicht dem stoßenden Fuß aus, und verläßt ebenso würdig und ebenso grußlos, wie es jener vordem gewesen war, die Stätte seiner geschäftlichen und sozialen Wirksamkeit, die Flasche mit dem Essig und die Tüte mit dem Salz im Arm.

# Sonja[1]

Sonja malte also und war abgeklärt. Die Strafe hiefür blieb nicht aus.

Konsequent durchgeführte goetheische Abgeklärtheit eines jungen Weibes rächt sich schließlich stets durch irgend eine Exaltation. – Sonja Kurowska unterschied sich hierin keineswegs von andern polnischen Malschülerinnen und Studentinnen. Trotz der besseren Manieren.

*Ihre* Abgeklärtheit brachte sie zu ihrer Verheiratung mit Professor Stuck.

Es kam nicht unnatürlich und war selbstredend Sonjas freier Wille. Die Atmosphäre ihres Lebens hatte sich eben geändert. – Kröners Freundschaft und stille Ergebenheit führte sie noch tiefer hinein in diesen Kreis, der so völlig von seinem Meister abhing.

Und damals, als die Liebe des Alten urplötzlich ausbrach, sie mit tastend-ungeschickter und wilder Zärtlichkeit überflutete, da war er ein großer alter Gott.

Im übrigen war er ein unverbrauchter und fast gewaltiger Mann.

»Das habe ich nicht gewollt«, sagte Tante Elisa und wurde eine äußerst stille Frau.

Sonja ließ sich nun von den Ereignissen treiben, die wachsende Furcht vor dem Hochzeitstage lähmte sie nur noch mehr.

Beklommen, leichenblaß und mit Kopfweh machte sie die Hauptereignisse ihrer Verheiratung durch. Und in der Folge wurde sie naturgemäß unglücklich, unglücklich wie in einem Fünfkreuzerroman. –

»Sonja, warum?« fragte Vogeler.

»Ich weiß nicht mehr«, jammerte ihr ganzes Wesen.

Vogeler kam jetzt öfters nach Wien und war dann mit Sonja beisammen; sehr viel im lieben, lieben Wienerwald. An einem Abend schlossen sie Bruderschaft. Er war nun auch für Sonja anders geworden. Sie nannte ihn ihren »weisen Freund«. – Der weise Freund weinte aber manchmal, wenn er allein war. Jetzt, weil sie ihm seine große, schöne Liebe zertreten haben.

Nun führte er sie mit Behutsamkeit über ihre Leere und ihren Ekel.

Wenn sie ihm erzählte, sich selbst begründete, wurde ihr leichter.

»Davonlaufen, nein. Er ist zu groß und zu brav, um ihn sinnlos zu töten. Und es hieß' ihn töten. – Ganz sinnlos wäre es, denn wohin mit mir?«

»Weißt Du, was das Schrecklichste ist! das Tier. – Daß das Tier seinen Herrn in ihm fühlt und sich *entwürdigt* – Du, das ist entsetzlich, entsetzlich –.«

»Flüchte Dich zu mir«, erwiderte er dann, aber er war nicht aufrichtig, wenn er es sagte.

»Damit wir gemeinsam über unser Leben trauern? würden wir uns denn noch lieben können? mein weiser lieber Freund, wir könnten uns ja doch nur einmal höchstens in Rührseligkeit finden.«

Er wußte, daß sie Recht hatte, – Sie aber empfand ein leises, unbestimmtes Bangen, ein Heimweh nach dieser Rührseligkeit.

Da ihr Verhältnis nicht enger werden sollte, mußte es sich lockern. Insbesondere als sie, dank seiner Sorgfalt, ihren Selbstmordwahn vergessen hatte.

Das Trösten fand also nicht seinen natürlichen Abschluß. –

Sonja lebte nun ein somnambules, leeres Leben; ihre enttäuschte Phantasie suchte noch – ihre Gedanken fanden Lauffen.

Man hatte ihr von seiner tollen Verzweiflung erzählt, seine Freunde zwang, die Nächte und Tage nach ihrer Hochzeit über ihn zu wachen. –

Jetzt reiste er. Chacun son tour.

Es dauerte aber noch vier Jahre bis sich ihr Schicksal erfüllte.

Dann wurde Stuck vom Ministerium zu Rodins Begräbnis, Nationalfeiertag!, nach Paris gesandt. Der funebre Anlaß hinderte ihn aber wahrlich nicht, Eindrücke zu empfangen, Kunstauktionen beizuwohnen und guter Laune zu sein.

Folgende Begebenheiten trugen sich bei »Abbaye« zu, in jenem niedern Saal, in dessen Stickstoffluft so viel weiße Glühlampen hängen, daß die Schlehmile wirklich keinen Schatten haben.

Im Foyer der Opéra Comique hatte Sonja Lauffen gesehen und ihre somnambule Wachsamkeit erkannte ihn ohne Erschrecken, ohne jegliche Gemütsbewegung. Sie war einfach weitergegangen. Im Wagen dann wollte sie sich eine Vision einreden, was ihr auch fast gelang.

Jetzt hielt sie ihren Einzug in Abbayes allnächtliche Ödigkeit. Nicht im mindesten wie eine Königin, sondern im hilflosen Gänsemarsch zwischen den Tischen; Stuck als Eisbrecher, stockend und im hohen Seegang stampfend, führte an der Spitze.

»Oh, les alboches. – Chapeaux, chapeaux –«

Der Saal brüllte und quiekte über seine eigene Witzigkeit.

Dann fand sich Sonja hinter einem zu kleinen Tisch placiert, einen Wandspiegel als Lehne. Sie mußte sich mit Willen ihr Hiersein ins Bewußtsein prägen – es war solch eine Hochspannung in ihr, daß sie ihr ganzes Ichgefühl verlor und ihr Denken sich völlig von ihrer Person abtrennte, alles in eine hellseherische Objektivität überging; sie hätte von sich selbst in der dritten Person sprechen wollen, wie ein zweijähriges Kind: »Sonja sitzt in einem sehr hellen Dunstlokal, sieht Catiani und Duforche auf ihren Tisch zukommen.«

Catiani schreit zu Stuck: »Professeur, maître, wenn Sie uns nächstens ausführen, werden Sie uns wohl die Boulevards und das Grab Napoleons zeigen!«

Der Alte kann nichts dafür: »Wäret ihr nicht mitgekommen. Ihr wollt ja doch nur meiner Frau den Hof machen« – Catiani zuckte – »macht nichts! aber ich will das von hier mitnehmen, was mitnehmenswert ist. In Wien gehe ich auf den Hermannskogel, am Rückweg nach Neustift. Aber wißt Ihr, daß man hier mehr kann als Champagnertrinken. Malt einer den weißen Dunst hier! Ha? Sie, Duforche, Sie machen Damenportraits und man läuft zu Ihnen wie zum Lehár; Sie können vielleicht auch irgend ein Mädel da malen – aber den Rhythmus, den großen Rhythmus, den kriegt Ihr keiner heraus. Prost Catiani!«

In Sonja vibrierte es so kalt und gespannt, daß sie hätte winseln können vor unbestimmter Angst; inzwischen bog sie ihre Nägel nach innen, immer mit einer kleinen Privaterlösung und Befriedigung, wenn einer von ihnen abbrach. Aber das ist Nebensache.

*Sie wußte, daß es Lauffen gewesen und daß er kommen werde.*

Catiani war verzweifelt, daß er nicht zu Sonja und Yvonne hinübergelangen konnte. – Vor Stuck hatte er zwar Respekt; der war knorrig und würde sich nicht erst auf kleine Degenduelle einlassen; aber Yvonne war allein in Paris und sie ein schüchternes, kleines Reh.

Der alte Stuck trank, mit der Zeit soff er. – »Wißt Ihr, wo wir sind? In den künstlichen Tropen der Arbeitsnerven! Dschungeltempo! Prost Rodin! A la tienne, meine schöne geliebte Frau!«

Und Mrs. Coalgond, die sonst teilnahmslos wie eine Kuh mittrollte, sagte: »Yes, es ist wie in India«, dann: »und in Bayreuth ist auch dasselbe«.

Niemand wußte, warum sich diese blonde prachtvolle Stammutter Amerikas brach in Europa aufhielt. Catiani hatte sie selbstverständlich nicht verstanden, seine Gedanken reagierten nur prompt »è stupidissima« – aber er mußte sich nun endlich irgendwo betätigen, und so warf er seine ganze italienische Zudringlichkeit auf die Amerikanerin, die ihn über sich ergehen ließ ohne viel zu fühlen. Für ihn jedoch war der Abend gerettet.

Duforche wurde meritorisch: »– dort ist Claire d'Ulton. Jetzt geht es ihr auch nicht mehr so gut wie früher mit diesem armen Boni Castellani. Jetzt sitzt sie dort mit dem Hägeli aus Belfort. Vincent muß ihr wohl Urlaub gegeben haben –.« Und da platzte der blonde Ledillon los, der auch in den Vordergrund wollte und sich jetzt vorspielte, vorspielte bis zur Rampe »wie gut er Vincent kenne, den größten Komiker der Welt – natürlich damals, als er wegen Pierette Galmi so oft hinter die Coulissen gekommen –« Yvonne staunte bewundernd. Stuck freute sich darüber: »Wenn er den Mund voll nimmt, geht ihr das Herz über«, worauf er wieder im Alkohol verschwand.

Ledillon, Duforche, Catiani ratterten und schnurrten nun wie leerlaufende Motoren um die Wette. Man hätte sie zerbrechen müssen, um sie abstellen zu können.

Sonja hörte Lärm, sah die automatischen Bewegungen der Trinkenden, Fetzen aus »Butterfly«, Fetzen aus »Samson«, hie und da ein Kellnergesicht, weißer Nebel und auf einmal dazwischen Kurt Lauffen.

Das Ereignis geschah in einer merkwürdigen Einfachheit. Es ist wahrscheinlich, daß Lauffen sich in gesellschaftlicher Form nähern wollte. Er sagte »pardon«, wodurch Catiani gezwungen war, einigermaßen Raum zu geben, – aber dann wurden seine ganzen eventuellen Absichten über den Haufen geworfen; denn Sonja stand auf und entfernte sich, obwohl es offenbar rücksichtslos war, vor ihrer Gesellschaft sowie vor ihrem Gatten. Und Kurt sah sich verpflichtet mitzugehen. – Die Einfachheit, die augenscheinliche Legitimität dieses Vorganges ließ die Hinterbliebenen im ersten Augenblick gar nicht die Absonderlichkeit, man könnte wohl sagen Ungeheuerlichkeit, des Geschehenen erkennen. Auch ließ die vorerwähnte Dschungelatmosphäre das Groteske plausibler erscheinen. – Stuck brauchte einige Minuten, um die hunderttausend Kilometer von Wein- und Tropendunst zu überspringen.

Seine Reise wurde ihm aber außerordentlich beschleunigt: Catiani richtete sich auf, schaute dem Paare mit weitgeöffneten runden Augen nach und sagte: »Elle est bonne, celle-là.« Und das gab Stuck eine Douche.

Aber mit der klaren Erkenntnis sollte es auch der letzte Augenblick gewesen sein, den der Alte in nördlicher Geistesklarheit verbracht. Er begann nämlich zu toben. Die Kraft bekam Untergriff, und er wurde ein wildes Tier. Er übersprang tausende von Ahnengenerationen, um ein mit einem Felsstück bewaffneter Affe zu werden. – Mit einem schweren Champagnerkübel torkelte er, im mühseligen Affengang, dem Feinde nach. In geeigneter Entfernung blieb er stehen und zielte nach dessen Verbündeten, der wieder geschlossenen Tür, die ihn darüber fröhlich angrinste. Klirren, dann neue Waffe und weiter. Aber das Zerschmettern der Glasplatte hatte die gesamte Aufmerksamkeit auf ihn gelenkt, und man kann nicht behaupten, daß ihm sein Anachronismus besonders förderlich gewesen sei. Denn man begann, ihm Hindernisse in den Weg zu legen. Die Menschen wollten ihn bändigen, und die kleineren Affen gingen daran ihn zu necken. Jedoch der Gorilla wollte nicht. Er klaubte von überall harte Wurfgeschosse zusammen, zerbrach, was im Wege lag und arbeitete sich durch Tische und Gesträuch und feindliche Glieder. So kam er bis zur Garderobe. Dort aber verfiel er der Menschenlist, denn man warf ihm von rückwärts ein Tischtuch über den Kopf, schwab!, benahm ihm Luft und Licht, worauf er von einem Detektiv und einem Agent de Police kunstgerecht weiter behandelt wurde. Er wurde später nach Wien geschafft und am Steinhof interniert.

Sie reisten in Gegenden, die man gemeiniglich als schön empfiehlt.

»Drei Tage, und mir ist's, als fühlte ich Dich nun schon seit Jahren, Liebster, als wäre ich immer bei Dir gewesen.«

Sie fühlten sich, sie fühlten die Natur, die dasselbe Leben wie sie atmete.

»Ich habe Dich unsagbar lieb, mein Liebster.«

Sie saßen unter Lorbeerbäumen vor dem großen weißen Hotel. Die Bogenlampen verwandelten die Bäume und Äste und die spitzen Blätter in eine aufregende Theaterdekoration. Sie aber fühlten mit Rührung, wie sich der Himmel mit gelben und weißen Sternen, voller ruhender Frühlingsluft über den Bogenlampen weitete und mit dem Algengeruch der schlagenden Meereswellen drunten einen Akkord gab.

Die Straße führte am Rande des Waldes, und sie fühlten mit Rührung, wie der Wind aus dem Schatten herausbrach und über die heißen südlichen Felder strich.

Sie gingen durch nächtliche enge Gassen und sahen in enge kleine Läden, die Lichtstreifen aufs Pflaster und aufs Haus gegenüber warfen; sie saßen in Sonnenglut bei den Uferbäumen, die ihre Zweige ins Wasser tauchen und kamen durch die Bergtäler mit den Ziegenherden auf den Abhängen. Sie sahen aufs Meer hinaus, das bleiern unter warmen, langsamen Gewitterregen dalag, und wo die kleinen Küstendampfer leer vorüberfuhren. Sie kamen in Städte mit elektrischen Bahnen und roten Plakaten und all dem Straßenlärm, und sie fühlten mit Rührung den großen Zug, den großen Rhythmus, der alles und sie beseelte.

»Ich habe Dich unsagbar lieb, mein Liebster, Du.«

In einer dieser großen Städte kam aber die Katastrophe; da wurde unsere junge Freundin von Lauffen getötet.

Das kam so.

Es darf nicht vergessen werden, daß Kurt seinen großen Schmerz fünf Jahre lang getragen hatte. Und so wurde seine

Verzweiflung durch die langjährigen vergeblichen Trostversuche bis zur Pose gesteigert. Er war dann durch den plötzlichen Alleinbesitz Sonjas in eine Situation geraten, die ihm eigentlich gar nicht mehr lag, und auf deren Maßlosigkeit seine Gefühle nicht recht eingerichtet waren. Aber, da er doch ein Mann von Takt war, wußte er sich hineinzufinden und wuchs, durch ihre Liebe mitgerissen, bald in seine Rolle. Er war auf dem Wege, die alte, tiefe Leidenschaft wiederzufinden.

Nichtsdestoweniger fühlte Sonja die Einseitigkeit.

»Du, Du liebst mich nicht –, nein, ich weiß es, Du liebst mich nicht.«

»Wenn Du mich nicht liebst, so töte mich!« Das letztere war nun allerdings etwas aufgebauscht, aber er bemerkte mit Schrecken, wie die Idee bei ihr wiederkam, sich festsetzte.

»Nein, mein Liebster, ich fühle ja, daß Du gut bist und Dich zwingst, aber ich kann es Dir nicht glauben, Du zwingst Dich eben.«

Von diesem Gedanken war sie dann nicht mehr abzubringen, und Kurt mußte es über sich ergehen lassen, wie sie sich in kindlicher Animosität mehr und mehr von ihm entfernte, und er stand da, hilflos in seiner Liebe.

»Sonja, weißt Du denn, welch tolles Leid Du schon gebracht, und nun quälst Du weiter und weiter, nun wo's schön sein könnte. Weißt Du, daß es fünf Jahre der Verzweiflung waren. Fünf Jahre, während welchen Du gelebt hast, gelebt und gelacht, und bist nicht vergangen. Sonja, ich hasse Dich, ich muß Dich hassen.«

So verschlechterten sich die Dinge, und obwohl sie die Wildheit ihrer jungen Vereinigung immer wieder zusammenführte, so war es doch stets mit die wahnsinnige Angst, daß es das letzte Mal sei, die eins an die Brust des andern preßte. Und das Unverständnis für einander wuchs.

Und in einer bösen Stunde ließ Sonja das Wort fallen, es wäre zwecklos, was geschehen, und zwecklos sei Stuck vernichtet worden, und zwecklos sei ihre Liebe.

»Sonja!«

»Ja, es war früher besser.«

Als sie sein verzerrtes, sprungbereites Gesicht sah, merkte sie, wie weit sie sich hatte führen lassen.

»Nein, glaub mir nicht, ich lieb Dich ja, Liebster, Liebster, ich war ja toll, ich hab Dich so lieb.«

Aber die Lawine war im Rollen.

»Sonja, geh weg von mir.«

Und wieder brutal: »Geh weg.«

Lauffen litt wahnsinnig. Sonja, die es nun endlich sah, wie er sich abhärmte, wie sich sein Herz abarbeitete, konnte ihm nicht mehr helfen.

»Ich war Dir nur eine Episode, und Du sehnst Dich jetzt zurück – was? Sonja, ich hasse Dich; *es ist mir ekelhaft.*«

Als sie sich nähern wollte, erwürgte er sie fast.

In den ruhigeren Minuten kam er dann wieder, müd von all seiner gequälten Liebe und ruhebedürftig.

Eines Nachts packte ihn aber wieder das grause Ekelgefühl, und er stürzte davon. Er rannte und rannte und kam in die tote Nacht. Eine gespenstische Nacht, in der man den Erkaltungsprozeß der Erde fühlte. Er rannte und rannte in die Ebene hinaus, erst auf dem agacierend geradlinigen Bahndamm, über dem die Telegraphendrähte jetzt ihr singendes Sonderleben führten, dann ganz allein in der Ebene. Die Sterne standen unglaublich hart im Schwarzen, und zwischen ihnen tobt der Wind, huh, der kalte Sphärenwind. Kurt rannte und rannte. Zwei gelbe Punkte erschienen, kamen näher. Dann Hufschlag, dann ein weißes Gesicht, dann Doctor Miracles Stimme.

»Junger Freund, Sie werden sich erkälten, wir haben eine gefährliche Nacht. Seien Sie froh, daß ich eine Krankenvisite habe. – Steigen Sie auf. – Sie rennen um die Reinlichkeit ihrer Gefühle, was? Das ist nicht gut. – Bade zu Hause. Verzeihung ob des schlechten Witzes. – Aber warum gestehen Sie sich nicht lieber einfach ein: ich oder sie muß sterben – das heißt, für Sie ist's wohl die verständlichere Formel: *wir* müßten sterben. – Sie sind sich doch darüber klar?«

»Ja.«

Doctor Miracle causierte befriedigt weiter: »Tja, eine alte Geschichte, der Mann hat die Besitzer-, die Frau die Benützungsleidenschaft. Leihbibliotheken sind für Frauen erschaffen. – Sie vernichten Ihre Liebe und Sonja kämpft dafür – das scheint Sie wohl nicht sonderlich zu interessieren? – Das Sprungbrett über der schwarzen Grenzenlosigkeit macht Sie wohl nervös. Mein Gott, es sind schon andere drauf gestanden. –«

»Dr. Miracle, lassen Sie mich aussteigen.«

»Gut, – nehmen Sie diese Medizin mit.«

Als Kurt in die Stadt zurückkehrte, krähten bereits die Hähne.

Möglich, daß dies ein Traum war.

Sie erwartete ihn in einem Winkel des Zimmers. Die Läden waren geschlossen, aber unten begann die Straße im Sonnenschein zu toben. – Ihre Gestalt leuchtete hell aus der Dunkelheit, und ihre Haare verschmolzen mit derselben.

»Warum hast Du mich so entsetzlich allein gelassen? – Du, Du, sprich, warum? Du? ich war so allein, so einsam allein.«

Jetzt, da er da war, konnte sie endlich weinen. »Sag, daß Du hier bist, Du mein Liebster, sag es mir, ich fleh Dich an – ich will's.«

Und da er unbeweglich blieb, bei seinen Lippen: »Du, ich habe so viel Zärtlichkeit, so viel Zärtlichkeit für Dich –.«

»Sonja, willst Du sterben?«

Da nahm sie seinen Kopf und legte ihn auf ihre Lippen und küßte ihn. –

Ein großer Friede und eine große Innigkeit lag über diesen beiden Menschen, die sich zum letzten Male umfangen hielten.

Sonja richtete sich auf: »Gib, mein Liebster.«

Sie trank, bevor er sie hindern konnte. –

Sonja starb nicht unangenehm. Sie hatte Kindheitsvorstellungen, wie das vorzukommen pflegt: der liebe Gott erwartete sie auf seinem Throne, er hatte seinen großen, weißen Bart, einen blauen Schlafrock, ein Honigkapperl und große rosa Füße.

Und dann hatte sie das Gefühl, als ob man sie mit unbeschreiblicher Liebe streicheln würde.

Dem war auch so. –

Als Lauffen zu sich kam, war voller Mittag. »Nun komme wohl ich dran«, sagte er sich. – Er öffnete das Fenster, und das Licht fiel auf Sonja. – Unten dröhnte die Straße in der Mittagsglut.

Er stand mit dem Glas in der Hand und schaute hinunter.

Dann sagte er: »Es ist nicht notwendig« und schüttete die Flüssigkeit aus.

Eine halbe Stunde später machte er die Selbstmordanzeige.

Dr. Miracle kam und stellte sich als Kommunalarzt vor: »– weiß schon, weiß schon, Selbstmord selbstverständlich.« Und er fertigte den behördlichen Totenschein aus. »Habe mich gefreut, Sie so wohlauf angetroffen zu haben. Wirklich. – A rivederci, hoffentlich, a rivederci.« –

Kurt hatte Arbeit zu leisten, um sich selbst zu finden, und das Schwindelgefühl zu bekämpfen, das ihn ins Schwarze zog. Aber es gelang.

Nach wenigen Tagen war er auf dem Ozean, um in einem Leben von poliert-stählerner Härte und Schnelligkeit die Reinheit und Kälte zu finden, die er jetzt brauchte.


Putzi Vogeler, von dem nun noch zum Schlusse verraten sei, daß er auf den Namen Johann Eusebius – nach dem Großpapa selig – getauft war, erhielt die Nachricht von Sonjas Tod. Er ahnte den Zusammenhang und schüttelte den Kopf: »Erst Marlitt, dann das, dann das und jetzt dieses. Je suis tous les romans.«

Und er telegraphierte an Dr. Watson, London, South Water Street:

»Bewegen Sie Sherlock Holmes, sofort zu kommen. Unaufgeklärter, sensationeller Selbstmord einer jungen Dame.«

[1]Gemeinsam mit Freunden und Verwandten seiner Verlobten Franziska von Rothermann verfaßte Broch den Roman *Sonja oder über unsere Kraft. Roman der Neun*, der im ungarisch-burgenländischen Fölszerfalva (= Hirm) im Herbst 1909 entstand. Jeder der neun Beteiligten schrieb ein Kapitel des Romans, Broch das neunte, also das Schlußkapitel. In einer Synopsis sei der Inhalt der ersten acht Kapitel kurz referiert: *Kapitel I* (Rudolf von Rothermann): Während der Zugfahrt von Wien nach Preßburg zu seinem vermeintlichen Rendezvous mit Sonja Kurowska erinnert sich Baron Putzi Vogeler der früheren Begegnungen mit der damals erst vierzehnjährigen Sonja vor vier Jahren. *Kapitel II* (Margit von Kaprinay): Sonja lebt bei ihrer Tante Frau Hofrätin Elisa von Senders in deren Villa im Cottage-Viertel Wiens. Vogeler gegenüber empfindet sie keine Zuneigung, und zu dem von ihm erbetenen Stelldichein am Bahnhof in Preßburg erscheint sie nicht. Nur zufällig trifft Vogeler sie am nächsten Tag in Wien, als sie mit ihrem Bruder Victor, einem Ulanenoffizier, den Künsten eines französischen Fliegers zuschaut.

Sonja und Vogelers Begleiter, Dr. Curt von Lauffen, beginnen sich
füreinander zu interessieren. Bei einem angeblichen Einbruch der
Zuschauerbühne (blinder Alarm) »rettet« Lauffen Sonja. *Kapitel III*
(Daniel von Rothermann): Das Kapitel beginnt mit einem Brief
Vogelers an Frau Dr. Ellern, einer anderen Tante Sonjas. Vogeler,
der offenbar ein Verhältnis zu dieser verwitweten Tante unterhält,
bittet um die Heiratsvermittlung zwischen Sonja und ihm, damit er
der Werbung Lauffens zuvorkomme. Frau Ellern, die finanziell von
Vogeler abhängig ist, kommt der Bitte nach. Mit einem Brief der
Tante an Sonja wird das Kapitel beschlossen. In diesem Brief wird
Sonja mitgeteilt, daß ihr Bruder hohe Spielschulden habe, die nur
von Vogeler beglichen werden könnten. Sonja wird nahegelegt, sich
mit Vogeler zu verloben. *Kapitel IV* (Hermine von Komorzynski):
Beim Frühstück unterhalten sich Frau von Senders und Sonja über
Lauffen, in den sich Sonja verliebt hat. Bei einem Jour in der Villa
Senders trifft sie Lauffen und Vogeler. Vogelers Werbung weist sie
zurück. *Kapitel V* (Erich Postl): Sonjas Ausritt im Prater wird ge-
schildert. Sie begegnet Vogeler, der Lauffen herabzusetzen sucht und
ihn als eine Figur bezeichnet, die aus einem Marlitt-Roman stammen könnte. Er vergleicht die ganze Situation, in der sie sich befinden, mit der in einem Marlitt-Roman. Nach der Trennung wird
Vogeler als Verliebter mit einer echten Zuneigung zu Sonja beschrie-
ben. *Kapitel VI* (Emma von Rothermann): Ihrem Bruder Victor
macht Sonja klar, daß sie Vogeler nicht heiraten werde, um seine
Spielschulden zu tilgen. Victor begeht Selbstmord. *Kapitel VII* (So-
phie von Rothermann): Sonjas Zuneigung zu Lauffen verliert sich.
Das wird deutlich bei dem verspäteten Beileidsbesuch, den der in
Konventionen befangene Lauffen ihr abstattet. Vogeler versucht
vergeblich, beim Glücksspiel in Monte Carlo und beim Flirt mit der
Amerikanerin Muriel Child, die er aus einem früheren Davos-
Urlaub kennt, seine Sehnsucht nach Sonja zu vergessen. *Kapitel VIII*
(Irene von Rothermann): Um ihre Trauer und Melancholie zu überwinden und sich aus der sie bedrückenden gesellschaftlichen Isola-
tion zu befreien, nimmt Sonja Malunterricht bei Professor Stuck an
der Kunstakademie. In Tagebucheintragungen beschreibt sie die
Erlebnisse ihres Studentinnenlebens. Zwischen ihr und dem schüch-
ternen Stuck-Schüler Fritz Kröner entwickelt sich ein freundschaft-
lich-kameradschaftliches Verhältnis.

# Kommentar zu Hamlet

*Geister-Terrasse auf Schloß Helsingör*
*Vorne links, offenstehende weißlackierte Flügeltür, als Ein-*
*gang ins Schloß. Ein Teil der Terrasse mit Steinbrüstung*
*umgeben. Einige eingebaute Steinbänke. Auf der Brüstung*
*sehr farbige Topfpflanzen. Der Boden ist mit glasierten roten*
*Klinkern gepflastert. – Über Brüstung und Stiege hinaus sieht*
*man im Hintergrund die Dünen und das Meer unterm wolken-*
*losen Himmel. Frühsommer. In der Ferne hie und da Segel.*
*Zwischen den Dünen ein paar Strandkörbe, Badehäuser; Kin-*
*der schippen im Sande. All dies sehr weit entfernt, doch immer-*
*hin erkennbar. – Über dem Schloßeingang halbvorgezogene*
*Sonnenplache; darunter Frühstückstischchen, Korbmöbel, in*
*einem Easy-chair lehnt*
OPHELIA *allein,*
*Typus der vornehmen jungen Dänin; sehr groß, sehr schlank,*
*sehr blond, sozusagen schön; beim Sprechen stößt sie kaum*
*merklich mit der Zunge an. Weißes zeitloses leichtes Morgen-*
*kleid. Ihr Hut mit Bergèrebändern neben dem Stuhl auf dem*
*Boden*
Ach nein – nun ist der Vorhang wirklich aufgezogen,
Und ich soll sprechen –
Wie umständlich; ich lag so gut und sah auf's Meer hin-
aus –
Viel lieber ging ich schwimmen – dort mit den Kindern
Und baute in den feuchten Sand – *(zum Publikum)*
Erlebtet Ihr da unten je schon solchen Morgen? –
Was wißt Ihr von dem Hauch der Sonne, der das Meer
Zu einem silbern-kühlen Lächeln leicht bewegt –
Kennt Ihr den Strand an einem solchen Morgen?
Man nimmt den Rock hoch, und ohne Schuh' und
Strümpfe – – –
Ach Gott, Ihr habt ja keine Beine,
Habt Elephantensäulen – – –
*Pause*
Ich bitt Euch, geht zur Kasse;
Man gibt Euch sicherlich das ganze Geld zurück,

– Hört Ihr, das Ganze! – und ich kann schwimmen gehen –
Ihr wollt nicht? oh, wie seid Ihr seßhaft –
Was, hör ich recht? Ihr wollt jetzt Kunst?
Ja wißt Ihr, was das ist? – – –
Ach so, Ihr wolltet nur erfahren, wer ich bin –
Nun denn: ich bin Ophelia – das heißt, ich stell sie dar;
In Wirklichkeit bin ich Sybilla Blei,
Die Schauspielerin – wollt Ihr's nicht glauben, schaut nur
                                   in den Zettel,
Dort ist's gedruckt; links steht der eine Name,
Rechts der andere, und was dazwischen liegt
Ist Illusion – Ihr meint, nur Punkte sind's:
Ich sag': 'st Illusion, wenn es auch schwierig auszu-
                                   sprechen ist.
(Nur niedlich steht uns Däninnen der kleine Zungenfehler;
Er macht uns kindlich, wenn wir wissend sind.)
Und wiederhol': 'st Illusion, und Ihr müßt sie empfangen,
Erkennend selbst, daß es nur Punkte sind.
Glaubt Ihr mir doch schon, daß der Klecks dort drüben
Wirklich, der liebe Strand ist, an dem die Kinder spielen,
Und daß der Zug hier oben (denn auf der Bühne zieht es
                                   immer)
Vom Morgentau beschwert ist und uns fröhlich macht. –
Ihr glaubt mir auch, daß ich den Hamlet liebe –
Denn sowas glaubt Ihr gern –
Viel lieber wüßtet Ihr natürlich, ob einer auf mich wartet
In der Garderobe dann, und welcher Nacht ich heut'
                                   entgegengehe.
Und sag' ich Euch, daß nichts dergleichen je geschieht,
So ist's das Einzige, was Ihr nicht glaubt –
Und doch find' ich's plausibler, als daß ich nun den Hamlet,
Den Dänenprinzen lieben soll: wo ist der Grund hiefür?
Daß ich es spreche, Ihr es glaubt, ist kein Beweis – – –
*Pause*
Ach, geht nach Hause, mich laßt zum Strande gehen,
Ich will nicht spielen, ich will spielen gehen
Zu jenen nackten, blondgelockten Kindern,
In deren Haaren jetzt die Sonne liegt,
Und will den Hauch des Morgens rein empfinden –
Geht doch nach Hause; seht doch lieber zu,

Wie Eure Tochter den Supplenten liebt,
Und Euer Sohn die Magd umarmt,
Schaut in die Winkel, auf die Bodenstiege,
Allüberall gibt's reichlich viel zu sehen,
Kriegt selber Kinder:
Mich laßt ungeschoren, ich bitt' Euch drum.
Laßt mich zu jenen blondgelockten Kindern spielen gehen,
Selber ein Kind sein, das mit schmalen Zehen
Und schmalen Füßen ebenen Strand durchquert
Und gleich dem Hauch des Morgens unbeschwert,
Gleich jenen Seglern draußen unermeßlich weit
An solchen Morgen einzieht in die Seligkeit
Und niemals – – –
Was gibt es?

KAMMERZOFE *aus dem Schlosse kommend*
Sr. Hoheit Prinz Hamlet fragen an, ob er nicht stört,
Und wie Euer Gnaden geruht –

OPHELIA
– Ach ja,
Ich wollte schwimmen gehen, doch ist's zu spät für heut',
Ich lasse bitten –

HAMLET  *bereits in der Türe – er sieht aus wie Hamlet*
Ophelia, Sie wollten schwimmen gehen,
Ja, warum tun Sie's nicht; ich komme mit,
Die Zeit ist hold; wir leben im Tricot auch im Zivil –

OPHELIA
Prinz, mein Vater –

HAMLET
Sie irren Ophelia, wir sind im Kommentar
Und nicht in der Tragödie.
Auch ist nicht anzunehmen, daß Ihr Vater
Besonderen Einspruch höbe, gingen wir zum Strand.
Spielten wir nicht als Kinder tagtäglich in den Dünen,
Dort Krabben fangend und hier Burgen bauend,
Und ist's nicht jetzt wie einst? –
*Ich* kann mich nicht zu den Erwachsenen zählen.
Noch seh' ich mich in dem Matrosenanzug,
Wir spielten Mann und Frau –
Und jetzt, jetzt nimmt man uns dafür, Ophelia,
Und wir, wir spielen's nicht einmal.

OPHELIA

Wie nett Sie dies bedauern, Prinz,
Doch sollten Sie auf Kosten unserer Freundschaft
Nicht immer solche Späße machen –
Wer nimmt uns denn »dafür«?
Doch nur das Publikum und das Gesinde,
Kurzum, die breite Masse, die die Liebe will,
Das heißt, was sie so nennt, und die es kitzelt,
Der Tage kurzer Jugend zu gedenken, kurzen Lebens-
                                                                    wertes,
Und nun von uns erwartet –

HAMLET

Sie vergessen einen, Ophelia:
Nicht nur Gesind und stumpfes Publikum
Will von uns Liebe, auch der Dichter will's.
Er brachte uns neu auf die Bretter,
Um uns als Beispiel zu mißbrauchen und zu zeigen,
Wie sich zwei Menschen stets zerquälen,
Eh' sie zu Bette kommen –
Sieh da, Ophelia, mein süßer Kameradschaftsflirt errötet.

OPHELIA

Sie sollen, sagt ich, keine schlechten Späße machen,
Fast glaube ich der Zofe, wenn Sie meint,
Daß alle Männer schlecht sind –
Kommen Sie, Hamlet, hier ist Tee, hier Sandwich –
Und schließlich sollen Sie nicht den Dichter schmähen.

HAMLET

Schmäh ich den Dichter? Nein, Sie schmähn die Liebe.
Doch muß man sie beim Worte nehmen und behaupten,
Daß das Geschäft des Dichters ein mesquines ist! –
Wie würde man von einem Maler denken,
Der nur erotisch angeregten Paaren auf seinen Bildern
                                                            Raum gibt?
Nun, Ophelia?!

OPHELIA

Ich würde ihn, mein Prinz,
Wohl einen Kitscher nennen. Doch dünkt es mich,
Daß hier ein Unterschied obwaltet:
Das Bild und auch die Bühne stehen im Raum,
Und stets im Raume schafft der Maler,

Die Dinge bildend. – Der Dichter aber
Schafft in der Zeit und bildet Menschen.
Und was dem Menschen zart und heilig sein kann,
Das wird im Raume ungeschlacht und derb.

HAMLET

Oh Ophelia, in Wittenberg, da gab es Mädchen –
Kein Grund zur Eifersucht –, die gingen ins Kolleg,
Hörten Ästhetik und sprachen von Lessing,
Von Grenzen der Malerei und der Dichtkunst.
Sie waren nicht so schön als des Polonius Tochter,
Unbändig fleißig, dennoch nicht so weise –
Ich spaße nicht, ich schau mit Ehrfurcht auf
Zu all dem Wissen, dennoch meine ich,
'st besser, junge Mädchen pflückten Blumen,
Ganz nach der alten Mode, Veilchen und Rosmarin,
Agleien auch und Raute an des Baches Rand
Und lesen Hugo Salus und die Elise Polko,
Den himmelblauesten Schwindel Jens Peter Jacobsens;
die Welt wär leichter.
Verzeihen Sie, Ophelia, ich rede Unsinn.

OPHELIA

Ich glaube, ja –

HAMLET

Doch ist die Schuld an Ihnen,
Sie sehen mich hold verwirrt vor Schönheit und vor
                                                    Wissenschaft.

OPHELIA

Sie sind gut aufgelegt, mein Prinz.

HAMLET

Ach nein, ich spreche ernst und wiederhole gern,
Daß ich den Dichter tief verachte,
Nicht nur, weil sein Geschäft den Leuten zum Plaisir
Betrieben wird, – gesetzt den Fall, er dächte nicht ans
                                                    Publikum,
So ist es schamlos, eine Hurerei – wie kann man nur
                                                    erröten –,
Sein Inneres in Versen auszulegen;
Nichts ist so schamlos wie ein Reim –
Das klingt und singt und trägt Gedanken wie ein Automat
herbei,

und zum Beweise dient's ihm, daß es klingt.

OPHELIA

Vielleicht ist's wahr, vielleicht auch nicht,
Vielleicht ist's seicht, vielleicht ist's tief,
Ich meine, daß so rascher Spruch stets irgendwie daneben
                                     trifft,
Und daß der Dichter doch besteht –
Wie darf zudem die Kunst an Vers und Reim allein
                              gemessen werden?
Viel schwebender, so dünkt mir, ist die Frage
Nach dem, was Kunst und Dichtkunst geben können.
Und ging's nach mir und müßt ich jetzt nicht Verse
                                 sprechen,
Ich könnt den Dichter lieben –

HAMLET

Wie kann man sich so sehr als Frau enthüllen,
als Weib, das jedem süßen Dichter nachläuft,
Weil er kongenial ist; oh süßeste Ophelia,
Sehen Sie nicht, wie doch der Reim nichts ist als ein
                                 Symbol
Für Weib und Dichters Geist:
Das paart und küßt sich, schlingt die Glieder,
Und selbst in Prosa reimet sich der Inhalt,
Der zum Symbol der Form wird –
Und darum ist der Dichter schamlos, denn was er auch
                               entfaltet,
Ob Reim, ob Prosa, immer ist's ein Reim und dieser Reim
                                 sein Ich –
Der Dichter ist ein Weib, ans Bett gebunden, träumt er
                          sein Leben lang von Liebe.

OPHELIA

Wie kann man sich so sehr als Mann enthüllen,
Als Mann, der stets die Liebe will und immer sie
                               beschimpft;
Sie sagten, Hamlet, –

HAMLET

Daß Sie die Liebe schmähen, – das war geflirtet –.
Sie sind ein kleines Mädchen, was wissen Sie von Liebe,
Es ist ja anzunehmen, daß die Frau dies niemals weiß und
                            niemals wissen wird,

Auch wenn sie liebt – vielleicht waren Sie einmal verliebt,
Ophelia,
Sind es wohl auch noch immer – warum denn nicht? – es ist
der Frauen Art
Und ist das einzige in ihrem Kopf bis in ihr spätes Alter –
Auch meine Mutter ist nicht anders – Liebe könnt Ihr's
nicht nennen,
Denn in solchem Alter ist zahm und abgekühlt der lust'ge
Taumel,
Doch hier liegt's tiefer – An was denken Sie?

OPHELIA
Daran, daß ich dem Leben hingegeben bin und ich vom
Hauche dieses Frühlingsmorgens
Nichts wissen muß, um selig ihn zu fühlen.
Ich habe gestern diesen Morgen nicht erhofft und nicht
daran gedacht,
Daß heut' ein leicht'rer Himmel und die hell're Sonne
Den Hauch der Freude uns bescheren werden –
Ich bin dem Fluß des Lebens hingegeben und darf nicht
fragen, was er morgen bringt.
Soll's Liebe sein, so will ich drum nicht wissen
Und ihre Seligkeit und all ihr Leid
Hinnehmen wie den Frühlingstag.

HAMLET
Ich weiß nicht, ob Sie ehrlich sind, Ophelia – es können
Lesefrüchte sein –.
Ach Gott, ich will ja kein Geständnis; ich bin Ihr Kamerad
Und hab kein Anrecht – ich war in Wittenberg,
Und nicht mal Briefe schickt ich Ihnen –
Ein jedes junges Mädchen hat die Lad' voll Briefe,
Fast besser ist's, daran nicht teilzunehmen
Und dort mit einem – Rosenkranz? nicht? mit einem –
Güldenstern?
Den Raum zu teilen.
– Wie kann man gleich so finster schauen –.
Wenn man dem Strom des Lebens hingegeben ist,
Dann ist das eine wie das andere möglich:
Der Strom des Lebens trägt uns ohne Wahl –
Ein leerer Schwätzer bringt die Seligkeit so gut wie jeder
andere –

Die Ufer wechseln, und stets gleich beglückt liegt
                                    Klein-Ophelia,
Nein, jedes Weib, in ihrem Kahn und lächelt selig deren
                                    Ablauf zu –
Das eben ist das Fürchterliche in der Frau, daß sie das
                                    Wahllose noch freudig hinnimmt –
Ach, wenden Sie nicht ein, der Mann sei ebenso geartet, –
Gewiß – auch ich, ich bin dem Zufall preisgegeben,
Doch find ich's grauenhaft, daß, weil's dem Zufall so
                                    gefällt,
Mich nach Paris zu weisen, ich auch nun dort die Formen
                    und die Leidenschaft der Liebe zu erfüllen habe,
Oder, weil Polonius hier an den Hof geraten ist, ich nun zu
                    seiner Tochter zu entbrennen hätte,
Dieweil in Madrid oder Rom die Sehnsucht meines Lebens
                    ungekannt verloren geht. –
Und dieses Schicksal ist noch leicht, gemessen an dem
                                    Fluch der Frau,
Die, einem Zufall hingegeben, ihr Leben durch das Kind
                                    besiegelt sieht,
Das nun der wüste Zufall ihrem Schoß beschert –

OPHELIA

Sie tragen Sehnsucht, Hamlet, doch wer trägt sie nicht,
Sie meinen, daß, dem Leben hingegeben, die Sehnsucht
                                    aufgehoben sei?
Weil ich den Sonnentag mir nicht vorher bestimme, ich ihn
                                    nicht ersehne?
Nein, Hamlet, nein – nur weil ich stets empfange, kann ich
                                    warten,
Und weil ich warte, jenes Glück ersehnen, das vielleicht
                                    Liebe heißt,
Vielleicht ein Wunder ist, vielleicht nur Warten bleibt.
Je mehr ich Glück empfange, desto mehr ersehn ich.
Ein glückerfüllter Tag wie heut ist aller Sehnsucht voll, –
Das Knirschen jenes Kiels im Sand, des Bootes, das die
                                    Fischer dort
Mit frohem Zuruf an den Strand ziehen – es kann das Weh
                                    nach allen Fernen wecken –
Wer niemals hinnimmt, kann sich auch nicht sehnen.

HAMLET

Denn was Erfüllung gibt, das ist sie schweigend.
Erfüllen muß die Tat, das Wort ist nicht befähigt,
Auch nur den Schein Erfüllung uns zu schenken, der in der
          kleinsten Tat liegt.
Blaß wie das Denken ist das Wort und schwach wie dieses;
Ist Liebe uns Erfüllung, so ist die Liebe schweigend,
Schweigend im Kuß, schweigend im tierschen Schrei –
Das Wort trägt stets die Frage, Erfüllung trägt die
          Antwort,
Und wär' die Antwort sprechend, so müßt sie wieder
          fragen,
Ins Blinde uns verweisend – ein sterbendes »Warum« –
Ich bin, Ophelia, vielleicht nur eifersüchtig,
Und dennoch sehe ich in all den Schwätzern, die Sie,
          Ophelia, umgeben,
Weniger Schwätzerei als in dem Munde jenes Narrn, der
          ich bin –
Erkennend, daß der Weg zu der erfüllten Liebe,
Zu Schweigen leichter durch den Unsinn führt als durch
          den Sinn,
Denn nur gesetzt den Fall, ich nähme Ihre Hand und
          würde leicht sie streicheln,
So wäre das, was ich hiezu erzähle, vollkommen
          Nebensache –
Ja, legt ich ihm Bedeutung bei, ich profaniert' die Liebe,
Die ich durch meine Hand schweigend beweisen will.

# Filsmann (Romanfragmente)

### Konzernchef Ladewig

Dem Bahnhof gegenüber lag das Bürohaus des Konzerns. Zwischen dem Bahnhof und dem Bürohaus waren Anlagen. In der Mitte der Anlagen lag ein Teich. Inmitten des Teiches war eine geböschte Insel. Auf dem Gipfel des Inselhügels stand das Schwanenhaus, eine größere Hundehütte im Schweizerstil. Die Schwäne benützten es selten. Sie schwammen ruhig auf dem grünlichen seichten Wasser, in das die Trauerweiden des Ufers ihre Blätter tauchten. Wenn man die Augen halb schließt, so daß man weder die Häuserfronten sieht, noch den Turm des Bahnhofes mit seiner großen Uhr, wenn man sich auf das Bild des Weihers konzentriert, wie er so friedlich und grünlich und sumpfig daliegt, so mag einem das Bild inne werden, das dem idyllischen Gartenarchitekten vorgeschwebt hatte, als er den Plan zu dieser Parkanlage entworfen hatte, als er die unregelmäßige Kurve der Ufer aufzeichnete, die Plätze angab, an welchen die Trauerweiden, die Schwarzföhren und die Silberpappeln zu pflanzen waren, und man wird dann zugeben, daß in dieser etwas theatralischen und handfesten Art, mit der er hier einen Park erstehen ließ, einen Park an sich sozusagen, der weder zu einem Schloß noch zu einem Haus gehört, doch eine Ahnung jener Schönheit noch steckt, die den japanischen und chinesischen Ziergärtnern vorgeschwebt hat, Natur gebändigt und verkleinert, Sehnsucht nach dem See zwischen den Wäldern und mit der schwebenden Insel darinnen. Vielleicht wissen die Büroangestellten davon, die zur Mittagszeit Schulter an Schulter gedrängt auf den Bänken um den Teich herumsitzen, manche aus dem billigen Speisenhaus kommend und mit der Zunge in den Zähnen herumsuchend, manche mit einer Flasche Milch in der Tasche ihr Butterbrot verzehrend, alle aber gebannt auf die unbewegliche Fläche des Wassers schauend, das doch kaum mehr Wasser zu nennen ist, nur eben so weit Wasser, als Schwäne und Enten darauf schwimmen können; auch ein Nachen liegt am Ufer, mit dem ein

Geheimnisvoller, den noch keiner gesehen hat, zu früher Morgenstunde zur Insel sich hinüberschieben mag: hier sitzen sie und beneiden ihn, auch wenn sie nicht an ihn denken, ihn, der im kühlen Morgenwind, wenn der Teich noch leicht und plätschernd riecht wie eine unbenützte Schwimmschule, am Bug seines Schiffes steht, mit langer Stange in kleine, eilende Kreise in das Flüssige stößt, während er von weitem das Klingeln der ersten Tramwagen hört und das Rasseln der Marktwagen. Von Fischern, Hirten und Bauern stammen wir alle ab. Aber das vergißt sich leicht, und wenn die Uhr auf [dem] Bahnhofsturm drei schlägt, die Mittagspause vorüber ist und sie ihre Zeitungen wieder zusammenfalten, einige letzte Krumen den Schwänen zuwerfen, die die Böschung heraufgewatschelt kommen oder dort in der Sonne ruhen, so sehr ruhen, daß sie keine Füße mehr zu haben scheinen – kein anderes Tier ruht so sehr –, dann haben sie vergessen, was sie jeden Mittag von neuem suchen, und wenn sie dann vom Fenster des Bürohauses auf den Park hinunterblicken, so wissen sie nichts mehr davon und verstehen nicht einmal die wenigen Pensionisten und alten Damen, die noch immer dort unten auf den Bänken sitzen und gebannt auf das Wasser hinschauen. Ja, sie kommen ihnen lächerlich vor und als Tagediebe.

Wer sich zu den höheren Angestellten zählt, die Direktoren, die Prokuristen, die Abteilungsvorstände, vermeidet die Parkanlage. Vielleicht weil er nicht an die Zeit erinnert sein will, da er selber sein Mittagbrot auf einer Bank in einer öffentlichen Parkanlage verzehrt hat, vielleicht weil er in keine außerdienstliche Berührung mit den Angestellten geraten will. Der Vizepräsident des Ladewigkonzerns – der nominelle Präsident war [ein] hochadeliger Herr, ehemaliger Minister – Albert Ladewig hatte einst sein Mittagbrot aus dem Papier gegessen; es war, wenn man nachrechnete, nicht einmal so lange her, und doch war es jetzt so ferne, als sei es niemals gewesen. Aber in der starken Abneigung, die er gegen seine engeren Mitarbeiter hatte, eine sicherlich nicht berechtigte Abneigung, die er selber sich nicht eingestand, hatte er, sah er mittags auf die Parkanlage, eine Art sehnsüchtige Sympathie mit den Leuten, die dort dicht aufgereiht auf den Bänken saßen. Infolgedessen kam es vor, daß er des morgens im Auto dem Chauffeur zurief, nicht beim Büro vorzufahren, sondern beim Bahnhof zu halten, vortäuschend, daß er dort einen dringenden Brief in den Kasten werfen wolle, der eine halbe Stunde vor Abgang eines jeden postführenden Zuges ausgehoben wird, und wenn er dann dort vorgefahren war, sagte er dem Chauffeur, daß er zu Fuß ins Büro hinüber gehen wolle, verschwand in der Bahnhofhalle, und wurde er dort von den Angestellten und den Trägern respektvoll gegrüßt, so tat er so, als würfe er einen Brief in den Kasten. War das Auto dann verschwunden, stand er ein paar Augenblicke vor dem Bahnhofeingang, betrachtete die Wagen, die dort hielten, wunderte sich, daß es noch Pferdedroschken gab und dachte an seine Jugend, in der es noch viel Pferdemist und Spatzen auf den Großstadtstraßen gab. »Wovon nähren sich jetzt die Spatzen«, fragte er sich dann und schaute auf die Trambahnwagen, die dichtgefüllt mit Menschen vorfuhren, freute sich, daß er noch die Bezeichnungen der Linien kannte. Mit der Einundzwanziger war er einst gefahren, als er noch in dem Vorstadthaus wohnte. Seine Frau war noch nie mit einer Trambahn gefahren, und es fiel ihm ein, daß Frauen manches niemals kennen lernen: z. B. die Aufschrift »Patent Oil Urinoir, ohne Spülung geruchlos, D. R. Patent Nr. 46 781, Fr. Patent Nr. 157 832, Ö. Pat. Nr. . . . .« Auf sein Gedächtnis konnte er sich verlassen. Gewisse Dinge sollen Frauen niemals kennen lernen; dafür zu sorgen, war eigentlich Lebensaufgabe. Wer wohl die Zeichnungen in jenen Orten an den Wänden anbringt? er hätte gerne einmal so einen Kerl bei der Arbeit gesehen. Wahrscheinlich ist es doch ein Vergnügen. An den Spiegeln in den Separées sind Namen eingekritzelt. Irgendwo steht Albert. Das Frauenzimmer damals wollte wahrscheinlich eine Erpressung an ihm verüben. Das war in Dresden. Aber das ist auch kaum mehr wahr, so lange ist es her. Ärgerlich hatte er die Straße überquert; drüben stand ein Mädchen mit einer kleinen Reisetasche und wartete auf die Tram. Man soll mit Frauen nichts zu tun haben, auch wenn es nett wäre, ihr ein Auto zur Verfügung zu stellen, damit sie das Innere des Tramwagens nicht sehen muß. Er schaute weg und ging durch den Park. Die Schwäne zogen über das

Wasser, auf der Böschung ging einer schwerfällig spazieren. Um diese Stunde waren die Bänke bloß schwach besetzt. Albert Ladewig dachte daran, sich niederzulassen; die Augen, die der Gröhlich machen würde, wenn er oben aus dem Fenster schauen und ihn hier sitzen sehen würde. Der Herr Generaldirektor Gröhlich. Ist aber zu fein, um aus dem Fenster zu schauen. Natürlich durfte er nichts dagegen haben, daß Gröhlich mit der Zigarre zwischen den Zähnen in sein Zimmer kam; tut es aber sicherlich bloß, um anzudeuten, daß zwischen ihnen fast kein Rangunterschied besteht. Besteht aber doch. Wenn er selber Nichtraucher wäre, könnte er es ihm untersagen, könnte vorschützen, daß er den Rauch nicht verträgt. Dumme Raucherei. Albert Ladewig blieb stehen und zündete die erloschene Zigarre wieder an. Dumme Gewohnheit, kalte Zigarren wieder anzuzünden; ist auch nicht elegant . . . die Zigarre verliert an Zug. Gröhlich muß mit dem Abendzug nach Zürich. Schweizerischer Bankverein. Man hätte die Holding in Holland machen sollen. Die Schwäne am See haben es besser. Die Schweizer sind praktische Leute. Die Holländer übrigens auch. Ich kann noch beim Wetterhäuschen vorübergehen. Maximum- und Minimumthermometer. Die Kurse des lieben Gottes. Wahrscheinlich drucken sie deshalb stets die Wetterkarte gleich nach dem Kurszettel in der Zeitung. Almahütte hat drei Prozent angezogen. Albert Ladewig blieb vor dem Wetterhäuschen stehen, Minimum 16°, warme Nächte, Marias lichtblauer Seidenpyjama. Wenn man Maria heißt, sollte man keine Pyjamas tragen; die Hemden waren so duftig, auch praktischer; häßliche Geschichte mit der Hose, man schämt sich geradezu für sie, Hemd ist sozusagen Minimalbekleidung. Eigentlich sind es 15°. Nicht sehr würdevoll, vor dem Wetterhäuschen zu stehen. Warum hat man keinen Minimalthermometer zu Hause. Öffentliche Einrichtungen sind würdelos. Almahütte war schon auf 92% herunter, jetzt 118. Fünfzehn und drei sind achtzehn. Künstliche Sache von dem Bornstein, selbst wenn sie Motorenguß bekommen. Auftrag auf 600 000 Mark höchstens, ist noch keine Dividende. Bornstein ist einer, der nicht zuwarten kann. So wie der Gröhlich. Wenn ich den [nicht] zügle, macht er die verrückteste Kurspolitik. Für die Schweiz ist er gut. Aber ge-

bundene Marschroute. Rauchen dort Stumpen. Nennen das
Demokratie, öffentliche Einrichtungen. Ich kann nicht ewig
vor dem Thermometer stehen, werden einen Minimalkurs
von 104 halten. Albert Ladewig wandte sich von dem Wetterhäuschen ab, schätzte die Länge der beiden gewundenen
Wege ab, die zur Straße führten, wählte den kürzeren, verließ
die öffentliche Parkanlage, überquerte die Straße und betrat,
vorbei an der tiefabgezogenen Silberkappe des Portiers, das
Bürohaus des Ladewigkonzerns.

### Die Filsmanns

#### I

Friedrich Johann kam mit schwarzen Händen aus der Gie-
ßerei und sein Hals roch nach Eisen. Und dann wurde gebaut
und gebaut, und sie hatten trotzdem gar nicht daran gedacht,
daß sie je ihre drei Zimmer gegen eine andere Wohnung
eintauschen könnten. Bloß daß Friedrich Johann nur mehr
selten seinen kurzen schwarzen, speckigen Arbeitsrock anzog. Immer häufiger war er zur Stadt gefahren. Ja, und dann
war das Büro doch zu klein geworden, und sie hatten die
Villa für sich bauen müssen . . . was lag auch an jener Wohnung, da das erste Kind so rasch hatte sterben müssen.
Brigitte und Herbert waren dann in der Villa geboren, das
waren schon feine Kinder. Und wenn sie daran denkt, muß
die alte Frau Filsmann lachen, daß sie, Antonie Filsmann,
genannt Toni, geborene Bärer, so feine Kinder hatte. Und
dann war das Stadthaus dazu gekommen, so um die Jahr-
hundertwende herum, man nannte das damals fin de siècle,
aber das Stadthaus, das mochte sie nicht mehr, da gab es
keine Kinder mehr.

In einem Schrank hat sie den schwarzen speckigen Rock
und die fleckige Weste aufgehoben. Andere heben sich Lie-
besbriefe auf. Und es riecht noch immer ein wenig nach
Schlosser und Eisen.

Alles was Friedrich Johann macht, ist ein wenig maßlos.

Erst wollte er die Villa auch bloß mit drei Zimmern bauen, und als der Baumeister sich dagegen wehrte, da wurden es plötzlich ein Dutzend Zimmer und ein Turm. Merkwürdig, wenn sie an Gelshausen denkt, sieht sie immer den Garten schattenlos mit den spärlichen Bäumen, wie sie ihn damals angelegt hatten, während er doch jetzt ganz dicht verwachsen ist. Das Bild bleibt sonnig und schattenlos, als ob die vierzig Jahre nicht gewesen wären. Die Dinge verändern sich, aber alle ihre Veränderungen bleiben an ihnen haften. Alles ist gleichzeitig, obwohl eines das andere verdrängt; kehrt auf den Platz zurück, den es einmal eingenommen hat. Merkwürdigerweise ist dies irgendwie tröstlich, mag man es auch nicht einmal wahr haben wollen, geschweige denn, daß man es aussprechen könnte.

Alles Wissen ist um eine Spur größer, als man es selber ist. So war es stets gewesen. Schon als Kind ging man in einem anderen Ich spazieren, das größer war als man selber. Das gibt einem Sicherheit, sozusagen Standfestigkeit. Und weil man weiß, daß es so ist, hat man vor den Menschen Respekt. Sie haben alle das unsichtbare Wissenskleid um sich herum. Und je älter man wird, desto mehr flüchtet das Leben in diese unkörperliche Wissensschicht. Ach, nie hat sie dies so stark und so beglückend empfunden wie zu jenen Zeiten, ehe die Kinder kamen. Deswegen sehen schwangere Frauen wohl auch so alt und dennoch so glücklich aus. Auch wenn man alt wird, ist man guter Hoffnung; man trägt seinen Tod unterm Herzen.

Fröhlich ist es, die Dinge des Alltags zu tun. Sie sind wie ein leiser Fluß, auf dem man dahingleitet, ein tüchtiger Lotse, so geheimnisvoll das Wasser auch ist.

Und Frau Filsmann, in ihrem Stadthaus, das voll spiegelblanker Parketten ist, klingelt dem Mädchen, um sich zum Ausgehen zurecht zu machen.

Ja, sie hatte feine Kinder, Villenkinder. Und als ob die Feinheit dieser Kinder von allem Anbeginn an hätte festgelegt werden sollen, waren sie zierlich und schlank, zum Unterschied von ihren Eltern. Denn sowohl Frau Antonie Filsmann als auch ihr Gatte Friedrich Johann Filsmann waren stattliche, fast möchte man sagen, mächtige Erscheinungen.

Und Frau Antonie Filsmann teilte ein wenig die Verachtung
ihres Gatten für die geringe Körperlichkeit ihrer Kinder,
besonders da deren Zierlichkeit mit den Jahren – Brigitte war
nun fünfundvierzig und auch Herbert hatte die vierzig hinter
sich – eher den Charakter dürrer und etwas nervöser Hagerkeit angenommen hatte, was bei Brigitte allerdings besonders verständlich war, da sie in ihrer Feinheit einen Diplo-
maten Walter v. Coßheim geheiratet hatte und mit diesem,
einem Spezialisten in latein-amerikanischen Angelegenheiten, den klimatischen und gesellschaftlichen Anstrengungen
südamerikanischer Posten ausgesetzt war. Aber ihre Enkelin, nach ihr Toinette genannt, die war ihr nachgeraten. Die
war groß, die war blond, und sie hatte einen deutsch-
argentinischen Farmer Fernandez Klinger geheiratet. Und
diese Enkelin war nun mit ihrem dreijährigen Sohn zum
Besuch der Großeltern nach Europa gekommen. Antonie
Filsmann dachte an ihre eigene Urgroßmutter, die in Ulm
gelebt und die sie noch gekannt hatte, eine kleinhandwerkli-
che Frau katholischen Geruchs und strengen Gehabens, und
die Generationsreihe, in deren Mitte sie nun selber stand,
hatte beinahe etwas Erschreckendes.

   Toinette wartete in der Halle. Und als die Großmutter
über die Treppe herunterkam, im schwarzen Pelzmantel,
groß und mit weißen Haaren, da lachte sie, lachte, weil sie
sich zu Hause fühlte. Und Frau Filsmann mußte daran denken, ob die Ulmer Urgroßmutter in ihrer Jugend, also etwa
um das Jahr 1820 herum, ebenso gelacht haben könnte.
Hatte Toinette mit jener fernen Frau noch Ähnlichkeit? Sie
müßte es doch haben, denn sinnlos wäre es sonst, daß dieses
Wesen aus Südamerika herübergekommen ist, sinnlos wäre
es sonst, den kleinen Juan in die Arme zu schließen als etwas,
das zu ihnen gehörte, vorbestimmt durch die eigene Vergangenheit. Und weil es sonst so sinnlos gewesen wäre, und weil
sie das Glück der Natürlichkeit stets zu empfangen bereit
war, hörte sie in der Stimme Toinettes, die voll fremdländi-
scher Anklänge war, so daß man niemals wußte, ob es eine
Spanierin oder Engländerin war, die sprach, hörte sie in ihr
aus weitester Ferne den längstverhauchten Tonfall eines Ulmer Tischgebets.

   »Auch Gladys ist schon fertig«, sagte Toinette.

»Um so besser«, sagte Frau Filsmann, obwohl sie lieber mit der Enkelin allein geblieben wäre. Nicht daß sie ihre Schwiegertochter haßte. Sie gehörte bloß nicht dazu, so wenig Fernandez, der Enkelgatte, oder Walter Coßheim, der Schwiegersohn, dazugehörte. Und Frau Filsmann lächelte: es war ihr eingefallen, daß eigentlich auch ihr eigener Gatte nicht dazu gehörte, obwohl man bei dessen achtzig Jahren immerhin von einem Gewohnheitsrecht sprechen konnte. Nein, auch der war irgendwie etwas Zufälliges und noch immer Austauschbares. Wie sonderbar, daß er es hatte sein müssen und daß sie gerade diesem Mann fünfzig Jahre die Treue gehalten hatte. Aber Friedrich Johann hatte stets etwas Maßloses an sich gehabt. Aber gegen Gladys war im Besonderen einzuwenden, daß sie keine Kinder hatte.

Gladys kam. Sie gehörte wirklich nicht dazu. Denn in ihrer silbernen Blondheit, in ihrer Durchsichtigkeit, die ebensowohl an sterilisierte Milch gemahnte, als sie in ihrer Leere die Dame an sich auszeichnet und sie zugleich alterslos und jugendlich macht, Gladys in dieser Aufmachung und mit ihrem schmalen und scharfen Gesicht, sie bildete das strikte Gegenteil zu der rundgesichtigen Toinette, die mit ihren vierundzwanzig Jahren schon ein wenig zur Fülle neigte.

»Weiß der Himmel, Ihr seht gleichaltrig aus«, sagte Frau Filsmann, und das war eigentlich boshaft, denn sie wußte recht wohl, daß Gladys nicht an ihre vierunddreißig Jahre gemahnt sein wollte.

»Hohe Zeit«, sagte Gladys, »es ist bald sieben.« In Angelegenheit der Musik verstand sie keinen Spaß, das war ihre Domäne, und eigentlich war sie böse, daß sie Schwiegermutter und Nichte ins Konzert mitnehmen mußte. Und eigentlich hatte sie recht damit. So weit man die Familie Filsmann überblicken konnte, war es völlig überflüssig gewesen, daß Beethoven gelebt hatte. Im übrigen machte Toinette kein Hehl daraus: »Ach, wir kommen immer noch zurecht«, sagt sie, »es dauert ohnehin so lange.« Und Gladys erwiderte nichts.

Frau Filsmann aber kam von der Erinnerung an die Ulmer Urgroßmutter nicht los, und das verstärkte sich noch, als sie in ihrer Konzertsaalloge saßen. Da waren so viele Menschen um sie herum, vielerlei fremde Gesichter, manche darunter, die sie kannte, doch so viele es auch ihrer sein mochten, es war ihr, als übersähe sie von der Warte ihres Alters aus einen noch viel größern Bereich und eine größere Mannigfaltigkeit des Menschentums, es war ihr, als reichte ihr Blick über die Anwesenden und Lebenden hinaus ins Vergangene und Gestorbene, aber vielleicht auch ins Werdende und Zukünftige. Was da vor ihr war, das war alles irgendwie einheitlich, und es schwätzte auch alles durcheinander, weil sie ja wirklich alle irgendwie einheitlich zusammengehörten, was aber sie, Antonia Filsmann, siebzigjährig, überschaute, und war's auch bloß der Kreis jener Menschen, von denen sie ihr Blut empfangen und dessen Blut sie weitergegeben hatte, was sie überschaute, das war nicht nur ein Ablauf von sieben Generationen, sondern auch die Verzweigung des Blutes – das Wort stand ihr allerdings nicht zur Verfügung, aber sie meinte das Richtige – es war die Verzweigung des Blutes in alle möglichen sozialen Schichten. Da waren die handwerklichen und halbbäuerlichen Ahnen, und da war die Diplomatenfamilie drüben in Südamerika, und da war Toinette, selber ein kleines Bauernmädchen, das nicht wußte woher es eigentlich kam, und da war die sehr feine adelige Schwiegertochter, ja, und da war ihr Sohn Herbert . . . aber da wollte Frau Filsmann nicht weiterdenken, es war ihr irgendwie unheimlich, daß sie das Blut in ihrem Kinde erkennen sollte, und sie dachte daher rasch an sich, die sie inmitten all der Generationen und all der sozialen Verzweigungen und doch auch hier in ihrer Loge saß, richtig lebendig noch zwischen all den Lebenden, die ringsherum um sie schwätzten.

Nun aber wurde in einer Ecke des Saales Klatschen vernehmlich, und im nächsten Augenblick klatschte die ganze Versammlung in die Hände. Denn der berühmte, außerordentlich beliebte Dirigent war eingetreten, hatte durch den Gang zwischen den Pultreihen der zweiten Violine seinen Platz erreicht und verbeugte sich jetzt vor dem Publikum. Es war ein etwas stämmiger und kleiner Mann mit dem flachen etwas negroiden Gesicht der Musiker, einem Gesicht, zu dem eigentlich schwarze Haare gepaßt hätten; aber er war blond. Mehrmals mußte er sich verbeugen, doch dann kehrte er resolut dem Publikum die Rückseite seines Frackes zu und hob beide Hände. Beethoven, VII.: vorläufig ein Wort auf dem Programm.

Wie er nun den Kopf zurückwarf, selber hinhorchend auf das erste Motiv, das auf sein Geheiß ihm entgegengebracht wurde, geschah etwas Eigentümliches, etwas, um dessentwillen viele, zumindest Gladys, derartige Konzertveranstaltungen aufsuchen, ohne eigentlich zu wissen, warum sie es tun. Vielleicht lauschte der Dirigent aus eben diesem Grunde selber so aufmerksam auf dieses erste Motiv, das machtvoll und doch biedermeierisch, einem milden und begrünten Herbste gleich, aus dem Orchester emporstieg: es war der Ton des Einstigen wieder emporgestiegen, es war die Hingabe da an eine Geschlossenheit, die einstmals das große Geschehen des Humanen gewesen war, an eine Geschlossenheit, die mit dem Namen Kunst viel feierlicher erfüllt gewesen war als Kunst sich je wieder erfüllen konnte, es war alle Gesichertheit und Geborgenheit einer Bürgerlichkeit wieder auferstanden, da nun das Größte ihres Seins neuerdings Gehör verlangte. Und der Saal, der ein Konzertsaal des Jahres 1930 war, obwohl er um vieles früher gebaut war, füllte sich wieder mit jener Luft, in der die Väter und Großväter geatmet hatten, und das Publikum mit seinen Nachkriegsgesichtern saß da wie verkleidet in der Tracht der Väter.

Dies liebte Gladys und deshalb liebte sie die Musik.

Daß viele gleich ihr empfanden, ist wahrscheinlich. Dafür zeugte die Beliebtheit des Dirigenten. Denn er war eigentlich ein unmoderner Dirigent, er war kein sachlicher Dirigent, war dramatisch. Er nahm Partei. Jetzt nahm er Partei für die erste Violine. Er hatte sich ihr voll zugekehrt, und seine sehr schöne und bewegliche Hand sang ihr die Motive vor. Für die zweite Violine bezeugte er Verachtung. Hie und da winkte er ihr hinter dem Rücken zu, etwa so wie ein Schutzmann nonchalant den Verkehr regelt. Er stellte Orchestergruppe gegen Orchestergruppe, er dämpfte die eine und beschwor die andere um die Melodie, die dann ganz leicht einherschwamm, die Seele nicht berührend, dennoch auf ihr schwimmend. Und, welche Kunstfertigkeit! mit dem Finger einer Hand, dem sonst so unbeweglichen vierten Finger, gab er den Bässen das Tremolo an. Ein Stratege der Tonkunst war er, wie er schräggestellt auf etwas dicken Beinen auf der Estrade stand, und Gladys bedauerte ein wenig, daß die befehligten Gruppen für so viel Befehlsgewalt fast zu gering erschienen. Sechzehn Streicher in der ersten Violine. Aber Beethoven hatte keinen größern Klangkörper vorgeschrieben.

Toinette, den Kopf in die Hand gestützt, musterte das Publikum. Und ärgerte sich über die Leute, welche die Augen geschlossen hatten, und über die, welche mit der Hand taktierten; am zuwidersten aber waren ihr die Frauen, die in eine Art körperliche Verzückung geraten waren: etwas maßlos Unanständiges schien ihr von denen auszugehen, wie sie mit starr-erwartungsvollem Lächeln, mit verschwimmend wollüstigen blicklosen Augen dasaßen, und sie brachte dies mit der Person des befrackten und dirigierenden Negers in eine nicht ganz zu klärende Verbindung. Wollten die alle mit dem da droben schlafen? Und plötzlich entdeckte sie, daß die Musiker da droben lauter Männer waren, Männer, die sonderbaren Verrichtungen oblagen, gruppenweise den Fiedelbogen ansetzten, gruppenweise Trompeten an kußartig gerundete Münder setzten, und bloß der Paukist führte ein verhältnismäßig freies, aber aufmerksames Eigenleben. Doch auch der war ein Mann, und obwohl es in amerikanischen Konzerten sicherlich nicht anders zugeht, fühlte sie eine besondere europäische Lasterhaftigkeit in dieser ganzen Veranstaltung, eine Unordnung, die ihrem geradlinig angelegten Leben zuwiderlief und umso erbitternder war, als es sie außerstande setzte, sich ihr Heim und ihren eigenen Mann vorzustellen. Sie machte Gladys dafür verantwortlich, denn schließlich war es Gladys, die sie und die Großmutter hierher gebracht hatte, und während ihr Blick von der unbeweglich und undurchdringlich dasitzenden Großmutter zu Gladys schweifte, bemerkte sie, daß auch Gladys trunkenen Auges den Tanz des Dirigenten in sich einsog.

Es mag sein, daß Frau Filsmann bloß gelangweilt war. Viele Jahre waren es her, daß sie ihr erstes Konzert besucht hatte, jedes Jahr hatte sie das eine oder das andere Konzert besucht, und es war immer das gleiche gewesen. Von all der Musik war nichts zurückgeblieben, nicht eine einzige Melodie hatte sie behalten, aber sie war auch niemals auf den Gedanken verfallen, daß man sich etwas derartiges hätte merken können, und so vermißte sie es nicht. Der Anblick

des Konzertsaals war ihr vertraut, und vielleicht spürte auch
sie die Kontinuität einer Bürgerlichkeit, die hier wie auf einer
Insel gepflegt wurde. Es hatte sich hier nichts geändert, bloß
daß einstens die Musiker zum größern Teil Bärte trugen und
die Dirigenten sich weniger beweglich gebärdeten. Irgendwie
gehörte dieser Konzertsaal zu dem Aufstieg ihres Mannes,
gehörte zum Aufstieg des Geschäftes, genau so wie das Theater oder wie die Stadtwohnung dazu gehörten, man mußte es
hinnehmen und sogar darüber froh sein, froh sein, weil sich
mit alldem eine Art Beständigkeit und Unerschütterlichkeit
dartat, die wohl auch noch Herbert zugute kommen müßte.
Wenn etwas so lange dauerte, müßte es doch wohl beständig
geworden sein? Und Frau Filsmann erinnerte sich ihres großen Mißtrauens, mit dem sie die Stadtwohnung bezogen
hatte. Es war ihr so schwindelhaft und beinahe beängstigend
erschienen. Aber Friedrich Johann hatte damals darüber
gelacht, mit jenem beruhigenden breiten Männerlachen, das
er so oft gelacht hatte, als er noch die Löhne in der Wohn-
stube auszahlte. Ja, die Weste hatte sie noch immer aufgehoben. Und auch damals gab es Musik, die man verstanden
hatte und behalten konnte; getanzt hatte man dazu. Es waren
Zeiten ohne Angst gewesen.

Inzwischen hatte der zweite Satz begonnen, und der Dirigent hatte das dunkle Marschmotiv zum Anlaß genommen,
seinen Frieden mit der zweiten Geige zu schließen. Breitbei-
nig stand er da, und wenn er den Kopf zur Seite wandte, so
sah man im Profil seine bekümmert-leidenschaftliche Miene.
Oh, diese stets neu heranrollenden Wellen edler Traurigkeit!
Und Gladys, die während des ersten Satzes so sehr vom
Gefühl der Sicherheit und eines höheren Zuhause gefangen
gewesen war, daß sie kaum die Töne gehört hatte, war nun
von einer langsam sich ausbreitenden Wärme ergriffen, die
ihren Ausgangspunkt im Ohr nahm, sie aber immer gleich-
mäßiger, man könnte wohl sagen immer dichter erfüllte. Sie,
die sich sonst immer langweilte, ja, sogar in den sublimen
Augenblicken der Liebe jene gehetzte Langeweile nicht verlor, die alles schon erledigt haben will, weil das rasende Rad
der Zeit wie eine leerlaufende und unersättliche und unheimlich lautlose Maschine ihr Inneres zu durchtoben niemals
abließ, sie, die stets gespannt auf das Nächste wartete, das

niemals eintraf und sie in steter Spannung hielt, sie begann sich nun zu erfüllen: die tobende Maschine stellte ihre lautlose Arbeit ein, die Zeit wurde gezähmt, begann sich nach Takten und Rhythmen süß zu ordnen, und Gladys Herz öffnete sich langsam, es begann zu atmen. Atmen der Musik! beschwörend flehte der Dirigent um größere Töne, doch wenn er sie bekam, so beschwichtigte er sie allsogleich im Auf und Ab des erhabenen Seins. Atmen der Musik, Eindringen des Alls in den Menschen, Verwobenheit der atmenden Seele mit dem All. Schwingungen der Luft, dennoch Schwingung des Odems Gottes, vernehmlich selbst noch dem, der im Nichts erstarrt ist. Und Gladys, der sonst selbst die Liebeszuckungen des Geliebten bloß grotesk und langweilig vorkamen, bemerkte nicht die Groteskheit des Konzertsaals, der aus lauter lauschenden Ohren bestand.

Schlechte Dirigenten sind gewohnt, dem Einsatz der Pauke besondere und besonders eindrucksvolle Zeichen zu geben. Der gute Dirigent – und hier handelte es sich um einen solchen – hält sich derartigen Effekten fern. Er ist ein Sachwalter des Ewigen, und wenn es auch sein Körper ist, der dem Orchester Zeichen gibt, er ist ein stummer Sänger, und beseelt wie die menschliche Stimme, entkörperlicht wie die menschliche Stimme, ist sein stummer Sang. Aber Toinette hatte Sänger eigentlich nie leiden können; sie erschienen ihr als eine Art besonderer Oberkellner, nicht zuletzt, weil man sie in Südamerika gerne zur Verschönerung von offiziellen Diners verwendete, und so hatte sie auf andere Weise die Verbindung zwischen dem befrackten Herrn da droben und dem italienischen Tenor, den sie kürzlich gehört hatte, hergestellt. Wieder lugte sie zu Gladys hinüber, wieder empfand sie deren verzückte Miene als unanständig, und die Entkörperlichung dieser ganzen musikalischen Angelegenheit trat in eine sonderbare Verbindung mit Gladys Kinderlosigkeit. Der Dirigent hatte inzwischen mit emporgedrehter Handfläche das Scherzo aufwirbeln lassen, allerdings bloß, um durch ein Schwanken des Kopfes es leicht wieder zu beschwichtigen: die Sache kam zu keinem richtigen Ende, sie war maßlos unmännlich, ja, das war sie, das war alles mit einem heiligen Namen bedeckt, Beethoven, oh, sie hatte gelernt, wer Beethoven war, und sie hatte auch eine Vorstellung, daß dieser Beethoven ein höchst männliches Leben geführt haben mußte, aber das lag weit zurück, und eine solche Männlichkeit gab's heute wohl nicht mehr, – heute hieß es Vieh züchten, mit dem Auto fahren, und nun dachte sie wieder an Fernandez, wenn er nach seinem täglichen Ritt zu den Herden vom Pferde stieg. Es war irgendwie eine Beleidigung, daß man ihr diesen Dirigenten anbot. Bot man ihn ihr an? nein, aber man zwang sie, in diese Konzerte zu gehen. Wäre nicht die Großmutter, sie würde am liebsten sofort ihren Sohn nehmen und heimfahren.

Und da bemerkte sie, daß die Großmutter ihr zulächelte. Denn das Einverständnis des Denkens ist größer als die meisten annehmen, und so hieß dies Lächeln: Bleib bei uns. Und wahrscheinlich hieß es: bleib bei uns trotz dieses dummen Konzerts, in das ich ja auch nicht gerne gegangen bin. Ja, mehr noch, auch Frau Antonie Filsmann hielt diese Konzerte für eine unmännliche Angelegenheit, und sie hatte immer die Männer verachtet, die hier im Parkett saßen. Friedrich Johann hatte niemals ein Konzert besucht, und daß sie gegangen war, nun, das hatte sich so ergeben, besonders in der Zeit, da Brigitte noch ein junges Mädchen gewesen war. – Frau Filsmann mußte nun auch über sich selber lächeln, über ihre mütterliche Folgsamkeit, mit der sie sich von Brigitte hatte »bilden« lassen. Oh, sie war Brigitte niemals fein genug gewesen, so sehr sie sich auch bemühte, und nun war es wie ein kleiner Triumph, daß es umsonst gewesen war: Frau Filsmann empfand plötzlich die Unzeitgemäßheit der ganzen Veranstaltung, sie wußte mit einem Male, daß es nicht mehr anginge, mit Konzerten und ähnlichem Krimskrams eine spezielle und feine Frauendomäne zu errichten und zu bewahren, sie spürte zutiefst, daß sich irgend etwas grundlegend geändert hatte, daß jene Männerwelt, in der Friedrich Johann gewirkt hatte, nicht mehr bestand, mochte auch Herbert noch immer die Geschäfte der Filsmannwerke führen. Die Männer wußten es bloß nicht, sie schickten noch immer die Frauen ins Konzert, sie taten noch immer so, als würde es weiterlaufen, wie es gelaufen hatte . . . und da hörte sie zum ersten Male in ihrem Leben die Musik: denn in einem großen Aufrollen, in immer neu heranrollenden Wogen endete der vierte Satz der Symphonie, – sie sah nicht mehr den nunmehr nach allen Seiten hin beschäftigten Dirigenten, sondern sie spürte nur noch in einem tieferen Verstehen, daß hier in sprachloser Gliederung ein Ende geweissagt wurde, das viele Jahrzehnte dem Verstehen der Frauen anheimgegeben war und nun eine größere und weltumspannende Gültigkeit erhalten hatte, weil es eben die Größe eines Endes war. Und fast tat es ihr weh, daß Toinette es nicht hörte, denn Toinette war noch immer daran, ihr Lächeln zu erwidern.

Nach dem Konzert wurden sie von Herbert in der Garderobe erwartet. Er stand neben dem Chauffeur, der die Mäntel der Damen hielt, bei einem Pfeiler und schaute nervös und gespannt auf die Leute, die sich in dem düstern Garderoberaum drängten. Haltung und Blick hatten etwas durchaus Vorwurfsvolles, auch als er von den Damen begrüßt wurde.

»Schade, daß du nicht drin warst, mein Junge«, sagte Frau Filsmann, »es war eigentlich großartig.«

»Wenn du das schon sagst, Mutter, dann muß es wohl wahr sein.« Filsmann lächelte nun ein wenig. »Aber ich saß bis neun mit Menck beisammen.«

»Herbert hätte sich doch bloß gelangweilt«, sagte Gladys, »im übrigen müssen wir Jasper einladen, er ist ein fabelhafter Dirigent . . . ein ganz großer Künstler.«

Toinette sagte verbissen: »Kennt ihr ihn denn?«

»Nein . . . doch das wird sich schon arrangieren lassen.«

Im Auto roch es parfümiert. Die drei Damen saßen im Fond, Herbert vor ihnen. Wie ein hellerleuchtetes Boudoir fuhr es durch die Straßen. Gladys liebte dies. Sie schwiegen. Bei einer Biegung wurden sie leicht aneinandergeschüttelt, und da sagte Toinette:

»Warum eigentlich soll Jasper eingeladen werden?«


II


Das Ungewöhnliche eines Lebens baut sich unbemerkt auf. Das abenteuerlichste Schicksal ist für den, den es betrifft, ein Alltagsleben, und die großen Taten, beinahe erstaunen sie den, der sie getan hat.

»Ungewöhnliche Zeiten«, sagte Menck zu Herbert Filsmann, »ungewöhnliche Zeiten, trotzdem über alle Maßen gewöhnlich in all ihren Äußerungen.«

»Schlechte Zeiten«, erwiderte Filsmann, »der Teufel soll sie holen.«

Menck stand beim Fenster des Büros. Untersetzt, ein wenig korpulent, man hätte dieses ein wenig breite, fast viereckige Gesicht beinahe jovial nennen können, hätte man nicht bei näherem Zusehen bemerkt, daß das eigentliche Gesicht scharf, ja geradezu raubvogelartig in dem Fettpolster der Wangen eingebettet lag. Die Augen standen nahe beieinander.

Auf dem Fabrikshof war es still. Das sauber in den Asphalt eingelassene Gleis einer Schmalspurbahn war unbenützt. Neben dem Gleis gab es hie und da eine kleine Vertiefung, in der das Wasser vom Regen her still und dunkel glänzte. Der Hof war eine saubere graue Fläche; manchmal überquerte sie ein Angestellter. Der eigentliche Eingang zu den Werken befand sich nicht hier beim Bürohaus, sondern auf der andern Seite des Komplexes. Menck schaute auf den stillen Hof hinab.

»Schlechte Zeiten«, sagte nun auch er, »was sind schlechte Zeiten?«

Filsmann lachte auf: »Na, mir genügt's . . . Gelshausen ist stillgelegt.«

Natürlich, Gelshausen war stillgelegt. 1800 Mann feierten dort. In den Straßen Gelshausens standen sie herum, sie hatten die Hände in den Taschen, die Mützen im Genick und wußten nicht, was ihnen widerfahren war: schlechte Zeiten? was hieß das?

Der Angestellte, der vordem den Hof passiert hatte, kam jetzt wieder aus dem Werk heraus. Der Märzwind pfiff, und der Mann, der keinen Überrock trug, stellte den Kragen seines Jaquettes auf. Mit langen Schritten beförderte er sein Privatschicksal aus dem Werk ins Bürohaus herüber, seine Wäsche, seine Kleider, alles, was an ihm hing, sein ganzes Privatleben, das hier nichts galt und auf das niemand Rücksicht nehmen konnte. Morgen konnte auch er abgebaut werden. Schlechte Zeiten. Menck trommelte an die Scheiben.

Filsmann sagte: »Mit 100 000 Klingen können wir Gelshausen nicht eröffnen.«

Damit hatte er Recht. Generaldirektor Hügli wollte eine ganz billige Rasierklinge erzeugen, eine, die mit 2 Pfennig ins Detail zu bringen wäre. Deutschland braucht bei seinen etwa 20 Millionen Selbstraseuren nahezu 1000 Millionen im Jahr. Eine Erzeugung von 100 000 Klingen pro Tag, also 30 Millionen im Jahr mußte leicht auf dem Markt unterzubringen sein. Aber mehr als 0.1 Pfennig pro Klinge war bei diesem Preis nicht zu verdienen, DM 30 000 [im] Jahr, und die Umstellung hätte über DM 100 000 an Investitionen gekostet. Außerdem ließen sich dabei höchstens 150 Leute beschäftigen. Dafür konnte man ein Werk wie Gelshausen nicht wieder in Betrieb bringen.

»Ja«, sagte Menck, »entweder im ganz großen Stil oder gar nicht . . . so gibt es bestenfalls einen Nebenbetrieb.«

Auch Ford hat mit seinen billigen Wagen seine Werke nicht in Betrieb halten können. Es ist als ob die Welt des technischen Fortschritts, ja, sogar der billigen Preise müde geworden wäre. Doch wessen war die Welt nicht müde geworden?

Menck fuhr fort: »Haben Sie noch nicht bemerkt, daß es eigentlich gar nicht mehr darauf ankommt, die Menschen mit Bedarfsartikeln zu versorgen? Früher verkaufte man seine Erzeugnisse, heute sind es höchstens die Industrien selber, die Handelsartikel geworden sind, oder noch eher sind ganze Konzerne dazu brauchbar . . . der Wert einer Industrie liegt nicht mehr in der Gebrauchsdeckung.«

Ein absurder Zustand, in dem die Schusterwerkstatt mehr wert ist als die Schuhe, die der Meister darin verfertigen kann, der Backofen wichtiger als das Brot, das die Menschen verzehren sollen, – natürlich ist es dann gleichgültig, ob in solchen Werkstätten gearbeitet wird oder nicht.

Wenn Herbert Filsmann lächelte, zeigte sich ein Goldzahn unter der etwas farblosen Lippe. Der kurze blonde Schnurrbart unterschied sich nicht wesentlich von der gelblichen Farbe des Gesichts. Von den Haaren bis zu dem Goldzahn gab es alle Abtönungen von Gelb. Und zu dieser fahlen Färbung paßten irgendwie die straffen und doch engen Bewegungen.

Weiß der Himmel, wie der Kerl zu solch einer prachtvollen Mutter kommt, dachte Menck.

Der Goldzahn Herbert Filsmanns wurde sichtbar: »Ja, für Sie [sind] Industrien bloß ein Handelsartikel, Herr Menck.«

Menck war einen Augenblick beleidigt. Denn er wußte, was hinter der Antwort stak: Sie, lieber Herr Menck, mögen Sie nun auch Doctor honoris causa sein, sind doch nur ein hergelaufener Faiseur, der mich und die Filsmannwerke in den Menck-Konzern hineingelotst hat, der aber mit den Werken keine innerliche Verbundenheit besitzt, während ich, Herbert Filsmann, Erbe und Herr der Filsmannwerke, die Tradition aufrecht zu halten habe. Und einen Augenblick lang ärgerte sich Menck über den Goldzahn, um den der Mensch Filsmann als ein überflüssiges und dürftiges Etwas herumgebaut war.

Aber das war schon wieder verflogen. Er war noch bei seinem letzten Gedanken: »Die Werkzeug- und Instrumentenerzeugung wird immer weiter versacken, weil sie sich letzten Endes an die Einzelkundschaft wendet. Der Einzelmensch ist von der Psyche der Bedarfslosigkeit zuerst erfaßt. Deswegen bin ich nach wie vor überzeugt, daß wir der Reichsbahn die Federn liefern müssen. Und wenn's sein muß, noch mit einem Preisabschlag. Den Auftrag drücke ich dort durch. Ich sagte es Ihnen gestern Abend.«

Filsmann wollte nicht antworten. Er wollte noch eindringlicher gezwungen werden. Und so sagte er: »Gestern Abend, ja . . . Hügli wollte die Sache doch nochmals durchkalkulieren.«

Was war gestern Abend? Er hatte seine Mutter und seine Frau aus dem Konzert abgeholt. Die Dinge wollten nicht recht zusammenstimmen. Da gab es so etwas wie ein Privatleben, und dann saß er wieder hier vor einer Maschinerie, die eigentlich unfaßbar war, und zu der er sich aus dem Privatleben oder, richtiger noch, von dem Privatleben hergeschickt fühlte. Das ergab zwei Hälften, die nicht recht zusammenpaßten, lediglich zusammengehalten von der Autofahrt, durch die er immer wieder ins Büro gebracht wurde. Ein sonderbarer und dünner Faden.

Jetzt hörte er Menck sagen: »Ob Hügli die Federn um 3% besser oder schlechter kalkuliert, darauf kommt's heute wahrlich nicht an.«

Filsmann sagte unvermittelt, und eigentlich war es sinnlos:

304

»Wenn es auf die Erzeugungskosten nicht ankommt, warum haben wir denn die kostspielige Rationalisierung durchgeführt?«

Durch die Rationalisierung waren 600 Mann überflüssig geworden. Und Filsmann hatte ihr zugestimmt, nicht nur, weil Menck sich dafür eingesetzt hatte, sondern weil ihm jeder Arbeiterabbau erwünscht war. Die Masse der viertausend Menschen in den Werken war ihm unheimlich. Er kannte den Stolz seines Vaters, der jedes Anwachsen des Arbeiterstandes als eine neue Machtvergrößerung buchte, und der Abbau der 600 Mann hatte ihn ein wenig mit schlechtem Gewissen erfüllt, – jetzt kam es ihm vor, als würde er jenen Stolz in irgend einem Winkel der Seele teilen, obwohl es ihm eigentlich am liebsten wäre, wenn die Fabriken ganz ohne Arbeiter funktionierten. Das sollte der Hügli zustande bringen müssen. Der Vater hätte sich schließlich dreingefunden. Und die Mutter war gestern im Konzert.

Filsmann starrte vor sich hin. Er war ein Träumer.

Menck schaute noch immer auf den stillen Hof hinunter. Drüben war die Portierloge. Wenn man scharf hinschaute, konnte man erkennen, daß der Portier jetzt die Radiohörer am Kopfe hatte. Menck war belustigt, aber er sagte: »Ohne die Rationalisierung wäre es noch ärger . . . also ich fahre morgen nach Berlin und werde trachten, die Sache unter Fach zu bringen.«

Menck hatte kein Privatleben. Sein Privatleben war sein Beruf, und sein Beruf war sein Privatleben. Er hatte also auch keinen Beruf. Er war Menck.

Hügli trat ein. Als Generaldirektor brauchte er sich nicht anmelden zu lassen. Aber er ließ es sich niemals nehmen, sich leicht zu verneigen.

»Hallo«, sagte Menck, »die Kalkulationen schon fertig.«

Filsmann wies auf einen der Lederstühle. Auch Menck setzte sich.

Hügli breitete Papiere aus.

»Nichts Schriftliches«, sagte Menck, »wir glauben Ihnen auch so.«

Hügli ließ sich nicht beirren: »Ja, ich habe verschiedene Alternativen kalkulieren lassen . . . es handelt sich um das Erzeugungstempo . . . wenn wir das ganze Quantum mit der

305

Gesamtkapazität anfertigen, so kalkuliert es sich natürlich besser, als wenn wir es auf einen größern Zeitraum verteilen.«

Sein schweizerischer Tonfall ging Filsmann auf die Nerven. Er nahm die Kalkulationsbögen und begann sie zu studieren. Gladys hatte gesagt, daß der Dirigent eingeladen werden sollte. Es war langweilig, daß man auch Hügli von Zeit zu Zeit einladen mußte. Um etwas zu sagen, bemerkte er: »Sie haben das Eisen mit 17 eingesetzt?«

»Das war der Preis, den die Herren gestern angenommen haben . . . Sie können die Kalkulation ohne weiteres auf einen andern Preis umsetzen.«

»Ja, ja,«, sagte Filsmann.

Menck sagte: »Mit 17 kommen wir durch, das nehme ich auf mich . . . also wie ist der optimale Fall?«

Hügli, mit dem Ton eines braven Schülers, der den Lehrer überraschen will, mit einem Blick auf die Bögen: »Der ganze Stock 836 219 Mark 70 Pfennig.«

Menck lachte: »Großartig, aber die 70 Pfennig müssen Sie noch einsparen, Hügli, sonst kommen wir nicht durch.«

Filsmann hätte ob der 70 Pfennig die beiden erwürgen mögen. Den einen wegen der Dummheit, den andern wegen des Scherzes.

Menck war wieder ernst geworden: »Da können wir sogar mit dem Preis noch heruntergehen, und es bleibt sogar noch etwas . . . nein, es bleibt dabei, wir arbeiten das ganze Quantum auf einmal auf . . . Gott wird dann schon weiter helfen.«

Hier fiel der Name Gottes. Als façon de parler, oder unter der Voraussetzung, daß sich Gott mit industriellen Auftragsbeständen befasse. Hügli war Calvinist. Er war empfindlich gegen das eitle Aussprechen des Gottesnamens, aber da ihm Menck immerzu leicht unheimlich war, war er ihm dankbar, wenn er sich manchmal auf Gott berief.

Selbst der ungläubigste Mensch sagt Grüßgott und empfindet es als schönen Gruß. Oh, es gibt Worte, die gedanklich nicht zu fassen sind, sie heißen Ewigkeit, Sein, Erhabenheit, Gott, nichts Präzises läßt sich an ihnen definieren, die ganze Philosophie ist an ihnen windig geworden, aber wenn sie erklingen, wird das Herz des Menschen voller Hoffnung.

»Eine windige Hoffnung«, sagte Filsmann, »wenn der

Auftrag abgearbeitet sein wird, werden wir dort stehen, wo wir heute sind . . . warten Sie nur mal, wie die Halbjahresbilanz aussehen wird.«

»Natürlich wird sie miserabel sein«, sagte Menck, »mit diesem einen Auftrag werden wir sie nicht herausreißen . . . aber wollen Sie auch diesen Auftrag Durig überlassen?«

Durig stand außerhalb des Konzerns. Und er unterbot jeden Konzernpreis. Menck hatte seinerzeit eine Fusionierung mit den Durigwerken angestrebt. Aber das war an dem Widerstand beider Herren Filsmann gescheitert. Durig war der Erbfeind. Wenn es gegen Durig ging, konnte man bei Filsmann alles erreichen; und Menck wußte das.

Hügli sagte: »Durig erzeugt teurer als wir.«

Es bestand eine Hoffnung, daß Durig mit seiner Preispolitik zusammenbrechen werde. Und dann konnte man das Werk Gelshausen wieder eröffnen. Und Filsmann sagte: »Na, schön.«

Menck sagte: »Das hindert nicht, daß wir unsere Erzeugungskosten noch weiter reduzieren müßten . . . machen Sie kein beleidigtes Gesicht, Hügli, ich weiß schon, was Sie alles geleistet haben . . . aber die Zeit verlangt von jedem das Unmögliche.«

Hügli pflichtete bei: »Schlechte Zeiten, Herr Kommerzienrat . . . ich lasse also auf alle Fälle eine Serie Musterfedern anfertigen, vielleicht lassen sich beim Hammerwerk noch gewisse Einsparungen im Akkord vornehmen.«

»Allgemeine Lohnreduktion«, sagte Filsmann.

Menck nickte, vielleicht sogar ein wenig traurig: »Wird leider auch noch kommen.«

Hügli war die Traurigkeit unangenehm. Er sagte: »Ich verstehe nicht recht, Herr Kommerzienrat.«

Menck sah ihn freundlich an: »Ha, vorderhand brauchen wir uns noch nicht darüber den Kopf zerbrechen . . . lassen Sie inzwischen ruhig Ihre Musterstücke anfertigen.«

Filsmann sah auf die Uhr:

»Ich gehe«, sagte er, und er telephonierte um den Wagen.

»Ja«, sagte Menck.

Sie stiegen gemeinsam die Treppe hinunter. Der Portier war herübergekommen, stand mit gezogener Mütze bereit, die Türe zu öffnen. Menck schaute ihm auf die Ohren; man sah die Spuren der Kopfhörer. Er hatte Lust, ihn nach dem Radioprogramm zu fragen, aber [er] unterließ es. Die beiden Autos waren vorgefahren, das Tor des Hofes geöffnet.

»Wiedersehen, Doctor Filsmann«, sagte Menck.

»Auf Wiedersehen«, sagte Filsmann und ließ den Goldzahn sehen.

Filsmann fuhr nach Hause. Da standen die Werke der Filsmann A. G. mit ihren Büros, Hallen und Maschinenhäusern, und wie jeden Tag glitt sein Blick an den langen Fronten entlang. Und die Straßen hatten das gewohnte Aussehen, die Straßenbahnen verkehrten, wie sie immer verkehrt hatten, an den Kreuzungen standen die Schutzleute und hoben steif den Arm, und auf den Gehsteigen gingen die Menschen, wie sie immer gegangen sind. Der Chauffeur vor ihm saß noch ebenso gerade und unbewegt, wie er vor zwölf Jahren, da er nach dem Kriege engagiert worden war, gesessen hatte, er bediente die Hebeln mit den gleichen knappen Bewegungen wie seit eh und je, sogar das etwas zu scharfe Anfahren hatte er beibehalten. Nur die Haare unter der braunen Livréemütze begannen langsam grau zu werden. In nichts hatte sich der äußerliche Aspekt des Lebens geändert. Und doch waren die Zeiten schlecht geworden. Schlechte Zeiten? was hieß das?

Generaldirektor Hügli ging zu Fuß nach Hause. Manchmal benützte er die Straßenbahn, obgleich er als Generaldirektor und Aufsichtsrat ohneweiters einen der Fabrikswagen hätte benützen können. Aber wenn er's einmal tat, und das geschah meistens nur dann, wenn er sonntags mit seiner jungen Frau einen Ausflug machte, dann bestand er darauf, dem Werk die Benzinkosten zu ersetzen. Dr. Filsmann betrachtete es als eine speziell gegen sich gerichtete Demonstration, und wenn er, wie es manchmal geschah, vom Auto aus Hügli auf dem Gehsteig bemerkte, schaute er weg.

### III

Keiner sucht die bloße Lust, wenn er die Liebe sucht. Jeder sucht in der Einsamkeit seiner Seele die Berührung mit dem andern Ich, auf daß er mit ihm zusammen weinen könne.

Oh, Tränen, die zusammen fließen können.

Selbst der junge Mensch, noch voller Lüsternheit des jungen Tieres, überwältigt von dem Dasein des andern Geschlechts. Kinder, die den Pferden und Hunden zwischen die Beine schauen, weil sie nicht wagen, an das Geschlecht des Menschen zu denken, selbst sie wissen es, oh, sie wissen es, daß die Vereinigung der Leiber, die sie ahnen, die sie fürchten, die sie ersehnen, das aufbrechende Leben ist, entsetzensvolles Leben, voller Tod und über den Tod hinausreichend.

Abende in der Stadt, wenn der Schnee unter den Füßen der Passanten knirscht und das gelbe Licht der Straßenlampen und der Schaufenster die Straße zu etwas Geschlossenem, zu einer geschlossenen Stube macht, dann ist die Welt endlich, – Abende des Frühlings, wenn die Menschen müde und weich von der Arbeit kommen und in den Anlagen vor der Stadt sitzen, wenn die Stadt sich öffnet und die Töne der Landschaft in ihr vernehmlich werden, dann ist die Welt unendlich und die Angst ist süß.

Noch immer hatte Eva Gröner die Augen der Kindheit, da sie durch die Straßen der Stadt ging. Und das tat sie zweimal täglich, denn sie war Direktionssekretärin der Filsmannwerke, und sie war zweiundzwanzig Jahre alt; eine Monatskarte auf der Straßenbahn konnte erspart werden.

Ihr blauer Mantel war mit Pelz besetzt. Es gab zu Hause eine Schachtel mit Pelzresten; Eva mochte den Geruch des Mottenpulvers gut leiden, der aus der Schachtel strömte. Der Märzwind pfiff, und dann begann es zu regnen. Weiche große Tropfen, sie spürte es an den Beinen, dünne Mädchenbeine mit dünnen Strümpfen. Der linke Überschuh hatte an der Spitze ein Loch; man mußte es kleben lassen. Eva nahm die Mütze ab, es war angenehm, wenn die Tropfen aufs Haar fielen. Das Haar war dunkel und kurzgeschnitten, ein dunkler, leichter und voller Helm.

Bilderbücher der Jugend, in die man sich hineinsehen konnte. Grüne Landschaften mit Hütten, über die der blütenreiche Baum sich beugt. Vor den Kinos die Plakate zeigten Palmen, einen goldenen Strand dahinter. In Italien blühen um diese Zeit bereits die Blumen. Die Glastüren der Kinos waren geschlossen, das Kassafenster war durch eine Preistafel verdeckt; es war Mittag.

Kein Mensch geht auf der Straße, den nicht die Sehnsucht begleitete. Die Sehnsucht nach der Kindheit, die Sehnsucht nach fernen Ländern, und wohl auch die Sehnsucht nach einem unendlich fernen Tod, den zu überwinden es gilt.

Eva dachte an den Herbstabend, an dem sie mit Karl Lauck durch den Wald gegangen war. Es war wie ein letztes Aufatmen des Waldes gewesen, ein Aufatmen zur Unendlichkeit, und sie hatte nichts gespürt als die schmerzliche Wachheit, erwachsen zu sein, und als Karl Lauck schwieg, da war es, obwohl er sie nicht berührt hatte, als würde man Wange an Wange geschmiegt, gemeinsam in ein Bilderbuch hineinsehen. Da war sie es gewesen, die nach seiner Hand gegriffen hatte, und das diffuse Sehnen, in dem sie aufgelöst war, hatte sich plötzlich um Lauck verdichtet, so daß sie sich, als er die Brille abnahm, hatte küssen lassen.

Manchmal hatte sie weinen müssen, wenn Lauck vom Sozialismus sprach. (Das tat er unaufhörlich.) Denn das Bild einer allgemeinen Brüderlichkeit, jener Unverlassenheit, jenes Handreichens, mit dem alle für alle zu sorgen hätten, auch dieses Bild ist Abbild der göttlichen Sphärenharmonie, und wenn das Herz solchen Klang hört, muß es weinen. Doch für Lauck hatte der Sozialismus eine andere Bedeutung: war Eva ursprünglich sehr von dem Fanatismus beeindruckt gewesen, mit dem hier ein Mensch all sein Tun und Denken – Lauck war Redakteur des Arbeiterblattes, Sekretär der Gewerkschaft, stak in allerhand politischen Dingen und Organisationen – in den Dienst einer Idee zu stellen vermochte, so war es ihr bald auch erschreckend deutlich geworden, daß das Beglückende, das ihr durch die sozialistische Idee vermittelt worden war, für ihn keine Existenz hatte, vielmehr, daß es etwas sonderbar Hartes und Blutloses war, das ihn gefangen hielt, ihn vorwärtstrieb und ihn zwang, immerzu von den Zielen des Sozialismus zu sprechen. Das war ihr im Herbste noch nicht klar gewesen, ja, auch jetzt war es eher eine Beängstigung als eine klare Erkenntnis, aber trotzdem war es im Walde eine Sekunde der Befreiung geworden, als Karl Lauck nicht mehr vom Sozialismus sprach, sondern gleich ihr in die Landschaft schaute, und das Weinen, das sie damals überkam, galt nicht mehr dem fernen Spiegelbild der großen Brüderlichkeit, es galt etwas Unmittelbarem, das aus der Landschaft strömte und zum Himmel aufstieg. Und war er bis dahin immer der Führende gewesen, sie die Schülerin, die seinen Worten gelauscht hatte, so war in dieser Sekunde der Erlösung es ihre Welt, an der er teilhatte, – und in dem gerührten Wissen um seine Unterwerfung hatte Eva sich küssen lassen dürfen. Freilich, auf der Rückkehr zur Stadt, noch flossen Evas Tränen, da hatte er schon wieder von den Zielen des Sozialismus gesprochen.

Seitdem sahen sie sich beinahe täglich. Allerdings meist nur ein paar Minuten zu Mittag. Lauck hatte abends Redaktionsdienst, und wahrscheinlich war es beiden recht, daß es so war. Jedenfalls hatte Eva ein beinahe unbehagliches Gefühl, wenn sie zum Brunnenmarkt gelangte, hinter dem Lauck bei der Straßenbahnhaltestelle auf sie zu warten pflegte.

Heute war er noch nicht da. Eva überlegte, ob sie warten sollte. Aber es gab da ein Schaufenster mit Kleidern und Blusen. Und während sie noch verglich und die herabgesetzten Preise erwog, stand Lauck neben ihr. Sie fühlte sich ein wenig ertappt, weil sie Laucks sozialistische Mißbilligung des Tandes kannte, und weil sie es ihm verargte, bemerkte sie, obwohl es sie sonst oftmals rührte, daß er wie immer die linke Hand in die Manteltasche gesteckt hatte, um die etwas schiefe Schulter zu verbergen. Aber weil er keinerlei bissige Anspielung machte, lächelte sie ihm freundlich, fast dankbar zu.

Lauck war auf dem Weg zur Berlitz-School, wo er Russisch lernte. Das ergab bloß ein kurzes Stück gemeinsamen Weges. Und weil Lauck seine Mißbilligung doch anbringen mußte und seine Logik alles ins Abstrakt-Sozialistische ziehen mußte, sagte er: »Mit den Preisreduktionen wird man die Wirtschaft auch nicht retten können.«

Eva lachte: »Aber angenehm sind sie . . . Schuhe gibt es schon für sechs Mark. Überschuhe gar schon [für] vier. Die meinen haben ein Loch.«

Sie sah auf ihre Beine herunter. Es waren nette Beine. Lauck könnte eigentlich etwas über ihre Schuhe sagen. Aber der dachte nicht daran, er hatte es wohl überhört, er dozierte drauf los: »Grundlegender Fehler der heutigen Taktik, der Wirtschaft noch immer Vorteile für den Arbeiter abzwingen zu wollen. Eine Wirtschaft, die sich selber nicht mehr trägt, kann für niemanden mehr etwas hergeben.« Die schiefe Schulter zeichnete sich ein bißchen höckerig unter dem Mantel ab. Eva schüttelte die Haare; der Regen hatte aufgehört, und der Wind hatte die Haare bereits getrocknet. Und weil es von irgendwoher plötzlich frühlingshaft roch, und weil sie einen Zusammenhang zu Laucks Gedanken herstellen wollte, sagte Eva: »Wenn's ganz arg wird, werden wir alle wieder zu Bauern werden müssen . . . und das wäre bloß richtig und schön.«

Aber das war eigentlich recht boshaft, denn Lauck war für Bauernarbeit sicherlich zu schwach. Lauck mußte das auch gespürt haben, denn er antwortete etwas unmutig und von oben herab: »Die Landwirtschaft kann keine neuen Arbeitskräfte aufnehmen, dort ist die Not nicht minder groß als in den Städten.«

»Ich begleite Dich noch die paar Schritte zur Schule«, sagte Eva.

Schweigend gingen sie nebeneinander, jeder mit seinen Gedanken im Kopf, dennoch zwei Menschen, die ein überaus wichtiges Erlebnis, nämlich das erotische, gemeinsam hatten. Für Eva, die schließlich erst zweiundzwanzig war, hatte dies immerhin etwas Beunruhigendes. Lauck dagegen hätte mit wem immer gehen können; er war dreißig, aber das hatte mit seinem Alter nichts zu tun.

Dann sagten sie Aufwiedersehen, und Eva schlug den Weg nach Hause ein. Plötzlich empfand sie es als Erleichterung, erwachsen zu sein. Mag sich die Wirtschaft als tragfähig erweisen oder nicht, man wird sein eigenes Schicksal tragen können. Schicksal? was hieß das? doch nicht Lauck? Eva hatte den Kopf gehoben, sie fühlte, daß Männer sie anschauten, aber sie hielt den Blick geradeaus gerichtet.

Was war ihr Schicksal? nun, das übliche dieser Zeit. Hier reichte die Witwenpension nicht aus, und das Schicksal war in zwei Epochen geteilt, in eine, in der man noch reich gewesen war, und in die arme, in der man sich eben befand. Dazwischen lag das Jahr 1922, in dem nicht nur die Inflation, sondern auch der Tod des Vaters, des Regierungsrates Adolf Gröner, stattgefunden hatte, und die Mutter sorgte dafür, daß die überschrittene Armutsgrenze niemals vergessen werden konnte, nicht zuletzt, weil in ihrer Erinnerung der einstige sagenhafte Reichtum geradezu amerikanische Dimensionen annahm. Auch der verstorbene Regierungsrat mußte, wollte man der Mutter glauben, überdimensionale Eigenschaften gehabt haben, Eigenschaften, wie sie [an] sonstigen irdisch-männlichen Wesen nicht zu finden waren; er war zu einer mythischen und heldischen Gestalt geworden, freilich mit dem unverzeihbaren Makel behaftet, Frau und Kinder in dürftigen Verhältnissen zurückgelassen zu haben. Es war eine Dreizimmerwohnung in mäßiger Wohngegend, die Frau Gröner mit Eva und den beiden Jungen hatte beziehen müssen, und ihre einzige Hoffnung bestand in der guten Partie, die die Tochter machen würde.

Die Geschichte mit Lauck war der Mutter verheimlicht worden. Konnte man denn von einer Verlobung sprechen? und dabei war Lauck, mit seinem bürgerlichen Aussehen, eigentlich schon ein Zugeständnis an die Mutter. Für ein Mädchen aus proletarischer Familie – so dachte Eva – gehört im Grunde ein Proletarier, ein richtiger Arbeiter, und immer wieder ertappte sie sich, wie sie junge Arbeiter im Werke auf ihre Eignung als Liebespartner prüfte. Sie war noch immer so bürgerlich, daß ihr das als unvorstellbar erschien. Aber sie machte es sich zum Vorwurf, und das Erlebnis mit Lauck erschien ihr beinahe als Feigheit.

Und während sie jetzt der Dreizimmerwohnung in der Kleiststraße zuschritt, dachte sie daran, daß ihre Mutter sich einen Regierungsrat ausgesucht hatte und bei der Vorstellung eines Arbeiters in entsprechender Situation die Hände über den Kopf zusammenschlagen würde: nein, das würde sie niemals begreifen können, und Eva, mitten auf der Straße, mußte lachen.

Oh, Tränen, die zusammenfließen. Wirrnis des Lebens. Aber das Loch im Überschuh störte sie dennoch.


IV


Zur Herstellung einer gesellschaftlichen Verbindung mit dem Dirigenten Hans Jasper bediente sich Gladys Filsmann der Vermittlung Victor Hassels. Das war naheliegend, denn Hassel war gegen Wünsche wehrlos und hatte den Ruf, alle Künstler zu kennen. Das erste stimmte, und Hassel, beim Telephon, wehrte bloß schwach ab: »Ja gerne, aber ich kenn ihn doch gar nicht.«

Gladys wurde energisch: »Machen Sie keine Flausen, Hassel, Sie haben so viel Verbindungen, Sie müssen mir den Jasper bringen.«

Das besondere Malheur Hassels war, daß er sofort amüsiert war. Also begann er zu lachen.

»Mir scheint, Hassel, Sie lachen ins Telephon?«

»Natürlich.«

Gladys war empört. Sie hatte es ernst gemeint, und sie hatte keinen Sinn für Komik. »Ich werde Sie nie mehr um etwas bitten. Adieu.«

Schön. Hassel kränkte sich nicht. Sollte Gladys böse sein, er langweilte sich ohnehin bei den Filsmannschen Gesellschaften. Und er hatte ohnehin Wichtigeres zu tun. Wenn möglich, wird er ihr noch den Jasper verschaffen, sozusagen als Abschiedsgeschenk, statt Blumen, weil er sie beleidigt hatte.

Am nächsten Tag kam er zum schwarzen Kaffee zu Thea Woltau. Das geschah jeden Dienstag.

Thea v. Woltau schrieb Romane. Hassel mochte die Romane nicht sehr gut leiden; sie blieben hinter Thea zurück, und weil er ihr das unverblümt sagte, vertrugen sich die beiden außerordentlich gut.

»Ich breche den Verkehr mit Filsmanns ab, Thea.«

»Das haben Sie schon oft versprochen.«

»Ja.«

»Mit Ihrer schuldbewußten Miene ist's nicht getan, Hassel.«

»Aber die Frau ist ein Phänomen.«

Thea nickte: »Und ob sie das ist, allerdings ein harmloses Phänomen.«

Hassel wurde ernst: »Je weniger ein Mensch eigenes Sein in sich trägt, desto mehr muß er sich auf's Haben verlegen. Der Yoga ist nur mehr Sein, der Amerikaner nur mehr Haben. Und wahrscheinlich fällt absolutes Sein und absolutes Haben wieder zusammen. Auf das Absolute kommt's immer an.«

Thea lachte: »Sie sollten Ihre Philosophie lieber endlich niederschreiben, als sie gegen die arme Gladys zu verschroten.«

»Aber wenn's so ist ... für Gladys ist das Haben im Begriff Gesellschaft gegeben. Wenn einmal die ganze Welt bei ihr verkehren wird, wird sie ihr Absolutum erreicht haben ... entweder man ist die Welt, oder man muß sie haben ... Sie sehen, es stimmt auch für den Begriff der Gesellschaft.«

»Wann werden Sie sich wirklich entschließen, etwas Anständiges zu arbeiten, anstatt bei mir Aphorismen zu fabrizieren?«

»Ohne Sie kann ich nicht arbeiten, Thea.«

»Ich arbeite auch allein.«

»Aber mit mir könnten Sie's viel besser ... passen Sie auf, was Sie dann für anständige Romane hervorbrächten.«

»Wenn's gar nicht mehr geht, werde ich Sie rufen, Hassel.«

»Aber inzwischen verschaffen Sie mir den Jasper für Gladys?«

»Ich denke ja nicht daran ... versprechen Sie nicht immer Unsinnigkeiten.«

Hassel war verzweifelt: »Ich hab' ihr ja nichts versprochen, glauben Sie mir doch endlich.«

Thea glaubte es ihm nicht, aber sie ließ sich erweichen und nahm es auf sich, Gladys zu Jasper zu verhelfen. Es war ja wirklich nicht übermäßig schwierig, und wenn Hassel in derartigen Dingen nicht so heillos faul gewesen wäre, so hätte er's auch allein zuwege gebracht. Immerhin, nach acht Tagen hatte Jasper bei Filsmann Karte abgeworfen. Und nach einer weitern Woche war er zu einem Souper en petit comité eingeladen.

Wenn der Dirigent Hans Jasper nicht unmittelbar mit Musik beschäftigt war und sich in ihrem kristallenen Nebel bewegte, geriet er sofort in einen andern Nebel, in einen wesentlich weniger freundlichen, ja, höchst unfreundlichen und undurchsichtigen Nebel, und der war die Welt außerhalb der Musik. Dieser unfaßbare Nebel der Realität bedrückte ihn und machte ihn still; was die anderen redeten, hörte er zumeist nicht, es drang wie durch eine wattierte Luft nur lang-

315

sam in ihn ein, Klänge einer fremden und gedämpften Sprache, die man nie zur Gänze beherrschen lernte. Manchmal allerdings, wenn die Bedrückung und Angst allzusehr auf ihm lasteten, dann wurde er zu einem, der im Dunkeln singt, dann wurde er redselig, selber am meisten verwundert über die Worte, die sich nun plötzlich und ungezwungen einstellten, und mit seinem Redefluß schwemmte er jede Gegenrede hinweg, ein plötzlich angeschwollener Gebirgsbach, der ebenso rasch wieder zur Trockenheit versiegen kann.

Man konnte dabei durchaus nicht sagen, daß Jasper weltfremd gewesen wäre; er erledigte seine Geschäfte recht gut, er wußte in manchen Dingen Bescheid, und er war sogar stolz, kein weltfremder Künstler zu sein. Die Dinge geschahen bloß eben hinter einer Nebeldecke. Und wenn er eine Einladung wie eben die von Gladys annahm, so war es ihm zwar ein Opfer, aber er rechnete es sich hoch an, daß er den gesellschaftlichen Veranstaltungen nicht auswich, sondern sie als Tribut auf sich nahm, den er der Musik schuldete und den zu entrichten nicht nur seine Pflicht war, sondern auch zu seinem persönlichen Vorteil gereichte.

Was zurückblieb – und das war auch seine Erinnerung an den Abend bei Gladys Filsmann – war eine Mischung von Schlauheit, Unbehagen und Fremdheit, umhüllt von dem optischen Bild erleuchteter Räume, weißen Tischzeugs, edlen Porzellans und silberner Bestecke. Und weil sich bei ihm das meiste in Musik umsetzte, so begab er sich zum Klavier, und begann etwas zu spielen. Während des Spiels erkannte er das Stück als die Campanella von Liszt, und er bog die Melodie ab, ging ins freie Phantasieren über. Die Familie Filsmann hatte schließlich weder mit Liszt, noch mit dem Lisztkreis etwas zu tun. Freilich, wenn er an Liszt dachte, mußte er sich ihn immer im Salon vorstellen, Liszt war ein brillanter Causeur, sehr im Gegensatz zu ihm selber, der manchmal in Gesellschaft kein Wort herausbrachte. Bei Filsmann allerdings, da hatte er viel und angeregt gesprochen. Und Jasper bemerkte, daß er noch immer das Lisztthema paraphrasierte. Werden ihm niemals eigene Themen einfallen? Jasper schloß unmutig das Klavier!

Ja, alles wiederholte sich. Sooft eine Frau da war, die in ihm etwas erklingen machte, da konnte er reden. Durchaus

316

lächerlich, daß sich diese Situation immer wiederholte, und doch war es eine Art legitimer Gewinn: wenn er schon der Musik zuliebe Gesellschaften aufsuchen mußte, so durfte er wenigstens den kleinen Gewinn einer erotischen Spannung mit heimbringen. Natürlich gab es auch außerhalb der Gesellschaft genug Frauen, aber er gestattete sie sich nicht, und er gestattete es sich eigentlich auch nicht in der Gesellschaft; sein Instinkt und sein Bedürfnis nach Selbstschutz führte ihn immer wieder zu Frauen, die ihm völlig unnahbar erschienen. Und wenn sich dann diese hypothetische und erwünschte Unnahbarkeit nicht bewährte, so war Hans Jasper nicht nur sehr erstaunt und betroffen, er war der betreffenden Dame für das unerwartete Geschenk ihrer Liebe nicht nur in einem tiefern Maße verbunden und dankbar, sondern er war noch viel mehr geneigt, ihr solche Hingabe als ein unerwünschtes und unberechtigtes Attentat gegen seine Kunst vorzuwerfen, als eine quasi illegitime Fortsetzung des gesellschaftlichen Tributs, den er für seine Kunst leistete, als einen Über-Tribut, zu dem er im Grunde nicht mehr verpflichtet war. Er war ein schlechter Liebhaber.

Diesmal war es Antoinette gewesen, die ihn gefesselt hatte. Und dabei war das Schicksal diesmal in besonders hinterlistiger Weise über ihn hereingebrochen. Daß Gladys ihm irgendwelche Avancen machen würde, das hatte er als selbstverständlich vorausgesetzt und war angenehm überrascht gewesen, daß dies nicht eingetreten war. Es war ein Souper wie so viele andere, er saß neben der Hausfrau, und der in seiner Eigenschaft als Vorstand des Konzertvereins eingeladene Justizrat Köhler versuchte unausgesetzt ein Gespräch über Musik in Gang zu bringen. Und Jasper hatte unausgesetzt an den zweiten Trompeter im Beethovenkonzert denken müssen, der die Trompete so merkwürdig schief ansetzte und doch richtig blies, – er hatte während des ganzen Konzerts ein unbehagliches Gefühl gehabt und wollte eigentlich mit dem Mann sprechen, hatte es aber dann vergessen gehabt. Und am liebsten wäre er vom Souper aufgestanden und hätte den Mann gesucht. Justizrat Köhler schien auch etwas erstaunt gewesen zu sein, als er auf seine musikalischen Ausführungen bloß mit der Frage nach dem zweiten Trompeter geantwortet hatte: nun, der blonde mit dem Krauskopf und

317

dem kleinen Schnurrbart, der die Trompete so komisch hält, ein ganz tüchtiger Musiker. Nein, der Justizrat kannte ihn nicht. Und daraufhin hatte er dem Justizrat überhaupt nicht mehr geantwortet, sondern geschwiegen. So fremd war wieder einmal die ganze Situation geworden.

Nach dem Souper aber war die alte Frau Filsmann gekommen. Und hatte gesagt, daß sie in eine so musikalische Gesellschaft nicht passe, denn sie verstünde absolut nichts von Musik. Ja, und dann hatte sie noch gesagt, daß sie trotzdem sehr wohl wisse, daß das Beethovenkonzert ganz prachtvoll gewesen sei, und daß es wohl sehr mächtig gewesen sein müsse, wenn selbst so ein armer Laie, wie sie einer sei, so sehr ergriffen gewesen war. Und da war er ihr ganz sonderbar dankbar gewesen; er war froh, daß man ihn neben sie placiert hatte, und am liebsten hätte er ihre alte Hand gehalten. Eine Art Empörung gegen die Natur war über ihn gekommen, gegen die Stupidität der Natur, die ihn immer wieder zu jungen Frauen und zu ihren stupiden Liebesforderungen führte. Hier war ein Mensch, neben dem man schweigen konnte, und war seine Schweigsamkeit vorher bedrückender Zwang gewesen, so verwandelte sie sich nun in wohltuende Ruhe. Nichts hatte ihn mehr gestört, weder das heitere und schwerfällige Nachrokoko des ausgehenden 19. Jahrhunderts, in dessen Stil die Räume ausgestattet waren, noch die vielfach gewundenen Bronzelüster, die mit schräg weggestreckten, überaus zahlreichen Glühbirnen und allzureichlichem Licht ihn blendeten.

Doch dann bemerkte er Antoinette, ja, er bemerkte sie zum ersten Male, obwohl sie während des Soupers ihm gegenüber gesessen hatte. Sie aß Konfekt mit einer kleinen goldenen Gabel, die sie merkwürdig schräg zum Munde hin praktizierte. Ob er dies zuerst bemerkt hatte, oder ob es Toinettes auffallende Ähnlichkeit mit der Großmutter gewesen war, das wußte er jetzt nicht mehr. Ihr Mund allerdings war anders, vielleicht bloß weil sie jung war, der Mund, breit – russisch breit, mußte er denken – mit seinen vollen Lippen und den vielen starken Zähnen, der machte ihm ein wenig Angst. Zweifelsohne ein sinnlicher Mund. Und angesichts dieses Mundes hatte er plötzlich zu reden begonnen, viel hatte er geredet, von seinem ersten Lehrer Nikisch, Musikeranekdoten hatte er erzählt, von den Pariser Konzerten und dem aufnahmebereiten französischen Publikum erzählt, und in einen merkwürdig leeren und fremden Raum hinein gingen seine Sätze, wie aufgesaugt von einer unbegreiflichen Fremde, in der er nun nichts mehr sah als jene roten Lippen. Irgendwie schämte er sich vor der alten Frau Filsmann.

Hans Jasper saß schon längst nicht mehr vor dem Klavier. Er ging im Zimmer auf und ab und besah seine Blumen, die üblicherweise von den Verehrerinnen ins Hotel geschickt wurden. Er mochte die Blumen gut leiden. Er stand vor einer vollen roten Azalee. Voll und rot, dachte Jasper, wie mit einem Lippenstift.

Toinette sagte zu ihrer Großmutter:

»Ich möchte bald heimfahren.«

»Hast du Heimweh, Kind?«

»Vielleicht, Großmutter.«

»Wir hätten dich gerne über den Sommer hierbehalten . . . fühlst du dich bei uns nicht zu Hause?«

»Doch, Großmutter.«

Vielleicht hat sie recht, dachte Frau Filsmann, bei uns klappt etwas nicht, sie hat vielleicht recht, wenn sie fliehen will.

»Großmutter«, sagte Toinette.

»Ja, mein Kind.«

»Merkwürdig, daß dieser Hans Jasper so berühmt ist.«

»Er ist eben ein berühmter Musiker.«

»Ja, aber wir beide . . . wir sind nicht wie Gladys, die spürt wahrscheinlich das Besondere, das in so einem Musiker steckt . . .«

Gladys ist eine Gans, dachte Frau Filsmann, und ihr Sohn tat ihr leid.

»Was er erzählt, hat mich gar nicht interessiert«, beschloß Toinette ihren Gedankengang.

»Aber er ist ein guter Junge«, sagte Frau Filsmann: vielleicht war's eine kleine Ranküne gegen den fernen Schwiegerenkel, zu dem Toinette zurückkehren wollte, der sie dies sagen ließ, vielleicht war's ein Ausfluß des kleinen Kuppeltriebes, den keine Frau gänzlich verleugnen kann. Aber zu alldem hatte ihr Jasper wirklich ganz gut gefallen.

## Dirigent Jasper

Für vier Konzerte in den Monaten März und April verpflichtet, hatte Hans Jasper Dauerquartier im Bristol genommen. Allerdings hatte [er] dazwischen auch noch ein Konzert in Paris zu absolvieren, und vielleicht auch einmal zwischendurch in den Harz [zu] fahren. Dort hatte er ein kleines Anwesen, wohin er sich immer zurückzog, um zu komponieren, und außerdem hatte er dort eine Frau. Als Gladys dies erfuhr, war's ihr nicht recht; es war, als hätte Hassel ihren Auftrag schlecht ausgeführt.

Nichtsdestoweniger gab sie einen Abend zu Ehren des berühmten Dirigenten. Jasper hatte nicht eben gesellschaftliche Ambitionen, aber er bildete sich ein, solche Veranstaltungen im Interesse seiner Kunst auf sich nehmen zu müssen; es war eine Art Tribut, den er der Musik damit entrichtete. Und es war immer ein Ausflug in ein fremdsprachiges Gebiet. Er selbst ein Fremder, bewegte er sich unter Fremden.

Das Souper war zu Ende. Die Gesellschaft befand sich im Stadium jener Unschlüssigkeit, die nach Aufhebung der Sitzordnung immer eintritt, und die durch den herumgereichten Mokka nur wenig gedämpft wird. Unschlüssig stand und saß man in den Zimmern herum, zu scharf und grell beleuchtet von den vielen elektrischen Birnen in den bronzenen Rokokolüstern; die Räume waren im heitern Rokoko des ausgehenden 19. Jahrhunderts ausgestattet.

In der Mitte des Salons stand Johann Friedrich Filsmann; er stand da in seinen schwarzen Schnürstiefeln – noch nie hatte er etwa Lackschuhe getragen, und auch zum Frack war er kaum zu bewegen –, und in seinen langen schwarzen Schlußrock massiv eingeknöpft, sah er mit seinem runden weißen Vollbart sowohl würdig als gewaltig aus.

Würde, das war es, Würde, das unterschied ihn von der neuen Generation. Und obwohl man sich fragen mußte, woher eine Generation, deren Materialismus außer Zweifel steht, Würde bezogen hat, mußte man die Würde des Festgefügten, die da vorhanden war, anerkennen. Selbst Menck verschwand neben dem alten Filsmann, war sozusagen von geringerem spezifischem Gewicht, und dies sicherlich nicht nur wegen des Altersunterschieds, denn Friedrich Johann

Filsmann war vor fünfundzwanzig Jahren kaum viel weniger würdig gewesen als heute mit achtzig. Und sogar als er seine Skatpartner gefunden hatte und sich mit Ihnen ins Spielzimmer begab, er tat es mit Würde.

Frau Antonie Filsmann hatte den Ehrengast zu sich gerufen; Hans Jasper saß neben ihr auf dem Sofa der großen Sitzgarnitur, umgeben von dem, was man in diesem Fall noch immer einen Damenflor nennen mußte. Unter dem Damenflor befand sich Toinette.

Hans Jasper kannte solche Situationen. Und war ihnen trotzdem nicht gewachsen. Seine Initiative erschöpfte sich in der Musik, und auch da ließ er sich tragen, wußte eigentlich nicht, wohin sie ihn trug. Nach aufwärts, das wußte er, aber er konnte sich eigentlich nichts darunter vorstellen. Und weil die Damen teils wegen des stockenden Gesprächs, teils aus den hier naheliegenden Gründen immer wieder die schmalen Dirigentenhände betrachteten und eigentlich warteten, daß diese irgend etwas besonders Bedeutsames ausströmen würden, war es nicht verwunderlich, daß plötzlich von Chiromantie geredet und von wundersamen Fällen chiromantischer Hellsichtigkeit gesprochen wurde.

Denn Zeiten absterbender Kulturen sind allen pseudomagischen Erkenntnissen über alle Maßen geöffnet. Jeder Verfall lockert das Rationale, öffnet die Fenster zum Mystischen, doch die Dimension des Magischen nimmt immer mehr ab: der Graf Cagliostro[?], selbst schon längst nicht mehr Mystiker, war dennoch ein Kerl gegenüber der außerwissenschaftlichen Astrologie, Handschriften- und Handlesekunst und [dem] extremen Spiritismus, kurzum jener Halbmetaphysik, mit der das verfallende Bürgertum seine geistigen Bedürfnisse befriedigt. Frau Filsmann sagte: »Alles, was Ihr da erzählt, mag ja stimmen, aber mir gefällt es nicht. Ich will von der Zukunft nichts wissen, und wie ich selber gebaut bin, das weiß ich selbst am besten. Hauptsache ist, daß man fest auf der Erde steht . . . alles andere fügt sich dann von selbst.«

Eine Dame sagte: »Aber auch auf der Erde können wir uns nicht aus dem kosmischen Geschehen lösen.«

»Vielleicht«, sagte Frau Filsmann, »ich streite es ja nicht ab.«

Und die Dame, die nicht nachgeben wollte, sagte: »Selbst zwischen den Linien der Hand und den Sternen existieren unlösbare Verbindungen.«

Und Frau Filsmann sagte neuerdings: »Vielleicht.«

Jasper dachte, daß die Musik die Verbindung zwischen dem Irdischen und den Sternen sei. Aber er sprach es nicht aus, sondern hätte lieber etwas Chiromantisches gesagt. Und da ihm hiezu nichts einfiel, pflichtete er Frau Filsmann bei: »Man hat einmal meine Schrift untersucht ... es hat gestimmt, doch ich glaube nicht daran.«

»Meister, auch Sie werden es noch glauben«, rief die mystische Dame aus.

Jasper bemerkte, daß sie sich in einem mittleren Alter befand. Da kannte er sich aus und war auf der Hut.

Am jüngsten Tag wird vielleicht alle zu den Sternen hinaufgesandte Musik zur Erde zurückkehren und die Toten erwecken.

Toinette streckte die Hände vor: »Wer eigentlich kann wirklich handlesen?«

Es stellte sich heraus, daß es niemand konnte; bloß die mystische Dame wußte von dem Vorhandensein der vier Hauptlinien, Lebenslinie, Schicksalslinie, Kopf- und Herzlinie.

»Ich brauche mein Herz nicht in der Hand zu haben«, sagte Frau Filsmann, »ich habe es hier ...« Und sie deutete auf die Stelle der schwarzen Seide, unter der ihr gutes altes Herz schlug.

Jetzt, da sie Jasper gegenüber saß, hatte Toinette keinerlei unangenehme Gefühle mehr, ja, sie erinnerte sich nicht einmal, daß sie beleidigt gewesen war, ins Konzert geführt worden zu sein.

Eine der Damen sagte: »Eine Symphonie dirigieren zu können, muß die vollkommenste Befriedigung sein, die der Mensch erleben kann.«

»Ja, das ist es«, sagte Jasper, obwohl er in diesem Augenblick nicht daran glaubte, Er fragte sich, warum es einen Tschaikowski gäbe, wenn es einen Beethoven gibt. Im nächsten Konzert wird er Tschaikowski dirigieren, das stand im Programm. Was waren diese Leute hier? Tschaikowskis oder noch weniger, noch viel weniger. Er wollte überhaupt nicht mehr dirigieren.

Durch die offenen Doppeltüren sah man in den großen
Salon. Dort stand Gladys mit dem Präsidenten des Konzert-
hausvereins. Sie war in voller Bewegung, um die Gesellschaft
in Kontakt zu bringen. Wenn nicht getanzt wird, eigentlich
eine sehr schwierige Aufgabe. Aber es war ihr unangemessen
erschienen, in der Anwesenheit eines so berühmten Musikers
Jazz spielen zu lassen. Jetzt tat es ihr leid.

Was ging hier vor?

Keiner wußte es. Sie waren hier versammelt, ihre Leiber
waren hier versammelt, jeder trug ein Ich in seinem Leib, ein
kleines Ich im obern Ende des Leibes, und das schaute in eine
Welt, abgeschlossen von Wänden, an denen Bilder hingen,
bestrahlt von elektrischen Birnen.

Hassel hatte Thea in eine Ecke gezogen: »Hier geht's gespenstisch zu.«

»Sie wollten ja nicht mehr herkommen, Hassel.«

»Wenn Sie hier sind, halte ich es zu Hause nicht aus. Ich
bin zu eifersüchtig.«

»Ach, Hassel, wenn Sie nur ein bißchen mehr Würde
hätten!«

»Das fehlte mir noch.«

Menck gesellte sich zu ihnen.

Keiner von ihnen konnte eine Symphonie dirigieren, bloß
Jasper konnte es. Menck sagte: »Zum nächsten Konzert
Jaspers muß ich wohl auch gehen . . . es ist wohl zehn Jahre
her, daß ich in einem Konzert war, eigentlich 'ne Schande.«

»Sie haben anderes zu tun«, sagte Thea.

Mencks scharf joviales Gesicht sah für einen Augenblick
geschmeichelt drein, aber dann sagte er: »Na, mir erscheint
dies durchaus fraglich.«

»Sie sind ja auch ein Dirigent«, sagte Thea höflich, »Symphonie der Wirtschaft.«

»Und Sie sind eine heimtückisch boshafte kleine Person,
Fräulein v. Woltau.«

Hassel sagte: »Jede Beschäftigung hat ihre Kontrapunk-
tik.«

Im Spielzimmer sagte der alte Filsmann ein Kontra an.

Rekontra sagte sein Partner.

Es waren etwa vierzig Seelen in diesen Räumen versammelt, alte und junge, aber die Seele ist zeitlos, bloß die Leiber

waren mehr oder minder gealtert. Was trieben sie hier? warum verbrachten sie fünf Stunden ihres ohnehin kurzen Lebens an dieser Stelle?

Herbert Filsmann aber fühlt sich wohl. Er erfüllte seine Hausherrnpflichten, und obwohl er eigentlich nicht recht begriff, warum dies alles vor sich ging, war alles natürlich: seine Mutter saß dort in ihrem schwarzen Seidenkleid und nahm die ganze Angelegenheit als notwendig und natürlich hin. Manchmal nickte sie ihm zu.

Ja, sie nahm es als eine natürliche Gegebenheit hin. Da saß sie neben einem Menschen, und sie fühlte, daß dieser Mensch in fremder Sprache dachte, in einer Sprache, die Musik hieß und die sie nicht verstand, aber sie wußte auch, daß dieser Mensch eine Mutter hatte. Jeder dieser Menschen hier hat eine Mutter, war einmal in Windeln gelegen, die er naß gemacht hat. Sie hatten eigentlich alle keinerlei Veranlassung, so erwachsen zu tun, bloß weil jeder seiner eigenen Tagesbeschäftigung nachgeht und sich selbständig wäscht. Alles ist knapp benachbart, und jeder liegt noch auf dem Wickeltisch und wird aus seinen nassen Windeln ausgepackt.

Und die erwachsenen Menschen stecken Schokoladepralinées in ihre Münder. Auch der berühmte Dirigent Jasper tat es.

In ihren Hosen und Kleidern standen und saßen sie herum. Und hatte doch ein jeder sein Fünklein im Seelengrund sitzen. Aber die meisten spürten bloß das gute Essen, das ihnen jetzt als Brei im Magen lag. Unter den mannigfachen Bildern an den Wänden befand sich ein italienischer Heiliger, der aus dunklen Augen unverwandt herunterschaute.

Wann wird der menschliche Körper zum Gefäß der Würde und der Heiligkeit? Kann jener untersetzte Herr dort – er hieß Dolfuß und war ein bedeutsamer Industrieller der Stadt – mit dem schwarzen Schnurrbart quer im Gesicht je zum Ebenbild Gottes werden? kann er es werden, wenn er auf dem Totenbette liegt? wird auch ihn der Todesengel zur Erkenntnis wecken, ehe [er] den letzten Atemzug aus fettüberlagerter Brust enthauchen wird? oder wird sein Schnurrbart ebenso gotteslästerlich aus dem erstarrten und gelbbraun gewordenen Fett starren, nutzlos gewordene Borsten im Sarg?

Dolfuß allerdings atmete ruhig. Er dachte nicht an sein

Seelenheil, sondern er bedauerte bloß, daß nicht getanzt wurde. Und er bedachte keineswegs, daß in der kleinen Ekstase des Tanzes ein erster und bescheidener, ein äußerst billiger Ansatz jener großen Ekstase steckt, die zum Göttlichen hinstrebt.

Es ist lächerlich, dem Menschen den Vorwurf körperlicher Mangelhaftigkeit zu machen, etwa, daß sein Magen mit Brei angefüllt sei, oder, wie ein mittelalterlicher Asket von den Frauen sagte, daß sie mit Kot angefüllte Säcke seien: derartige Vorwürfe reichen übers Ästhetische und Sterile nicht hinaus, oder sie sind Ausfluß einer hysterischen Sexualablehnung. Nein, das Groteske und wahrhaft Gespenstische des Menschen liegt nicht in seiner Mangelhaftigkeit, sondern in seiner, soweit man dies überhaupt sagen darf, körperlichen Vollkommenheit. Allzu leicht ist es, sich über die Monstrosität eines Dolfuß zu entsetzen, allzu billig ist es, sich über die grobe Sinnlichkeit jener Frauen zu empören, auf die die Geilheit eines Monstrums wie Dolfuß einen Eindruck macht. Denn das Unästhetische ist bloß ein Grenzfall des Ästhetischen – das Gespenstische aber liegt im Normalen.

Jasper war das Leben, soweit es außerhalb des Musikalischen verlief, oftmals gespenstisch. Er wußte es nicht auszudrücken, ja, er wollte davon nichts wissen, und er verschloß lieber die Augen, wenn derartiges in die Nähe kam. Die Sache mit der Chiromantik hatte ihm den Abend vollends verdorben. Und wenn es ihn auch beruhigte, daß auch Frau Filsmann derlei Zeugs ablehnte, und er gerne sich an sie angeschlossen hätte, d. h. mit ihr *[das Fragment bricht hier ab]*.

# Morgen

Wer darf wagen, ohne tiefes Schauern die Landschaft zu betrachten? wer darf wagen, ohne Angst, ohne Entzücken, ohne Ehrfurcht die Gestalt des Menschen zu erfassen? Linie der Hügel, geschwungen seit Äonen, mit Wald bestanden seit hunderttausenden von Jahren, bebaut mit Feldfrucht, so weit menschliches Gedächtnis von Vätern, Urvätern und Aber-Urvätern zurückreicht. In den Falten dieser irdischen Unendlichkeit wohnt der Mensch.

Oh, nichts auf dieser Welt gibt es, das nicht Ehrfurcht geböte. Und der Mensch, dieses schmerzliche Tier, dieser ewig gebundene Geist, irrender suchender Geist, dennoch Geist, da er schmerzlich sucht, er weiß das.

Ehrfurchtgebietend die silbern kühle Musik des beinahe zur vollen Scheibe gediehenen Mondes, verwoben im Grau der ausklingenden Nacht. Lautloser bleicher Vogel der Dämmerung, weichen und unsichtbaren Gefieders streicht er über die Hügel dahin.

Oh, süßer Flötenton der verblassenden Sterne.

Weiß steht der Wallfahrtsort auf der Kuppe des Hügels. Die Bäume vor der Kirche, trotz des Oktobers noch dicht belaubt, ein dunkler massiver Akkord vor den weißen Mauern. Ein heidnischer Opfertisch steht zwischen den Bäumen, bewacht von dem Kirchturm, der zum Mond emporweist.

Tal um Tal [liegt] hingebreitet, und die Nacht ruht noch in ihnen. Dorf um Dorf ruht in der Dunkelheit, heute wie vor tausend Jahren, besonders zu dieser Vormorgenstunde, in der die elektrische Straßenbeleuchtung schon überall ausgeschaltet ist. Und wenn in einem Stall die Kuh kalbt, Bauer, Magd und Knecht angstvoll um das Tier versammelt sind, nicht nur, weil es ums Geld geht, sondern auch weil ein Geschöpf geboren wird, wenn die Bäuerin am Herde steht, Wasser zu wärmen zur Linderung für das kreißende Tier, wenn der Brunnenschwengel gezogen wird, hart und seufzend die Töne der Pumpe in dem dunklen Hof, dann ist es gleichgültig, ob das Licht aus dem Stallfenster von einer

326

elektrischen Birne oder von der Öllampe oder dem Kienspan herrührt. Denn so war es immer gewesen.

Was besagt das Wandelbare gegenüber dem Unwandelbaren! Was besagt die Stadt in der Landschaft! Wie gering ist das Stück Boden, das sie mit Pflaster überdeckt haben, wie sehr geringfügig sind diese Häuserhaufen! Wie klein ist das Wandelbare im Menschen gegenüber der Unwandelbarkeit seines Menschseins! In den Vormorgenstunden schläft auch die Stadt, den kurzen Schlaf des Kranken, der spät zur Ruhe kommt und früh aufgescheucht ist, graue Ruhe des Asphalts und der geschlossenen Comptoirs. Doch das Gefieder der Dämmerung streicht auch über die Dächer der Stadt.

Antlitz der Erde, zugekehrt dem Himmel, zugekehrt der Nacht und dem Tag, dem Mond und der Sonne, Dunkelheit und Heiligkeit von oben zu empfangen. Durchfurchtes Antlitz der Erde, groß, milde und furchtbar im unendlichen Wechsel von Tag und Nacht.

Tal um Tal, Welt um Welt. Ewigkeiten liegen hinter dem Menschen, Ewigkeiten liegen vor ihm. Ewigkeit über seinem Haupt, Ewigkeit unter seinen Füßen. Und im Kreuzungspunkt der Ewigkeiten steht er, der Mensch! Wer? er, der Mensch: der Bauer im Stall, der Mann am Hebel des Elektrizitätswerkes, der Schläfer im Bett der Mietskaserne. Jeder atmend, beschlossen in seinem Körper und beschlossen in seinem Atem, allein in der Nacht, die über ihm ist. Wer ist es? wer ist es? wer bin ich? Wer bin ich? wer bin ich?

Schläfer im Großstadthaus, der bei seiner Frau liegt, Mann und Frau, sie beide nackt unter ihrer Bettdecke, einander erkennend und nimmer und nie einander erkennend, trotz aller Nacktheit, heimatsuchend, heimatlos in der verblassenden Nacht. Wer bin ich? gezeugt von Eltern, von Vor-Eltern, von Aber-Ureltern, endlose Kette, wo ist mein Beginn? In welcher Zeitenferne? Aus eines kreißenden Tieres Schoß hervorgegangen, Steppe, Sumpf, Höhle meine erste Wiege, Geschöpf, kaum in einem Stall geboren, dennoch Mensch seit Ur-Beginn. Und weiterzeugend die Kette der Geschlechter von ältester Nacht bis zum jüngsten Tag, Mensch aus Mensch hervorgehend, den Vater im Kinde erkennend, das Kind im Vater, Heimat der Verflochtenheit.

Doch herbstlich weht der Morgenwind über die nächtlichen Felder, es ist die abgeerntete, noch trockene Scholle bereits bereift, und die Radspur auf den Feldwegen ist erstarrt und brüchig. Zarter, gläserner ist die Musik des Mondes noch geworden, beinahe nicht mehr vernehmlich, schütterer die Begleitung der Sterne. Im Osten wird die Himmelskuppel durch eine niedere Wolkenbank abgeschnitten. Zeit vor Sonnenaufgang, nicht für die Kreatur geschaffen, für die Kreatur, die noch ruhen soll, damit sie als Letztes erwache.

Unbestimmt hat sich der Charakter des Lichtes geändert. Der Wald auf den Hügelkämmen hat genauere Gestalt angenommen, die Schatten auf den Mauern des Wallfahrtsortes sind weicher geworden. Und in den noch nächtlichen Dörfern flammt es hinter dem und jenem Fenster auf. Bald wird der Vogel der Dämmerung sich auch in die Täler hinabsenken.

Behutsames Abbild der Weltschöpfung ist jeder Morgen, ist diese Stunde des Sterbens und der Geburt. Wer wagt, um diese heilige Stunde zu singen, ehe nicht der erste Vogel seine Stimme zu schüchternem Gezwitscher erhoben hätte? Wie arg ist das schlechte Gewissen derjenigen, welche ihre Nachtfeste um diese Stunde noch nicht abzubrechen imstande waren! Doch nun krähen schon die Hähne in den Dörfern.

Friede, Friede in der Stunde des Aufbruches.

Wer darf von Frieden reden in einer Welt, die von Anbeginn an nicht nur Zwietracht, sondern ärgste Gewalt ist! Wann war es je anders, wann je war der Schwächere nicht das Opfer des Stärkeren? Kein Fußbreit dieser Welt, auf dem sich nicht schon einer am andern gesättigt hätte, und sei es nur ein Vogel gewesen, der einen Wurm verschlungen hat: aber zumeist war es ein Mensch, der sich am andern sättigte, ja, mehr noch, der ihn schlug aus der bloßen Lust des Schlagens und des Stärker-Seins. Wer darf also beim ersten Hahnenschrei vom Frieden reden!

Aber ein Tier, ein Geschöpf ist im Stall geboren. Und da steht es auf ein wenig schwanken und zitternden Beinen, den blöden schweren Kopf gesenkt, und beglückt, verwundert, beschämt ob ihrer Verwunderung, kommen die Menschen, kommt der Bauer, kommt die Bäuerin, kommt das Gesinde immer wieder herein, machen sich hier zu schaffen, und klopfen und streicheln das dunkle braune Fell, das das Muttertier, selber noch arg schwach, von Zeit zu Zeit beleckt. Wahrscheinlich wird das Stierkälbchen verschnitten werden, damit es ein tüchtiger Fleisch- und Preisochse werde, oder es wird noch früher zum Schlächter wandern, auf einen Wagen geschmissen mit gebundenen Füßen, den Kopf mit herausquellenden, blutunterlaufenen Angstaugen herunterhängend, gefolterter Fraß dem Fressenden, indes wer will, wer mag dies heute denken! ein Geschöpf ist geboren, ist zum Licht geboren, es wird mit Kosenamen getauft werden, und die Kinder werden mit ihm spielen.

Oh, erster Hahnenschrei! schon schimmert das Blau des geweiteten Himmels, und die Bergkämme im Westen beginnen sich zu vergolden. Die Schwingen der Dämmerung sind über die Täler dahingestrichen, über die Ebene, um die Fabrikschlote, die still dastehen, einzeln und in Gruppen, manche mit einer leichten Rauchfahne an der Spitze. Auf der geteerten glatten Landstraße fährt nun ein Bauernwagen. Quer über den Wagen liegt der Pflug. Die Hufe der beiden Rösser klopfen hart und elastisch auf dem künstlichen Boden. Die losen Zügel in Händen, die wie grobgeschnitzte Holzwerkzeuge zwischen seinen Knien hängen, sitzt der Mann auf dem Kutschbrett. Ein Auto kommt entgegen, aber die Pferde scheren sich nicht darum; sie sind es gewöhnt.

Aufbricht das Weltall des Schlafs. An den Tramhaltestellen in der Stadt warten Arbeiter, den Topf mit dem Mittagsgericht in ein Tuch gebunden. Die Lebensmittelgeschäfte in den äußeren Bezirken sind geöffnet worden, Gemüse und Obst wird in kleinen Kisten stufenförmig vor ihnen aufgebaut. Fahl ist das Grün, das Grün des Gemüses, das Grün der Bäume im grauen Dämmer der Straße.

Aus der rotgeränderten Wolkenbank im Osten steigt das Gestirn, wird zur Lichtquelle des neuen Tages. Die Schwingen der Dämmerung haben den ganzen Himmelsraum erfüllt, sie sind durchsichtig geworden, der Vogel der Dämmerung ist davongeflogen, der Tag ist angebrochen.

Tal um Tal, Bergzug um Bergzug im Lichte der Sonne. Es hängen die Grasbüschel über die Steine der Bäche, silbern säumen Weiden den Fluß, und der Mond, beinahe zur vollen Scheibe gereift, verstummt, ein milchiger Hauch im Blau geht dem Westen zu, wo die Berge seiner harren. Landschaft im Gewölbe des Himmels, ein Lächeln, das weitergeht von Landschaft zu Landschaft über alles Bewohnte hinaus bis zu den Meeren: welch lächelnde, welch höhnische Aufgabe ist der Friede!

Die Hänge sind von den viereckigen Gemarkungen der Felder bedeckt: wann wurden sie gemarkt! zwischen Feld und Strauch ziehen sich Weg und Straße: wann wurden sie gezogen! die Fenster des Wallfahrtsortes blitzen in der aufgehenden Sonne, der Frühwind streicht durch die Kastanien vor der Kirche, elastisch fallen die grünen stacheligen Bälle auf den Boden, auf den Opfertisch, springen auf, der ganze Umkreis des Hains ist mit braunen glänzenden Kernen besät. Groß ist das Tal, das man von hier aus übersieht, und in dem nun das Leben des Tages beginnt.

Das Bauerngespann jedoch hat die künstliche Landstraße verlassen, im langsamen Schritt rüttelt es jetzt über einen Feldweg, die Blechplatten an den Kummetgeschirren klirren leise. Den Mann auf dem Kutschbrett zwischen den beiden Seitengerüsten kümmert es wenig; er ist den Weg gefahren, ehe es noch geteerte festgefügte Straßen gab, ehe die Betonmischmaschinen und Dampfstraßenwalzen höllischen Lärm verursachten, ehe die lästigen Autos vorbeihudelten, und wenn er sich auch mit diesen Dingen abfand, ja sogar abgab, denn Straßenpflege und Straßenerhaltung bilden einen Teil der Gemeindeangelegenheiten, nicht zuletzt der Gemeindeabgaben, so ist das Heutige niemals ganz ernst zu nehmen. Hier auf dem Feldweg stieß, knarrte, ächzte das Fuhrwerk in altvertrauter Weise. Er wickelte die Zügel um das Gestänge, und einem Jungen gleich sprang er über das linke Vorderrad hinab, um neben dem Gespann einherzuschreiten. Und er tat es mit der weggewohnten Gangart des Bauern.

Die Nacht ist die Zeit der Einkehr. Nur wenigen ist es vergönnt, im Licht der Sonne innezuhalten und zu fragen: »Wer bin ich?« scheint doch alles, was um ihn gebreitet ist, Antwort zu geben, mehr Antwort, größere Antwort, als er je zu fragen vermöchte. In der Nacht ist das Kind einsam wie der Greis, der vor dem Tode steht und die Fragen, die es erhebt, sind die Fragen des Greises, allein bei Tage ist der Erwachsene unbekümmert wie das Kind, hingegeben seinem Tagwerk. So soll es auch sein, so muß es wohl sein, damit die

Welt vorwärts gehe, damit die Tage zu Wochen werden, die Wochen zum Jahr. Und doch, wie kann dann Friede sein? wer hält das kindisch Besessene, das großartig Alberne und Furchtbare dieses Geschehens im Zaum?

Nun hat der Bauer den Pflug vom Wagen geworfen und die Pferde umgespannt. Eine leicht ansteigende Halde, oftmals von Strauchwerk unterbrochen, sicherlich nicht für Motorpflüge geeignet. Mit gebeugten Hälsen, rundgebeugten Beinen zieht das Gespann den Pflug aufwärts, und wenn der Bauer oben schwenkt, wirft er den Leib zurück. Unten steht der leere Wagen mit aufgerichteter Deichsel. Noch weht der Morgenwind, doch der Tag wird warm, ein verspäteter Sommertag.

Niemand schmähe den Pflüger als ein abgebrauchtes Gleichnis. Denn er ist überhaupt kein Gleichnis, sondern nur die Urform aller menschlichen Tätigkeit: aufzubrechen das Gegebene, es zu erkennen und neu zu formen, damit es Frucht gebe zum Leben. Die Nacht der Erde zum Tageslicht umbrechen, an dieser Grenzscheide zwischen Nacht und Tag verwandelt sich das Tun zum Erkennen, alles Geschehen aber, alles Gezänk wird wieder zum Frieden. Eingeschlossen in seinen Feldgemarken, befriedet in ihnen ist der Mensch, und was er auch tut, er zieht seine Furche bis zur Grenze, die ihm die Unendlichkeit ist, und hier wendet er zurückgeworfenen Leibes: immer geht sein Denken bis zur Grenze, die ihm die Unendlichkeit ist, und hier an dieser Grenze heißt es zurück in die Nacht und in die Frage »Wer bin ich?«

Unwandelbar bleibt das Wesen des Menschen, und er kehrt in seine eigene Furche zurück. Er betet an in Hainen, er betet an in Gotteshäusern, und was er tagsüber auch treibe, er kehrt zurück in die Nacht seiner Unwandelbarkeit, die da war, da sein Suchen begann, mit einem Schlage da war, als das Geschöpf zum ersten Male in Erscheinung trat, das Mensch genannt wird und das er ist.

Wer bin ich? wer bin ich? was ist der Mensch?

Tal um Tal, Welt um Welt, Ewigkeit hinter mir, Ewigkeit vor mir, im Schnittpunkt der unendlichen Vielfalt mein Ich, und verlassen. Und dies zu erkennen, macht den Menschen aus, von Ewigkeit zu Ewigkeit, von ältester Nacht bis zum jüngsten Tag, unendliche Melodie des Mondes, unendliche

Melodie des Geistes, unwandelbare Musikalität der Nacht und des Gedankens. Wer vermag, dem Aufgang des großen Gestirnes ohne Ehrfurcht beizuwohnen? wer darf wagen, ohne tiefes Schauern die Landschaft zu betrachten? wer darf wagen, ohne Angst, ohne Entzücken, ohne Ehrfurcht die Gestalt des Menschen zu erfassen? Der Tag ist angebrochen, und das Gestirn überstrahlt jede Frage.

# Letzter Ausbruch eines Größenwahnes.
## Hitlers Abschiedsrede

*In naher Zukunft wurde folgende Rede Hitlers – seine letzte –*
*über alle deutschen Funkstationen ausgesendet. Es war unver-*
*kennbar des Führers Stimme, erfüllt von der ihr eigentümlichen*
*erregten Selbstsicherheit, die Stimme der Lüge, die von sich*
*selbst überzeugt ist und daher jeden Lügner zu überzeugen*
*vermag.*

Deutsche Männer und Frauen!

Die rote Bestie leckt bereits an den Grenzen unserer Ost-
mark, und die Söldner des westlichen Mammons sind daran,
den heiligen Strom Deutschlands zu überschreiten. Ein edles
Wild ist von den Hunden umstellt; also erfüllt sich das deutsche Schicksal, das jeder deutsche Nationalheld und nicht
zuletzt der große Bismarck schauernd vorausgeahnt hat,
jenes tragische und gewaltige Schicksal, zu dessen Abwen-
dung ein friedliches Volk, das friedliebendste Europas, stets
aufs neue genötigt war, blutige Abwehrkriege zu führen und
das Blut seiner Söhne zu vergießen. Siegend unterzugehen,
das war seit jeher das deutsche Schicksal und wird es für ewig
sein, das Nibelungen-Schicksal. Der Untergang der Helden!
Das ist freilich ein herrliches Schauspiel für das Untermen-
schentum der Welt, vor allem für das internationale Judenpack, das mit lachender Schadenfreude sich an unseren
Schmerzen weidet.

Nun, ich habe dafür gesorgt, daß solche Schadenfreude
mit Tränen gewürzt sei. Wir hingegen, wir haben unser Los
tränenlos zu ertragen. Unheil und Untergang vermag den
deutschen Helden nur zu stählen; wohl kann er von der
Niedrigkeit seiner Widersacher überrascht sein, aber sie
kann ihn nicht zur Verzweiflung bringen. Dies wird auch
diesmal wieder der Fall sein. Mit Überraschung wird das
deutsche Volk, das in seiner Gutmütigkeit die gleiche
Lammsfrommheit wie seine eigene vom Nachbar erwartet,
wieder erkennen müssen, daß es nicht von Lämmern, sondern von Wölfen angefallen worden ist, und es wird ihnen

nichts entgegenzusetzen haben als seinen inneren Mut, den Mut der Gerechtigkeit. Deutschland sei mutig: dies ist das Abschiedswort, das ich Euch zurufe.

Deutsche Männer und Frauen! In der Tat – *mit sehr ruhiger Stimme* – es ist mein Abschiedswort. Ich scheide von Euch, ich scheide von meinem Amt, ich scheide vom Leben. Deutschlands Feinde verlangen nach meiner Auslieferung; sie wollen Deutschlands Schwert zerbrechen, und sie müssen daher auch mich brechen. Darum der heuchlerische Schrei nach meiner Bestrafung. Solange ich lebe, ist Deutschland noch nicht völlig wehrlos. Freilich nicht nur der Außenfeind befleißigt sich solchen Schreies; auch die Feinde, die in des deutschen Volkes eigenen Reihen stehen, tun es. In dem Bestreben, deutsches Blut in einer tunlichsten Weise zu schonen, haben wir diese inneren Feinde nicht zur Gänze ausgemerzt; unsere Langmut hat sich damit begnügt, sie zu feigem Schweigen niederzuducken, und zum Danke werden sie jetzt ihr Schlangenhaupt erheben, um uns zu bespeien. Sie, die niemals begriffen haben, daß es letzten Endes nur eine einzige Revolution gibt, nämlich die nationalsozialistische, daß es in Wahrheit keine andere je gegeben hat, keine andere je geben wird, sie werden deren Früchte jetzt durch eine lächerliche Schein- und Gegenrevolution zu vernichten trachten, indem sie die nationalsozialistische Partei, indem sie den nationalsozialistischen Gedanken, indem sie mich für das deutsche Unheil verantwortlich machen wollen. Dies ist die Art, mit der diese Memmen, die bloß nach dem amerikanischen Dollar und dem Sowjetrubel Ausschau halten, sich um die Gunst der Feinde Deutschlands schmeichlerisch bemühen werden. Mit Recht heißen sie sich das »andere Deutschland«, denn sie haben sich selber aus Deutschland ausgestoßen, auch wenn sie sich zum Hüter des deutschen Kulturgutes, zum Hüter Weimars aufspielen, dessen Namen sie schon einmal mit ihrer Judenrepublik geschändet haben. Jawohl, *(– sehr erregt –)* sie sind es, die mich womöglich noch tiefer hassen als unsere Außenfeinde. Doch weder sie noch jene sollen mich in die schmutzigen Fänge bekommen; das verspreche ich Euch. Gewiß, ich hätte selber meine Auslieferung beantragt, wenn ich hiedurch das Los des deutschen Volkes hätte mildern können. Doch Wölfe kennen keine Milde, und meine Entehrung hätte zur deutschen Qual nur noch weitere Entehrung gefügt. Ich bin es der deutschen Ehre schuldig, frei zu sterben, wie es dem Deutschen gebührt. Frei werde ich meinen Tod befehlen, und ein deutsches Schwert, geführt von der Hand eines freien deutschen Mannes, wird mich fällen.

Das Feindespack wird Euch viel vom »anderen Deutschland« und von der deutschen Kultur, die wir Nationalsozialisten angeblich mit Füßen getreten haben, vorzufaseln wissen. Sicherlich möchten sie die deutsche Kultur erhalten, damit sie dieselbe auch weiter bestehlen können, wie sie es seit römischen Zeiten getan haben. (– Sehr höhnisch –) Sie preisen die deutsche Kultur, aber das deutsche Volk wollen sie ausrotten, nicht anders wie die Römer es wollten. Kein Wunder, daß der Germane darob seine Kultur immer wieder hinter seine Pflicht zur Selbsterhaltung hatte zurückstellen müssen, und daß seine Führer seit dem Cheruskerfürsten immer wieder die Verantwortung hiefür auf sich zu nehmen hatten. Ich brauche mich nicht vor Euch zu rechtfertigen. Die Schlacht im Teutoburgerwalde mußte stets aufs neue geschlagen werden, damit die deutsche Kultur erhalten bleibe. Und stets aufs neue wurde die deutsche Kultur gefährdet, wenn ein »anderes Deutschland« sich in der Mitte des Volkskörpers gebildet hatte.

Die deutsche Kultur, das ist die Kultur Europas, das ist die Kultur Amerikas, das ist die Kultur der Welt. Sie zu hüten ist das deutsche Volk bestellt worden. Ringsum wütet der entfesselte Materialismus, im Westen in seiner kapitalistischen, im Osten in seiner kommunistischen Form, die eine wie die andere gleich besitzgierig, gleich beutegierig. Gewiß, sie hassen einander, doch als ich, um den materialistischen Ring endlich zu sprengen, den Westmächten ein Verteidigungsbündnis gegen den Asiatismus vorschlug, da verleugneten sie den Tropfen edlen Blutes, den ihre Völker noch in sich bergen: wir waren für sie unverständlich; sie verstanden nicht, daß ein Volk bloß für die Idee einstehen könne, daß ihm die Kultur und die Zivilisation der Welt wichtiger erscheint als Beute, Besitz und Macht, ihr Materialismus war unfähig solches zu begreifen, und sie blieben lieber auf der Seite der zwar verhaßten, dennoch ihnen begreiflicheren roten Asiaten. (– Die Stimme des Redners steigert sich zu zuneh-

335

*mender Erregung –)* Kapitalismus und Kommunismus verstehen einander, sie verstehen einander über allen gegenseitigen Haß hinweg, sie verstehen einander im gemeinsamen Haß gegen ein Volk, das mit dem Streit um Wirtschaftsformen nichts mehr zu tun haben will, weil es die seine unter eine höhere und größere und erhabenere Idee untergeordnet und sich dadurch ebensowohl vom Mammonismus wie vom Asiatismus abgewendet hat. Also mußten sie, die Kulturverlassenen und die Kulturlosen, sie, die vereinigten Räuberbanden des Westens und Ostens, uns ihre eigenen Beweggründe unterschieben; sie mußten uns der Beutegier und der Eroberungssucht zeihen, sie mußten uns zu Kulturzerstörern, zu Barbaren und Hunnen stempeln, die das, was sie in ihrem liberalistischen Jargon Humanität nennen, zu vernichten wünschen.

Das deutsche Volk allein ist ein kulturbewußtes, es allein steht für die Kultur ein, und deshalb weiß es besser als jedes andere, was Humanität ist. Der Deutsche (– *leise, erregt, fast zitternd* –) will keinem Tier ein Haar krümmen, geschweige denn dem Menschen. Ein kulturbewußtes Volk aber ist auch eines, das sich seiner Verantwortung für die Kultur bewußt ist; ihm muß mit der Kultur die Menschheit höher stehen als der Einzelmensch. Kulturbedroht vom internationalen Materialismus ringsum, kulturbedroht vom internationalen Judentum und seinen verderbten Söldlingen in unserer Mitte, haben wir den Kampf für die Weltkultur, für die Weltzivilisation, für die Menschheit aufgenommen. Um der Menschheit willen mußten wir das Deutschtum, dieses Zentrum der Weltkultur, wieder in Reinheit erstehen lassen. Und wir haben diesen Kampf – das werden selbst unsere Feinde zugeben – in der humansten, in der maßvollsten Weise eingeleitet. Wir haben diese Gastfeinde aufgefordert, das Reichsgebiet zu verlassen, und wir haben ihnen sogar gestattet, Teile ihrer Habe mitzunehmen. Millionen und Myriaden deutschen Nationalvermögens haben wir in unserer Großmut solcherart preisgegeben. Aber die sogenannten Demokratien des Westens, der sogenannte Sozialismus des Ostens, sie wollten von den jüdischen Gästen, die wir ihnen anboten, nichts wissen, teils weil sie auf den noch vorhandenen gesunden, antisemitischen Instinkt ihrer Bevölkerung Rücksicht nehmen mußten, doch noch viel mehr, weil sie diese internationalen Verbündeten innerhalb der Reichsgrenzen halten wollten. Also hat sich das deutsche Volk genötigt gesehen, schweren Herzens seine Mittel zu verschärfen. Zeter und Mordio schrie da der Feindes-Chor, Zeter und Mordio schrie das internationale Judenpack, aber trotz allen Geschreis, es geschah nichts für die armen Opfer. (– *mit schneidendem Hohn* –) Wo ist da die wahre Inhumanität? Bei jenen, die um der größten Idee, die je von Menschenhirnen erdacht worden ist, zu notwendigen Maßnahmen genötigt wurden, oder bei jenen, welche die Idee nicht erfassen können und trotzdem sich zu keinem humanen Schritt aufraffen? Allzusehr ist der Kapitalismus, ist der blutige Asiatismus an Inhumanität gewohnt, als daß er je zu wahrhaft tätigem Mitleid fähig wäre. Und wichtiger war es ihnen, uns den Vorwurf ungezügelter Grausamkeit machen zu dürfen. Sie haben das Recht zu solchem Vorwurf längst verwirkt! Denn sie wissen nichts von der Verantwortung der Grausamkeit. Mir aber ist die furchtbare Aufgabe zugefallen, die kriegerische Grausamkeit im deutschen Volk zu erwecken, das deutsche Volk, die deutsche Jugend zur Grausamkeit zu erziehen. Ich habe dieses Verantwortungsopfer, das größte, das einem weichherzigen Volk zugemutet werden kann, auf mich nehmen müssen; die Schicksalsgewalten haben mich hiezu bestellt, weil die Erlösungstat für Menschheit und Menschheitszivilisation nicht mehr hinausgeschoben werden durfte. Das deutsche Volk hat dies gefühlt, als es sich das nationalsozialistische Gedankengut zu eigen machte und sich meiner Führung anvertraute.

Wahrlich, das Volksempfinden war ein gesundes, als es fühlte, daß der letzte Augenblick zur Erlösungstat gekommen war, und daß sie angesichts der Stumpfsinnigkeit, Schwerhörigkeit und Blindheit der liberalistisch-kommunistischen Welt nun vermittels des Schwertes vollzogen werden mußte. Die deutsche Kultur ist an den deutschen Lebensraum gebunden, und eben zur Verteidigung desselben war der letzte Augenblick eingetreten. Ein wehrloser Staat ohne natürliche strategische Grenzen ist von der Gnade seiner kriegsgerüsteten stärkeren Nachbarn abhängig, und die Mechanik der Machtpolitik verlangt mit unerbittlicher Notgedrungenheit, daß er schließlich von ihnen aufgeteilt werde.

So geschah es während der letzten zwei Jahrhunderte mit Polen, da dieses das Anwachsen des russischen Giganten nicht zu verhindern vermocht hat. Folgerichtigerweise war seitdem die russische Politik auf eine Zertrümmerung des einstigen Teilungspartners gerichtet, erstens um über Polen die Alleinherrschaft zu gewinnen, zweitens aber, um die Zerteilungsmethode weiter nach dem Westen tragen zu können. Durch eine vierte Teilung Polens, wahrlich zu Gunsten des polnischen Volkes, haben wir 1939 diesen Prozeß aufhalten wollen, aber die Habsucht der Westmächte hat uns daran gehindert. Nun steht die Teilung Deutschlands bevor. Laßt Euch nicht täuschen, auch wenn es getarnte Teilung sein wird. Unbemerkt werden Demarkationslinien für die künftigen Einflußzonen gezogen sein, vermittels welcher der heilige deutsche Boden einerseits Rußland und seinen untermenschenhaften Satelliten, andererseits den Westmächten und dem verräterischen Frankreich überantwortet werden soll. (– *Schreiend* –) Laßt Euch nicht täuschen; es wird hiedurch Deutschland in eine kapitalistische und in eine kommunistische Hälfte zerrissen sein, vom Osten wie vom Westen verkappt und perfid aufeinandergehetzt, auf daß die von ihnen gefürchtete Nationaleinheit nie mehr erstehe. Laßt Euch nicht täuschen! Heute schütteln die Schlächter Roosevelt, Churchill und Stalin einander die blutigen Hände, aber es geschieht nicht um des Friedens willen, am allerwenigsten um einen, dessen auch der Deutsche teilhaftig werden kann. Nur wem, wie dem Deutschen, Machtgier fremd ist, der siegt um des Friedens willen, während diese materialistische Horde bloß in Ansehung künftiger Kriege jetzt nach dem ihnen nicht gebührenden Sieg gegriffen haben. Die kriegerische Auseinandersetzung zwischen den materialistischen Mächten ist unvermeidlich, und es wird ein neuer dreißigjähriger Krieg sein, der wie jener vor 300 Jahren, auf dem zerquälten deutschen Boden ausgetragen werden wird. Dies steht Euch bevor, und Ihr müßt den Mut aufbringen, solchem Unheil ins giftige Auge zu schauen. Ich habe es verhüten wollen, aber ich bin zu spät gekommen; der letzte Augenblick war versäumt, trotz meines stürmischen Zugreifens. Hättet Ihr in Eurer deutschen Bequemlichkeit nicht so lange meine Warnungen überhört, hättet Ihr früher von Eurem verrotteten parlamentarischen System abgelassen, es wäre das Unheil verhütet gewesen. Ihr würdet heute zusammen mit der ganzen Welt den Segen ewigen Friedens genießen. (– *Gedankenpause* –)

Ich allein habe für den Frieden gekämpft, ich allein, und in diesem Kampf bin ich verraten worden. Nicht nur meine Verbündeten, die feigen Italiener, die bestechlichen Rumänen, die sklavischen Bulgaren, die wankelmütigen Finnen, nicht nur sie haben mich verraten, auch meine eigenen Generale, allerdings nur die aus degenerierter volksfremder Aristokratie, dennoch deutsche Generale, sind mir in den Rücken gefallen. Denn die materialistische Welt ist eine des Verrates, beherrscht von welscher, von slawischer, von hebräischer Untreue, beherrscht von List und Gegenlist. Durch diese Welt mußte ich Deutschland hindurchlenken, durch sie hindurch mußte ich meinen Weg finden, und dabei hat sie noch die heuchlerische Unverfrorenheit, mich gar als Lügner zu beschimpfen, wenn ich unter gewissen Umständen mich gezwungen sah, das gegebene Wort zurückzunehmen. Noch niemals habe ich, noch niemals hat Deutschland einen Verbündeten verraten. Immer hingegen war alles, was wir taten auf Wiederherstellung von Treu und Glauben in der Welt gerichtet, wie es der deutschen Treue, wie es dem deutschen Manneswort gemäß ist. Fähig zur Eidesleistung, hiezu habe ich die Menschheit wieder erheben wollen, des Eides würdig durch das Schwert; nur so wäre die dem Mammon verfallene Lügenwelt wieder friedenswürdig geworden. Die Erlösungstat ist nicht geglückt. Die untermenschliche, die untertierische Natur des Menschen in ihrer Verrottung hat sich nicht ins Menschliche heben lassen wollen. Hassenswürdig ist die Natur des Menschen, hassenswürdig in ihrer verrotteten Lügenhaftigkeit. Ich habe Euch Deutschen den Haß gegen das Verrottete gelehrt, diesen brennenden Haß, der mich seit jeher erfüllt hat, und von dem ich zu meiner Erlösungstat befohlen worden bin. (– *Lauernd* –) Doch glaubt ja nicht, daß ich deswegen gegen Euere eigene Verrottung blind gewesen bin, daß ich nicht gesehen hätte, wie tief sie Euch in allen Gliedern steckt. Ich habe Euch zu meiner Erlösungstat gebraucht, ich habe Euch als Mitstreiter gebraucht, genau so wie ich meine Kriegsverbündeten gebraucht habe, unbeschadet meines Wissens um ihr Verrätertum von allem Anfang an. (– *Wild* –) Und weil ich Euch gebraucht habe, habe ich Euch gelehrt, daß Ihr infolge Eures arischen Blutes besser als die andern seid. Ihr könntet es sein, aber Ihr seid es nicht. Nur einen gibt es, der rein und treu und wahrhaft ist, und das ist der Heß, den ich verloren habe. Unter Euch aber gibt es keinen, der nicht tief verrottet wäre, und selbst die, welche ich hochkommen ließ und scheinbar mit meinem Vertrauen auszeichnete, sie sind von der gleichen niedrigen Beschaffenheit wie Ihr, im Innersten verräterisch und lügenhaft. Den Röhm und seine Horde habe ich mir vom Halse geschafft, und die anderen habe ich dafür immer tiefer ins Verbrecherische getrieben und so sehr zu Komplizen gemacht, daß sie mir nimmer ausspringen können. Nur auf diese Art und Weise seid Ihr zu zügeln. Ich habe Euch zu den Bestien erniedrigt, die Ihr im tiefsten Grunde seid, und als solche seid Ihr mit Peitsche und Stahl zu zähmen. Bis auf den tiefsten Grund Eurer Verrottetheit und Nichtswürdigkeit habe ich Euch gestoßen, denn erst wenn Ihr Eurer ganzen Verlogenheit und Scheinheiligkeit entkleidet seid, erst wenn Ihr das Nichts, das Ihr seid und in dem Ihr steckt, erkannt habt, erst dann kann Euer Wiederaufstieg beginnen, erst dann werdet Ihr des deutschen Namens, den Ihr tragt, des deutschen Blutes, das in Euren Adern rollt, wieder wert werden. (– *In tiefstem Ekel* –) Daß Ihr dessen unwert seid, macht Euch womöglich noch hassenswürdiger als die Anderen, die Nicht-Deutschen, auf die ich Euch gehetzt habe. Ich habe Euch hassen gelehrt, weil Ihr selber so hassenswürdig seid. Niemals habe ich Euch gesagt, daß ich Euch liebe, doch jetzt sage ich Euch, daß ich Euch hasse, und daß Euer Los ein wohlverdientes ist. Ich habe Euch gehaßt und verachtet, als Ihr mir zugejubelt habt, und jetzt hasse und verachte ich Euch in Eurem Elend. Ihr seid des Friedens, den ich Euch bringen wollte, Ihr seid meiner noch nicht würdig gewesen; mit Skorpionen müßt Ihr erst gezüchtigt werden, damit Ihr würdig werdet, Ihr und die ganze Menschheit mit Euch.

Ich hasse Euch, ich hasse Euch, weil Ihr Deutsche, weil Ihr Menschen seid. (– *Brüllend* –) Ich hasse den Menschen, ich hasse die Menschheit. Nicht durch Liebe wird der Mensch zum Menschen gemacht, nicht durch Liebe wird Friede und

Gerechtigkeit, oder gar die Liebe zur Welt kommen, nein, nur der Haß, nur der tiefste Menschenhaß vermag das zu leisten. Denn das Wahre muß aus dem Nichts erstehen; nur im Nichts kann die Erlösung des Menschen erfolgen. Das hat auch der gekreuzigte Jud gewußt; auch er, den ich mehr als alles auf dieser Welt hasse, auch er hat gehaßt. Aber als Jud war er zu feig, sich das einzugestehen, und er hat es hinter Liebesworten verborgen. Die Heuchelei hat sich gerächt. Sein Werk hat ein unvollkommenes bleiben müssen; von vornherein war es verurteilt, an dem meinen zu scheitern und zu zerbrechen. (– *Mit bebendem Haß* –) Ich bin stärker als er, und stärker als sein Tod wird der meine sein. Denn meine Selbstaufopferung heuchelt nicht wie die seine; ehrlich bekennt sie sich zu ihrem Haß, ehrlich habe ich stets danach gehandelt, und kraft dieser Ehrlichkeit besiegt die deutsche Erlösungstat die heuchlerische des Juden. Dies ist mein größter Sieg. Nicht für kurze zweitausend Jahre wie der Geist jenes Juden wird mein Geist weiterleben, nein, für zehntausende, für hunderttausende von Jahren wird er es tun. Und darum glaubt ja nicht, daß ich Unfertiges zurücklasse, daß das Opfer umsonst gewesen sei! Die Tat ist nicht mehr rückgängig zu machen (– *in brüllendem Triumph* –), und sie muß, sie wird weiterwirken. Ich habe mit meinem übermenschlichen, mit meinem gottähnlichen Haß das Nichts eingeleitet. Ich habe Euch zu Tieren gemacht, ich habe die Welt aufs äußerste verroht, ich habe Eure Kinder verderbt, so sehr verderbt, daß es auf Jahrzehnte hinaus immer nur noch tiefer gehen kann, unaufhaltsam tiefer bis das Nichts erreicht ist. Ich habe die Kultur geopfert, um der künftigen erhabenen Kultur willen, die meinen Namen tragen wird; ich opfere den Menschen um der künftigen Menschheit willen, und sie wird mich anbetend verehren, da ich sie erlöst habe. Unaufhaltsam ist das große Opfer geworden, und in der Größe und Unaufhaltsamkeit seines Vollzuges werden Hekatomben zu fallen haben. (– *Die Stimme wird wieder ruhiger* –) Gleichgültig ob als Freund oder Feind, gleichgültig ob sie im Kampf für mich oder gegen mich fallen, sie sind meine Gefolgsmannen, erstens (– *mit großer Bestimmtheit* –) weil ein Funken meines unverlöschlichen Geistes in jedem Krieger brennt, und möge er selbst glauben, er sei mein Widersacher, zweitens weil das auf den Schlachtfeldern fließende Blut all die Gefallenen zu einer einzigen Armee für ewig zusammenschweißt, drittens weil das die Armee des Seelenheils für jeden Mann ist, und ein jeder es dort von mir zu empfangen haben wird. Jeder erschlagene Mann geht in mich ein, und ich bin ein jeder von ihnen. Millionen und Aber-Millionen Erschlagener werden die Welt bevölkern, und ich werde an der Spitze der Toten-Armee marschieren, ich, die Verkörperung von ihnen allen, und wir alle zusammen, wir errichten die Herrschaft des Nichts, aus dem die Menschheit neugeboren werden soll. Jawohl (– *schreiend* –) so ist es! Hört Ihr mich?! Es genügt zur Erlösungstat nicht, daß ein einziger gekreuzigt wird, nein, ganze Völker, nein alle Völker müssen ans Kreuz geschlagen werden! Dann endlich wird das Nichts erreicht sein. Dann endlich wird die große Reinheit eintreten. Das Nichts verzehrt allen Schmutz. Das Nichts verzehrt die Lüge. Im Nichts vergeht die Finsternis, denn aus dem Nichts strömt das Licht. Das Nichts ist die große Prüfung, die bloß vom Echten bestanden wird. Ich habe die gewaltige Prüfung durch das Nichts bereitet, und die Menschheit, welche aus ihr hervorgehen wird, sie wird es in Schlackenreinheit tun. Keinerlei Rest wird von dem Schmutz der Knechtsvölker und deren untermenschlichem, schwarzalbigem Kroppzeug übrig bleiben; das wird alles mit seinen Lügen zu verwehter und vergessener Asche im Nichts verbrannt und verglommen sein. Das Reich der Lichtalben wird erstehen, das Reich der echten Freiheit, der echten Brüderlichkeit, der echten Liebe, da es das Reich ist, in dem die Menschenwürde ihre große Prüfung bestanden haben wird. Vergessen wird die heuchlerische Gerechtigkeit und Liebe sein, mit welcher der Judeo-Nazarener Schmutziges und Reines in gleicher Weise hat umfassen wollen, vergessen die Sklavenmoral des Schmutzes, weil dann die Menschheit nur aus Freien und Aufrechten und Reinen gebildet sein wird. Mit meinem Leben habe ich die nationalsozialistische Religion begründet, mit meinem Tod begründe ich die Menschheitsreligion der Reinheit. In ihrer strahlenden Helligkeit ist des Menschen Würde für immerdar begründet. (– *Kurze Pause* –) In meinem Namen wird die Liebe in der Welt erstehen, in mir wird . . .

*Bei diesen Worten ertönte ein Schuß, und die Rede brach ab. Wer den Schuß abgefeuert hat, wird niemals ergründbar sein. Man weiß bloß, daß eine Reihe von Nazihäuptlingen, darunter Himmler, der Rede des Führers im Reichskanzlerpalais beigewohnt hatten, doch diese Leute sind heute entweder tot, oder sie halten sich irgendwo verborgen und werden wohl nie mehr zum Vorschein kommen. Es ist möglich, daß Hitler sich selber erschossen hat, aber nicht minder möglich ist, daß er einen der Anwesenden mit dem Befehl ausgezeichnet hat, ihn an einem bestimmten Punkt der Rede zu erschießen. Nicht nur der Inhalt der Rede deutet auf solchen Befehlmord, sondern auch die auffallende Pause, die Hitler – gegen seine sonstige Redegewohnheit – inmitten einer Satzperiode, u. zw. knapp vor Abbruch eingeschaltet hat: man könnte nämlich annehmen, daß Hitler das Zeichen zu einer Erschießung mit dem gleichen kleinen elektrischen Lichtsignal gegeben habe – der Taster hiezu war auch diesmal neben dem Mikrophon installiert –, mit dem er sonst während seiner Reden, zumeist an ihren Höhepunkten, die Photographen benachrichtigte, daß sie sein Bild zu nehmen hatten; stimmt diese Annahme, so wäre die Pause entweder als ein Zögern Hitlers beim Signalisieren oder als ein Zögern des Exekutors beim Schießen auszulegen. Freilich ist es auch möglich, daß es sich weder so noch so verhalten hat, sondern daß einfach einer der Nazi die Selbstenthüllung des Irrsinnigen nicht mehr zu ertragen vermochte und – sozusagen zur Rettung des nationalsozialistischen Geistes – den einstmals geliebten Führer zum Schweigen brachte. Keinesfalls jedoch hatte ein Außenstehender der Mörder sein können: denn wie in einem schier mystischen Wissen um das Geschehene sprengte einer der Trupps, die sich während dieses Tages allenthalben zusammengerottet hatten, gerade im Augenblick des Schusses das Tor des Reichskanzlerpalais, und nach übereinstimmenden Zeugenaussagen wurde Hitler von den Stürmenden bereits tot vorgefunden. Was sich an Nazi-Leuten im Palais aufhielt und nicht entschlüpfen konnte, fiel der Wut der Aufständischen zum Opfer. Die Leichen Hitlers und Himmlers wurden in furchtbar verstümmeltem Zustand durchs Fenster auf die Straße geworfen. Dem allgemeinen Morden, das daraufhin in der Reichshauptstadt ausbrach, wurde erst am nächsten Tage durch die Landung alliierter Fliegertruppen ein Ende bereitet.*

# Anmerkungen des Herausgebers

## Bibliographischer Nachweis

1. »Eine methodologische Novelle«, in: Hermann Broch, *Barbara und andere Novellen,* herausgegeben von Paul Michael Lützeler (Frankfurt/Main: Suhrkamp, 1973), S. 7-20.
2. »Ophelia«, in: H. Broch, *Barbara,* a.a.O., S. 21-36.
3. »Huguenau«, unveröffentlicht (uv), Beinecke Rare Book Library der Yale University Library, New Haven, Connecticut, USA (YUL).
4. »Tierkreis-Erzählungen«, in: H. Broch, *Barbara,* a.a.O., S. 98-206.
5. »Barbara«, in: H. Broch, *Barbara,* a.a.O., S. 207–235.
6. »Die Heimkehr des Vergil«, in: H. Broch, *Barbara,* a.a.O., S. 236-249.
7. »Frana«, uv. YUL.
8. »Sonja«, uv. Hermann-Broch-Museum, Teesdorf bei Wien (BMT).
9. »Kommentar zu Hamlet«, uv. YUL.
10. »Filsmann (Romanfragmente)«, uv. YUL. Lediglich ein Teil des zweiten Fragments »Die Filsmanns« in: H. Broch, *Die Unbekannte Größe und frühe Schriften mit den Briefen an Willa Muir* (Zürich: Rhein-Verlag, 1961), S. 173–186 unter dem Titel »Filsmann. Roman-Fragment«.
11. »Morgen«, uv. YUL.
12. »Letzter Ausbruch eines Größenwahnes. Hitlers Abschiedsrede«, uv. Albert-Einstein-Archiv, Princeton, New Jersey, USA.

# Textkritische Hinweise

Es wird ein Überblick vermittelt über die Textversionen, ihre Entstehungs- und Erscheinungsdaten, ihre Publikationsorte bzw. Aufbewahrungsstellen in Archiven. Die Datierungen, soweit eruierbar, fußen u. a. auf Briefen und Tagebuchaufzeichnungen Brochs, die in den Bänden 13/1, 2, 3 *(Briefe)* dieser Ausgabe erscheinen.

1908: 1. »Frana«

Entstanden ca. 1908 nach Brochs Reise in die Südstaaten der USA. Titellose Kurzgeschichte, 3seitiges Typoskript, YUL.

Erstdruck in:

– dieser Ausgabe.

1909: 2. »Sonja«

Entstanden im Herbst 1909. Titelloses neuntes Kapitel (Schluß) eines gemeinsam mit Freunden und Verwandten seiner Verlobten Franziska von Rothermann geschriebenen Romans, der in Fölszerfalva (= Hirm)/Burgenland entstand. Titel: *Sonja oder über unsere Kraft. Roman der Neun.* Es handelt sich um ein 113seitiges Typoskript, das als Buch gebunden ist und sich im BMT befindet. In YUL ist eine nicht von Broch stammende Abschrift des Schlußkapitels vorhanden, S. 91-113, das allerdings stellenweise vom Original abweicht.

Erstdruck in:

– *Wortmühle. Literaturblätter aus dem Burgenland*, 4 (1979), S. 8–16.

Ferner in:

– dieser Ausgabe.

1918: 3. »Eine methodologische Novelle«

*Erste Fassung*

Entstanden im Frühjahr 1917. 19seitiges Typoskript, uv. YUL; enthält zahlreiche handschriftliche Korrekturen.

*Zweite Fassung*

Entstanden im Juni 1917 (Entstehungsdatum auf dem Deckblatt). 18seitiges Typoskript; Reinschrift und ge-

348

ringfügig überarbeitete Version der ersten Fassung mit wenigen handschriftlichen Korrektoren; YUL.
*Dritte Fassung*
Entstanden 1918. Druckfassung der zweiten Fassung, von der sie mit wenigen stilistischen und orthographischen Änderungen abweicht, die wahrscheinlich von Franz Blei, dem Herausgeber der *Summa*, vorgenommen wurden.
Erstdruck in:
– *Summa*, Jg. 2 (Drittes Viertel 1918), S. 151-159.
Ferner in:
– Franz Blei, *Das große Bestiarium der modernen Literatur* (Berlin: Rowohlt, 1922, 4. Aufl.), S. 102-115. Blei unterläßt es, auf die Autorschaft Brochs hinzuweisen. Die Anspielung auf Sternheim ist gestrichen und der Titel wurde geändert in »Antigonus und Philaminthe«.
– H. Broch, *Barbara und andere Novellen,* herausgegeben von Paul Michael Lützeler (Frankfurt/M.: Suhrkamp, 1973), S. 7-20.
– in dieser Ausgabe.

1919: 4. »Kommentar zu Hamlet«
Entstanden in den letzten Tagen des Jahres 1918 und den ersten Tagen von 1919. 15seitiges Manuskript, von dessen ersten vier Seiten eine Reinschrift vorliegt. Der ursprüngliche Titel »Ophelia (Historisches Lustspiel)« wurde von Broch durchgestrichen und durch »Kommentar zu Hamlet« ersetzt; YUL. Es handelt sich um ein Dramen-Fragment.
Erstdruck in:
– dieser Ausgabe.

1920: 5. »Ophelia«
Entstanden im August 1920. Titelloses Manuskript, 30 Seiten, mit zahlreichen Änderungen und Streichungen; YUL.
Erstdruck in:
– H. Broch, *Barbara,* a.a.O., S. 21-36.
Ferner in:
– dieser Ausgabe.

1928: 6. »Huguenau«

Entstanden vor Mitte August 1928, 101seitiges, gebundenes Typoskript mit dem Titel »Huguenau von H.J.B.«, YUL. Zur Textsituation vgl. auch H. Broch, *Die Schlafwandler,* Kommentierte Werkausgabe Band 1, Frankfurt/M.: Suhrkamp, 1978, S. 742 f.
Erstdruck in:
– dieser Ausgabe.

1932: 7. »Filsmann (Romanfragmente)«
    a) »Konzernchef Ladewig«
    Entstanden Mitte 1932 vor Beginn der Arbeit an der Dramenfassung des Stoffes (*Die Totenklage* bzw. *Die Entsühnung*). Titelloses, 5seitiges Typoskript, YUL.
    Erstdruck in:
    – dieser Ausgabe.
    b) »Die Filsmanns«
    Entstanden gegen Ende 1932 nach Fertigstellung der Buchfassung des Dramas *Die Entsühnung*. Titelloses 39seitiges Typoskript, dessen erste Seite verlorengegangen ist. Das Fragment beginnt mit dem Satz auf Seite 2: »Wirtschaft geholfen. Und Friedrich Johann kam mit schwarzen Händen aus der Gießerei . . .«; YUL. Teilabdruck in:
– H. Broch, *Die Unbekannte Größe und frühe Schriften mit den Briefen an Willa Muir* (Zürich: Rhein-Verlag, 1961), S. 173-186 unter dem Titel »Filsmann. Roman-Fragment«. Es handelt sich um die Seiten 2-14 und 34-39 der Typoskriptvorlage.
Erstdruck (vollständig) in:
    – dieser Ausgabe.
    c) »Dirigent Jasper«
    Entstanden gegen Ende 1932. Titelloses, 8seitiges Typoskript mit den Seitenangaben 34-41; YUL.
    Erstdruck in:
    – dieser Ausgabe.

1933: 8. »Tierkreis-Erzählungen«
    a) »Eine leichte Enttäuschung«
    Entstanden gegen Ende 1932 oder gegen Anfang 1933. Die Typoskriptvorlage ist verlorengegangen.
    Erstdruck in:

- *Neue Rundschau,* Jg. 44, Bd. 1 (April 1933), S. 502 bis 517.

Ferner in:
- *Europe,* Nr. 144 (15. 12. 1934), S. 506-526 in der französischen Übersetzung von Marcel Beaufils und Paul Amann unter dem Titel »Une Déception Passagère«.
- *Der Goldene Schnitt. Große Erzähler* (Frankfurt am Main: S. Fischer, 1959), S. 400-414.
- H. Broch, *Barbara,* a.a.O., S. 98-117.
- dieser Ausgabe.

b) »Vorüberziehende Wolke«

Entstanden im Frühjahr 1933. 14seitiges, hektographiertes Typoskript, YUL.

Erstdruck in:
- *Frankfurter Zeitung,* Jg. 77, Nr. 294-296 (21. April 1933), S. 9.

Ferner in:
- *The Modern Scot,* Jg. 4 (Januar 1934), S. 304-312 in der englischen Übersetzung von Willa Muir unter dem Titel »A Passing Cloud«.
- *das silberboot,* Jg. 1, Nr. 5 (Dezember 1936), S. 209-216.
- H. Broch, *Barbara,* a.a.O., S. 118-129.
- dieser Ausgabe.

c) »Ein Abend Angst«

Entstanden im Frühjahr 1933. 10seitiges, hektographiertes Typoskript, YUL, mit dem Titel »Mit schwacher Brise segeln«. Unter dem Titel »Ein Abend Angst«.

Erstdruck in:
- *Berliner Börsen-Courier,* Nr. 363, 2. Beilage (6. August 1933), S. 9-10.

Ferner in:
- Gerda Utermöhlen, *Hermann Brochs Novellenzyklus ›Die Schuldlosen‹,* Diss. Heidelberg 1963, Anhang S. 1-7.
- H. Broch, *Barbara,* a.a.O., S. 130-138.
- dieser Ausgabe.

d) »Die Heimkehr«

*Erste Fassung*

Entstanden im Frühjahr 1933. 47seitiges Typoskript mit dem Titel »Die Heimkehr«, uv., Deutsches Literaturarchiv Marbach (DLA).

*Zweite Fassung*

Entstanden Mitte 1933. 54seitiges Typoskript mit
dem Titel »Spiegelbild des Lichtes«, uv. YUL.
Überarbeitete Version der ersten Fassung. Ferner
in hektographierter Form mit wenigen handschriftlichen Änderungen im DLA, 48 Seiten mit
der Widmung »Für Daisy Brody, September 33.
HB«.

*Dritte Fassung*

Entstanden zwischen August und November 1933.
Stilistisch überarbeitete und stark gekürzte Version der zweiten Fassung. Das Typoskript ist verloren gegangen. Unter dem Titel »Die Heimkehr«
Erstdruck in:

- *Neue Rundschau,* Jg. 44, Bd. 2 (Dezember 1933)
  S. 765-795.

Ferner in:

- *Sinn und Form,* Jg. 1, Nr. 3 (1949), S. 118-149.
- H. Broch, *Barbara,* a.a.O., S. 139-176.
- dieser Ausgabe.

e) »Der Meeresspiegel«

*Erste Fassung*

Entstanden zwischen Mitte und Ende 1933. 31sei-
tiges Typoskript, uv. YUL.

*Zweite Fassung*

Entstanden zwischen Mitte und Ende 1933. Stilistisch stark überarbeitete Version der ersten Fassung. Das Typoskript ist verlorengegangen.
Erstdruck in:

- *Die Welt im Wort,* Jg. 1, Nr. 13 (28. Dezember
  1933), S. 3-4.

Ferner in:

- *Neue Rundschau,* Jg. 70, Bd. 2 (1959), S. 317-324.
- H. Broch, *Die Unbekannte Größe,* a.a.O., S. 194 bis
  202.
- H. Broch, *Short Stories,* hrsg. v. Eric W. Herd (Lon

don: Oxford University Press, 1966), S. 121 bis 132.
- H. Broch, *Barbara,* a.a.O., S. 177-187.
- dieser Ausgabe.
f) »Esperance«
Entstanden gegen Ende 1933. 21seitiges, titelloses Typoskript mit zahlreichen handschriftlichen Korrekturen, YUL.
Erstdruck in:
- H. Broch, *Barbara,* a.a.O., S. 188-206.
Ferner in:
- dieser Ausgabe.
1936: 9. »Barbara«
*Erste Fassung*
Entstanden im Herbst 1935. Titellose Novelle aus dem Roman *Die Verzauberung,* Typoskriptseiten 148 A bis 148 M, YUL.
Erstdruck in:
- H. Broch, *Der Bergroman. Drei Originalfassungen. Bd. I,* hrsg. v. Frank Kress u. Hans A. Maier (Frankfurt am Main: Suhrkamp, 1969), S. 216-235.
Ferner in:
- H. Broch, *Die Verzauberung,* KW 3 (Frankfurt/ Main: Suhrkamp, 1976), S. 187-202.
*Zweite Fassung*
Entstanden Mitte 1936. Überarbeitete und erweiterte Version der ersten Fassung. Titellose Novelle aus dem Roman *Demeter oder die Verzauberung.* Typoskriptseiten 274-289, YUL.
Erstdruck in:
- H. Broch, *Der Versucher* (Zürich: Rhein-Verlag, 1953), S. 368-392.
Ferner in:
- H. Broch, *Der Bergroman. Drei Originalfassungen,* a.a.O., Bd. II, S. 488-518.
- H. Broch, *Barbara,* a.a.O., S. 207-235.
- *Broch – Kafka – Musil,* hrsg. v. Paul Dormagen, Moderne Erzähler Bd. 18 (Paderborn: Schöningh, o. J.), S. 5–33.
- dieser Ausgabe.
10. »Morgen«

Entstanden wahrscheinlich gegen Ende 1936. 8seitiges, titelloses Typoskript, YUL.
Erstdruck in:
– dieser Ausgabe.

1937: 11. »Die Heimkehr des Vergil«
Entstanden im Frühjahr 1937. 9seitiges Typoskript, YUL, mit einigen handschriftlichen Korrekturen. Im DLA befindet sich ein Durchschlag dieses Typoskripts, das die handschriftlichen Änderungen des Originals nicht enthält. Es trägt die handschriftliche Notiz Brochs »Ur-Ur-Vergil. In Freundschaft für Dani – Hermann, Jänner 40«. Am 17. März 1937 wurde der erste Teil der Novelle (bis Abschnittsende »Wer wollte schlafen, da Troja brennt!«) in einer 15minütigen Sendung von Radio Wien ausgestrahlt.
Erstdruck in:
– *Neue Rundschau,* Jg. 64, Bd. I (1953), S. 45-55.
Ferner in:
– *Les Lettres Nouvelles,* Jg. 2, Nr. 13 (März 1954), S. 321-332 unter dem Titel »Le Retour de Virgile« ins Französische übersetzt von Denise Naville.
– H. Broch, *Die Unbekannte Größe,* a.a.O., S. 203-214.
– *Hermann Broch der Dichter,* hrsg. v. Harald Binde (Zürich: Rhein-Verlag, 1964), S. 242-255.
– Hermann Broch, *Short Stories,* a.a.O., S. 133-147.
– H. Broch, *Barbara,* a.a.O., S. 236-249. (Erstmals textkritisch nach dem Originaltyposkript ediert.)
– *Broch – Kafka – Musil,* a.a.O., S. 34–47
– *Materialien zu Hermann Broch ›Der Tod des Vergil‹,* hrsg. v. Paul Michael Lützeler (Frankfurt am Main: Suhrkamp, 1976), S. 11-22.
– dieser Ausgabe.

1944: 12. »Letzter Ausbruch eines Größenwahnes. Hitlers Abschiedsrede«
Entstanden im Sommer 1944. 15seitiges Typoskript mit zahlreichen handschriftlichen Korrekturen, YUL. Eine Reinschrift dieses Typoskripts, ebenfalls 15 Seiten, befindet sich im Albert-Einstein-Archiv, Princeton. Das titellose 13seitige Typoskript der englischen

Übersetzung von Jean Starr Untermeyer wird in YUL aufbewahrt. Die Übersetzung weicht an wenigen Stellen geringfügig von der Vorlage ab.

Erstdruck in:

– *The Saturday Review of Literature,* Vol. 27, No. 43 (Oct. 21, 1944), S. 5-8. (Die Druckfassung weicht an einigen Stellen geringfügig von der englischen Typoskriptfassung ab). Titel: »Adolf Hitler's Farewell Address«.

Ferner in:

– dieser Ausgabe (unter Zugrundelegung der 15seitigen Reinschrift des deutschsprachigen Originaltyposkripts im Einstein-Archiv).

# Verzeichnis der Übersetzungen

*Französisch*
- »Une Déception Passagère«, in: *Europe,* Nr. 144 (15. 12. 1934), S. 506-526, übersetzt von Marcel Beaufils und Paul Amann (»Eine leichte Enttäuschung«).
- »Le Retour de Virgile«, in: *Les Lettres Nouvelles,* Jg. 2, Nr. 13 (März 1954), S. 321-332, übersetzt von Denise Naville (»Die Heimkehr des Vergil«).

*Englisch*
- »A Passing Cloud«, in: *The Modern Scot,* Jg. 4 (Januar 1934), S. 304-312, übersetzt von Willa Muir (»Vorüberziehende Wolke«).
- »Adolf Hitler's Farewell Address«, in: *The Saturday Review of Literature,* Jg. 27, Nr. 43 (Oktober 1944), S. 5-8, übersetzt von Jean Starr Untermeyer (»Letzter Ausbruch eines Größenwahnes. Hitlers Abschiedsrede«).

(Was die Übersetzungen der späteren Novellenfassungen für den Roman *Die Schuldlosen* anbetrifft, sei verwiesen auf das »Verzeichnis der Übersetzungen« in: H. Broch, *Die Schuldlosen,* Kommentierte Werkausgabe, Bd. 5, Frankfurt am Main: Suhrkamp, 1974, S. 350; zu den Übertragungen von »Barbara« vgl. H. Broch, *Die Verzauberung,* KW 3, S. 414.)

*Auswahlbibliographie zur Sekundärliteratur*

Blauhut, Robert. *Österreichische Novellistik des 20. Jahrhunderts* (Wien: Braumüller, 1966), S. 204-211.

Brude-Firnau, Gisela. *Hermann Broch – Daniel Brody. Korrespondenz 1930-1933*. Diss. Yale University, Bd. 1, Einleitung, S. LXXXVIII-XCIX.

Düsing, Wolfgang. »Der Novellenroman. Versuch einer Gattungsbestimmung«, in: *Jahrbuch der deutschen Schillergesellschaft*, 20. Jg. (1976), S. 539-565, besonders S. 539-545.

Durzak, Manfred. »Hermann Brochs ›Tierkreis-Erzählungen‹«, in: *Orbis Litterarum*, Jg. 24, Nr. 2 (1969), S. 138-157.

Herd, Eric, W. *Hermann Broch. Short Stories* (London: Oxford University Press, 1966), S. 7-52 und S. 148-154.

Lützeler, Paul Michael. »Hermann Brochs Novellen«, in: Hermann Broch, *Barbara und andere Novellen* (Frankfurt/Main: Suhrkamp, 1973), S. 319-355.

Lützeler, Paul Michael. »Erweiterter Naturalismus. Hermann Broch und Emile Zola«, in: *Zeitschrift für deutsche Philologie*, Bd. 93, Heft 2 (1974), S. 214-238.

Rothe, Wolfgang. »Verzauberung. Über das kritische Potential nicht-realistischer Erzählformen« [über »Esperance« u.a.], in: *Literatur und Kritik*, Nr. 120 (Nov. 1977), S. 611-623.

Thieberger, Richard. »Hermann Brochs Novellenroman und seine Vorgeschichte«, in: *Deutsche Vierteljahrsschrift für Literaturwissenschaft und Geistesgeschichte*, Jg. 36, Nr. 4 (November 1962), S. 562-582.

Utermöhlen, Gerda. *Hermann Brochs Novellenzyklus ›Die Schuldlosen‹*, Diss. Heidelberg, 1963.

Waldeck, Peter Bruce. »Hermann Brochs ›Der Meeresspiegel‹. Vorstudie zum *Tod des Vergil*«, in: *Orbis Litterarum*, Jg. 23, Nr. 1 (1968), S. 55-72.

## Editorische Notiz

In diesen Band wurden alle Novellen, Erzählungen und Kurzprosatexte Brochs aufgenommen sowie Dichtungsfragmente, die jenen in den übrigen Bänden der Ausgabe veröffentlichten Romanen und Dramen nicht zugeordnet werden können. Vorstudien und frühe Fassungen, die lediglich Entwurfscharakter tragen, konnten im Rahmen dieser Edition nicht publiziert werden, doch sind sie in den »Textkritischen Hinweisen« aufgeführt, so daß der Interessierte sich Kopien jener Arbeiten durch das betreffende Archiv besorgen kann. Bei den von Broch selbst veröffentlichten Texten wurden jeweils die Druckfassungen zugrundegelegt, bei bisher unpublizierten Materialien die letzte Fassung. Notwendige Eingriffe in den Text – etwa bei Unleserlichkeit oder im Falle einer Wortauslassung – wurden als solche mit Einfügungen in eckigen Klammern gekennzeichnet. Offensichtliche Schreibfehler sind stillschweigend korrigiert worden, doch wurde, was die Zeichensetzung im allgemeinen betrifft, der Brochsche Usus als Richtschnur anerkannt. Unter den »Textkritischen Hinweisen« wird im Falle der »Methodologischen Novelle« sowie jener vier »Tierkreis-Erzählungen«, die in *Die Schuldlosen* eingegangen sind, lediglich die Textsituation der Originalfassungen referiert. Zur Information über die späteren Fassungen dieser Erzählungen sei verwiesen auf die »Textkritischen Hinweise« in: Hermann Broch, *Die Schuldlosen,* Kommentierte Werkausgabe Band 5, Frankfurt/Main: Suhrkamp, 1974, S. 332 ff.

*Copyright-Angaben*

Suhrkamp Verlag Frankfurt am Main 1980, bis auf folgende
Texte:
- »Barbara«: Rhein-Verlag Zürich 1953.
- »Der Meeresspiegel«, »Die Heimkehr des Vergil«, »Die
  Filsmanns« (letzter Abschnitt): Rhein-Verlag Zürich
  1961.
- »Eine methodologische Novelle«, »Ophelia«, »Eine leichte
  Enttäuschung«, »Vorüberziehende Wolke«, »Ein Abend
  Angst«, »Die Heimkehr«, »Esperance«: Suhrkamp Verlag
  Frankfurt am Main 1973.

*Von Hermann Broch*
*erschienen im Suhrkamp Verlag*

Bergroman. Die drei Originalfassungen textkritisch herausgegeben von Frank Kress und Hans Albert Maier. 1969. 4 Bände in Schuber, zus. 1500 S. Ln. Kt.
Der Denker. Eine Auswahl. 1966. 328 S. Ln.
Der Dichter. 1964. 256 S. Ln.
Der Tod des Vergil. 1958. Sonderausgabe. 542 S. Ln.
Dichter wider Willen. 96 S. Ln.
Die Entsühnung. 1961. 80 S. Pp.
Die Schlafwandler. 1952. Sonderausgabe. 762 S. Ln.

suhrkamp taschenbücher
Barbara und andere Novellen. Eine Auswahl aus dem erzählerischen Werk. Herausgegeben mit Nachwort und Kommentar von Paul Michael Lützeler. 1973. Band 151. 380 S.
Materialien zu Hermann Broch ›Der Tod des Vergil‹. Herausgegeben von Paul Michael Lützeler. Band 317. 361 S.

*Kommentierte Werkausgabe*
Herausgegeben von Paul Michael Lützeler
Band 1: Die Schlafwandler. Eine Romantrilogie. st 472. 760 S.
Band 2: Die Unbekannte Größe. Roman. st 393. 262 S.
Band 3: Die Verzauberung. Roman. st 350. 417 S.
Band 4: Der Tod des Vergil. st 296. 522 S.
Band 5: Die Schuldlosen. Roman in elf Erzählungen. st 209. 352 S.
Band 6: Novellen. st 621. 359 S.
Band 7: Dramen. st 538. 428 S.
Band 8: Gedichte. st 572. 232 S.
Band 9/1: Schriften zur Literatur. Kritik. st 246. 448 S.
Band 9/2: Schriften zur Literatur. Theorie. st 247. 320 S.
Band 10/1: Philosophische Schriften. Kritik. st 375. 314 S.
Band 10/2: Philosophische Schriften. Theorie. st 375. 334 S.
Band 11: Politische Schriften. st 445. 514 S.
Band 12: Massenwahntheorie. st 502. 584 S.

*Kommentierte Werkausgabe* (Leinenausgabe)
textidentisch mit der Taschenbuchausgabe. In limitierter Auflage

*Bibliothek Suhrkamp*

Demeter, Romanfragment. 1967. Band 199. 242 S.
Die Erzählung der Magd Zerline. 1967. Band 204. 80 S.
Pasenow oder die Romantik. 1962. Band 92. 203 S.
Esch oder die Anarchie. 1969. Band 157. 224 S.
Huguenau oder die Sachlichkeit. 1970. Band 187. 328 S.
Gedanken zur Politik. 1970. Band 245. 192 S.
James Joyce und die Gegenwart. Essay. 1972. Band 306. 84 S.
Hofmannsthal und seine Zeit. 1974. Band 372. 147 S.
Menschenrecht und Demokratie. Herausgegeben und eingeleitet
von Paul Michael Lützeler. 1978. Band 588. 288 S.

*edition suhrkamp*

Zur Universitätsreform. Herausgegeben und mit einem Nachwort
von Götz Wienold. 1969. Band 301. 144 S.
Materialien zu Hermann Brochs ›Die Schlafwandler‹. Herausgegeben von Gisela Brude-Firnau. 1972. Band 517. 216 S.

## Alphabetisches Gesamtverzeichnis der suhrkamp taschenbücher

Achternbusch, Alexanderschlacht 61
– Die Stunde des Todes 449
– Happy oder Der Tag wird kommen 262
Adorno, Erziehung zur Mündigkeit 11
– Studien zum autoritären Charakter 107
– Versuch, das ›Endspiel‹ zu verstehen 72
– Versuch über Wagner 177
– Zur Dialektik des Engagements 134
Aitmatow, Der weiße Dampfer 51
Alegría, Die hungrigen Hunde 447
Alfvén, Atome, Mensch und Universum 139
– M 70 – Die Menschheit der siebziger Jahre 34
Allerleirauh 19
Alsheimer, Eine Reise nach Vietnam 628
– Vietnamesische Lehrjahre 73
Alter als Stigma 468
Anders, Kosmologische Humoreske 432
v. Ardenne, Ein glückliches Leben für Technik und Forschung 310
Arendt, Die verborgene Tradition 303
Arlt, Die sieben Irren 399
Arguedas, Die tiefen Flüsse 588
Artmann, Grünverschlossene Botschaft 82
– How much, schatzi? 136
– Lilienweißer Brief 498
– The Best of H. C. Artmann 275
– Unter der Bedeckung eines Hutes 337
v. Baeyer, Angst 118
Bahlow, Deutsches Namenlexikon 65
Balint, Fünf Minuten pro Patient 446
Ball, Hermann Hesse 385
Barnet (Hrsg.), Der Cimarrón 346
Basis 5, Jahrbuch für deutsche Gegenwartsliteratur 276
Basis 6, Jahrbuch für deutsche Gegenwartsliteratur 340
Basis 7, Jahrbuch für deutsche Gegenwartsliteratur 420
Basis 8, Jahrbuch für deutsche Gegenwartsliteratur 457
Basis 9, Jahrbuch für deutsche Gegenwartsliteratur 553
Basis 10, Jahrbuch für deutsche Gegenwartsliteratur 589
Beaucamp, Das Dilemma der Avantgarde 329
Becker, Jürgen, Eine Zeit ohne Wörter 20
Becker, Jurek, Irreführung der Behörden 271
– Der Boxer 526
Beckett, Das letzte Band (dreisprachig) 200
– Der Namenlose 536
– Endspiel (dreisprachig) 171
– Glückliche Tage (dreisprachig) 248
– Malone stirbt 407
– Molloy 229
– Warten auf Godot (dreisprachig) 1
– Watt 46
Das Werk von Beckett. Berliner Colloquium 225
Materialien zu Becketts »Godot« 104
Materialien zu Becketts »Godot« 2 475
Materialien zu Becketts Romanen 315
Benjamin, Der Stratege im Literaturkampf 176
– Illuminationen 345
– Über Haschisch 21
– Ursprung des deutschen Trauerspiels 69
Zur Aktualität Walter Benjamins 150
Bernhard, Das Kalkwerk 128
– Der Kulterer 306

– Frost 47
– Gehen 5
– Salzburger Stücke 257
Bertaux, Mutation der Menschheit 555
Bierce, Das Spukhaus 365
Bingel, Lied für Zement 287
Bioy Casares, Fluchtplan 378
– Schweinekrieg 469
Blackwood, Besuch von Drüben 411
– Das leere Haus 30
– Der Griff aus dem Dunkel 518
Bloch, Spuren 451
– Atheismus im Christentum 144
Börne, Spiegelbild des Lebens 408
Bond, Bingo 283
– Die See 160
Brasch, Kargo 541
Braun, Das ungezwungne Leben Kasts 546
– Gedichte 499
– Stücke 1 198
Brecht, Frühe Stücke 201
– Gedichte 251
– Geschichten vom Herrn Keuner 16
– Schriften zur Gesellschaft 199
Brecht in Augsburg 297
Bertolt Brechts Dreigroschenbuch 87
Brentano, Berliner Novellen 568
– Prozeß ohne Richter 427
Broch, Barbara 151
– Dramen 538
– Gedichte 572
– Massenwahntheorie 502
– Philosophische Schriften 1 u. 2
  2 Bde. 375
– Politische Schriften 445
– Schlafwandler 472
– Schriften zur Literatur 1 246
– Schriften zur Literatur 2 247
– Schuldlosen 209
– Tod des Vergil 296
– Unbekannte Größe 393
– Verzauberung 350
Materialien zu »Der Tod des Vergil« 317
Brod, Der Prager Kreis 547
– Tycho Brahes Weg zu Gott 490
Broszat, 200 Jahre deutsche Polenpolitik 74
Brude-Firnau (Hrsg.), Aus den Tagebüchern Th. Herzls 374
Büßerinnen aus dem Gnadenkloster, Die 632
Bulwer-Lytton, Das kommende Geschlecht 609
Buono, Zur Prosa Brechts. Aufsätze 88
Butor, Paris–Rom oder Die Modifikation 89
Campbell, Der Heros in tausend Gestalten 424
Carossa, Ungleiche Welten 521
Über Hans Carossa 497
Carpentier, Explosion in der Kathedrale 370
– Krieg der Zeit 552
Celan, Mohn und Gedächtnis 231
– Von Schwelle zu Schwelle 301
Chomsky, Indochina und die amerikanische Krise 32
– Kambodscha Laos Nordvietnam 103
– Über Erkenntnis und Freiheit 91
Cioran, Die verfehlte Schöpfung 550
– Vom Nachteil geboren zu sein 549
Claes, Flachskopf 524

Condrau, Angst und Schuld als Grundprobleme in der Psychotherapie 305
Conrady, Literatur und Germanistik als Herausforderung 214
Cortázar, Bestiarium 543
– Das Feuer aller Feuer 298
– Ende des Spiels 373
Dahrendorf, Lebenschancen 559
Dedecius, Überall ist Polen 195
Degner, Graugrün und Kastanienbraun 529
Der andere Hölderlin. Materialien zum »Hölderlin«-Stück von Peter Weiss 42
Dick, UBIK 440
Doctorow, Das Buch Daniel 366
Döblin, Materialien zu »Alexanderplatz« 268
Dolto, Der Fall Dominique 140
Döring, Perspektiven einer Architektur 109
Donoso, Ort ohne Grenzen 515
Dorst, Dorothea Merz 511
– Stücke 1 437
– Stücke 2 438
Duddingston, Baupläne der Pflanzen 45
Duke, Akupunktur 180
Duras, Hiroshima mon amour 112
Durzak, Gespräche über den Roman 318
Ehrenburg, Das bewegte Leben des Lasik Roitschwantz 307
– 13 Pfeifen 405
Eich, Fünfzehn Hörspiele 120
Eliot, Die Dramen 191
Zur Aktualität T. S. Eliots 222
Ellmann, James Joyce 2 Bde. 473
Enzensberger, Gedichte 1955–1970 4
– Der kurze Sommer der Anarchie 395
– Politik und Verbrechen 442
Enzensberger (Hrsg.), Freisprüche. Revolutionäre vor Gericht 111
Eppendorfer, Der Ledermann spricht mit Hubert Fichte 580
Eschenburg, Über Autorität 178
Ewald, Innere Medizin in Stichworten I 97
– Innere Medizin in Stichworten II 98
Ewen, Bertolt Brecht 141
Fallada/Dorst, Kleiner Mann – was nun? 127
Feldenkrais, Bewußtheit durch Bewegung 429
Feuchtwanger (Hrsg.), Deutschland – Wandel und Bestand 335
Fischer, Von Grillparzer zu Kafka 284
Fleißer, Der Tiefseefisch 683
– Eine Zierde für den Verein 294
– Ingolstädter Stücke 403
Fletcher, Die Kunst des Samuel Beckett 272
Franke, Einsteins Erben 603
– Sirius Transit 535
– Ypsilon minus 358
– Zarathustra kehrt zurück 410
– Zone Null 585
v. Franz, Zahl und Zeit 602
Friede und die Unruhestifter, Der 145
Fries, Das nackte Mädchen auf der Straße 577
– Der Weg nach Oobliadooh 265
Frijling-Schreuder, Was sind das – Kinder? 119
Frisch, Andorra 277
– Dienstbüchlein 205
– Herr Biedermann / Rip van Winkle 599
– Homo faber 354
– Mein Name sei Gantenbein 286
– Stiller 105
– Stücke 1 70
– Stücke 2 81

– Tagebuch 1966–1971 256
– Wilhelm Tell für die Schule 2
Materialien zu Frischs »Biedermann und die Brandstifter« 503
– »Stiller« 2 Bde. 419
Frischmuth, Amoralische Kinderklapper 224
Froese, Zehn Gebote für Erwachsene 593
Fromm/Suzuki/de Martino, Zen-Buddhismus und Psychoanalyse 37
Fuchs, Todesbilder in der modernen Gesellschaft 102
Fuentes, Nichts als das Leben 343
Fühmann, Bagatelle, rundum positiv 426
– Erfahrungen und Widersprüche 338
– 22 Tage oder Die Hälfte des Lebens 463
Gadamer/Habermas, Das Erbe Hegels 596
Gall, Deleatur 639
García Lorca, Über Dichtung und Theater 196
Gibson, Lorcas Tod 197
Gilbert, Das Rätsel Ulysses 367
Glozer, Kunstkritiken 193
Goldstein, A. Freud, Solnit, Jenseits des Kindeswohls 212
Goma, Ostinato 138
Gorkij, Unzeitgemäße Gedanken über Kultur und Revolution 210
Grabiński, Abstellgleis 478
Grossmann, Ossietzky. Ein deutscher Patriot 83
Habermas, Theorie und Praxis 9
– Kultur und Kritik 125
Habermas/Henrich, Zwei Reden 202
Hammel, Unsere Zukunft – die Stadt 59
Han Suyin, Die Morgenflut 234
Handke, Als das Wünschen noch geholfen hat 208
– Chronik der laufenden Ereignisse 3
– Das Gewicht der Welt 500
– Die Angst des Tormanns beim Elfmeter 27
– Die Stunde der wahren Empfindung 452
– Die Unvernünftigen sterben aus 168
– Der kurze Brief 172
– Falsche Bewegung 258
– Hornissen 416
– Ich bin ein Bewohner des Elfenbeinturms 56
– Stücke 1 43
– Stücke 2 101
– Wunschloses Unglück 146
Hart Nibbrig, Ästhetik 491
Heiderich, Mit geschlossenen Augen 638
Heilbroner, Die Zukunft der Menschheit 280
Heller, Die Wiederkehr der Unschuld 396
– Nirgends wird Welt sein als innen 288
– Thomas Mann 243
Hellman, Eine unfertige Frau 292
Henle, Der neue Nahe Osten 24
v. Hentig, Die Sache und die Demokratie 245
– Magier oder Magister? 207
Herding (Hrsg.), Realismus als Widerspruch 493
Hermlin, Lektüre 1960–1971 215
Herzl, Aus den Tagebüchern 374
Hesse, Aus Indien 562
– Aus Kinderzeiten. Erzählungen Bd. 1 347
– Ausgewählte Briefe 211
– Briefe an Freunde 380
– Demian 206
– Der Europäer. Erzählungen Bd. 3 384
– Der Steppenwolf 175
– Die Gedichte. 2 Bde. 381
– Die Kunst des Müßiggangs 100
– Die Märchen 291
– Die Nürnberger Reise 227

- Die Verlobung. Erzählungen Bd. 2 368
- Die Welt der Bücher 415
- Eine Literaturgeschichte in Rezensionen 252
- Glasperlenspiel 79
- Innen und Außen. Erzählungen Bd. 4 413
- Klein und Wagner 116
- Kleine Freuden 360
- Kurgast 383
- Lektüre für Minuten 7
- Lektüre für Minuten. Neue Folge 240
- Narziß und Goldmund 274
- Peter Camenzind 161
- Roßhalde 312
- Siddhartha 182
- Unterm Rad 52
- Von Wesen und Herkunft des Glasperlenspiels 382

Materialien zu Hesses »Demian« 1 166
Materialien zu Hesses »Demian« 2 316
Materialien zu Hesses »Glasperlenspiel« 1 80
Materialien zu Hesses »Glasperlenspiel« 2 108
Materialien zu Hesses »Siddhartha« 1 129
Materialien zu Hesses »Siddhartha« 2 282
Materialien zu Hesses »Steppenwolf« 53
Über Hermann Hesse 1 331
Über Hermann Hesse 2 332
Hermann Hesse – Eine Werkgeschichte von Siegfried Unseld 143
Hermann Hesses weltweite Wirkung 386
Hildesheimer, Hörspiele 363
- Mozart 598
- Paradies der falschen Vögel 295
- Stücke 362
Hinck, Von Heine zu Brecht 481
Hobsbawm, Die Banditen 66
Hofmann (Hrsg.), Schwangerschaftsunterbrechung 238
Hofmann, Werner, Gegenstimmen 554
Höllerer, Die Elephantenuhr 266
Holmqvist (Hrsg.), Das Buch der Nelly Sachs 398
Hortleder, Fußball 170
Horváth, Der ewige Spießer 131
- Die stille Revolution 254
- Ein Kind unserer Zeit 99
- Jugend ohne Gott 17
- Leben und Werk in Dokumenten und Bildern 67
- Sladek 163
Horváth/Schell, Geschichten aus dem Wienerwald 595
Hudelot, Der Lange Marsch 54
Hughes, Hurrikan im Karibischen Meer 394
Huizinga, Holländische Kultur im siebzehnten Jahrhundert 401
Ibragimbekow, Es gab keinen besseren Bruder 479
Ingold, Literatur und Aviatik 576
Innerhofer, Die großen Wörter 563
- Schattseite 542
- Schöne Tage 349
Inoue, Die Eiswand 551
Jakir, Kindheit in Gefangenschaft 152
James, Der Schatz des Abtes Thomas 540
Jens, Republikanische Reden 512
Johnson, Berliner Sachen 249
- Das dritte Buch über Achim 169
- Eine Reise nach Klagenfurt 235
- Mutmassungen über Jakob 147
- Zwei Ansichten 326
Jonke, Im Inland und im Ausland auch 156
Joyce, Ausgewählte Briefe 253

Joyce, Stanislaus, Meines Bruders Hüter 273
Junker/Link, Ein Mann ohne Klasse 528
Kappacher, Morgen 339
Kästner, Der Hund in der Sonne 270
- Offener Brief an die Königin von Griechenland Beschreibungen, Bewunderungen 106
Kardiner/Preble, Wegbereiter der modernen Anthropologie 165
Kasack, Fälschungen 264
Kaschnitz, Der alte Garten 387
- Steht noch dahin 57
- Zwischen Immer und Nie 425
Katharina II. in ihren Memoiren 25
Keen, Stimmen und Visionen 545
Kerr (Hrsg.), Über Robert Walser 1 483
- Über Robert Walser 2 484
- Über Robert Walser 3 556
Kessel, Herrn Brechers Fiasko 453
Kirde (Hrsg.), Das unsichtbare Auge 477
Kluge, Lebensläufe. Anwesenheitsliste für eine Beerdigung 106
Koch, Anton, Symbiose – Partnerschaft fürs Leben 304
Koch, Werner, See-Leben I 132
- Wechseljahre oder See-Leben II 412
Koehler, Hinter den Bergen 456
Koeppen, Das Treibhaus 78
- Der Tod in Rom 241
- Eine unglückliche Liebe 392
- Nach Rußland und anderswohin 115
- Reise nach Frankreich 530
- Romanisches Café 71
- Tauben im Gras 601
Koestler, Der Yogi und der Kommissar 158
- Die Nachtwandler 579
- Die Wurzeln des Zufalls 181
Kolleritsch, Die grüne Seite 323
Konrad, Besucher 492
Korff, Kernenergie und Moraltheologie 597
Kracauer, Das Ornament der Masse 371
- Die Angestellten 13
- Kino 126
Kraus, Magie der Sprache 204
Kroetz, Stücke 259
Krolow, Ein Gedicht entsteht 95
Kücker, Architektur zwischen Kunst und Konsum 309
Kühn, Josephine 587
- Ludwigslust 421
- N 93
- Siam-Siam 187
- Stanislaw der Schweiger 496
Kundera, Abschiedswalzer 591
- Das Leben ist anderswo 377
- Der Scherz 514
Lagercrantz, China-Report 8
Lander, Ein Sommer in der Woche der Itke K. 155
Laxness, Islandglocke 228
le Fort, Die Tochter Jephthas und andere Erzählungen 351
Lem, Astronauten 441
- Der futurologische Kongreß 534
- Der Schnupfen 570
- Die Jagd 302
- Die Untersuchung 435
- Memoiren, gefunden in der Badewanne 508
- Nacht und Schimmel 356
- Solaris 226
- Sterntagebücher 459
- Transfer 324

Lenz, Hermann, Andere Tage 461
- Der russische Regenbogen 531
- Die Augen eines Dieners 348
- Neue Zeit 505
- Verlassene Zimmer 436
Lepenies, Melancholie und Gesellschaft 63
Lese-Erlebnisse 2 458
Lévi-Strauss, Rasse und Geschichte 62
- Strukturale Anthropologie 15
Lidz, Das menschliche Leben 162
Literatur aus der Schweiz 450
Lovecraft, Cthulhu 29
- Berge des Wahnsinns 220
- Das Ding auf der Schwelle 357
- Der Fall Charles Dexter Ward 391
MacLeish, Spiel um Job 422
Mächler, Das Leben Robert Walsers 321
Mädchen am Abhang, Das 630
Machado de Assis, Posthume Erinnerungen 494
Malson, Die wilden Kinder 55
- Der Weg hinaus 281
Martinson, Die Nesseln blühen 279
Mautner, Nestroy 465
Mayer, Georg Büchner und seine Zeit 58
- Wagner in Bayreuth 480
Materialien zu Hans Mayer, »Außenseiter«
448
Mayröcker. Ein Lesebuch 548
Maximovič, Die Erforschung des Omega Planeten
509
McHale, Der ökologische Kontext 90
Melchinger, Geschichte des politischen Theaters
153, 154
Meyer, Die Rückfahrt 578
- Eine entfernte Ähnlichkeit 242
- In Trubschachen 501
Miłosz, Verführtes Denken 278
Minder, Dichter in der Gesellschaft 33
- Kultur und Literatur in Deutschland und Frankreich 397
Mitscherlich, Massenpsychologie ohne Ressentiment
76
- Thesen zur Stadt der Zukunft 10
- Toleranz – Überprüfung eines Begriffs 213
Mitscherlich (Hrsg.), Bis hierher und nicht weiter
239
Molière, Drei Stücke 486
Mommsen, Kleists Kampf mit Goethe 513
Moser, Gottesvergiftung 533
- Lehrjahre auf der Couch 352
Muschg, Albissers Grund 334
- Entfernte Bekannte 510
- Im Sommer des Hasen 263
- Liebesgeschichten 164
Myrdal, Politisches Manifest 40
Nachtigall, Völkerkunde 184
Nizon, Canto 319
- Im Hause enden die Geschichten. Untertauchen
431
Norén, Die Bienenväter 117
Nossack, Das kennt man 336
- Der jüngere Bruder 133
- Die gestohlene Melodie 219
- Spirale 50
- Um es kurz zu machen 255
Nossal, Antikörper und Immunität 44
Olvedi, LSD-Report 38
Paus (Hrsg.), Grenzerfahrung Tod 430
Payne, Der große Charlie 569
Pedretti, Harmloses, bitte 558

Penzoldts schönste Erzählungen 216
- Der arme Chatterton 462
- Die Kunst das Leben zu lieben 267
- Die Powenzbande 372
Pfeifer, Hesses weltweite Wirkung 506
Phaïcon 3 443
Plenzdorf, Die Legende von Paul & Paula
173
- Die neuen Leiden des jungen W. 300
Pleticha (Hrsg.), Lese-Erlebnisse 2 458
Plessner, Diesseits der Utopie 148
- Die Frage nach der Conditio humana 361
- Zwischen Philosophie und Gesellschaft 544
Poe, Der Fall des Hauses Ascher 517
Politzer, Franz Kafka. Der Künstler 433
Portmann, Biologie und Geist 124
- Das Tier als soziales Wesen 444
Prangel (Hrsg.), Materialien zu Döblins »Alexanderplatz« 268
Proust, Briefe zum Leben, 2 Bde. 464
- Briefe zum Werk 404
Psychoanalyse und Justiz 167
Puig, Der schönste Tango 474
- Verraten von Rita Hayworth 344
Raddatz, Traditionen und Tendenzen 269
- ZEIT-Gespräche 520
Rathscheck, Konfliktstoff Arzneimittel 189
Regler, Das große Beispiel 439
- Das Ohr des Malchus 293
Reik (Hrsg.), Der eigene und der fremde Gott 221
Reinisch (Hrsg.), Jenseits der Erkenntnis 418
Reinshagen, Das Frühlingsfest 637
Reiwald, Die Gesellschaft und ihre Verbrecher
130
Riedel, Die Kontrolle des Luftverkehrs 203
Riesman, Wohlstand wofür? 113
- Wohlstand für wen? 114
Rilke, Materialien zu »Cornet« 190
- Materialien zu »Duineser Elegien« 574
- Materialien zu »Malte« 174
- Rilke heute 1 290
- Rilke heute 2 355
Rochefort, Eine Rose für Morrison 575
- Frühling für Anfänger 532
- Kinder unserer Zeit 487
- Mein Mann hat immer recht 428
- Ruhekissen 379
- Zum Glück gehts dem Sommer entgegen 523
Rosei, Landstriche 232
- Wege 311
Roth, Der große Horizont 327
- die autobiographie des albert einstein. Künstel.
Der Wille zur Krankheit 230
Rottensteiner (Hrsg.), Blick vom anderen
Ufer 359
- Polaris 4 460
- Quarber Merkur 571
Rühle, Theater in unserer Zeit 325
Russell, Autobiographie I 22
- Autobiographie II 84
- Autobiographie III 192
- Eroberung des Glücks 389
v. Salis, Rilkes Schweizer Jahre 289
Sames, Die Zukunft der Metalle 157
Sarraute, Zeitalter des Mißtrauens 223
Schäfer, Erziehung im Ernstfall 557
Scheel/Apel, Die Bundeswehr und wir. Zwei Reden
522
Schickel, Große Mauer, Große Methode 314
Schimmang, Der schöne Vogel Phönix 527

Schneider, Der Balkon 455
– Die Hohenzollern 590
– Macht und Gnade 423
Über Reinhold Schneider 504
Schulte (Hrsg.), Spiele und Vorspiele 485
Schultz (Hrsg.), Der Friede und die Unruhestifter 145
– Politik ohne Gewalt? 330
– Wer ist das eigentlich – Gott? 135
Scorza, Trommelwirbel für Rancas 584
Semprun, Der zweite Tod 564
Shaw, Der Aufstand gegen die Ehe 328
– Der Sozialismus und die Natur des Menschen 121
– Die Aussichten des Christentums 18
Simpson, Biologie und Mensch 36
Sperr, Bayrische Trilogie 28
Spiele und Vorspiele 485
Steiner, George, In Blaubarts Burg 77
Steiner, Jörg, Ein Messer für den ehrlichen Finder 583
– Sprache und Schweigen 123
– Strafarbeit 471
Sternberger, Panorama oder Ansichten vom 19. Jahrhundert 179
– Gerechtigkeit für das 19. Jahrhundert 244
– Heinrich Heine und die Abschaffung der Sünde 308
Stierlin, Adolf Hitler 236
– Das Tun des Einen ist das Tun des Anderen 313
Strausfeld (Hrsg.), Materialien zur lateinamerikanischen Literatur 341
– Aspekte zu Lezama Lima »Paradiso« 482
Strehler, Für ein menschlicheres Theater 417
Strindberg, Ein Lesebuch für die niederen Stände 402
Struck, Die Mutter 489
– Lieben 567
Strugatzki, Die Schnecke am Hang 434
Stuckenschmidt, Schöpfer der neuen Musik 183
– Maurice Ravel 353
Suvin, Poetik der Science Fiction 539
Swoboda, Die Qualität des Lebens 188
Szabó, I. Moses 22 142
Szczepański, Vor dem unbekannten Tribunal 594
Terkel, Der Große Krach 23
Timmermans, Pallieter 400
Trocchi, Die Kinder Kains 581
Ueding (Hrsg.), Materialien zu Hans Mayer, »Außenseiter« 448
Unseld, Hermann Hesse – Eine Werkgeschichte 143
– Begegnungen mit Hermann Hesse 218
– Peter Suhrkamp 260

Unseld (Hrsg.), Wie, warum und zu welchem Ende wurde ich Literaturhistoriker? 60
– Bertolt Brechts Dreigroschenbuch 87
– Zur Aktualität Walter Benjamins 150
– Mein erstes Lese-Erlebnis 250
Unterbrochene Schulstunde. Schriftsteller und Schule 48
Utschick, Die Veränderung der Sehnsucht 566
Vargas Llosa, Das grüne Haus 342
Vidal, Messias 390
Waggerl, Brot 299
Waley, Lebensweisheit im Alten China 217
Walser, Martin, Das Einhorn 159
– Der Sturz 322
– Ein fliehendes Pferd 600
– Gesammelte Stücke 6
– Halbzeit 94
– Jenseits der Liebe 525
Walser, Robert, Briefe 488
– Der »Räuber« – Roman 320
– Poetenleben 388
Über Robert Walser 1 483
Über Robert Walser 2 484
Über Robert Walser 3 556
Weber-Kellermann, Die deutsche Familie 185
Weg der großen Yogis, Der 409
Weill, Ausgewählte Schriften 285
Über Kurt Weill 237
Weiss, Das Duell 41
– Rekonvaleszenz 31
Materialien zu Weiss' »Hölderlin« 42
Weissberg-Cybulski, Hexensabbat 369
Weltraumfriseur, Der 631
Wendt, Moderne Dramaturgie 149
Wer ist das eigentlich – Gott? 135
Werner, Fritz, Wortelemente lat.-griech. Fachausdrücke in den biolog. Wissenschaften 64
Wie der Teufel den Professor holte 629
Wiese, Das Gedicht 376
Wilson, Auf dem Weg zum Finnischen Bahnhof 194
Wittgenstein, Philosophische Untersuchungen 14
Wolf, Die heiße Luft der Spiele 606
– Pilzer und Pelzer 46
– Punkt ist Punkt 122
Zeemann, Einübung in Katastrophen 565
Zimmer, Spiel um den Elefanten 519
Zivilmacht Europa – Supermacht oder Partner? 137